"十三五"职业教育国家规划教材

职业口才

（第3版）

主　编　赵惠岩

副主编　金晓峰　李宏娟　张友善

北京理工大学出版社
BEIJING INSTITUTE OF TECHNOLOGY PRESS

内 容 简 介

本教材的编写是为了适应行业及企业的职场用人要求，以培养学生的口语交际能力和职场语言能力为主要目标。教材主要介绍了普通话语音训练及普通话水平等级测试、介绍面试等社交用语、卖场推销及酒店、导游、物业、幼教、养老照护、美容美发等行业用语，对学生进行普通话、人际交往、求职面试、职场语言等方面系统的训练。本书语言简洁，行业特点鲜明，配套资源丰富，具有较强的操作性，既有利于学生的学习，也有利于教师的教学。

图书在版编目（CIP）数据

职业口才/赵惠岩主编 . —3 版 . —北京：北京理工大学出版社，2019.10（2021.9 重印）
ISBN 978－7－5682－7689－4

Ⅰ．①职…　Ⅱ．①赵…　Ⅲ．①口才学－高等职业教育－教材　Ⅳ．①H019

中国版本图书馆 CIP 数据核字（2019）第 226621 号

出版发行／北京理工大学出版社有限责任公司	
社　　址／北京市海淀区中关村南大街 5 号	
邮　　编／100081	
电　　话／（010）68914775（总编室）	
（010）82562903（教材售后服务热线）	
（010）68944723（其他图书服务热线）	
网　　址／http：//www.bitpress.com.cn	
经　　销／全国各地新华书店	
印　　刷／涿州市新华印刷有限公司	
开　　本／787 毫米×1092 毫米　1/16	
印　　张／22.5	责任编辑／江　立
字　　数／528 千字	文案编辑／江　立
版　　次／2019 年 10 月第 3 版　2021 年 9 月第 2 次印刷	责任校对／周瑞红
定　　价／45.00 元	责任印制／施胜娟

图书出现印装质量问题，请拨打售后服务热线，本社负责调换

前　言

在人们的社会生活及职场工作中，口语交际能力是不可或缺的。我国古代的先贤们有过很多形象的说法："一言可以兴邦，一言可以误国"，"一言重于九鼎，巧舌胜似雄兵。"在职场的各个领域，谈吐得体、出口成章的人越来越显示出特有的优势，他们能够建立良好的人际关系，赢得人们的好感与尊重，促进事业的成功，因此，职场口语交际能力已经成为一种行业企业对人才需求的必备能力。作为职业院校的学生，口语交际、礼仪举止等基本职业素养已经成为走向职场、在职场中拼搏进取的必备素质。职场口语交际能力作为职业教育的重要内容，必须坚持"按需施教""职业相关"的原则，建设与之相配套的教材。为此，我们在"十二五"职业教育国家规划教材的基础上，对《职业口才（第 2 版）》进行了修订编写。

在教材内容的安排上，根据行业发展进行了更新，兼顾了知识传授与技能培养并重，强化学生职业素养养成和专业技能积累。每一章设置了"我要学什么""我要达到的目标""课前脑运动""涨知识""我学会了什么""互动地带""复习思考题""实训练习与操作""岗位显身手""我的拓展阅读资料"，供学生阅读和训练，实现了从知识本位到能力本位的转变，教材内容更加适应职场及学生的实际需求。

在教材体系上，全书由原来的 19 章调整为 14 章，包括基础篇、测试篇、社交篇、职业篇和附录篇。其中"基础篇"主要介绍普通话的语音基础知识；"测试篇"主要介绍普通话等级测试的相关知识；"社交篇"包括礼貌用语、介绍用语、求职面试、演讲用语等社交用语；"职业篇"包括推销服务、卖场服务、酒店服务、导游服务、物业服务、幼儿教师、养老护理服务和美容美发服务等行业用语，涵盖了经济、管理、学前教育、养老护理等服务领域；"附录篇"则包括"普通话水平测试用必读轻声词语表""普通话水平测试用儿化词语表""常用儿化词表""普通话水平测试训练题""普通话水平测试用话题"等内容。教材体系更加科学、系统。

为了使教材更加精品化、优质化，教材修订编写过程中，强化行业指导、企业参与，进行了深入调研，得到了鞍山市人力资源服务协会、沈阳市养老服务中心、鞍山祥颐园老年公寓、沈阳市海外国际旅行社有限公司鞍山钢都分公司、鞍山市阳光国际旅行社有限公司、大连金石滩旅游集团有限公司、无锡华美达广场酒店有限公司、沈阳海韵锦江国际酒店、北京人卫大厦有限公司、鞍山市政府机关幼儿园、鞍山市铁东区教工幼儿园、新世界（鞍山）物业管理有限公司、鞍山市超艺美发厅、鞍山市豪美康健名媛时尚会馆、中国大地财产保险公司鞍山中心支公司等多家行业企业的帮助与支持，使得教材内容更加完善。此次修订，赵惠岩担任主编，第1章、第2章、第9章、第12章、第13章、第14章、附录篇由赵惠岩编写修订，第3章、第4章、第5章由李宏娟编写修订，第7章、第8章由张友善编写修订，第6章、第10章、第11章由金晓峰编写修订。

我们认为，教材不同于专著，要博采众长，才更加有利于教育教学。所以，在编写修订过程中，我们借鉴和援引了国内相关优秀教材、网站中的有益资料，由于时间仓促，未能与各位作者一一联系，在此向各位专家、学者表示诚挚的谢意。同时，作为辽宁省教学团队——鞍山师范学院高等职业技术学院"德育素质课教学团队"的一门重点建设课程的配套教材，本书在修订编写时还得到了学院领导的关心、支持和鼓励，在此深表感谢。最后，特别感谢北京理工大学出版社的领导和编辑，在他们的精心安排、组织和督促下，本书才得以顺利出版。由于本书涉及面广泛，编者水平有限，错误和疏漏之处在所难免，恳请专家、同行及广大读者批评指正。

编　者

2019 年 10 月

目　　录

第1篇　基础篇

第1章　普通话语音训练 ……………………………………………………（2）

一、我要学什么 ……………………………………………………………（2）

二、我要达到的目标 ………………………………………………………（2）

三、课前脑运动 ……………………………………………………………（2）

四、涨知识 …………………………………………………………………（2）

    4.1　语音的性质 ………………………………………………………（2）

    4.2　发声训练 …………………………………………………………（5）

    4.3　声母 ………………………………………………………………（9）

    4.4　韵母 ………………………………………………………………（15）

    4.5　声调 ………………………………………………………………（23）

    4.6　音节 ………………………………………………………………（24）

    4.7　音变 ………………………………………………………………（25）

五、我学会了什么 …………………………………………………………（32）

六、互动地带 ………………………………………………………………（33）

七、复习思考题 ……………………………………………………………（33）

八、实训练习与操作 ………………………………………………………（33）

九、岗位显身手 ……………………………………………………………（33）

十、我的拓展阅读资料 ……………………………………………………（34）

第2篇　测试篇

第2章　普通话水平等级测试 ……………………………………………（36）

一、我要学什么 ……………………………………………………………（36）

二、我要达到的目标 ………………………………………………………（36）

三、课前脑运动 ………………………………………………………（36）

四、涨知识 ……………………………………………………………（37）

    4.1　普通话水平测试概说 …………………………………………（37）

    4.2　单音节字词应试指导 …………………………………………（40）

    4.3　多音节词语应试指导 …………………………………………（43）

    4.4　朗读应试指导 …………………………………………………（46）

    4.5　命题说话应试指导 ……………………………………………（60）

五、我学会了什么 ……………………………………………………（66）

六、互动地带 …………………………………………………………（66）

七、复习思考题 ………………………………………………………（67）

八、实训练习与操作 …………………………………………………（67）

九、岗位显身手 ………………………………………………………（67）

第3篇　社交篇

第3章　礼貌用语 ……………………………………………………（70）

一、我要学什么 ………………………………………………………（70）

二、我要达到的目标 …………………………………………………（70）

三、课前脑运动 ………………………………………………………（70）

四、涨知识 ……………………………………………………………（70）

    4.1　礼貌用语的使用要求 …………………………………………（70）

    4.2　礼貌用语的使用技巧 …………………………………………（72）

    4.3　常用礼貌用语 …………………………………………………（72）

    4.4　礼貌忌语 ………………………………………………………（74）

五、我学会了什么 ……………………………………………………（74）

六、互动地带 …………………………………………………………（74）

七、复习思考题 ………………………………………………………（75）

八、实训练习与操作 …………………………………………………（75）

九、岗位显身手 ………………………………………………………（75）

第4章　介绍用语 ……………………………………………………（76）

一、我要学什么 ………………………………………………………（76）

二、我要达到的目标 …………………………………………………（76）

三、课前脑运动 ………………………………………………………（76）

四、涨知识 ……………………………………………………………（76）

    4.1　自我介绍 ………………………………………………………（76）

    4.2　介绍他人 ………………………………………………………（79）

五、我学会了什么 ……………………………………………………………（ 79 ）

六、互动地带 …………………………………………………………………（ 79 ）

七、复习思考题 ………………………………………………………………（ 80 ）

八、实训练习与操作 …………………………………………………………（ 80 ）

九、岗位显身手 ………………………………………………………………（ 80 ）

第 5 章　求职面试 ………………………………………………………………（ 81 ）

一、我要学什么 ………………………………………………………………（ 81 ）

二、我要达到的目标 …………………………………………………………（ 81 ）

三、课前脑运动 ………………………………………………………………（ 81 ）

四、涨知识 ……………………………………………………………………（ 81 ）

　　4.1　应聘面试中常问的 50 个问题之一般问题 …………………………（ 81 ）

　　4.2　应聘面试中常问的 50 个问题之关于经验和管理方面的问题 ………（ 82 ）

　　4.3　应聘面试中常问的 50 个问题之有关行业发展的问题 ………………（ 83 ）

　　4.4　应聘面试中常问的 50 个问题之评价你的经验和所做出的成绩 ……（ 83 ）

　　4.5　应聘面试中常问的 50 个问题之有关找工作的问题 …………………（ 84 ）

　　4.6　应聘面试中常问的 50 个问题之你的工作习惯和风格 ………………（ 84 ）

　　4.7　应聘面试中常问的 50 个问题之有关工资的问题 ……………………（ 85 ）

　　4.8　应聘面试中常问的 50 个问题之有关个性的问题 ……………………（ 85 ）

五、我学会了什么 ……………………………………………………………（ 85 ）

六、互动地带 …………………………………………………………………（ 86 ）

七、复习思考题 ………………………………………………………………（ 86 ）

八、实训练习与操作 …………………………………………………………（ 86 ）

九、岗位显身手 ………………………………………………………………（ 86 ）

第 6 章　演讲用语 ………………………………………………………………（ 87 ）

一、我要学什么 ………………………………………………………………（ 87 ）

二、我要达到的目标 …………………………………………………………（ 87 ）

三、课前脑运动 ………………………………………………………………（ 87 ）

四、涨知识 ……………………………………………………………………（ 87 ）

　　4.1　喜庆演讲 ……………………………………………………………（ 87 ）

　　4.2　竞聘演讲 ……………………………………………………………（ 89 ）

五、我学会了什么 ……………………………………………………………（ 95 ）

六、互动地带 …………………………………………………………………（ 95 ）

七、复习思考题 ………………………………………………………………（ 95 ）

八、实训练习与操作 …………………………………………………………（ 96 ）

九、岗位显身手 ………………………………………………………………（ 96 ）

第4篇 职业篇

第7章 推销服务用语 ……………………………………………………（98）

一、我要学什么 …………………………………………………………（98）

二、我要达到的目标 ……………………………………………………（98）

三、课前脑运动 …………………………………………………………（98）

四、涨知识 ………………………………………………………………（98）

4.1 推销服务用语的要求 ………………………………………（98）

4.2 推销服务用语的技巧 ………………………………………（99）

4.3 推销服务用语的禁忌 ………………………………………（111）

4.4 商品介绍用语 ………………………………………………（112）

五、我学会了什么 ………………………………………………………（114）

六、互动地带 ……………………………………………………………（114）

七、复习思考题 …………………………………………………………（114）

八、实训练习与操作 ……………………………………………………（115）

九、岗位显身手 …………………………………………………………（115）

第8章 卖场服务用语 ……………………………………………………（116）

一、我要学什么 …………………………………………………………（116）

二、我要达到的目标 ……………………………………………………（116）

三、课前脑运动 …………………………………………………………（116）

四、涨知识 ………………………………………………………………（116）

4.1 卖场服务用语的要求 ………………………………………（117）

4.2 一般营业员服务用语 ………………………………………（119）

4.3 珠宝营业员服务用语 ………………………………………（121）

4.4 收银员服务用语 ……………………………………………（124）

4.5 网络卖场服务用语 …………………………………………（125）

五、我学会了什么 ………………………………………………………（128）

六、互动地带 ……………………………………………………………（128）

七、复习思考题 …………………………………………………………（128）

八、实训练习与操作 ……………………………………………………（128）

九、岗位显身手 …………………………………………………………（129）

第9章 酒店服务用语 ……………………………………………………（130）

一、我要学什么 …………………………………………………………（130）

二、我要达到的目标 ……………………………………………………（130）

三、课前脑运动 …………………………………………………………（130）

四、涨知识 ………………………………………………………（130）

　　4.1　酒店服务用语的基本特征 ………………………………（130）

　　4.2　酒店服务用语的使用技巧 ………………………………（131）

　　4.3　酒店服务规范用语 ………………………………………（133）

五、我学会了什么 ………………………………………………（142）

六、互动地带 ……………………………………………………（142）

七、复习思考题 …………………………………………………（142）

八、实训练习与操作 ……………………………………………（142）

九、岗位显身手 …………………………………………………（143）

十、我的拓展阅读资料 …………………………………………（143）

第10章　导游服务用语 …………………………………………（144）

一、我要学什么 …………………………………………………（144）

二、我要达到的目标 ……………………………………………（144）

三、课前脑运动 …………………………………………………（144）

四、涨知识 ………………………………………………………（144）

　　4.1　导游语言的要求 …………………………………………（144）

　　4.2　导游服务语言的技巧 ……………………………………（151）

　　4.3　导游服务常用语示例 ……………………………………（152）

　　4.4　导游服务忌语 ……………………………………………（156）

五、我学会了什么 ………………………………………………（156）

六、互动地带 ……………………………………………………（157）

七、复习思考题 …………………………………………………（157）

八、实训练习与操作 ……………………………………………（157）

九、岗位显身手 …………………………………………………（158）

第11章　物业服务用语 …………………………………………（159）

一、我要学什么 …………………………………………………（159）

二、我要达到的目标 ……………………………………………（159）

三、课前脑运动 …………………………………………………（159）

四、涨知识 ………………………………………………………（159）

　　4.1　物业服务用语的意义 ……………………………………（159）

　　4.2　物业服务用语的要求 ……………………………………（160）

　　4.3　物业管理服务用语规范 …………………………………（161）

五、我学会了什么 ………………………………………………（165）

六、互动地带 ……………………………………………………（166）

七、复习思考题 …………………………………………………（166）

八、实训练习与操作 ·· （166）

九、岗位显身手 ·· （166）

第12章　幼儿教师工作用语 ·································· （167）

一、我要学什么 ·· （167）

二、我要达到的目标 ·· （167）

三、课前脑运动 ·· （167）

四、涨知识 ·· （167）

　　4.1　教学口语 ·· （168）

　　4.2　教学环节的口语训练 ·· （173）

　　4.3　教育口语 ·· （189）

　　4.4　教育口语的训练 ·· （193）

　　4.5　与幼儿沟通 ·· （202）

　　4.6　与家长沟通 ·· （205）

五、我学会了什么 ·· （220）

六、互动地带 ·· （220）

七、复习思考题 ·· （221）

八、实训练习与操作 ·· （221）

九、岗位显身手 ·· （222）

十、我的拓展阅读资料 ·· （222）

第13章　养老护理服务用语 ·································· （223）

一、我要学什么 ·· （223）

二、我要达到的目标 ·· （223）

三、课前脑运动 ·· （223）

四、涨知识 ·· （223）

　　4.1　养老护理服务用语要求 ······································ （224）

　　4.2　养老护理服务用语技巧 ······································ （224）

　　4.3　常用养老护理服务用语 ······································ （225）

　　4.4　护理员服务忌语 ·· （227）

　　4.5　养老护理服务沟通技巧 ······································ （228）

五、我学会了什么 ·· （236）

六、互动地带 ·· （236）

七、复习思考题 ·· （236）

八、实训练习与操作 ·· （236）

九、岗位显身手 ·· （237）

十、我的拓展阅读资料 ·· （237）

第 14 章　美容美发服务用语 ···（238）

一、我要学什么 ··（238）

二、我要达到的目标 ··（238）

三、课前脑运动 ··（238）

四、涨知识 ··（238）

　　4.1　美容美发服务用语的基本要求 ························（238）

　　4.2　为客人服务时的注意事项 ····························（239）

　　4.3　美容美发基本服务用语 ······························（239）

　　4.4　美容日常服务用语 ··································（240）

　　4.5　美发日常服务用语 ··································（241）

五、我学会了什么 ··（250）

六、互动地带 ··（250）

七、复习思考题 ··（251）

八、实训练习与操作 ··（251）

九、岗位显身手 ··（252）

第 5 篇　附录篇

附录 1　普通话水平测试用必读轻声词语表 ·················（254）

附录 2　普通话水平测试用儿化词语表 ·····················（260）

附录 3　常用儿化词表 ···································（266）

附录 4　普通话水平测试训练题 ···························（273）

附录 5　普通话水平测试用话题 ···························（344）

参考文献 ···（345）

第 1 篇

基础篇

第1章　普通话语音训练

一、我要学什么

1. 了解汉语语音的性质；
2. 掌握汉语声母、韵母、声调的正确发音方法；
3. 进行发声训练，掌握普通话的语流音变知识。

二、我要达到的目标

1. 学会汉语声母、韵母、声调的正确发音；
2. 学会交际中的语流音变；
3. 提升表达时呼吸和换气的技能。

三、课前脑运动

北京的公共汽车上，一外地人向售票员伸出十元钱的票子就说："见过吗!"售票员不理；外地人看售票员不理他急切地说："见过吗! 见过吗!"售票员按住火，仍然不理；如此反复，售票员终于勃然大怒，押出一张五十元的票子戳到外地人的眼前，大喝一声："你见过吗!"外地人见状大惊失色，嘴中直说："北京的售票员怎么这样呀?"众人不解，一问才知：该外地人要买票，说："建国门、建国门"!

售票员为什么勃然大怒? 分角色完成上面的对话。

四、涨知识

4.1 语音的性质

普通话是我国规范的现代汉民族共同语，是国家法定的全国通用语言。它以北京语音为标准音，以北方话为基础方言，以典范的现代白话文著作为语法规范。要有效使用普通话，就要进行语音基础训练，其中相当多的地方会涉及普通话语音知识，所以我们首先要对普通话语音知识进行概括的介绍。

语言包括语音、词汇、语法三大要素，普通话的定义实质上就是从这三个方面来限定和规范的。以北京语音为标准音，指的是以北京话的语音系统为标准，北京语音的音系比较简单，音节结构形式较少，清声母多，四个声调的调值高音多，低音少，使语音清亮，具有高低洋溢的音乐色彩。以北方话为基础方言，指的是以广大北方话地区普遍通行的说法为准，同时也要从其他方言区吸取所需要的词语，因为北方方言区的范围大、人口多，其词汇更具有普遍性。以典范的现代白话文著作作为语法规范包括四个方面的意思："典范"就是排除不典范的现代白话文著作；"白话文"就是排除文言文；"现代白话文"就是排除五四以前的早期白话文，是指现代著名作家、理论家的优秀的白话文作品；"著作"就是指普通话的书面形式，它建立在口语基础上，但又不等于一般的口语，而是经过加工、提炼的语言。随着时代的变迁和语言的发展，有些白话文中也存在一些在我们现在看来并不规范的用例，所以，我们还要更多地参照现代汉语的语法规定。

普通话是新中国成立后中国的官方用语，《中华人民共和国宪法》第 19 条规定："国家推广全国通用的普通话。"同时，《中华人民共和国国家通用语言文字法》确立了普通话作为国家通用语言的法定地位。

语音是语言的物质外壳，是人类发音器官发出的表示一定意义的声音。语音是由人类的发音器官发出的，具有生理属性；语音同自然界其他声音一样，产生于物体的振动，又具有物理属性；更重要的是，语音要表达一定的意义，什么样的语音形式表达什么样的意义，必须是由使用该语言的全体社会成员约定俗成的，所以语音还具有社会属性。社会属性是语音的本质属性。

4.1.1 语音的生理属性

世界上任何一种声音都是由物体振动产生的，语音也是如此。不同的是，语音是由人的发音器官发出的，它能表达一定的意义；而且语音的产生比较复杂，从原动力振动发音体到语音经口腔或鼻腔发出，动用了多种发音器官。人的发音器官分为以下三大部分。

（1）肺和气管。

肺是呼吸气流的动力站，气管是气流的通道。发音时，肺部呼出的气流，要送到喉头和声带，作用于声带、咽头、口腔、鼻腔等发音器官，经过这些发音器官的调节，从而发出不同的语音。

（2）喉头和声带。

喉头是由甲状软骨、环状软骨和两块杓状软骨组成的，上通咽头，下连气管。声带是语音的发音体，喉头是声带的活动室。声带长在喉头的几块软骨中间，是两片富有弹性的肌肉薄膜。声带中间的空隙叫声门。发音时，气流冲出声门，声带就颤动发音。

（3）口腔、鼻腔和咽腔。

口腔和鼻腔是发音的共鸣器。不同的声音，是气流在口腔和鼻腔受到节制形成不同共鸣的结果。口腔部位很多，其中最灵活的部位是舌头。舌头又可分为舌尖、舌面和舌根三部分。口腔后面是咽腔，咽头上通口腔、鼻腔，下接喉头。鼻腔和口腔靠软腭和小舌隔开。软腭和小舌上升时鼻腔闭塞，口腔畅通，这时发出的音在口腔中共鸣，叫作口音。软腭和小舌下降，口腔某部位闭塞，气流只能从鼻腔呼出，这时发出的音主要在鼻腔中共鸣，叫作鼻音。如果口腔内无阻碍，气流从鼻腔和口腔同时呼出，这时发出的音同时在口腔和鼻腔中产生共鸣，就叫作鼻化音（也叫半鼻音或口鼻音）。具体的发音器官，请见图1-1。

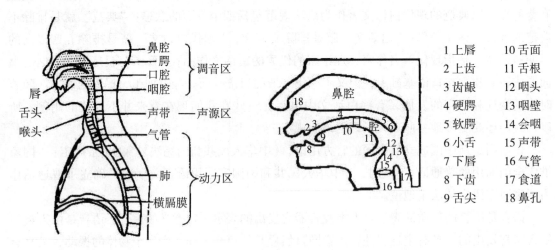

图1-1 发音器官示意

4.1.2 语音的物理属性

语音是由发音体振动周围的空气或其他媒介物质而形成的。构成语音的物理属性，主要有音高、音强、音长、音色四个要素。

音高，指声音的高低。在物理上表现为发音体振动频率的高低。频率高则声音高，频率低则声音低。声带单位时间内振动次数的多少，决定了人的语音的音高。汉语中的声调主要就是由音高构成的。

音强，指声音的强弱。在物理上表现为发音体振幅的大小。人的语音的音强取决于发音器官肌肉的松紧和气流的强弱。

音长，指声音的长短。在物理上表现为声音延续时间的长短。人的语音的音长取决于气流的长短，呼吸的气流长，则声音长，气流短则声音短。

音色，指声音的个性特色，也叫音质。音色的不同取决于发音体、发音方法、共鸣腔形状的不同。在任何语言中，音色是用来区别意义的最重要的要素。

音高不等于音强，音高可以影响音色，音色可以影响音强。音强和音长在语调和轻声里起着重要作用。

在一个音节中，如果按音色的不同去进一步分解，就会得到一个个最小的各有特色的语音单位，这就是音素。

从发音特征上，音素可以划分为辅音和元音两大类。气流在口腔或咽头受阻碍而形成的音叫辅音，又叫子音，如 b、p、m、f 等。气流振动声带，在口腔、咽头不受阻碍而形成的音叫元音，又叫母音，如 a、o、e 等。

辅音与元音的主要区别有以下四点：

第一，辅音发音时，气流在通过咽头、口腔的过程中，一般要受到某部位的阻碍；元音发音时，气流在咽头、口腔不受阻碍。这是辅音与元音最主要的区别。

第二，辅音发音时，发音器官成阻的部位特别紧张；元音发音时，发音器官各部位保持均衡的紧张状态。

第三，辅音发音时，气流较强；元音发音时，气流较弱。

第四，辅音发音时，声带不一定振动，声音一般不响亮；元音发音时，声带振动，声音一般比辅音响亮。

4.1.3　语音的社会属性

语音的社会属性有两方面的含义：一是用什么样的语音形式表示什么样的意义，并不是由个人决定的，而是由使用该语言的社会全体成员约定俗成的；二是各种语言或方言都有自己的语音系统，语音不是简单的物理现象或生理现象。语音具有的社会性质是语音的本质属性。

4.2　发声训练

说话是人天赋的本能，但音色的自然优美是靠后天的练习而取得的。说话是艺术，也是技术。这门技术牵扯到人体发音器官的构造、发音的技巧、速度的控制等。

4.2.1　气息训练

气息是发音的原动力。人们在平时讲话中不必考虑控制和操纵气息，但朗读、演讲时所需要的气息量比平常讲话要大得多，所以必须控制好气息，才能很好地驾驭声音。不懂得用气就不会科学地发音，也就不能完美地表达。要想使朗读、演讲的声音运用自如、音色圆润、优美动听，就要学会控制气息，掌握呼吸和换气的技巧。

呼吸的紧张点不应放在整个胸部，而应放在丹田，以丹田、胸膛、后胸作为支点（即着力点），使劲儿才有支点，声音才有力度。

4.2.1.1　吸气

吸气时双肩放松，胸稍内含，腰腿挺直，像闻鲜花一样将气息吸入。要领是：气下沉，两肋开，横膈降，小腹收。随着吸气肌肉群的收缩和横膈的下降，胸腔和腹腔容积立刻扩张，有明显的腰部发胀、向后撑开的感觉，不要提肩，也不要让胸部塌下去。当气吸到七八成时，利用小腹收缩的力量控制气息，使之不外流。

【训练一】

①抬重物时，必须把气吸得很深，憋着一股劲儿，后腰膨胀，腰带渐紧。这正是正确的呼吸方法。多抬几次重物，找到以上感觉。

②包一枝鲜花在纸巾里，通过嗅觉品评出它的名字。吸气时深沉而安静，使五脏六腑都感到熨帖愉快。要舒适自如，避免紧张僵硬。

4.2.1.2 呼气

呼气时，要保持吸气时的状态，两肋不要马上下塌。随着朗读、演讲的进行，大量的气流呼出，要有一种对抗的感觉，尽力控制气息，以使其不至于很快泄掉。放风筝时，风筝飞得越高，下面握线的力量就要越大；声音如同高飞的风筝，而气息如同握着的线，如果下面握线的力量没有了，风筝便没"根"了。只有稳住气息才会拖住声音，使声音不虚不飘。最后，当气息支撑到不足以对抗上冲力量时，两肋再缓缓地下塌。这样，使气息在朗读者、演讲者有目的的操纵下均匀、持续、平稳、柔和地呼出。

【训练二】

①假设桌面上有很多灰尘，要求将其吹走而又不能吹得尘土飞扬。练习时，按吸气要领做好准备。然后依照抬重物时的感觉吸足一口气，停顿两秒钟左右，向外吹出气息。吹气时要平稳、均匀，随着气息的流出，胸膛尽量保持吸气的状态，尽量吹得时间长些，直至将一口气吹完为止。

②控气练习：点燃一支蜡烛，深吸一口气，站到适当的距离之外对着蜡烛吹气，但不能吹灭火苗。逐渐缩短距离练习。

③读下面的绕口令，要求控制气息，连续快读，一口气读完。

出东门，过大桥，大桥底下一树枣儿，拿着杆子去打枣儿，青的多，红的少。一个枣儿，两个枣儿，三个枣儿，四个枣儿，五个枣儿，六个枣儿，七个枣儿，八个枣儿，九个枣儿，十个枣儿，九个枣儿，八个枣儿，七个枣儿，六个枣儿，五个枣儿，四个枣儿，三个枣儿，两个枣儿，一个枣儿。

4.2.1.3 换气

朗读或说话时，不可能一口气将所要说的内容说完，换气既是生理需要，又是内容和表情达意的需要。换气有大气口和小气口两种方法。

大气口是在朗读、演讲中允许停顿的地方，先吐出一口气，马上深吸一口气，为下面要说的话准备足够的气息，这种少呼多吸的大气口呼吸，一般比较从容，也比较容易掌握。

小气口是指朗读一段较长的句子时，气息用得差不多了，但意思未完而即时补进的气息。补气时，可以在气息能够停顿的地方急吸一口气，或在吐完前一个字时不露痕迹地带入一点气，以弥补底气不足。这种方法只吸不呼，也叫作"抢气"或"偷气"，动作一定要快。要领是：小腹一吸，两肋一张，口鼻同吸，迅速补充，同时要做到轻松自如、巧妙无声、字断气连，这是难度较大的换气方法。

换气和停顿有密切联系，我们在说话或读诵时，常常要根据不同内容和表情达意的需要做时间不等的顿歇。许多顿歇之处就是需要换气或补气之处，以保证语气从容、音色优美，防止出现气竭现象。运用口语，必须注意换气，安排好气口。例如："一连串的问题（小气口，带进一点气），使我这个有生以来（小气口，带进一点气）头一次在众目睽睽之下（停顿极短，不换气）让别人擦鞋的异乡人（大气口），从几乎狼狈的窘态中解脱出来。"

【训练三】高声朗读《高山下的花环》中雷军长的一段演说，安排好换气。

"我的大炮就要万炮轰鸣，我的装甲车就要隆隆开进！我的千军万马就要去杀敌！就要去拼命！就要去流血！/可刚才，有那么个神通广大的贵妇人，她竟有本事从千里之外把电话打到我这前沿指挥所。她来电话干啥？她来电话是要我给她儿子开后门，让我关照关照她儿子！奶奶娘！走后门，她竟敢走到我这流血牺牲的战场！我在电话里臭骂了她一顿！我雷某不管她是天老爷的夫人，还是地老爷的太太，走后门，谁敢把后门走到我这流血牺牲的战场上，没二话，我雷某要让她儿子第一个扛上炸药包去炸碉堡！去炸碉堡！"

4.2.2 共鸣

共鸣是指人体器官共振的现象。朗读、演讲时需要有意识地利用共鸣。

共鸣主要靠以下共鸣腔体通过呼吸、振动、吐字后产生。

4.2.2.1 鼻腔共鸣

鼻腔共鸣是由"鼻窦"实现的。鼻窦包括额窦、蝶窦、上颌窦、筛窦等，它们各有小小的孔窦与鼻腔相连，发音时这些小孔窦起共鸣作用，使声音响亮传得远。运用鼻腔时，软腭放松，打开口腔与鼻腔的通道使声音沿着硬腭向上走，使鼻腔的小窦穴处都充满气，头部要有振动感，这样发出的声音会震荡、有弹力。但要注意鼻腔色彩不能过量，过了量就会形成"鼻囊鼻音"。

【训练四】有的人想加大音量时，就在喉鼻上使劲儿，结果越使越糟。可以采取以下方法练习：

①"学牛叫"——弹鼻练习。又类似轮船汽笛、小孩撒娇时的闭鼻声回答"嗯?"，还像打电话中的鼻声"嗯?"（什么?）。

②哼鸣练习。双唇紧闭，口腔内像含着半口水，发"mu"音，声音反着气流下行，用手扶胸部有明显振动感，双唇发麻，找到胸腔共鸣；仍发"mu"音，声音沿着上腭上行，头部有振动感，双唇发麻，找到鼻腔共鸣。

4.2.2.2 口腔共鸣

口腔指硬腭以下、胸腔以上的共鸣体。它可以使声音有丰满、圆润和压重的色彩。运用共鸣体时，双唇要自然打开，笑肌提起，下颚自然放下，上颚抬起，呈微笑状，使整个口腔保持一定张力，口腔壁、咽腔壁的肌肉处于积极状态。这样，声带发出的声音随气流的推动流畅向前，在口腔的前上部引起振动，形成共鸣效果。共鸣要把气息弹上去，弹到共鸣点。

出字立音，如："大！""雨！""落！""幽！""燕！"。声音不能横出、敞出，不集中就立不住。主要元音要夸张一点，如："倒海翻江！"朗诵时，还要带上感情，兴奋起来，那时就不想声音问题了。用感情带声音，如："在苍茫的大海上，风聚集着乌云。""暴风雨就要来啦！""黄河之水天上来，奔流到海不复回。"

另外，当需要大音量，而发音部位与共鸣点产生矛盾，即共鸣点在上，口腔着力点在下时，要在不改变本来字音的限度内，尽量使声音向口腔中部接近，使声音厚实洪亮，并缩短发音过程，令口齿伶俐，可以采用"前音稍后，后音稍前"或者"闭音稍开，开音稍闭"的方法达到共鸣的效果。

例如"衣"是舌面前元音，部位靠前，属于开口度小的闭音。发音时，口腔着力点稍后一点，嘴略微开一些，就响亮得多。如："一起学习。"

又如"搞"声母的发音部位是舌根，韵尾又是舌面后元音，因此整个发音是靠后的，发音时稍向前一些。

【训练五】

①运用"开音稍闭"的方法念"花"这个音节。

②假设分别向一个人、十个人、五十个人、一千个人，在教室、大礼堂、体育场等地朗诵或喊口令，要十分准确地运用声音。

4.2.2.3　胸腔共鸣

胸腔共鸣是指声门以下的共鸣腔体，属于"下部共鸣"。它可以使声音结实浑厚、音量大。运用胸腔共鸣时，声带振动，声音反着气流的方向通过骨骼和肌肉组织壁传到肺腔，这时胸部明显感到振动，从而产生共鸣。有了这个底座共鸣的支持，声音才不至于发虚、发飘。

【训练六】发声练习：口腔打开，使下面一组音从胸腔逐渐向口腔、鼻腔过渡。要求放慢、拖长，找准共鸣位置。

ma – mai – mao – mi – mu

【训练七】朗读共鸣练习：读下面的诗词，要求放慢速度，有意识地夸张，尽量找出最佳共鸣效果。声音适当偏后些，使之浑厚有力。注意防止"鼻囊鼻音"。

红 – 军 – 不怕 – 远 – 征 – 难，万 – 水 – 千 – 山 – 只 – 等 – 闲。

五岭 – 逶迤 – 腾 – 细 – 浪，乌蒙 – 磅礴 – 走 – 泥 – 丸。

金沙 – 水拍 – 云 – 崖 – 暖，大渡 – 桥横 – 铁 – 索 – 寒。

更喜岷山 – 千 – 里 – 雪，三军过后 – 尽 – 开 – 颜。

4.2.3　吐字归音

吐字归音是汉语（汉字）的发声法则，即"出字"和"收字"的技巧。我们把一个字分为字头、字腹和字尾三部分，"吐字"是对字头发音的要求，"归音"是对字腹尤其是字尾的发音要求。

4.2.3.1 吐字训练

吐字也叫"咬字"。吐字时，首先，要注意口形，口形该大开时不能半开，该圆唇时不能展唇，尽量使声音立起来。其次，要注意字头，字头是字音的开始阶段，指声母和韵母，要求"叼住弹出"："叼住"要巧而不死，过紧则僵，过松则泄；"弹出"要弹得轻捷有力，不黏不滞。发音要有力量，摆准部位，蓄足气流，干净利落，富有弹性。要用这一阶段的力量去带动字腹和字尾的响度，使声音立得住、传得远。

【训练八】读下面的绕口令。先慢读，注意分辨声母，发好字头音，读准声调，读几遍后再加速。

①八百标兵奔北坡，炮兵并排北边跑。炮兵怕把标兵碰，标兵怕碰炮兵炮。

②哥拎瓜筐过宽沟，快过宽沟看怪狗。光看怪狗瓜筐扣，瓜滚筐空哥怪狗。

③四十四个字和词，组成一首绕口词。桃子李子梨子栗子，橘子柿子槟子和榛子，栽满园子院子村子和寨子。刀子斧子锯子和凿子，锤子刨子和尺子，做出桌子椅子和箱子。

④天上七颗星，树上七只鹰，墙上七根钉，钉上七盏灯。地下七块冰，遮满天上星，赶走树上鹰，拔掉墙上钉。吹灭了钉上的灯，踏碎了地下的冰。

4.2.3.2 归音训练

字音是字尾的收尾部分，指韵母的韵尾。归音是指从字腹到字尾的收音过程。收音时，唇舌的动程一定要到位，字腹要拉开立起，即在字腹弹出后口腔随字腹的到来扯起适当开度，共鸣主要在这儿体现，然后收住，要收得干净利落，不拖泥带水，但也不能草草收住。如"天安门"三个字收音时舌位要平放，舌尖抵住上齿龈，归到前鼻韵母"n"音上，只有这样归音才到位，才有韵味，普通话才地道，不可收音时让人听不到"n"的尾音。但是要注意做好"到位弱收"，不能用劲。收音恰当、到位与否对"字正"起着重要作用。

【训练九】读下面的绕口令，注意"-n"和"-ng"的收音。

梁家庄有个梁大娘，梁大娘家盖新房。大娘邻居大老梁，到梁大娘家看大娘，赶上梁大娘家上大梁，老梁帮着大娘扛大梁，大梁稳稳当当上了墙，大娘高高兴兴谢老梁。

4.3 声母

声母是指音节开头的辅音。例如，在"道"（dào）这个音节里，辅音 d 就是它的声母。有的音节不以辅音开头，就是没有声母，习惯上称作"零声母"。例如"傲"（ào）、"一"（yī）开头就没有辅音，就是零声母音节。

声母和辅音不是一个概念。在普通话语音系统中，所有的声母都是由辅音充当的，但并非所有的辅音都是声母，辅音 ng［ŋ］就只作韵尾而不作声母。辅音 n［n］既可作声母，又可作韵尾。如"男"（nán）中的两个辅音 n，在音节前头的是声母，在音节末尾的是韵尾。

普通话的声母，包括零声母在内，共22个（拼音后为例字）：

b 巴步别　　p 怕盘扑　　m 门谋木　　f 飞付浮

d 低大夺　　t 太同突　　n 南牛怒　　l 来吕路

g 哥甘共　　k 枯开狂　　h 海寒很

j 即结净　　q 齐求轻　　x 西袖形

zh 知照铡　ch 茶产唇　　sh 诗手生　　r 日锐荣

z 资走坐　　c 慈蚕存　　s 丝散颂

"零声母" 安言忘云

普通话22个声母中有21个由辅音充当，我们可以根据辅音的发音部位和发音方法给声母分类。

4.3.1　按发音部位分类

普通话的辅音声母可以按发音部位分为三大类，细分为七个部位。

（1）唇音。以下唇为主动器官，普通话又细分为两个发音部位：

双唇音：上唇和下唇闭合构成阻碍。普通话有3个：b、p、m。

齿唇音（也称作"唇齿音"）：下唇和上齿靠拢构成阻碍。普通话只有1个：f。

（2）舌尖音。以舌尖为主动器官，普通话中又细分为三个发音部位：

舌尖前音（也叫平舌音）：舌尖向上门齿背接触或接近构成阻碍。普通话有3个：z、c、s。

舌尖中音：舌尖和上齿龈（即上牙床）接触构成阻碍。普通话有4个：d、t、n、l。

舌尖后音（也叫翘舌音）：舌尖向硬腭的最前端接触或接近构成阻碍。普通话有4个：zh、ch、sh、r。

（3）舌面音。以舌面为主动器官，普通话又细分为两个发音部位：

舌面前音：舌面前部向硬腭前部接触或接近构成阻碍。普通话有3个：j、q、x。

舌面后音（也称作"舌根音"）：舌根向硬腭和软腭的交界处接触或接近构成阻碍。普通话有3个：g、k、h。

4.3.2　按发音方法分类

普通话辅音声母的发音方法有以下五种：

（1）塞音。成阻时发音部位完全形成闭塞；持阻时气流积蓄在阻碍的部位之后；除阻时受阻部位突然解除阻塞，使积蓄的气流透出，爆发破裂成声。普通话有6个塞音：b、p、d、t、g、k。

（2）鼻音。成阻时发音部位完全闭塞，封闭口腔通路；持阻时，软腭下垂，打开鼻腔通路，声带振动，气流到达口腔和鼻腔，气流在口腔受到阻碍，由鼻腔透出成声；除阻时口腔阻碍解除。鼻音是鼻腔和口腔的双重共鸣形成的。鼻腔是不可调节的发音器官。不同音质的鼻音是由于发音时在口腔的不同部位阻塞，造成不同的口腔共鸣状态而形成的。普通话有2 个鼻音：m、n。

（3）擦音。成阻时发音部位之间接近，形成适度的间隙；持阻时，气流从窄缝中间摩擦成声；除阻时发音结束。普通话有 6 个擦音：f、h、x、s、sh、r。

（4）边音。舌尖和上齿龈稍后的部位接触，使口腔中间的通道阻塞；持阻时声带振动，气流从舌两边与上腭两侧、两颊内侧形成的夹缝中通过，透出成声；除阻时发音结束。普通话只有 1 个舌尖中边音：l。

（5）塞擦音。是以"塞音"开始，以"擦音"结束。由于塞擦音的"塞"和"擦"是同部位的，"塞音"的除阻阶段和"擦音"的成阻阶段融为一体，两者结合得很紧密。普通话有 6 个塞擦音：j、q、zh、ch、z、c。

普通话的辅音声母还有"送气音"与"不送气音"、"清音"与"浊音"的区别。

普通话声母中，只有塞音和塞擦音才有送气音和不送气音的区别。

送气音——这类辅音发音时气流送出比较快和持久，由于除阻后声门大开，流速较快，在声门以及声门以上的某个狭窄部位造成摩擦，形成"送气音"。普通话有 6 个送气音：p、t、k、q、ch、c。

不送气音——不送气音指发音时，没有送气音特征，又同送气音形成对立的音。普通话有 6 个不送气音：b、d、g、j、zh、z。

普通话有 4 个浊辅音声母：m、n、l、r。除了这 4 个浊辅音声母外，其余辅音声母都是清音，它们是 b、p、f、d、t、g、k、h、j、q、x、zh、ch、sh、z、c、s。

现将普通话声母（详见表 1-1）的发音描写如下（〔〕中的是国际音标）：

• b〔p〕 双唇不送气清塞音

双唇闭合，同时软腭上升，关闭鼻腔通路；气流到达双唇后蓄气；凭借积蓄在口腔中的气流突然打开双唇成声。

例词：

把柄 摆布 败笔 版本 褒贬 暴病 卑鄙 禀报 标榜 辩驳 碧波 背包 报表

• p〔p˙〕 双唇送气清塞音

成阻、持阻阶段与 b 相同。除阻时，声门（声带开合处）大开，从肺部呼出一股较强气流成声。

例词：

批评 偏旁 乒乓 澎湃 偏僻 匹配 瓢泼 拼盘 品评 平铺 爬坡 评判 皮袍

• m〔m〕 双唇鼻音

双唇闭合，软腭下垂，打开鼻腔通路；声带振动，气流同时到达口腔和鼻腔，在口腔的双唇后受到阻碍，气流从鼻腔透出成声。

例词：

麦苗 眉目 门面 麻木 美貌 磨灭 命名 迷茫 牧民 梦寐 渺茫 苗木 密码

• f〔f〕 齿唇清擦音

下唇向上门齿靠拢，形成间隙；软腭上升，关闭鼻腔通路；使气流从齿唇形成的间隙摩擦通过而成声。

例词：

发奋　反复　方法　防范　分发　仿佛　肺腑　丰富　非凡　粪肥　复方　犯法　夫妇

● d［t］　舌尖中不送气清塞音

舌尖抵住上齿龈，形成阻塞；软腭上升，关闭鼻腔通路；气流到达口腔后蓄气，突然解除阻塞成声。

例词：

达到　带动　单调　答对　打动　道德　等待　大胆　担待　荡涤　导弹　抵挡　电灯

● t［t·］　舌尖中送气清塞音

成阻、持阻阶段与 d 相同。除阻阶段声门大开，从肺部呼出一股较强的气流成声。

例词：

谈吐　探讨　淘汰　逃脱　调停　体贴　团体　妥帖　跳台　听筒　头疼　推脱　拖沓

● n［n］　舌尖中鼻音

舌尖抵住上齿龈，形成阻塞；软腭下垂，打开鼻腔通路；声带振动，气流同时到达口腔和鼻腔，在口腔受到阻碍，气流从鼻腔透出成声。

例词：

奶牛　男女　恼怒　南宁　能耐　泥泞　农奴　拿捏　难念　袅娜　那年　牛腩　奶娘

● l［l］　舌尖中边音

舌尖抵住上齿龈的后部，阻塞气流从口腔中路通过的通道；软腭上升，关闭鼻腔通路，声带振动；气流到达口腔后从舌头与两颊内侧形成的空隙通过而成声。

例词：

拉力　利落　流利　料理　利率　履历　罗列　轮流　历来　流露　理论　联络　两类

● g［k］　舌面后不送气清塞音

舌面后部隆起抵住硬腭和软腭交界处，形成阻塞；软腭上升，关闭鼻腔通路；气流在形成阻塞的部位后积蓄；突然解除阻塞而成声。

例词：

杠杆　高贵　更改　感观　功过　观光　灌溉　光顾　规格　广告　瓜葛　果敢　过关

● k［k·］　舌面后送气清塞音

成阻、持阻阶段与 g 相同。除阻阶段声门大开，从肺部呼出一股较强气流成声。

例词：

开垦　苛刻　刻苦　坎坷　空旷　宽阔　困苦　夸口　可靠　扣款　慷慨　旷课　空壳

● h［x］　舌面后清擦音

舌面后部隆起接近硬腭和软腭的交界处，形成间隙；软腭上升，关闭鼻腔通路；使气流从形成的间隙摩擦通过而成声。

例词：

航海　呼唤　花卉　含糊　豪华　谎话　挥霍　悔恨　缓和　互惠　黄昏　回合　浑厚

● j［tɕ］　舌面前不送气清塞擦音

舌尖抵住下门齿背，使前舌面贴紧前硬腭，软腭上升，关闭鼻腔通路。在阻塞的部位后面积蓄气流，突然解除阻塞时，在原形成闭塞的部位之间保持适度的间隙，使气流从间隙透出而成声。

例词：

积极　家具　坚决　嘉奖　间接　讲解　捷径　军舰　结晶　借鉴　京剧　境界　酒精

• q［tɕ·］　舌面前送气清塞擦音

成阻阶段与 j 相同。与 j 不同的是，当前舌面与前硬腭分离并形成适度间隙的时候，声门开启，同时伴有一股较强的气流成声。

例词：

齐全　恰巧　亲切　七窍　祈求　情趣　请求　缺勤　弃权　窃取　取巧　确切　欠缺

• x［ɕ］　舌面前清擦音

舌尖抵住下齿背，使前舌面接近硬腭前部，形成适度的间隙，气流从空隙摩擦通过而成声。

例词：

喜讯　现象　学习　细心　循序　心胸　行星　选修　象形　消息　小学　喧嚣　血型

• zh［tʂ］　舌尖后不送气清塞擦音

舌头前部上举，舌尖抵住硬腭前端，同时软腭上升，关闭鼻腔通路。在形成阻塞的部位后积蓄气流。突然解除阻塞时，在原形成闭塞的部位之间保持适度的间隙，使气流从间隙透出而成声。

例词：

战争　真正　政治　站住　珍重　支柱　制止　周转　诊治　执照　纸张　忠贞　种植

• ch［tʂ·］　舌尖后送气清塞擦音

成阻阶段与 zh 相同，与 zh 不同的是在突然解除阻塞时，声门开启，同时伴有一股较强的气流成声。

例词：

超产　抽查　橱窗　查抄　长处　戳穿　驰骋　充斥　惩处　初创　除尘　传抄　城池

• sh［ʂ］　舌尖后清擦音

舌头前部上举，接近硬腭前端，形成适度的间隙；同时软腭上升，关闭鼻腔通路，使气流从间隙摩擦通过而成声。

例词：

赏识　少数　设施　山水　闪烁　神圣　事实　舒适　烧伤　舍身　声势　首饰　熟睡

• r［ʐ］　舌尖后浊擦音

舌头前部上举，接近硬腭前端，形成适度间隙；同时软腭上升，关闭鼻腔通路；声带振动，气流从间隙中摩擦通过而成声。

例词：

忍让　仍然　荣辱　柔软　如若　软弱　闰日　容忍　饶人　融入　若然　柔润　荏苒

• z［ts］　舌尖前不送气清塞擦音

舌尖抵住上门齿背形成阻塞，在阻塞的部位后积蓄气流；同时软腭上升，关闭鼻腔通路；突然解除阻塞时，在原形成阻塞的部位之间保持适度的间隙，使气流从间隙透出而成声。

例词：

在座 造作 自尊 走卒 总则 祖宗 罪责 自在 做作 栽赃 脏字 早操 最早

- c［ts'］ 舌尖前送气清塞擦音

成阻阶段与z相同。与z不同的是在突然解除阻塞时，声门开启，同时伴有一股较强的气流成声。

例词：

猜测 残存 仓促 苍翠 草丛 从此 催促 措辞 粗糙 层次 参差 曹操 此次

- s［s］ 舌尖前清擦音

舌尖接近上门齿背，形成间隙；同时软腭上升，关闭鼻腔通路，使气流从间隙摩擦通过成声。

例词：

洒扫 松散 诉讼 送死 僧俗 琐碎 思索 速算 四散 搜索 三岁 瑟瑟 素色

- 零声母

零声母也是一种声母。实验语音学证明，零声母往往也有特定的、具有某些辅音特性的起始方式。普通话零声母可以分为两类：一类是开口呼零声母；另一类是非开口呼零声母。

非开口呼零声母即除开口呼之外的齐齿呼、合口呼、撮口呼三种零声母的起始方式：齐齿呼零声母音节汉语拼音用隔音字母 y 开头；合口呼零声母音节汉语拼音用隔音字母 w 开头；撮口呼零声母音节汉语拼音用隔音字母 y（yu）开头。开口呼零声母音节汉语拼音字母不表示。

例词：

恩爱 偶尔 额外 洋溢 谣言 医药 万物 忘我 威望 永远 踊跃 孕育 伟业

表1-1 普通话声母总表

声母　发音方法 发音部位			塞音		塞擦音		擦音		鼻音	边音
			清音		清音		清音	浊音	浊音	浊音
			不送气音	送气音	不送气音	送气音				
唇音	双唇音	上唇 下唇	b	p					m	
	唇齿音	上齿 下唇					f			
舌尖前音		舌尖 上齿背			z	c	s			
舌尖中音		舌尖 上齿龈	d	t					n	l

续表

声母 发音方法 发音部位		塞音		塞擦音		擦音		鼻音	边音
		清音		清音		清音	浊音	浊音	浊音
		不送气音	送气音	不送气音	送气音				
舌尖后音	舌尖 硬腭前			zh	ch	sh	r		
舌面音	舌面 硬腭			j	q	x			
舌根音	舌根 软腭	g	k			h			

4.4 韵母

普通话的韵母共有 39 个。

a 巴打铡法	o 波魄抹佛	e 哥社得合	ê 欸	i 闭地七益
u 布亩竹出	ü 女律局域	er 耳二儿而	-i（前）资此思	-i（后）支赤湿日
ai 该太白麦	ei 杯飞黑贼	ao 包高茂勺	ou 头周口肉	ia 加恰下压
ie 爹届别叶	ua 瓜抓刷画	uo 多果若握	üe 靴月略确	iao 标条交药
iou 牛秋九六	uai 怪坏帅外	uei 对穗惠卫	an 半担甘暗	en 本分枕根
in 林巾心因	ün 军寻孕	ian 边点减烟	uan 短川关碗	üan 卷全远
uen 吞寸昏问	ang 当方港航	eng 蓬灯能更	ing 冰丁京杏	ong 东龙冲公
iang 凉江向样	uang 壮窗荒王	ueng 翁	iong 兄永穷	

普通话 39 个韵母中 23 个由元音（单元音或复合元音）充当，16 个由元音附带鼻辅音韵尾构成。普通话韵母的韵头有-i、-u、-ü 三个，韵尾有四个，其中两个元音韵尾-i、-u（包括汉语拼音的拼写形式-o，如 ao、iao 中的-o）和两个辅音韵尾-n、-ng。

普通话的韵母可以分成单韵母、复韵母、鼻韵母三大类：普通话有 10 个单韵母，即：a、o、e、ê、i、u、ü、-i（前）、-i（后）、er。有 13 个复韵母，即：ai、ei、ao、ou、ia、ie、ua、uo、üe、iao、iou、uai、uei。有 16 个鼻韵母，即：an、en、in、ün、ang、eng、ing、ong、ian、uan、üan、uen、iang、uang、ueng、iong。

汉语音韵学还根据韵母开头的实际发音把韵母分为"开口呼""齐齿呼""合口呼""撮口呼"四类。普通话有 15 个开口呼韵母：a、o、e、ai、ei、ao、ou、an、en、ang、eng、ê、-i（前）、-i（后）、er。有 9 个齐齿呼韵母：i、ia、ie、iao、iou、ian、in、iang、ing。有 10 个合口呼韵母：u、ua、uo、uai、uei、uan、uen、uang、ueng、ong。有 5 个撮口呼韵母：ü、üe、üan、ün、iong。

现将普通话韵母（详见表 1-2）的发音描写如下：

4.4.1 单韵母（单元音）的发音

4.4.1.1 舌面元音单韵母

发音时舌位、唇形及开口度始终不变的元音叫单元音。我们可以根据舌位的高低（开口度大小）、舌位的前后、唇形的圆展观察元音。舌面元音舌位唇形，见图1-2。

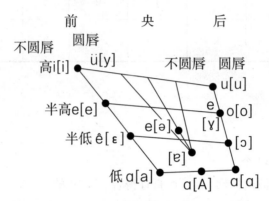

图1-2 舌面元音舌位唇形图

● ɑ［A］ 舌面央低不圆唇元音

口大开，舌尖微离下齿背，舌面中部微微隆起和硬腭后部相对。发音时，声带振动，软腭上升，关闭鼻腔通路。

例词：

打靶 大厦 发达 哈达 蛤蟆 马达 喇叭 哪怕 沙发 打岔

● o［o］ 舌面后半高圆唇元音

上下唇自然拢圆，舌身后缩，舌面后部隆起和软腭相对，舌位介于半高半低之间。发音时，声带振动，软腭上升，关闭鼻腔通路。

例词：

伯伯 婆婆 默默 泼墨 摸索 摩托 没落 婆娑 破获 菠萝

● e［ɤ］ 舌面后半高不圆唇元音

口半闭，展唇，舌身后缩，舌面后部稍隆起和软腭相对，比元音o略高而偏前。发音时，声带振动，软腭上升，关闭鼻腔通路。

例词：

隔阂 合格 客车 特色 折射 这个 苛刻 舍得 色泽 割舍

● ê［ɛ］ 舌面前半低不圆唇元音

口自然打开，展唇，舌尖抵住下齿背，使舌面前部隆起和硬腭相对。发音时，声带振动，软腭上升，关闭鼻腔通路。

韵母ê除语气词"欸"外，单用的机会不多，只出现在复韵母ie、üe中。

• i［i］ 舌面前高不圆唇元音

口微开，两唇呈扁平形，上下齿相对（齐齿），舌尖接触下齿背，使舌面前部隆起和硬腭前部相对。发音时，声带振动，软腭上升，关闭鼻腔通路。

例词：

笔记 激励 基地 记忆 霹雳 习题 极其 提议 洗涤 戏迷

• u［u］ 舌面后高圆唇元音

两唇收缩成圆形，略向前突出；舌后缩，舌面后部高度隆起和软腭相对。发音时，声带振动，软腭上升，关闭鼻腔通路。

例词：

补助 读物 辜负 瀑布 入伍 疏忽 督促 束缚 逐步 葫芦

• ü［y］ 舌面前高圆唇元音

两唇拢圆，略向前突；舌尖抵住下齿背，使舌面前部隆起和硬腭前部相对。发音时，声带振动，软腭上升，关闭鼻腔通路。

例词：

聚居 区域 屈居 须臾 序曲 语序 栩栩 雨具 渔具 豫剧

4.4.1.2 舌尖元音单韵母

• -i（前）［ɿ］ 舌尖前高不圆唇元音

口略开，展唇，舌尖和上齿背相对，保持适当距离。发音时，声带振动，软腭上升，关闭鼻腔通路。这个韵母在普通话里只出现在 z、c、s 声母的后面。

例词：

私自 此次 次子 字词 自私 紫菜 自此 子嗣

• -i（后）［ʅ］ 舌尖后高不圆唇元音

口略开，展唇，舌前端抬起和前硬腭相对。发音时，声带振动，软腭上升，关闭鼻腔通路。这个韵母在普通话里只出现在 zh、ch、sh、r 声母的后面。

例词：

实施 值日 支持 时事 知识 指使 制止 食指

4.4.1.3 卷舌元音

• er［ɚ］ 卷舌央中不圆唇元音

口自然打开，舌位不前不后不高不低，舌前、中部上抬，舌尖向后卷，和硬腭前端相对。发音时，声带振动，软腭上升，关闭鼻腔通路。

例词：

而且 儿歌 耳朵 二胡

4.4.2 复韵母（复合元音）的发音

复韵母由复合元音构成，复合元音指的是发音时舌位、唇形都有变化的元音。也就是说，复合元音的发音是由甲元音的发音状况（开口度、舌位、唇形）快速滑向乙元音的。

4.4.2.1　前响复合元音

普通话前响复合元音共有4个：ai、ei、ao、ou。发音的共同点是元音舌位都是由低向高滑动，开头的元音音素响亮清晰，收尾的元音音素轻短模糊，因此收尾的字母（或音标）只表示舌位移动的方向。

● ai：发音时，起点元音 a [a] 是比单元音 a [A] 舌位靠前的前低不圆唇元音，可以简称为"前 a"。发 a [a] 时，口大开，扁唇，舌面前部略隆起与硬腭相对，舌尖抵住下齿背，声带振动。发 ai [ai] 时，a [a] 清晰响亮，后头的元音 i [i] 含混模糊，只表示舌位滑动的方向。

例词：

爱戴　采摘　海带　开采　拍卖　灾害　彩排　拆台　带来　晒台

● ei：发音时，起点元音是前半高不圆唇元音 e [e]，实际发音舌位略靠后靠下，接近央元音 e [ə]。发 ei [ei] 时，开头的元音 e [e] 清晰响亮，舌尖抵住下齿背，使舌面前部（略后）隆起与硬腭中部相对。从 e [e] 开始舌位升高，向 i [i] 的方向往前高滑动，i [i] 的发音含混模糊，只表示舌位滑动的方向。ei 是普通话中动程较短的复合元音。

例词：

肥美　妹妹　配备　蓓蕾　贝类　内妹

● ao：发音时，起点元音 a [ɑ] 是比单元音 a [A] 舌位靠后的后低不圆唇元音，可以简称为"后 a"。发 a [ɑ] 时，口大开，扁唇，舌头后缩，舌面后部略隆起，声带振动。发 ao [ɑu] 时，a [ɑ] 清晰响亮，后头的元音 o [u] 舌位状态接近单元音 u [u]（拼写作 o，实际发音接近 u），但舌位略低，只表示舌位滑动的方向。

例词：

懊恼　操劳　高潮　唠叨　祷告　骚扰　逃跑　早操　糟糕　早稻

● ou：发音时，起点元音 o 比单元音 o [o] 的舌位略高、略前，唇形略圆。发音时，开头的元音从略带圆唇的央 [ə] 开始，清晰响亮，舌位向 u 的方向滑动，u [u] 的发音含混模糊，比单元音 u 舌位略低，只表示舌位滑动的方向。它是普通话复韵母中动程最短的复合元音。

例词：

丑陋　兜售　口头　偷漏　后头　漏斗　收购　喉头　叩头　筹谋

4.4.2.2　后响复合元音

普通话后响复合元音有5个：ia、ie、ua、uo、üe。它们发音的共同点是舌位由高向低滑动，收尾的元音音素响亮清晰，在韵母中处在韵腹地位，因此舌位移动的终点是确定的。而开头的元音音素都是高元音 i-、u-、ü-，由于它处于韵母的韵头位置，发音不太响亮，比较短促。这些韵头在音节里，特别是零声母音节里，常伴有轻微摩擦。

● ia：发音时，从前高元音 i [i] 开始，舌位滑向央低元音 a [A] 结束。i [i] 的发音较短，ɑ[A]的发音响亮而且时间较长。

例词：

假牙　恰恰　压价　家家

• ie：发音时，从前高元音 i[i]开始，舌位滑向前半低元音 ê[ε]结束。i[i]发音较短，ê[ε]发音响亮而且时间较长。

例词：

结业　歇业　贴切　铁屑　趔趄　谢谢

• uɑ：发音时，从后高圆唇元音 u[u]开始，舌位滑向央低元音 ɑ[A]结束。唇形由最圆逐步展开到不圆。u[u]发音较短，ɑ[A]的发音响亮而且时间较长。

例词：

挂花　耍滑　娃娃　呱呱

• uo：由圆唇后元音复合而成。发音时，从后高元音 u[u]开始，舌位向下滑到后半高元音 o[o]结束。发音过程中，唇形保持圆唇，开头最圆，结尾圆唇度略减。u[u]发音较短，o[o]的发音响亮而且时间较长。

例词：

错落　硕果　脱落　没落　剥夺　堕落　阔绰　陀螺

• üe：由前元音复合而成。发音时，从圆唇的前高元音 ü[y]开始，舌位下滑到前半低元音 ê[ε]，唇形由圆到不圆。ü[y]的发音时间较短，ê[ε]的发音响亮而且时间较长。

例词：

雀跃　约略　绝学　决绝

4.4.2.3　中响复合元音

普通话里的三合元音都是中响复合元音，共有 4 个：iɑo、iou、uɑi、uei。这些韵母发音的共同点是舌位由高向低滑动，再从低向高滑动。开头的元音音素不响亮较短促，在音节里特别是在零声母音节里常伴有轻微的摩擦。中间的元音音素响亮清晰，收尾的元音音素轻短模糊。

• iɑo：发音时，由前高不圆唇元音 i[i]开始，舌位降至后低元音 ɑ[ɑ]，然后再向后高圆唇元音 u[u]的方向滑升。发音过程中，舌位先降后升，由前到后。唇形从中间的元音 ɑ[ɑ]开始由不圆唇变为圆唇。

例词：

吊销　逍遥　疗效　苗条　巧妙　缥缈　叫嚣　萧条　调料　窈窕

• iou：发音时，由前高不圆唇元音 i[i]开始，舌位后移且降至央（略后）元音[ə]，然后再向后高圆唇元音 u[u]的方向滑升。发音过程中，舌位先降后升，由前到后，曲折幅度较大。唇形由不圆唇开始到逐渐圆唇。

例词：

久留　优秀　求救　悠久　绣球　牛油

• uɑi：发音时，由圆唇的后高元音 u[u]开始，舌位向前滑降到前低不圆唇元音 ɑ

[a]（即"前a"），然后再向前高不圆唇元音 i [i] 的方向滑升。舌位动程先降后升，由后到前，曲折幅度大。唇形从最圆开始，逐渐减弱圆唇度，至发前元音 a [a] 始渐变为不圆唇。

例词：

外快　怀揣　乖乖　怀念　拐弯儿

• uei：发音时，由后高圆唇元音 u [u] 开始，舌位向前向下滑到前半高不圆唇元音偏后靠下的位置（相当于央元音 [ə] 偏前的位置），然后再向前高不圆唇元音 i [i] 的方向滑升。发音过程中，舌位先降后升，由后到前，曲折幅度较大。唇形从最圆开始，随着舌位的前移，渐变为不圆唇。

例词：

垂危　归队　悔罪　汇兑　魁伟　追悔　荟萃　推诿　尾随　坠毁

4.4.3　鼻韵母（复合鼻尾音）的发音

鼻韵母是复合鼻尾音充当韵母。复合鼻尾音就是元音音素之后附带一个鼻辅音作为尾音（韵尾）。

普通话韵母有两个辅音韵尾-n [n]、-ng [ŋ]，都是鼻音。韵尾-n 的发音同声母 n-基本相同，只是-n 的部位比 n-靠后，一般是舌面前部向硬腭接触，是舌尖中鼻音。

普通话明确区分以-n 和-ng 为韵尾的两组韵母。普通话有鼻韵母16个，其中以-n 为韵尾的韵母8个：an、en、in、ün、ian、uan、uen、üan；以-ng 为韵尾的韵母8个：ang、eng、ing、ong、iang、uang、ueng、iong。

• an：发音时，起点元音是前低不圆唇元音 a [a]，舌尖抵住下齿背，舌位降到最低，软腭上升，关闭鼻腔通路。从"前a"开始，舌面升高，舌面前部抵住硬腭前部，当两者将要接触时，软腭下降，打开鼻腔通路，紧接着舌面前部与硬腭前部闭合，使在口腔受到阻碍的气流从鼻腔里透出。口形由开到合，舌位移动较大。

例词：

参战　反感　烂漫　泛滥　肝胆　谈判　坦然　赞叹　展览　贪婪

• en：发音时，起点元音是央元音 e [ə]，舌位中性（不高不低不前不后），舌尖接触下齿背，舌面隆起部位受韵尾影响略靠前。从央元音 e [ə] 开始，舌面升高，舌面前部抵住硬腭前部，当两者将要接触时，软腭下降，打开鼻腔通路，紧接着舌面前部与硬腭前部闭合，使在口腔受到阻碍的气流从鼻腔里透出。口形由开到闭，舌位移动较小。

例词：

根本　门诊　人参　本分　愤恨　认真　深沉　振奋　沉闷　审慎

• in：发音时，起点元音是前高不圆唇元音 i [i]，舌尖抵住下齿背，软腭上升，关闭鼻腔通路。从舌位最高的前元音 i [i] 开始，舌面升高，舌面前部抵住硬腭前部，当两者将要接触时，软腭下降，打开鼻腔通路，紧接着舌面前部与硬腭前部闭合，使在口腔受到阻碍的气流从鼻腔透出。开口度几乎没有变化，舌位动程很小。

例词：

近邻　辛勤　拼音　引进　信心　濒临　亲近　薪金　音频　尽心

● ün：发音时，起点元音是前高圆唇元音 ü［y］，与 in 的发音过程基本相同，只是唇形变化不同。从圆唇的前元音 ü 开始，唇形从圆唇逐步展开，而 in 的唇形始终是展唇。

例词：

军训　群众　均匀　循环　芸芸　询问　允许　韵律　巡回　遵循

● ian：发音时，从前高不圆唇元音 i［i］开始，舌位向前低元音 a［a］（前 a）的方向滑降，舌位只降到半低前元音 ê［ɛ］的位置就开始升高。发 ê［ɛ］后，软腭下降，逐渐增强鼻音色彩，舌尖迅速移到上齿龈，最后抵住上齿龈做出发鼻音-n 的状态。

例词：

艰险　前天　简便　浅显　连篇　田间　检验　天仙　见面　沿线

● uan：发音时，由圆唇的后高元音 u［u］开始，口形迅速由合口变为开口状，舌位向前迅速滑降到不圆唇的前低元音 a［a］（前 a）的位置就开始升高。发 a［a］后，软腭下降，逐渐增强鼻音色彩，舌尖迅速移到上齿龈，最后抵住上齿龈做出发鼻音-n 的状态。

例词：

贯穿　软缎　酸软　转弯　宦官　婉转　专款　转换　缓缓　串换

● üan：发音时，由圆唇的前高元音 ü［y］开始，向前低元音 a［a］的方向滑降。舌位只降到前半低元音 ê［ɛ］略后的位置就开始升高。发 ê［ɛ］后，软腭下降，逐渐增强鼻音色彩，舌尖迅速移到上齿龈，最后抵住上齿龈做出发鼻音-n 的状态。

例词：

源泉　全权　轩辕　渊源　涓涓　周旋　夙愿　画卷　票券　绚烂

● uen：发音时，由圆唇的后高元音 u［u］开始，向央元音 e［ə］的位置滑降；然后舌位升高。发 e［ə］后，软腭下降，逐渐增强鼻音色彩，舌尖迅速移到上齿龈，最后抵住上齿龈做出发鼻音-n 的状态。唇形由圆唇在向中间折点元音滑动的过程中渐变为展唇。

例词：

昆仑　温存　温顺　困顿　滚轮　论文　馄饨　谆谆　春笋　损失

● ang：发音时，起点元音是后低不圆唇元音 a［ɑ］（后 a），口大开，舌尖离开下齿背，舌头后缩。从"后 a"开始，舌面后部抬起，当贴近软腭时，软腭下降，打开鼻腔通路，紧接着舌根与软腭接触，封闭了口腔通路，气流从鼻腔里透出。

例词：

帮忙　苍茫　当场　放荡　账房　刚刚　商场　上当　烫伤　张扬

● eng：发音时，起点元音是央元音 e［ə］。从 e［ə］开始，舌面后部抬起，贴向软腭。当两者将要接触时，软腭下降，打开鼻腔通路，紧接着舌面后部抵住软腭，使在口腔受到阻碍的气流从鼻腔里透出。

例词：

承蒙　丰盛　更正　逞能　萌生　声称　升腾　风筝

● ing：发音时，起点元音是前高不圆唇元音 i［i］，舌尖接触下齿背，舌面前部隆起。

从 i［i］开始，舌面隆起部位不降低，一直后移，舌尖离开下齿背，逐步使舌面后部隆起，贴向软腭。当两者将要接触时，软腭下降，打开鼻腔通路，紧接着舌面后部抵住软腭，封闭口腔通路，气流从鼻腔透出。口形没有明显变化。

例词：

叮咛　经营　命令　惊醒　倾听　评定　清静　姓名　性命　影评

• ong：发音时，起点元音是后高圆唇元音 u［u］，但比 u 的舌位略低一点，舌尖离开下齿背，舌头后缩，舌面后部隆起，软腭上升，关闭鼻腔通路。从 u［u］开始，舌面后部贴向软腭，当两者将要接触时，软腭下降，打开鼻腔通路，紧接着舌面后部抵住软腭，封闭口腔通路，气流从鼻腔里透出。唇形始终拢圆。

例词：

共同　轰动　空洞　浓重　工种　隆重　通融　恐龙　童工　统共

• iang：发音时，由前高不圆唇元音 i［i］开始，舌位向后滑降到后低元音 ɑ［ɑ］（后 ɑ），然后舌位升高，持续鼻音-ng。

例词：

两样　洋相　响亮　想象　向阳　粮饷　踉跄　湘江　良将　亮相

• uang：发音时，由圆唇的后高元音 u［u］开始，舌位滑降至后低元音 ɑ［ɑ］（后 ɑ），然后舌位升高，持续鼻音-ng。唇形从圆唇在向折点元音的滑动中渐变为展唇。

例词：

狂妄　双簧　状况　往往　床铺　窗框　装潢　空旷　忘记　闯将

• ueng：发音时，由圆唇的后高元音 u［u］开始，舌位滑降到央元音 e［ə］的位置，然后舌位升高，持续鼻音-ng。唇形从圆唇在向中间折点元音滑动过程中渐变为展唇。在普通话里，韵母 ueng 只有一种零声母的音节形式 weng。

例词：

蕹菜　水瓮　老翁　主人翁　瓮声瓮气

• iong：发音时，起点元音是舌面前高圆唇元音 ü［y］，发 ü［y］后，软腭下降，打开鼻腔通路，紧接着舌面后部抵住软腭，封闭口腔通路，气流从鼻腔里透出。

例词：

炯炯　汹涌　永远　英勇　游泳　窘迫　贫穷　雄伟

表 1－2　普通话韵母总表

韵母 按口形 按结构	开口呼	齐齿呼	合口呼	撮口呼
单韵母 （10个）	-i（前，后）	i	u	ü
	ɑ	iɑ		
	o			
	e			
	ê	ie		üe
	er			

按口形 韵母 按结构	开口呼	齐齿呼	合口呼	撮口呼
复韵母 （13个）	ai		uai	
	ei		uei	
	ao	iao	ua	
	ou	iou	uo	
鼻韵母 （16个）	an	ian	uan	üan
	en	in	uen	ün
	ang	iang	uang	
	eng	ing	ueng	
			ong	iong

4.5　声调

普通话共有 4 个声调：

阴平 –　江山多娇

阳平 ⁄　和平人民

上声 ∨　永远友好

去声 ＼　胜利闭幕

声调就是声音的高低升降的变化。声调主要由音高的变化构成，具有区别意义的作用。

声调包括调值和调类两个方面：调值就是声调的实际音值或读法，指声调高低、升降、曲直的变化形式，可以用"五度标记法"来标记调值的相对音高（普通话调值五度标记，见图 1-3）。调类是声调的种类，就是把调值相同的字归纳在一起所建立的类，普通话里有四种基本的调类，即阴平、阳平、上声、去声。

● 阴平（第一声）——高平调，调值为 55。发音时，声带绷到最紧，始终没有明显变化，保持高音（"最紧"是相对的，下同）。

例字：方 编 端 亏 宣 装 酸 挑 坡 高 都 阶 哥 说 纠 东

● 阳平（第二声）——高升调，调值为 35。发音时，声带从不松不紧开始，逐渐绷紧，到最紧为止，声音由不低不高升到最高。

例字：然 人 棉 连 年 全 怀 情 油 盘 肥 谈 朋 牛 其 琳

● 上声（第三声）——降升调，调值为 214。发音时，声带从略微有些紧张开始，立刻松弛下来，稍稍延长，然后迅速绷紧，但没有绷到最紧。发音过程中，声音主要表现在低音段 1~2 度，成为上声的基本特征。上声的音长在普通话 4 个声调中是最长的。

例字：惹 秒 碾 脸 广 九 闯 扁 鸟 好 捆 炯 表 瞟 党 挺

● 去声（第四声）——全降调，调值为51。发音时，声带从紧开始，到完全松弛为止。声音由高到低。去声的音长在普通话4个声调中是最短的。

例字：辣 热 卖 浪 面 片 掉 换 剩 旧 略 质 暂 釉 铐 拽

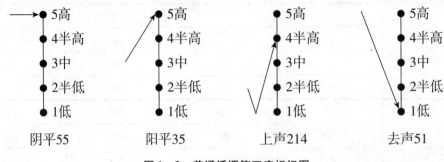

图1-3 普通话调值五度标记图

4.6 音节

音节是语音的基本结构单位，也是自然感到的最小语音片段。每发一个音节时，发音器官的肌肉，特别是喉部的肌肉都明显地紧张一下，每一次肌肉的紧张度增而复减，就形成一个音节。一个音节可以是由一个音素构成，也可以是由几个音素合成的。例如"饿"（è）、"阿"（ā）、"鱼"（yú）、"衣"（yī）就是由一个音素构成的音节；"普通话"（pǔ tōng huà）这三个音节分别就是由两个或两个以上音素合成的音节。一般来说，一个汉字就代表一个音节。

普通话的音节一般是由声母、韵母和声调构成的。有些比较复杂的韵母内部又分韵头（介音）、韵腹（主要元音）和韵尾三个部分。韵腹是音节中的主要元音，充当韵腹的元音有a、o、e、ê、i、u、ü、er、-i（前，后）。韵腹前面的元音就是韵头（介音），可以充当韵头的只有高元音i、u、ü。韵腹后面的音素就是韵尾，可以充当韵尾的只有高元音i、u和鼻辅音n、ng。音节的基本结构形式见表1-3。

表1-3 普通话音节结构表

音节 结构 例 字		声母	韵母			声调
			韵头（介音）	韵腹（主要元音）	韵尾（元音）（辅音）	
小	xiǎo	x	i	a	o	上声
元	yuán		ü	a	n	阳平
生	shēng	sh		e	ng	阴平
活	huó	h	u	o		阳平
爱	ài			a	i	去声
习	xí	x		i		阳平
武	wǔ			u		上声

普通话音节结构有以下一些特点：

（1）单元音韵母、复元音韵母和带鼻音韵母绝大多数能自成音节，这类音节没有声母（或称零声母）。如 ēn（恩）。

（2）每一个音节都有韵腹和声调，有的音节可以没有声母、韵头和韵尾。如 ā（阿）。

（3）在有辅音的音节里，辅音只出现在开头或末尾，没有两个辅音连续排列出现的现象。

（4）可以有三个元音连续排列的现象，分别充当韵母的韵头、韵腹和韵尾。如 niǎo（鸟）。

（5）汉语一个音节最多有 4 个音素，如 zhuāng（庄）；最少只有一个音素，如 ā（阿）。

4.7　音变

音变是指在语流中，连着念的音素、音节或声调因为前后互相影响而发生变化的现象。这里谈的音变是共时的语流音变，主要是连读音变。主要包括变调、轻声、儿化和语气词"啊"的音变。

4.7.1　变调

在语流中，有些音节的声调起了一定的变化，与单读时调值不同，这种变化叫作变调。例如"美""好"连着念，听起来像是"梅好"。在普通话中，最常见的变调有下列几种：

4.7.1.1　上声变调

上声在阴平、阳平、上声、去声前都会产生变调，读完全的上声原调的机会很少，只有在单念或处在词语、句子的末尾时才有可能读原调。

（1）上声在阴平、阳平、去声、轻声前，即在非上声前，丢掉后半段"14"上升的尾巴，调值由 214 变为半上声 211。例如：

（上声 + 阴平）

百般　取消　摆脱　保温　老师　省心　警钟　抹杀　火车　粉丝

（上声 + 阳平）

祖国　旅行　导游　雪白　女人　改革　朗读　考察　网球　揣摩

（上声 + 去声）

广大　讨论　挑战　损害　反对　土地　感谢　稿件　窘迫　采纳

上声在轻声前调值也变成半上声 211。例如：

脑袋　斧子　奶奶　尾巴　老婆　爪子　马虎　口袋　伙计　嘴巴

（2）两个上声相连，前一个上声的调值变为 35。例如：

（上声 + 上声）

懒散　品种　扭转　手指　母语　请帖　海岛　卷尺　采访　小组

旅馆　广场　所有　首长　减少　简短　古典　勇敢　粉笔　火警

（3）三个上声相连的变调。

三个上声音节相连，如果后面没有其他音节，也不带什么语气，末尾音节一般不变调。开头、当中的上声音节有两种变调：

第一种：当词语的结构是"双单格"时，开头、当中的上声音节调值变为35，跟阳平的调值一样。例如：

手写体　展览馆　管理者　选举法　洗脸水　水彩笔　打靶场　勇敢者

第二种：当词语的结构是"单双格"，开头音节处在被强调的逻辑重音时，读作"半上"，调值变为211，当中音节则按两字组变调规律调值变为35。例如：

党小组　撒火种　冷处理　耍笔杆　小两口　纸老虎　老保守　小拇指

4.7.1.2 "一""不"的变调

普通话还有"一""七""八""不"的变调。由于普通话中"七""八"已经趋向于不变调，学习普通话只要求掌握"一""不"的变调。

（1）"一"字变调："一"的单字调值是阴平55，在单念或处在词句末尾的时候，不变调。

1）在去声音节前调值变为35，跟阳平的调值一样。例如：

一半　一旦　一会儿　一切　一线　一度　一概　一共　一个　一再

2）在阴平、阳平、上声前，即在非去声前，调值变为51，跟去声的调值一样。例如：

（阴平前）

一般　一边　一身　一桌　一端　一生　一经　一天　一瞥　一些

（阳平前）

一连　一同　一齐　一头　一如　一行　一年　一直　一时　一群

（上声前）

一举　一手　一口　一体　一览　一统　一种　一早　一起　一准

3）当"一"作为序数表示"第一"时，不变调。例如："一楼"的"一"不变调，表示"第一楼"或"第一层楼"，而变调表示"全楼"。"一班"的"一"不变调表示第一个班级，变调表示"全班"。"一连"的"一"不变调表示"第一连"，而变调则表示"全连"，副词"一连"中的"一"也变调，如"一连五天"。

（2）"不"字变调："不"的单字调值是去声51，在单念或处在词句末尾的时候，不变调。当"不"在去声音节前，调值变为35，跟阳平的调值一样。例如：

不必　不变　不便　不测　不错　不待　不要　不但　不定　不是

（3）当"一"嵌在重叠式的动词之间，"不"夹在动词或形容词之间，夹在动词和补语之间时，轻读，属于"次轻音"。例如：听一听、学一学、写一写、看一看、穿不穿、谈不谈、买不买、去不去、会不会、缺不缺、红不红、好不好、大不大、看不清、起不来、拿不动、打不开。由于"次轻音"的声调仍依稀可见，当"一"和"不"夹在两个音节中间时，不是依前一个音节变为轻声的调值，而是当音量稍有加强，就依后一个音节产生变调，变调规律如前。例如：听一听、看一看、会不会。

4.7.1.3 重叠形容词的变调

（1）AA式—单音节的形容词重叠。

叠字形容词AA式第二个音节原字调是阳平、上声、去声（非阴平）时，声调可以变为高平调55，跟阴平的调值一样。例如（为了教学方便，以下叠字形容词均标变调，但在注音读物中通常标原调，不标变调）：

红红 hóng hōng   满满 mǎnmān   饱饱 bǎobāo   大大 dàdā

在口语中常带上"儿尾"，读作"儿化韵"，大多表示期望、祈令、要求，语气温和婉转。例如：

hǎohāor（de）	kuàikuāir（de）	wěnwēnr（de）
好好儿（地）	快快儿（地）	稳稳儿（地）
zǎozāor（de）	mànmānr（de）	chángchāngr（de）
早早儿（地）	慢慢儿（地）	长长儿（的）

实际运用中，应注意以下几种情况：

1）附加"儿尾"的变调口语色彩很浓，书面语形式一般不加"儿尾"。例如："好好学习，天天向上。"

2）用AA式描写当时的情况，可以不变调。例如：大大（气球变得大大的）、满满（满满地斟了一杯茶）。

3）当口语中AA式读"儿化韵"时，第二个音节均要变调。

（2）AABB式—双音节的形容词重叠。

第二个音节轻读，后面的重叠部分可以都变成阴平（第一声）。例如：

piàopiaoliāngliāng	lǎolaoshīshī	zhěngzhengqīqī
漂漂亮亮	老老实实	整整齐齐
gānganjīngjīng	pòpolànlàn	shūshufūfū,
干干净净	破破烂烂	舒舒服服

（3）ABB式—后面重叠的两个音节可以变为阴平（第一声）。例如：

huángdēngdēng	ruǎnmiānmiān	hóngtōngtōng
黄澄澄	软绵绵	红彤彤
chéndiāndiān	xiàoyīngyīng	huǒlālā
沉甸甸	笑盈盈	火辣辣

注意：1）ABB式、AABB式读得缓慢，也可以不变调。

2）一部分书面语的叠字形容词不能变调。例如：白皑皑、金闪闪、喜洋洋、空荡荡、赤裸裸、轰轰烈烈、堂堂正正、沸沸扬扬、呜呜咽咽、闪闪烁烁。

4.7.2 轻声

轻声是一种特殊的变调现象，即在一定的条件下读得又轻又短的调子。有些轻声音节具有区别意义和区分词性作用。由于它长期处于口语轻读音节的地位，失去了原有声调的调值，又重新构成自身特有的音高形式，听感上显得轻短模糊。普通话的轻声都是从阴平、阳平、上声、去声四个声调变化而来，例如：哥哥、婆婆、姐姐、弟弟。说它"特殊"，是因为这种变调总是根据前一个音节声调的调值决定后一个轻声音节的调值，而不论后一个音节原调调值的具体形式。

轻声作为一种变调的语音现象，一定体现在词语和句子中，因此轻声音节的读音不能独立存在。普通话轻声音节的调值有两种形式：

（1）当前面一个音节的声调是阴平、阳平、去声的时候，后面一个轻声音节的调形是短促的低降调，调值为31。例如：

（阴平·轻声）他的　桌子　说了　哥哥　先生　休息
　　　　　　玻璃　姑娘　清楚　家伙　庄稼　饥荒
（阳平·轻声）红的　房子　晴了　婆婆　活泼　泥鳅
　　　　　　粮食　胡琴　萝卜　行李　头发　蘑菇
（去声·轻声）坏的　扇子　睡了　弟弟　丈夫　意思
　　　　　　困难　骆驼　豆腐　吓唬　漂亮　妹妹

（2）当前面一个音节的声调是上声的时候，后面一个轻声音节的调形是短促的半高平调，调值为44。例如：

（上声·轻声）我的　斧子　起了　姐姐　喇叭　老实
　　　　　　脊梁　马虎　耳朵　使唤　嘱咐　口袋

4.7.2.1　轻声音节的特点

（1）存在于词语和句子中。

（2）一般在词中、词末或句中、句末，绝不会再词头或句首。

（3）决定轻声的因素，主要是音长短，其次是音高低。

在普通话中轻声的主要作用是区别意义和词性，例如：

兄弟 xiōngdi（弟弟）　　　　　　　兄弟 xiōngdì（哥哥和弟弟）

是非 shìfei（纠纷）　　　　　　　是非 shìfēi（正确的错误）

练习 liànxi（动词）　　　　　　　练习 liànxí（名词）

4.7.2.2　轻声的规律

（1）语法轻声（有规律的）。

1）助词读轻声。助词包括结构助词（"的""地""得"）、时态助词（"着""了""过"）、语气助词（"啊""吧""吗""呢"）。例如：

tā·de　　　mànmān·de　　　chòu·dehen　　　xiào·zhe　　　zǒu·le
他的　　　慢慢地　　　　臭得很　　　　笑着　　　　走了

kàn·guo　　lái·ba　　　zǒu·ma　　　shuí·ne　　　hǎo·a
看过　　　来吧　　　　走吗　　　　谁呢　　　　好啊

2）名词的后缀读轻声。双音节词大部分是合成词，这些合成词中，有的语素意义实在，称为词根；少数语素只出现在词根的前后，只有语法意义，没有实在意义，我们称之为词缀。在词根后面的词缀如"子、头、们"等都读轻声，例如：

gēn·zi	xiù·zi	zhuō·zi	xié·zi	chē·zi
根子	袖子	桌子	鞋子	车子
yǐ·zi	zhào·tou	fēng·tou	gǎo·tou	shé·tou
椅子	兆头	风头	镐头	舌头
shí·tou	mán·tou	wǒ·men	tā·men	nǐ·men
石头	馒头	我们	他们	你们
rén·men	dàmā·men			
人们	大妈们			

3）叠音的名词读轻声。有些名词是两个音节重叠，表现在汉字上就是相同的两个字。这种叠音名词的后一个音节一般读成轻声。例如：

bà·ba	yé·ye	nǎi·nai	gē·ge	jiě·jie
爸爸	爷爷	奶奶	哥哥	姐姐
xīng·xing	bǎo·bao	lǎo·lao	shū·shu	shěn·shen
星星	宝宝	姥姥	叔叔	婶婶
dì·di	jiù·jiu			
弟弟	舅舅			

4）动词的尝试态读轻声。有些动词重叠，表示一种尝试着做的意思，这种形式的后一个音节一般也读成轻声。例如：

kàn·kan	zǒu·zou	xiǎng·xiang	tīng·ting	dú·du
看看	走走	想想	听听	读读
xiě·xie	huà·hua	xiào·xiao	shì·shi	tán·tan
写写	画画	笑笑	试试	谈谈

5）方位名词读轻声。在名词、代词后面的表示方位的词可以读成轻声。例如：

shù·shang	xiāng·xia	dì·shang	huái·li
树上	乡下	地上	怀里
guìdǐng·shang	xiǎolù·shang	tiān·shang	píngrì·li
柜顶上	小路上	天上	平日里

6）趋向词读轻声。动词后面的表示趋向的词，往往也可以读成轻声。例如：

jìn·lai	chū·qu	tiào·xialai	pá·shang
进来	出去	跳下来	爬上
kànxià·qu	chàngqǐ·lai	xiào·qilai	zuò·xia
看下去	唱起来	笑起来	坐下

7）有一个相同词素的一组词，一般都读轻声，可以集中记忆。例如：

| huài·chu | hài·chu | nán·chu | yì·chu | cháng·chu |

坏处	害处	难处	益处	长处
duǎn·chu	pí·jiang	wǎ·jiang	mù·jiang	qī·jiang
短处	皮匠	瓦匠	木匠	漆匠
tiě·jiang	xié·jiang	xiu·qi	míng·qi	kuò·qi
铁匠	鞋匠	秀气	名气	阔气
jié·qi	xiǎo·qi	kè·qi		
节气	小气	客气		

（2）积累习惯轻声（无规律的）。

普通话中大部分轻声词语是习惯上读轻声的，没有规律。这些词语需要在学习和运用普通话过程中多记多练，逐步加以积累。例如：

薄荷	玻璃	簸箕	葡萄	裁缝	苍蝇	柴火	出息	畜生	称呼	刺激	凑合	奤拉
聪明	窗户	大方	翻腾	地方	东西	动弹	豆腐	对头	哈欠	含糊	核桃	合同
狐狸	葫芦	迷糊	糊涂	暖和	疙瘩							

（3）辨别容易读错的轻声词。

把手	本事	部分	长处	凑合	打扮	打发	打量	打算	打听	耽误	倒腾	东边
动静	队伍	对付	富余	告诉	骨头	故事	规矩	活泼	伙计	机灵	脊梁	记号
记性	宽敞	厉害	力量	玫瑰	牌楼	清楚	情形	任务	烧饼	生意	牲口	时候
事情	收成	收拾	说法	岁数	踏实	特务	听见	妯娌	委屈	位置	稳当	学生
胭脂	应酬	云彩	早上	招牌	指甲	琢磨	趔趄	牙碜	扫帚	模糊	主意

4.7.3 儿化

普通话的儿化现象主要由词尾"儿"变化而来。词尾"儿"本是一个独立的音节，由于口语中处于轻读的地位，长期与前面的音节顺利地连读而产生音变，"儿"（er）失去了独立性，"化"到前一个音节上，只保持一个卷舌动作，使两个音节融合成为一个音节，前面音节里的韵母或多或少地发生变化。这种语音现象就是"儿化"。我们把这种带有卷舌色彩的韵母称作"儿化韵"。儿化这种语音现象，跟词汇、语法有密切的关系，它具有以下作用：

儿化有区别词义的作用，如"头"是指脑袋，"头儿"是指领导。

儿化有区别词性的作用，如"画"是动词，"画儿"是名词。

儿化能表示轻微和细小的意思，如纸条儿、药丸儿、小不点儿。

儿化能表示亲切、喜爱的感情，如鲜花儿、小鸟儿、小孩儿、小脸蛋儿等，加不加儿化韵感觉不一样。

（1）儿化韵音变规则。

儿化音变的基本性质是使一个音节的主要元音带上卷舌色彩（-r 是儿化韵的形容性符号，不把它作为一个音素看待）。儿化韵的音变条件，取决于韵腹元音是否便于发生卷舌动作。

1）儿化音变是从后向前使韵腹（主要元音）、韵尾（尾音）发生变化，对声母和韵头

i-、ü-没有影响。

2）丢掉韵尾-i、-n、-ng。

3）在主要元音上（主要元音是 i、ü 时除外）加卷舌动作。这些主要元音大多数变为带有卷舌色彩的央元音 ar 和 er。

4）在主要元音 i、ü 后面加 er。包括原形韵母 5 个：i、in、ing、ü、ün。另外，儿化时舌尖元音-i（前）和-i（后）的后面加上一个 er，实际读音是用 er 替换了原来的韵母。

5）后鼻尾音韵母儿化时，除丢掉韵尾-ng 外，往往使主要元音鼻化。

普通话 39 个韵母，除本身已是卷舌韵母的 er 外，理论上都可以儿化，但口语中韵母 ê、o、ueng（把 bo、po、mo、fo 中后边的 o 看作是 uo 的省略。认为"瓮"可以儿化的观点比较勉强）未见儿化词，实际只是 35 个韵母可以儿化。

（2）儿化韵和儿化词的发音举例（见附录 2）。

4.7.4　语气词"啊"

语气助词"啊"单独的读音是 a，它时常出现在句末或句中的停顿处，表示语气缓和，增加感情色彩。由于"啊"总是出现在其他音节之后，因"连音同化"或"连音异化"而产生增音现象，因此，其读音随着前面音节的末尾音素而发生变化（见表 1－4）。

表 1－4　语气词"啊"的音变

序号	"啊"前面音节末尾音素	"啊"的音变	汉字写法	举　　　　例
1	a、o（ao、iao 除外）、e、ê、i、ü	ya	啊、呀	红花啊（呀）　爬坡啊（呀） 唱歌啊（呀）　好学啊（呀） 大衣啊（呀）　下雨啊（呀）
2	u（包括 ao、iao）	wa	啊、哇	别哭啊（哇）　好巧啊（哇） 快走啊（哇）　加油啊（哇）
3	n	na	啊、哪	上班啊（哪）　冒烟啊（哪）
4	ng	ng	啊	好香啊　真行啊　快长啊　老翁啊
5	-i（后）、er	ra	啊	同志啊　好吃啊　老二啊　开门儿啊
6	-i（前）	[zA]	啊	孩子啊　几次啊　工资啊　有刺啊

读准下面句子里"啊"的音变：

（1）前面音节末尾音素是 a、o（ao、iao 除外）、e、ê、i、ü：

获奖的原来是他啊（tā ya）！

赶快回家啊（jiā ya）！

今天写了这么多啊（duō ya）？

这件衣服是她的啊（de ya）！

他们家真节约啊（yuē ya）！

应该奖励你啊（nǐ ya）！

明天又会下雨啊（yǔ ya）？

（2）前面音节末尾音素是 u（包括 ao、iao）：

您老人家真幸福啊（fú wa）！

在家要好好看书啊（shū wa）！

桂林的山真秀啊（xiù wa）！

老师对我们真好啊（hǎo wa）！

她的手真巧啊（qiǎo wa）！

（3）前面音节末尾音素是 n：

这块丑石，多占地面啊（miàn na）！

雪大路滑，当心啊（xīn na）！

他的枪法真准啊（zhǔn na）！

他真是个好心人啊（rén na）！

（4）前面音节末尾音素是 ng：

唱啊唱（chàng nga chàng），嘤嘤有韵。

这是怎样一个妄想啊（xiǎng nga）！

多好听啊（tīng nga）！

这东西怎么用啊（yòng nga）！

（5）前面音节末尾音素是-i（后）、er：

是啊（shì ra），我们有自己的祖国，小鸟也有它的归宿。

没办法治啊（zhì ra）！

他今年四十二啊（èr ra）！

多好玩儿啊（wánr ra）！

（6）前面音节末尾音音素是-i（前）：

多美的字啊（zì［ZA］）！

这是第几次啊（cì［ZA］）？

那是什么公司啊（sī［ZA］）？

五、我学会了什么

本章我们学习了普通话的语音性质，声母的发音部位、发音方法，韵母的发音方法，以及声调、音变、轻声等普通话发音的基础知识。我们需要在日常的交流中有针对性地纠正发音中存在的问题，达到吐字归音的要求。

六、互动地带

1. 小刘是北方人，一次他在广州某公园打听"缆车"在哪儿，当地人很热心地为他指路。可是，令他啼笑皆非的是，按答案寻去，找到的却是"男厕"。

2. 小李逛街时遇到一位老朋友带着孩子去书店，忙上前打招呼，并赞道："这个小'狼孩'可真可爱啊！"

讨论与思考：你能说说小刘和小李为什么遭遇尴尬吗？

3. 小伍是一家香港公司驻北京办事处的职员。有一天，公司派他和另外两位北京同事去机场接人。小伍在街上给同事打电话。他边走边说："什么时候去劫机？咱们三个一起去劫吗？"一名公安听见了，就上前扭住问小伍："说，你们要去哪劫机？你的同伙现在在哪？"小伍吓坏了说："哎哟，对不起。我是说接（jiē）机，不是劫（jié）机。"

七、复习思考题

1. 什么是声母？声母按发音部位分为哪几种？声母的发音方法包括哪些方面？

2. 什么是韵母？韵母按结构可以分成哪几类？

3. 什么是调值、调类？怎样读好每类调值？

4. 什么叫变调？普通话中常见的变调有哪几种？

5. 什么是轻声？请举例说明轻声的发音规律。

6. 请简述语气词"啊"的主要音变规律。

八、实训练习与操作

1. 实训项目：班会上，用普通话谈谈你自己。

实训目标：能够用标准的普通话介绍自己。

实训要求：发音准确、到位，字正腔圆，流利大方，声音洪亮。

实训成果与检测：学生轮流自我介绍，教师与其他同学进行检测与点评。

2. 实训项目：朗读一篇自己喜欢的短文（400 字左右）。

实训目标：能够用标准的普通话朗读。

实训要求：发音准确、到位，字正腔圆，停连、重音恰当，流利有感情。

九、岗位显身手

结合自己的专业，设想一组工作场景的对话，编写后用普通话进行对话演练。

十、我的拓展阅读资料

现代汉语的七个孩子　　上声和上声相连的　　　"一""不"变调的　　　双音节轻声词
　　　　　　　　　　　双音节词语选　　　　双音节词语选

第 2 篇

测试篇

第2章 普通话水平等级测试

一、我要学什么

1. 了解普通话水平测试的目的、意义；
2. 了解普通话测试的形式、内容、评分标准及相应行业的普通话等级要求；
3. 学习测试技巧，纠正自己的错误发音。

二、我要达到的目标

1. 学会分清翘舌音与平舌音、鼻音与边音、单韵母的唇形和舌位；
2. 能够读准调值、多音字、轻声儿化，区分形近字；
3. 学会按词连读、运用语气、讲究轻重格式；
4. 学会不同类型作品的朗读；
5. 掌握介绍类、评述类命题说话的技巧。

三、课前脑运动

军训的时候练习踢腿
一排人要把腿抬得一样高
教官是重庆人
一边让我们使劲抬一边说

有些**口音重的领导**讲话
要是不配个翻译
根本听不懂讲的是啥

有一次学校的警卫做错了事
但是不肯认错**一直为自己辩解**
校长很生气怒吼了一句**枪毙**！
我吓了一跳
这时主任说刚才校长说得是**强辩**
我们和警卫小哥都差点被吓尿了
以为校长是不是有什么黑道背景

> 再抬高点，
> 抬一个孩子那么高！

> 我……我官，
> 不如谁您家孩子一般多高……

（重庆话中"孩子"是指"鞋子"）

> 兔子们，煮一下！
> 不要酱瓜，咸菜太贵啦！

> 额，领导的意思是，同志们，
> 注意下，不要讲话，现在开会啦！

方言八级翻译

> 饶了我吧，我还有老婆孩子

思考：怎么解决上述的问题？

四、涨 知 识

4.1 普通话水平测试概说

4.1.1 普通话水平测试的目的和意义

我国是多民族、多语言、多方言的人口大国。语言不通、方言隔阂阻碍着社会交际，影响着现代化的经济、政治、文化等各项事业的顺利进行。因此，推广普及全国通用的普通话，是建设社会主义现代化强国的一项基础性工程。

推广普通话是社会主义精神文明建设的重要内容，是普及文化教育、发展科学技术、提高工作效率、适应市场经济和信息社会的需要。普通话是以汉语文授课的各级各类学校的教学语言和校园语言，是以汉语传送的各级广播电台、电视台的宣传语言，是汉语电影、电视、话剧必须使用的规范语言，是党政机关、团体、企事业单位的工作语言，是不同方言区的人们进行交际的通用语言。掌握和使用一定水平的普通话，是进行现代化建设的各行各业人员，特别是教师、播音员、节目主持人、演员、国家公务员和社会"窗口"行业服务人员等必备的职业素质。

在语言生活实际中，人们掌握普通话的水平是有差异的，而且也不必要求每个人都说十分标准的普通话。但从社会交际的实际出发，有必要对特定岗位的工作人员提出掌握普通话水平的不同要求，对担负语言示范责任的工作人员必须提出较高的要求。1994 年 10 月，国家语言文字工作委员会、国家教育委员会、广播电影电视部联合下发了《关于开展普通话水平测试工作的决定》，明确规定：从 1995 年起，在一定范围内对某些岗位人员进行普通话水平测试，逐步实行持普通话等级证书上岗制度。2001 年 1 月 1 日实施的《国家通用语言文字法》第十九条第一款规定："凡以普通话作为工作语言的岗位，其工作人员应当具备说普通话的能力。"第二款规定："以普通话作为工作语言的播音员、节目主持人和影视话剧演员、教师、国家机关工作人员的普通话水平，应当分别达到国家规定的等级标准；对尚未达到国家规定的普通话等级标准的，分别依情况进行培训。"

个人的普通话水平等级，是通过普通话水平测试得以确认的。普通话水平测试是判定应试人掌握普通话的规范程度和运用普通话能力的口语考试。经过多年的研究和实践，国家语言文字工作委员会颁布了《普通话水平测试大纲》和《普通话水平测试等级标准（试行）》，明确指出：普通话水平测试是对应试人员运用普通话所达到的标准程度的检测和评定，不是普通话系统知识的考试，不是文化水平的考核，也不是口才的评估。普通话水平测试是推广普通话的一种重要途径，可以进一步推动普及普通话工作的深入开展，充分发挥普通话在文化教育、市场经济、现代化建设和提高全民族素质中的作用。

4.1.2　测试的标准

普通话水平划分为三级六等，级和等实行量化评分。"一级"是能说相当标准的普通话，语音、词汇、语法极少出错；"二级"能说比较标准的普通话，方音不重，词汇、语法较少出错；"三级"能说一般标准的普通话，不同方言区的人能听懂。每一级中都存在着水平相对高低的甲乙两个档次。具体标准和要求如下：

一　级

甲等：朗读和自由交谈时，语音标准，词汇、语法正确无误，语调自然，表达流畅。测试总失分率在3%以内（得分在97分以上）。

乙等：朗读和自由交谈时，语音标准，词汇、语法正确无误，语调自然，表达流畅。偶然有字音、字调失误。测试总分失分率在8%以内（得分在92~96.9分）。

二　级

甲等：朗读和自由交谈时，声韵调发音基本标准，语调自然，表达流畅，少数难点音（平翘舌音、前后鼻尾音、边鼻音等）有时出现失误。词汇、语法极少有误。测试总失分率在13%以内（得分在87~91.9分）。

乙等：朗读和自由交谈时，个别调值不准，声韵母发音有不到位现象。难点音较多（平翘舌音、前后鼻尾音、边鼻音，fu—hu、z—zh—j、送气不送气、i—ü不分，保留浊塞音和浊塞擦音、丢介音、复韵母单音化等），失误较多。方言语调不明显。有使用方言词、方言语法的情况。测试总失分率在20%以内（得分在80~86.9分）。

三　级

甲等：朗读和自由交谈时，声韵调发音失误较多，难点音超出常见范围，声调调值多不准。方言语调较明显。词汇、语法有失误。测试总失分率在30%以内（得分在70~79.9分）。

乙等：朗读和自由交谈时，声韵调发音失误较多，方言特征突出，方言语调明显。词汇、语法失误较多。外地人听其谈话有听不懂的情况。测试总失分率在40%以内（得分在60~69.9分）。

4.1.3　测试对象和等级要求

根据国家语委、国家教委、广播电影电视部联合颁布的《普通话水平测试实施办法（试行）》，测试工作的重点是工作和学习需要普通话水平达到一级或二级的人员。测试对象是1946年1月1日以后出生至现年满18岁（个别可放宽到16岁）之间的下列人员：

1）中小学教师；

2）中等师范学校教师和高等院校的文科教师；

3）师范院校毕业生；

4）广播、电视、电影、戏剧，以及外语、旅游等高等院校和中等职业学校相关专业的教师和毕业生；

5）各级广播电台、电视台的播音员和节目主持人；

6）从事电影、电视剧、话剧表演和影视配音的专业人员；

7）其他应当接受普通话水平测试的人员和自愿申请接受测试的人员。

现阶段对一些岗位和专业人员的普通话等级要求是：教师和师范院校毕业生应达到一级或二级水平，语文科教师应略高于其他学科教师的水平（二甲以上）；专门从事普通话语音教学的教师和从事播音、电影、电视、话剧表演和配音的专业人员，以及与此相关的毕业生，应达到一级甲等或一级乙等的水平；党政机关公务员、解放军和武警指战员、商业、邮电、文化、铁路、交通、民航、旅游、银行、保险、医院等主要服务性行业从业人员至少应达到三级甲等水平，少数直接面向社会公众的服务性行业从业人员应达到二级以上水平。

4.1.4　测试的形式和内容

普通话水平测试一律采用口试方式。在内容上，主要考查普通话语音、词语、语法及在交际中运用普通话的能力，即通过朗读、判断和说话等三方面的内容来衡量应试者的普通话水平。具体内容包括五个测试项，即"读单音节字词""读双音节词语""词汇语法判断""朗读作品"及"命题说话"。五个测试项目，总分为 100 分。

【第一项】读单音节字词 100 个（不含轻声、儿化）。目的是考查应试者普通话声母、韵母和声调的发音。

此项分值占总分的 10%，即 10 分。读错一个字的声母、韵母或声调，扣 0.1 分；读音有缺陷，扣 0.05 分。应试者若发现第一次读音有口误，可以改读，按第二次读音评判。此题限时 3.5 分钟，超时扣分（超时 1 分钟以内扣 0.5 分，1 分钟（含 1 分钟）以上扣 1 分）。

【第二项】读多音节词语 100 个音节。目的除了考查应试者的声母、韵母和声调的发音外，还要考查轻声、儿化和变调的读音。

此项分值占总分的 20%，即 20 分。读错一个音节的声母、韵母或声调，扣 0.2 分；读音有缺陷的，扣 0.1 分。此题限时 2.5 分钟，超时扣分（超时 1 分钟以内扣 0.5 分，1 分钟（含 1 分钟）以上扣 1 分）。

在读第一项单音节字词和第二项双音节词语时，应试人要注意，词与词之间不能有过长的停顿，发音要清晰响亮。如出现非正常停顿或含混不清的读音，同样会被扣分。

按国家测试大纲的规定，第一、二项的测试中，如果失分 10%，即第一项失 1 分，第二项失 2 分，应判定应试人的普通话水平不能进入一级。同时，应试人如果有较为明显的语音缺陷，即使总分达到一级甲等也要降等，即降为一级乙等。

【第三项】朗读作品。目的是考查应试者使用普通话朗读书面材料的水平，除测查声韵调读音外，重点考查语音、连读音变、语气、语调以及停顿、断句、语速和流畅程度。

此项分值占总分的 30%，即 30 分。测试时对每篇材料的前 400 字（不包括标点）做累积计算，每次语音错误或增、漏一个字扣 0.1 分。存在方言语调的要一次性扣分，问题突出的一般扣 3 分，比较明显的扣 2 分，略有反映的扣 1.5 分。停顿、断句明显不当的每次扣 1 分，语速过快或过慢的一次性扣 2 分。此题限时 4 分钟，超时扣分（超过 4 分 30 秒以上扣 1 分）。

【第四项】判断测试。目的是考查应试者掌握普通话语法和词汇的程度，主要根据《普通话水平测试用普通话与方言词语对照表》及《普通话水平测试用普通话与方言常见语法差异对照表》。此项分值占总分的 10%，即 10 分。判断测试共有三项内容：

第一类是普通话词语判断。选列 5 组普通话与方言说法不同的词语，由应试人判断哪种说法是普通话词语。回答时，每错一组扣 0.5 分。

第二类是量词搭配判断。选取 5 个量词，同时列出可以与之搭配的 10 个名词，由应试者现场组合。搭配错误的每次扣 0.5 分。

第三类是语法判断。编制 5 组普通话与方言在语序或表达方式上不一致的短语、短句，由应试者判定其中符合普通话语法规范的形式。判断失误每次扣 0.5 分。

应试人在对判断做口头回答时，属于答案部分的词语读音有错误，每次扣 0.1 分。如果回答错误已经扣分，就不再扣语音失误分。此题限时 3 分钟，超时扣分。

此项考试在一些省市有调整（尤其北方话区），将之省略。该项分数划入第五项"命题说话"试题中。

【第五项】命题说话。目的是测查应试人在无文字凭借的情况下，说普通话的能力和达到规范的程度，着重测查语音标准度、词汇语法规范度、自然流畅度。本题以单向说话为主，应试人根据抽签确定的话题（本书后附有话题），连续说一段话，时间不得少于 3 分钟，少于 3 分钟者扣分。此项分值占总分的 30%，即 30 分。测试时，分三方面内容具体进行评定：一是语音标准程度，占 20 分（如果第四项判断测试取消，第五项测试的分数增加为 40 分，语音标准程度则占 30 分）；二是词汇语法规范度，占 5 分；三是自然流畅度，占 5 分。

根据国家测试大纲规定，语音面貌在二档或二档以下的，即使总积分在 97 分以上，也不能进入一级甲等；语音面貌在四档以下的，即使总积分在 87 分以上，也不能进入二级甲等。有以上情况者，在级内降等评定。

4.2　单音节字词应试指导

普通话水平测试的第一项就是读单音节字词，共 100 个音节。本项主要考查应试人普通话声母、韵母和声调的发音，检测应试人对常用字词正确读音的掌握程度。100 个单音字词包括普通话语音系统所有的声母、韵母和声调。其中每个声母出现的次数不少于 3 次，每个韵母出现的次数不少于 2 次，每个声调出现的次数大致均衡。读单音节字词时，要从左到右横着读，测试中应试人发觉字音有误时，允许读两遍。读错一个字的声母、韵母或声调，扣 0.1 分；读音有缺陷，每个字扣 0.05 分。限时 3.5 分钟，超时扣分。

4.2.1　发音正确

读单音节字词，要求发音准确，声母要注意发音部位和发音方法，韵母要注意舌位的前后、高低，以及唇形的圆展，复韵母要注意舌位的动作和唇形的变化。

4.2.1.1　分清翘舌音与平舌音

普通话有翘舌音 zh、ch、sh 和平舌音 z、c、s 两套声母，而许多方言区都没有翘舌音 zh、ch、sh 这套声母，所以经常会出现平翘舌不分的情况。如北方方言中有把"师"读成"思"，把"只"读成"资"的，对于这些方言区的人来说，就要把发准翘舌音作为难点来训练。要发准翘舌声母，一定要弄清平翘舌声母的异同，掌握两者的正确发音，另外还要记住哪些字是平舌音，哪些字是翘舌音。

zh、ch、sh 和 z、c、s 这两组声母在发音方法上是完全一致的，区别就在于发音部位不同。声母 zh、ch、sh 发音时，舌尖翘起，抵住硬腭的前部形成阻碍；声母 z、c、s 发音时，舌尖平伸，与上齿背形成阻碍。在训练时，首先要找准硬腭的前部，可以用舌尖在口腔内反复试探发音，直至找准位置。然后要勤加练习，养成良好的语感，成为习惯，这样才会显得更加自然。下面列出一些平翘舌字词供大家参考。

zh—z

种—总　　志—渍　　寨—在　　坠—最　　株—租　　洲—邹

ch—c

池—词　　成—层　　冲—聪　　出—粗　　尝—藏　　拆—猜

sh—s

傻—洒　　使—死　　晒—赛　　栓—酸　　商—桑　　束—素

4.2.1.2　分清鼻音与边音

普通话中鼻音 n 和边音 l 是两个不同的声母，具有区别意义的作用。但有的方言是只有边音没有鼻音，有的方言是只有鼻音没有边音，还有的方言是鼻音 n 和边音 l 混读。这些方言区的人要学好鼻音 n 和边音 l，一是要弄清 n 和 l 发音的异同，掌握正确的发音方法；二是要记住普通话里哪些字发 n，哪些字发 l。

n 和 l 都是舌尖中、浊音，发音部位相同，区别就在于发音方法中阻碍方式的不同。发鼻音 n 时，发音部位完全闭塞，软腭下降，打开鼻腔通路，气流振动声带，从鼻腔通过发出鼻音；发边音 l 时，舌尖与上齿龈接触，但舌头的两边仍留有空隙，同时软腭上升，阻塞鼻腔的通路，气流振动声带，从舌头的两边或一边通过，从而发出边音。

n　　能　奶　内　哪　闹　南　娘　鸟　纳　年　诺　暖　女　泥　怒　耐

l　　拉　蓝　类　老　浪　撩　掠　另　冷　离　联　亮　落　乱　流　烙

4.2.1.3　分清单韵母的唇形和舌位

普通话单韵母的发音主要取决于唇形和舌位，要发准普通话单韵母，必须注意区分唇形，找准舌位。

（1）分辨 i 和 ü。

有些方言，如昆明话、有些地方的客家话和广西钦州地区的一些方言，没有撮口呼韵母，i和ü都念成i。分辨i和ü，必须弄清楚i和ü发音的舌位是相同的，只是唇形不同：ü圆唇，i不圆唇。练习时先展开嘴唇发i，上下牙齿对齐，舌位不动，再慢慢把嘴唇拢圆，就能发出ü来了。

寄居（jì jū）—寓意（yù yì）　　　　崎岖（qí qū）—利率（lì lǜ）

意（yì）见—预（yù）见　　　　　　　小姨（yí）—小鱼（yú）

白银（yín）—白云（yún）　　　　　　通信（xìn）—通讯（xùn）

前（qián）面—全（quán）面　　　　　潜（qián）水—泉（quán）水

（2）分辨o和e。

有些方言，韵母o和e不分。例如，东北不少地方的方言把o韵母的一些字读成了e韵母，西南不少方言把e韵母的一些字读成了o韵母。o和e的发音情况大致相同，区别就在于o发音时唇形圆，e发音时唇形不圆。

破格（pògé）　　　墨盒（mòhé）　　　隔膜（gémó）　　　薄荷（bòhe）

唱歌（chànggē）　　和平（hépíng）　　传播（chuánbō）　　祝贺（zhùhè）

（3）分辨er和e、a。

er这个音是汉语特有的卷舌音。但是很多方言区的人都读不准这个卷舌音，把"儿子érzi"读成"蛾子ézi"或"阿子ázi"。er、e、a的区别在于：发单元音e、a，都不卷舌；发er时，在发e的同时顺势把舌头卷起来。

e　　色彩　名册　特色　及格　客车

er　　儿子　女儿　儿童　二十　而且

a　　啊　阿哥

另外还要注意分清唇齿音和舌根音、送气音和不送气音、单韵母和复韵母等，这里就不再赘述了。

4.2.2　调值到位

普通话的声调是四个，声调除了注意调类的归纳正确无误外，还要注意调值到位。

阴平的调值是55，而很多方言的阴平调值低于55。所以在读阴平调时，要注意保持调值的高度，尤其是在测试第一项单音节字词的时候，不能忽高忽低。

普通话阳平是个中升调，调值是35。方言区的人在读阳平的时候，不要先降后升发成近似214这样的降升调，造成阳平调值中间略带曲折。发音时不要拖长调，由3度直接滑向5度。

特别要注意的是上声，上声是方言区的人在学习普通话时最容易出现问题的一种声调。它是一个降声调，调值214，方言区人发此音时，要么降不下来，要么升不上去。我们在练习发声时，可以用手势加以帮助，画出调形，直至熟练。例如：

捐　云　冷　蜜　傻　台　听　挖　笔　人

在　软　租　夺　女　春　声　像　扫　毫

4.2.3　读准多音字

多音字要按照字后括号里限定的语境，选择正确的读音；没有限定语境的，可以任选一种读音。例如"参"，念"cān"或"cēn"都算对。但如果是"参"（见），就读"cān"，不读"cēn"。

（边）塞　吐（蕃）　（哥）俩　（当）铺　（淹）没　还（是）　（首）都
（供）给　（试）卷　夹（子）

4.2.4　区分形近字

汉字的形体有很多相近或相似的，单个认读，稍不注意很容易读错。形近字误读有两种情况：一是有的人朗读过快，把很简单的字也读错了，如把"曰"读成"日"。二是有些日常生活中不多用的字，或在词语中能念准而单字一下子难以念准的字，极易念错。例如"瞻""檐"在书面上有"瞻仰""屋檐"之词，不难念错；可如果单独出现，一下子难以把握，可能读错。因此，要想区分形近字，在读单音节字词时，速度一定不要过快，要适中，看准想好了再读；还要在日常生活中，注意区分形近字，多积累，多练习。

蹈—滔　缚—傅　沸—佛　赅—骇　橙—澄　跨—挎　缓—媛　催—推

4.2.5　朗读顺序正确

普通话机测时，考生应该按照机器界面上出现的单音节字词，按从左到右的顺序横向依次朗读。有的考生按照从上到下的顺序纵向朗读，机器测试时无法识别，导致成绩评测错误，给测试工作造成负担，给应试人员造成麻烦。还有的考生，在读单音节字词时，出现丢行现象，即隔行朗读，这也会造成成绩有误。所以，一定要按照正确的朗读顺序从左到右横向依次朗读，不要出现丢字、丢行现象。

4.3　多音节词语应试指导

普通话水平测试的第二项是读多音节词语，共 100 个音节，其中包括双音节词语 45 个或 47 个，三音节词语 2 个，四音节词语 0～1 个。本题主要测查应试人声母、韵母、声调和变调、轻声、儿话读音的标准程度，共 20 分。此项测试中，声母、韵母、声调出现的次数与读单音节字词的要求相同。此外，上声与上声连接的词语不少于 3 个，儿化不少于 4 个（应为不同的儿化韵母）。读错一个音节扣 0.2 分，语音缺陷（含变调、轻声、儿化韵读音不完全合乎要求的情况）每个音节扣 0.1 分。限时 2.5 分钟，超时 <1 分钟，扣 0.5 分；超时 ≥1 分钟，扣 1 分。测试中应试人发现某个词读得不正确或不准确，可重读一遍，测试员

按后一次的读音评分。

4.3.1　词语要连读

应试人在测试本项时，要注意按词连读，不能一字一顿，每个词的后一个音节要注意韵尾和声调的完整（轻声除外）。虽然超时扣分，但也不能读得过快，否则会发生吞音现象。在读双音节词时，还要注意一些并列在一起的难点音，例如：

4.3.1.1　平翘相间的音

才智　正宗　斥责　失策　自传　纯粹　差错　世俗
赛车　住所　损失　虽然　桑树　沼泽　尺寸　贮藏
深邃　诉说　造纸　楚辞　准则　上司　石笋　主宰

4.3.1.2　边音和鼻音相间的音

年老　努力　能力　那里　农历　拿来　奶酪　留念
老年　辽宁　连年　冷暖　烂泥　岭南　脑力　嫩绿

4.3.1.3　前、后鼻韵母相间的音

城镇　新型　听信　深耕　征尘　引擎　声称　省城

4.3.2　轻声、儿化要读准

轻声词的读音要注意，后一个音节读得又轻又短："轻"是相对其他四种声调而言的，而并非轻得听不清发音；"短"是轻声词的主要特征，"短"到其时值仅占整个词时值的1/4，而前一个音节的时值占整个词时值的3/4。

普通话中不但要读准轻声词，还要明确哪些是必读的轻声词。大多数轻声词没有标志，再加上很多方言区又没有轻声现象，所以在识记上会有困难。很多人在测试中要么完全没有轻声，要么该读轻声的没读，不该读轻声的又读成轻声。一般来说，新词、科学术语没有轻声音节，口语中的常用词才有轻声音节。我们可以根据词语意义分类别记忆。

4.3.2.1　与饮食有关的必读轻声词

点心　麦子　馒头　罐头　豆腐　饺子　蘑菇　茄子　栗子　豆子
粽子　核桃　萝卜　高粱　稻子　橘子　果子　桃子　烧饼　芝麻

4.3.2.2　表器具用品的必读轻声词

扫帚　簸箕　扁担　棒槌　锤子　扳子　钥匙　烟囱　锄头　窗户　帐篷
枕头　帐子　被子　镜子　算盘　梳子　戒指　首饰　口袋　喇叭　灯笼

4.3.2.3　与人体有关的必读轻声词

脑袋　头发　眉毛　眼睛　鼻子　嘴巴　下巴　舌头　脖子　嗓子　耳朵

膀子　胳膊　巴掌　拳头　指头　指甲　骨头　身子　肠子　脊梁　喉咙

4.3.2.4　与动物有关的必读轻声词

狐狸　骡子　刺猬　狮子　豹子　燕子　鸽子　蛤蟆　猩猩　牲口　畜生

蛾子　苍蝇　骆驼　兔子　猴子　尾巴

4.3.2.5　表称谓的必读轻声词

老婆　太太　姑娘　闺女　姥姥　丫头　大爷　老爷　媳妇　孩子　先生

护士　伙计　朋友　皇上　师傅　奴才　和尚　骗子　状元　秀才　祖宗

4.3.2.6　表亲属的必读轻声词

爷爷　奶奶　姥姥　姥爷　妈妈　爸爸　哥哥　姐姐　姐夫　弟弟　妹妹

公公　婆婆　姑姑　叔叔　婶子　女婿　孙子　侄子　兄弟　姨夫　老丈人

在测试多音节词语时，儿化词语轻声词不一样，往往有明显的标志，所以辨别起来并不困难；而对于方言区的应试者来说，最大的困难是读不准。儿化词的后缀"儿"要与它前一个音节的韵母结合成一个音节，并使这个韵母带上卷舌色彩。不能把"儿"当作第三个音节读完整，要把"儿"音融在第二个音节的韵母中。例如，不要把"豆角儿 dòujiǎor"读成"dòujiǎo'er"。读儿化音时，卷舌音色要求既明显又不能读得过于生硬。另外还要注意有些词语儿化后，声调或读音会发生变化，例如，"桑葚 sāngshèn"儿化后变为"桑葚儿 sāngrènr"。

小孩儿　大伙儿　没准儿　一下儿　冰棍儿　记事儿　包干儿　纳闷儿　聊天儿

好玩儿　名牌儿　脸蛋儿　门槛儿　烟卷儿　打盹儿　走神儿　落款儿　心眼儿

墨汁儿　嗓门儿　主角儿　开春儿　小曲儿　火锅儿

4.3.3　轻重格式要讲究

在双音节和多音节词里，每个音节的强弱等级、轻重分量是不同的，往往有一个音节读音比较重，这个音节就是词重音音节。词的轻重音可分为四个等级：重音、中音、次轻音、最轻音。普通话词的轻重格式有以下几种基本类型：

（1）双音节词中有"中·重""重·中""重·次轻""重·最轻"四种基本格式。绝大多数要读成"中·重"格式。如"下达、农民"两个词，"达"和"农"读得略重，音长也较长。轻声词要读成"重·最轻"格式。在读多音节词语测试中，"重·次轻"格式的词语读作"中·重"格式也不算错，但如果把"中·重"格式的词语读作"重·次轻"或"重·最轻"格式，都属于错误。如果把"重·最轻"格式的词语读成"中·重"格式，也是错误的。因此，在测试中考生一定要注意。

（2）三音节词语大多数为"中·次轻·重"格式。

（3）四音节词语大多数为"中·次轻·中·重"格式。这两种格式一般不会出现太大的问题。

应试人在准备读多音节词语的时候，首先要找出哪些是儿化音节，哪些是轻声音节，哪些是上声的变调，适当分析一下词语的轻重格式，然后按照我们前面所讲的精心准备，这样可以减少出错的概率。

下面提供一组多音节词语测试题：

假使	牙膏	华人	村庄	留学	运算	破产	难怪	疲倦	面条儿
妥当	怎么	水平	满意	辅导	藏身	城堡	改写	长者	小孩儿
开除	签署	伤人	回去	进口	生日	感想	不论	结婚	纳闷儿
公司	杜绝	通讯	轻快	团员	质量	差错	邻居	标准	大伙儿
总理	蝴蝶	瓜子	政权	霎时	幼儿园	神经质	畅所欲言		

4.3.4 注意事项

（1）除了需要掌握单音节字词在测试时的注意事项之外，建议应试人考试前准备一本词典认真预习、查阅词语，尤其是那些平时自以为认识、能够读准的词语，可以适当了解词语意思，有助于语感的培养和形成，避免由于粗心大意导致的错误。

（2）该部分测试内容均为词语，而不是单音节的字，因此，要用读词语的节奏和语意去读，找到词语意思的语感，避免采用单个字拼合的方式，孤立地去读字。

（3）轻声词语的把握，首先应该掌握轻声的规律，除此之外，还要运用语感和语言的规律去摸索。例如，"白菜"等词语，以前我们读成轻声，但是现在已经趋于不读成轻声了。这样的词汇亦是有规律可循，符合语感和语意的。

（4）考试前，应将普通话水平测试教材仔细研读，考试的成绩与复习效果有很大关系。练习时，最好找一个语音基础较好的同伴共同练习，互相找出问题的所在。

4.4 朗读应试指导

朗读是见字读音，是用清晰响亮的声音读文章。朗读是口语交际的重要形式之一，教师在课堂上为学生朗读课文，播音员在话筒前播讲稿件，文艺工作者在舞台上为观众朗读文学作品，学者在讲台上宣读论文，营业员在柜台前向顾客介绍商品知识等都是朗读。朗读的功能在人类语言的交往中显示出广泛的社会性，并在社会生活中起着越来越大的作用。朗读优秀的作品，可以加深人们对文章思想内容的理解，使其体会作者的思想感情，给人以教育，开阔眼界，增长知识，陶冶情操，培养人们的语言表达能力和语言鉴赏能力。朗读教学是语文教育的重要环节。教师成功的范读，可以指导学生领会作品的内容、思想感情，又能帮助学生记忆丰富的词汇，把握文章结构，掌握语言的规律，提高学生口头语言与书面语言的表达能力。朗读作为一种综合的语音训练，对于逐步掌握普通话语音系统，形成熟练地讲普通话的技能，具有重要的帮助。

朗读与朗诵都是依据文字作品进行口语表达的艺术。但朗读与朗诵确有不同之处。从朗读与朗诵所依据的材料看，朗诵材料主要涉及文学作品，如诗歌、散文、小说、故事、寓言、剧本台词等；朗读材料则涵盖一切文体的文字作品。从朗诵与朗读的表现形式来看，朗诵具有一定的表演性质，除了朗诵者的声音和语言之外，还要通过表情、态势，甚至需要音乐、灯光等强化感情的表达和气氛的渲染。朗读是工作、学习、生活的需要，它不分场合，不需要表演等手段。

朗读作品作为普通话水平测试试题之一，也是对应试者在有文字凭借的情况下用普通话朗读书面材料水平的有效检验。重点考查语音（即声母、韵母、声调的发音）、连读音变（上声变调、"一""不"变调）、轻声、儿化、语气词"啊"的音变以及语调（语气）等项目。该项目共30分，限时4分钟。朗读作品从《普通话水平测试用朗读作品》中抽签决定，评分以朗读作品的前400个音节为限。评分由5个方面组成：一是"语音错误"，每错一个音节、漏读或增读一个音节，扣0.1分；二是"系统缺陷"，声母或韵母的系统性语音缺陷，视程度扣0.5分或1分；三是"语调偏误"，视程度扣0.5分、1分、2分；四是"停连不当"，视程度扣0.5分、1分、2分；五是朗读不流畅（包括回读），视程度扣0.5分、1分、2分。六是时间，超时扣1分。

4.4.1 朗读的基本技巧

（1）停连。

停，指的是停顿；连，指的是连接。朗读中在作品部分之间、段落之间、层次之间、自然段之间和句子之间、词组及词之间，都存在着声音的停顿或连接。停顿和连接是有声语言表情达意的重要方法。我们这里主要介绍停顿，而且主要针对句子内部各成分之间的停顿。

为什么朗读中要有停顿呢？从生理上说，停顿是被动的。一个人不可能一口气读完一个很长的句子，更不可能一口气读完一个段落。朗读者要调节气息，要使声带、唇舌等发音器官稍作休息。从心理上说，停顿是主动的。停顿是为了更好地表现作品内容、结构和作者的思想感情，是由朗读者主观设定的。适当的停顿还可以给听者以理解、思考、回味作品内容的机会。停顿只是声音的暂时休止，而不是思想感情运动的中断。

停顿大体上有以下几种：

1）区分性停顿。

区分性停顿，是为了正确区分、表现书面语言中词与词之间、词组与词组之间的关系而进行的停顿。一般来说，作品中每个独立的词、词组都要加以区分。区分性停顿的作用是使语意表达清晰、明确。例如：

（说明：符号"/"表示句中语意间短暂的停顿；符号"∧"表示停顿时间稍长一些；符号"⌒"只用于有标点符号的地方，表示缩短停顿时间连起来读。）

黎明时分，张望着/东方白茫茫的云雾中，一轮血色的太阳，从多少耸立着的高楼背后/冉冉升起，觉得/它离自己好近啊，还猜测着/纵横交错排列成一长串队伍的高楼里，也应该有/数不清的人们，同样/都热情澎湃地欢呼/它艳丽的光焰。（《高楼远眺》）

冬天/快到了，它们/买了一坛子猪油/准备过冬吃。老鼠说："猪油/放在家里，我嘴馋，不如/藏到远一点儿的地方去，到冬天/再取来吃。"猫说："行啊。"它们/趁天黑，把这坛子猪油/送到离家十里远的大庙里/藏起来。（《"猫"和"老鼠"》）

由以上例子可以看出，不能机械地理解区分性停顿。区分性停顿并不是简单的一词一停顿或一词组一停顿。

2）呼应性停顿。

呼应性停顿，是为了显现前后语意之间的呼应关系而安排的停顿。确定呼应性停顿，首先必须弄清何谓"呼"、何谓"应"。例如：

下面请王校长介绍∧前进小学/开展城乡少年"手拉手"活动的∧具体做法。

这句话中，"介绍"一词是"呼"，在它后面要有停顿；"具体做法"是"应"，在它前面也应有停顿。在呼应之间的部分，可以运用区分性停顿，如在"前进小学"之后可稍作停顿，但停顿时间要短一些。

开始还伴着一阵儿小雨，不久/就只见∧大片大片的雪花，从彤云密布的天空中/飘落下来。（《第一场雪》）

这句话中，"只见"是"呼"，"大片大片的雪花，从彤云密布的天空中飘落下来"这个主谓词组是"应"，所以在"只见"后面的停顿时间要稍长些。同时，为了突出这一呼应关系，"从彤云密布的天空中"前面虽是逗号，朗读时也要缩短停顿，连起来读。

评委们经过讨论一致认为，她口语表达/准确、流畅、生动。

这是一呼三应的关系。在"她口语表达"之后要做较大停顿，而"准确、流畅、生动"中间的两个停顿要缩短。否则，如果把"她口语表达"和"准确"连接起来，在它们的后面做停顿，就破坏了原句的呼应关系，语意表达就会含糊。

3）并列性停顿。

并列性停顿，是指在语意表达中并列关系的停顿。凡是作品中位置类似、样式相同的词语之间，要做时间大致相同的停顿，以显示并列关系。例如：

这地方的火烧云变化极多，一会儿/红彤彤的，一会儿/金灿灿的，一会儿/半紫半黄，一会儿/半灰半百合色。（《火烧云》）

我看了一会儿，有人/投一两元，有人/投几百元，还有人/掏出支票填好后投进木箱。（《捐诚》）

山∧朗润起来了，水∧涨起来了，太阳的脸∧红起来了。（《春》）

前两个句子表示并列关系的词语是相同的。第三句中"山""水""太阳的脸"作为并列的主语，有的是一个词，有的是一个词组。为了更清晰地显示这种并列关系，朗读"山""水"时声音可拖长一些，而朗读"太阳的脸"这几个字时要紧凑一些。

有时并列成分较多，朗读时如果停顿时间相同，固然可以显示并列关系，但听起来会有呆板的感受。为了避免这种情况，可以把内容有关联的词语归并为一个语组，语组内部词语之间的停顿相应缩短。例如：

大的，小的，花的，黑的，有的/站在树枝上叫，有的/飞起来，在扑翅膀。（《小鸟的天堂》）

这句话中"大的""小的"是说鸟的形状，"花的""黑的"是写鸟的颜色，可以分别归并为一个语组。

4）转换性停顿。

朗读时，为了表达语意、情感、态度的转变，就需要运用转换性停顿。转换性停顿常常可以根据书面语言中表示转折关系的关联词语（如"可是""但是"等）来确定。一般来说，转换性停顿前面和后面语句中的停顿时间要相对缩短。例如：

自然，在热带的地方，日光是永远那么毒，响亮的天气，反有点叫人害怕。∧可是，在北中国的冬天，而能有温晴的天气，济南真得算个宝地。（《济南的冬天》）

"可是"之前的转移性停顿时间稍长，"在北中国的冬天"和"而能有温晴的天气"连起来读。

生活中的"猴娃"聪颖活泼，机敏过人，每次见着我总是阿姨长阿姨短地说个不停，他曾不止一次地说就喜欢看阿姨您演的评剧，百看不厌。∧可万万没有想到，这么一位在艺术上日趋辉煌、前途不可估量的小"猴娃"，竟然被白血病这个病魔无情地夺走了生命，年仅16岁。（《生命在于奉献——电视连续剧〈猴娃〉观后》）

这段话中"可万万没有想到"之前的转换性停顿，既是作者对"猴娃"喜欢之情的延续，同时又是本文作者感情由喜转悲的突变的准备。此处停顿时间宜稍长些。

我弯腰弓背，喘着粗气，小心翼翼地行驶。∧突然，车子在沙泥的路基上颠簸了一下，我的身体失去了平衡。（《爱痕》）

这两句话中并没有表示转折关系的关联词语，但是，前后两句话表示了"我由骑车行驶到即将摔倒动作状态"的变化。因此，在"突然"之前要做停顿。这些说明，在没有表示转折关系的关联词语的地方，往往也要根据需要做转换性停顿。

5）强调性停顿。

朗读时，为了突出强调某个词、词组或句子，可以在这个词、词组或句子的前边或后边停顿，也可以在前边和后边都停顿，这就是强调性停顿。例如：

这是入冬以来，胶东半岛上/第一场雪。（《第一场雪》）

马路旁的人行道比马路要整整高出/一个台阶，而他简直还没满/一周岁。（《第一次》）

花生做的食品都吃完了，∧父亲的话/却深深地/印在/我的心上。（《落花生》）

第一句话中"第一场雪"之前的停顿，突出强调了这场雪的非同寻常，表达了作者的喜爱之情。第二句中突出强调的是"一个台阶"和"一周岁"，使二者形成一种反差对比。第三句话通过强调性停顿说明了父亲的话对"我"的影响之深。

6）生理性停顿。

作品中的人物说话时因生理原因造成的语流不顺畅、断断续续等，朗读时要用生理性停顿予以表现。但要注意，遇到这种情况不要过分夸张，避免做作。例如：

母亲安然无恙，我却觉得眼前一黑，下颌被坚硬的铁轨磕伤，殷红的鲜血顿时淌了下来。母亲潸然泪下："好玉玉，妈/难为你啦……"（《爱痕》）

这时候，他用力把我往上一顶，一下子把我甩在一边，大声说："快离开我，咱们两个不能都牺牲！……要……要记住/革命！……"（《草地夜行》）

前一句中"难为你啦"前边的停顿，是为了表现母亲此时因激动而哽咽的情景。后一句中"要记住"后边的停顿，表现的是老战士身陷泥潭时说话吃力的情态。

上述六种停顿，只是对朗读中停顿种类的粗略归纳。实际朗读中的停顿不止这六种，而且常常是综合运用两种或几种停顿，并与其他朗读技巧配合使用。

我们还要注意书面语言中的标点符号与停顿的关系。首先应该看到，标点符号是我们确定停顿的重要依据。有人概括出各种标点符号停顿时间长短的一般规律是：

顿号＜逗号＜分号、冒号＜句号、问号、叹号

这种概括有助于我们正确地停顿，但是我们也应该认识到，标点符号绝不是确定停顿的唯一依据。实际朗读中，停顿的处理应该而且必须比标点符号更细致、更灵活。比如，有时在有标点符号的地方要缩短停顿时间或连起来读，更多的情况是在没有标点符号的地方做适当的停顿；在停顿的时间上，逗号有时比句号还要长；等等。例如：

出人意料的是：松树倒下时，上端猛地撞在附近的一棵大树上，一下子松树弯成了一张弓，旋即又反弹回来，重重地压在巴尼的右腿上。（《难以想象的选择》）

从此，西红柿/才法定为蔬菜，成为人们餐桌上的/第一佳肴。（《美国历史上的西红柿案件》）

【作品朗读练习】（停连）

盼望着，盼望着，东风来了，春天的脚步近了。

一切/都像刚睡醒的样子，欣欣然/张开了眼。山∧朗润起来了，水∧涨起来了，太阳的脸∧红起来了。

小草∧偷偷地/从土里钻出来，嫩嫩的，绿绿的。园子里，田野里，瞧去，一大片/一大片/满是的。坐着，躺着，打两个滚，踢几脚球，赛几趟跑，捉几回迷藏。风/轻悄悄的，草/软绵绵的。

…………

"吹面不寒/杨柳风"，不错，像母亲的手/抚摸着你。风里带来些/新翻的泥土的气息，混着青草味儿，还有各种花的香，都在微微湿润的空气里/酝酿。鸟儿将巢/安在繁花绿叶当中，高兴起来了，呼朋引伴地/卖弄清脆的喉咙，唱出/婉转的曲子，跟轻风流水/应和着。牛背上/牧童的短笛，这时候/也成天嘹亮地/响着。

雨/是最寻常的，一下/就是三两天。可别恼。看，像牛毛，像花针，像细丝，密密地斜织着，人家屋顶上/全笼着一层薄烟。树叶儿/却绿得发亮，小草儿/也青得/逼你的眼。傍晚时候，上灯了，一点点/黄晕的光，烘托出一片/安静而和平的夜。在乡下，小路上，石桥边，有撑起伞/慢慢走着的人，地里/还有工作的农民，∧披着蓑/戴着笠，他们的房屋，稀

稀疏疏的，在雨里／静默着。

天上∧风筝／渐渐多了，地上孩子／也多了。城里乡下，家家户户，老老小小，也赶趟儿似的，一个个／都出来了，舒活舒活筋骨，抖擞抖擞精神，各做各的一份儿事去。∧"一年之计／在于春"，刚起头儿，有的是／工夫，有的是／希望。

春天∧像刚落地的娃娃，从头到脚／都是新的，它生长着。

春天∧像小姑娘，花枝招展的，笑着，走着。

春天∧像健壮的青年，有铁一般的胳膊／和腰脚，领着我们∧上前去。（《春》）

（2）重音。

作品中有些字词往往需要突出强调，在不改变这些字词的原有声调的情况下，运用加大音量、拖长字音等方法予以强调，就是重音。朗读时能否恰当地运用重音，关系到能否准确、生动地表现作品。

（说明：在字下加圆黑点"·"，表示重音。）

重音主要有以下几种：

1）并列性重音。

并列性重音，是体现作品中词、词组的并列关系的。例如：

以后我就时常做那样的游戏，有时和太阳赛跑，有时和西北风比快。（《和时间赛跑》）

哦，雄浑的大桥敞开胸怀，汽车的呼啸、摩托的笛音、自行车的叮铃，合奏着进行交响乐；南来的钢筋、花布，北往的柑橙、三鸟，绘出交流欢跃图……（《家乡的桥》）

如果你处在社会的低层——相信这是大多数，请千万不要自卑，要紧的还是打破偏见，唤起自信。（《珍视自己的存在价值》）

落光了叶子的柳树上挂满了毛茸茸亮晶晶的银条儿；而那些冬夏常青的松树和柏树上，则挂满了蓬松松沉甸甸的雪球儿。（《第一场雪》）

2）对比性重音。

运用对比性重音，可以更加突显两个语意相反、相对的词或词组，起到强化对比观点、深化对比感情态度、渲染对比气氛等作用。例如：

比起在大平原上、浩瀚的海边，或峰峦的顶巅观望日出，心中竟有完全不同的感受，那儿是寂寞的、孤独的、忧郁的，这儿却是热闹的、昂扬的、欢快的。（《高楼远眺》）

太阳在白天放射光明，月亮在夜晚投洒青辉——它们是相反的；你能不能告诉我：太阳和月亮，究竟谁是谁非呢？（《启示的启示》）

世界上的任何东西，不管是大是小，是多是少，是贵是贱，都各有各的用处，不要随便就浪费了。（《珍视自己的存在价值》）

3）呼应性重音。

呼应性重音包括问答式呼应重音。例如：

"什么是永远不会回来呢？"我问着。

"所有时间里的事物，都永远不会回来。……"（《和时间赛跑》）

线索式呼应重音也是呼应性重音的一种。一般是相同或相近的语句在作品中反复出现，成为贯穿全文的线索。例如《白杨礼赞》中的"白杨树实在是不平凡的，我赞美白杨树"。

分合式呼应重音又包括领起和分列重音、总括重音。例如《"猫"和"老鼠"》中上文写道："第二天一早，老鼠走在前边，猫跟在后边，奔大庙走去。"下文分别写道："猫第一眼就看到梁上满是老鼠的脚印，……""老鼠刚张口，见猫已经扑过来，就转身跳下地。"上文是领起重音，下文是分列重音。

葡萄灰，梨黄，茄子紫，这些颜色天空都有：还有些说也说不出来、见也没见过的颜色。（《火烧云》）

这句话中的"这些"是总括重音，与前面三个表示不同颜色的词的重音构成呼应关系。

4）递进性重音。

递进性重音，是为了揭示出作品中人物、事件、行为、空间等的变化顺序，显示某种连续递进性的语意。

有时，有一个句子出现的人、事物、概念等，在后一个句子中再次出现并引出新的人、事物、概念时，要用递进性重音区分。例如：

英国威尔斯有个谷口村，村外有座小山。山下有一家酒店、两家快餐店、两个咖啡馆和一个书店。（《锁山艺术》）

还有一种联珠句式，上句末尾和下句开头的词语完全相同，这时递进性重音会使语意的递进性表达得更加明显。例如：

竹叶烧了，还有竹枝；竹枝断了，还有竹鞭；竹鞭砍了，还有深埋在地下的竹根。（《井冈翠竹》）

此外，递进性重音还常常表现在一些关联词语上，如"不但……而且""也""还"等。例如：

天上风筝渐渐多了，地上孩子也多了。城里乡下，家家户户，老老小小，也赶趟似的，一个个都出来了。（《春》）

他除了寄支票外，还寄过一封短柬给我，……（《父亲的爱》）

5）转折性重音。

转折性重音，常用在表示前后语意发生转折的词语上。朗读时，可以借助表示转折关系的词语确定转折性重音。例如：

我决定不占为己有，而把它送给博物馆，让更多的人来欣赏。（《一言既出》）

所以你们要像花生，它虽然不好看，可是很有用，不是外表好看而没有实用的东西。（《落花生》）

转折性重音有时也会落在表示转折关系的词语上，如"然而""但是""可是""却"等。例如：

巴尼拿起手边的斧子，狠命朝树身砍去。可是，由于用力过猛，砍了三四下后，斧子柄便断了。（《难以想象的抉择》）

6）强调性重音。

这种重音的运用主要是为了突出作品中重要的、关键的词语。强调性重音的位置是不固定的，随需要强调的意思而移动。强调性重音落在不同的词语上，表达的语意也随之发生变化。例如：

我**非常**喜欢启功先生的书法。（表示不是喜欢他的画或诗）

我非常喜欢**启功先生**的书法。（突出喜欢的对象）

我非常**喜欢**启功先生的书法。（表明喜欢的程度）

我非常喜欢启功先生的书法。（突出强调喜欢的主体是谁）

强调性重音，不一定每句话中都有，朗读时要根据具体的语境和表情达意的需要灵活确定。例如：

可是，在北中国的冬天，而能有**温晴**的天气，济南真得算个宝地。（《济南的冬天》）

在城里住久了，一旦进入山水之间，竟有一种**生命复苏**的快感。（《十渡游趣》）

那又浓又翠的景色，简直是一幅**青绿**山水画。（《荔枝蜜》）

30 多年过去，我戴着满头霜花回到故乡，第一紧要的便是去**看望**小桥。（《家乡的桥》）

南方北方的溶洞，我看过许多处，觉得唯有云南建水县的燕子洞**独具特色**。（《神奇燕子洞》）

7）比喻性重音。

比喻句中，重音常落在用来比喻的词语（喻体）上。例如：

她是从小河走向那个世界的，那轻轻的流水声多像**母亲温柔的语声**，那缓缓拍打堤岸的河水，多像**母亲温柔的手**。（《小河》）

湛蓝的天空，像**一池倒映的湖水**；清新的空气，似**醇酒的芳香**，令人心旷神怡。（《爱痕》）

家乡村边有一条河，曲曲弯弯，河中架一弯石桥，**弓样的小桥**横跨两岸。（《家乡的桥》）

玉屑似的雪末儿随风飘扬，映着清晨的阳光，显出一道道**五光十色的彩虹**。（《第一场雪》）

下面谈谈重音的表现方法。

有人认为，重音就是加大音量，把需要突出强调的词语读得重一些。其实，这种认识是不全面的。加大音量虽然是表示重音最常用、最简便的方法，但绝不是唯一的方法。如果一遇到重音就都大声重读，不但显得呆板单调，也很难达到预期的效果。朗读时要根据思想感情表达的需要，结合具体的语境采用灵活多样的方法表示重音。

表示重音的方法主要有以下几种：

1）加强音量。

朗读时，把要突出强调的字、词语读得重一些、响一些，这是表示重音最常用的方法。例如：

那**欢乐的叫喊声**，把树枝上的雪都震落下来了。（《第一场雪》）

在乌云和大海之间，海燕像**黑色的闪电**高傲地飞翔。（《海燕》）

左思右想，巴尼终于认定，只有**唯一一条**路可走了。（《难以想象的抉择》）

然而刹那间，要是你猛抬眼看见了前面远远有一排——不，或者只是**三五株**，**一株**，傲

然地耸立，像哨兵似的树木的话，那你的恹恹欲睡的情绪又将如何？我那时是惊奇地叫了一声的。（《白杨礼赞》）

2）拖长字音。

这是通过有意延长重音音节来达到强调的目的。例如：

园子里，田野里，瞧去，一大片一大片满是的。（《春》）

大雪整整下了一夜。（《第一场雪》）

一路上巴尼忍着剧痛，一寸一寸地爬着。（《难以想象的抉择》）

第一句中"一大片一大片"适当读得慢一些，可以表现出小草到处都是，分布范围很广。第二句中的"整整""一夜"拖长读，突出下雪时间之长。第三句中"一寸一寸"要读得慢一些，突出巴尼忍痛爬行的艰难、吃力。

3）重音轻读。

朗读中读音的轻重是相对的，有时有意地轻读主要重音，更能起到突出强调的作用。重音轻读常用来表示深沉、含蓄、细腻的思想感情和轻巧的动作、轻微的声音、幽静的环境等。例如：

冬天的山村，到了夜里就万籁俱寂，只听得雪花簌簌地不断往下落，树木的枯枝被雪压断了，偶尔咯吱一声响。（《第一场雪》）

这句话中的"万籁俱寂""咯吱"要轻读，以显示山村雪夜之寂静。

她是从小河走向那个世界的，那轻轻的流水声多像母亲温柔的语声，那缓缓拍打堤岸的河沙，多像母亲温柔的手。（《小河》）

"温柔的语声""温柔的手"轻读，以表示母亲的慈爱。

昨天整日都在朦胧的雾罩之中，今天却阳光一片，这庄严秀丽、气象万千的长江真是美极了。

这句话中"朦胧""美"轻读，更能突出长江三峡风光的优美，表达作者由衷的赞美之情。有时重音轻读也与拖长字音同时运用。例如：

我仰望一碧蓝天，心底轻声呼喊：家乡的桥呀，我梦中的桥！（《家乡的桥》）

大雪整整下了一夜。（《第一场雪》）

这两句中"梦中""整整"既要读得轻一些，又要读得慢一些。

重音轻读常常与重音重读配合使用。例如：

比起在大平原上、浩瀚的海边，或峰峦的顶巅观望日出，心中竟有完全不同的感受，那儿是寂寞的、孤独的、忧郁的，这儿却是热闹的、昂扬的、欢快的。（《高楼远眺》）

这句话中"寂寞""孤独""忧郁"轻读，"热闹""昂扬""欢快"重读，更能突出感受的差异。

表示重音的方法还包括提高音高、一字一顿等。

提高音高，是朗读时把要强调的音节的调值增强、夸张一些，以收到引人注意、渲染气氛的效果。例如：

这是胜利的预言家在叫喊：

——让暴风雨来得更猛烈些吧！（《海燕》）

一字一顿，是在要强调的音节前后做适当的停顿来表示重音。例如：

第二天清晨，这个小女孩坐在墙角里，两腮通红，嘴上带着微笑。∧她/死/了，在旧年的大年夜∧冻/死/了。（《卖火柴的小女孩》）

在"她死了""冻死了"之前停顿时间稍长一些，一字一顿地读出这几个字，以表现作者不忍说出这令人心碎的悲惨结局的沉痛心情。

别了，我爱的中国，我全心爱着的∧中/国！（《别了，我爱的中国》）

朗读这句话时，"中国"之前停顿稍长，然后一字一顿地加重读出"中国"两个字，表明此时作者那种炽热的爱国之情已经达到了顶峰。

【作品朗读练习】（重音）

在苍茫的大海上，狂风卷集着乌云。在乌云和大海之间，海燕像黑色的闪电高傲地飞翔。

一会儿翅膀碰着波浪，一会儿箭一般地直冲云霄，它叫喊着，——在这鸟儿勇敢的叫喊声里，乌云听到了欢乐。

在这叫喊声里，充满着对暴风雨的渴望！在这叫喊声里，乌云感到了愤怒的力量、热情的火焰和胜利的信心。

海鸥在暴风雨到来之前呻吟着，——呻吟着，在大海上面飞窜，想把自己对暴风雨的恐惧，掩藏到大海深处。

海鸭也呻吟着，——这些海鸭呀，享受不了生活的战斗的欢乐：轰隆隆的雷声就把它们吓坏了。

愚蠢的企鹅，畏缩地把肥胖的身体躲藏在峭崖底下……只有那高傲的海燕，勇敢地、自由自在地，在翻起白沫的大海上飞翔。

乌云越来越暗，越来越低，向海面压下来；波浪一边歌唱，一边冲向空中去迎接那雷声。

雷声轰响。波浪在愤怒的飞沫中呼啸着，跟狂风争鸣。看吧，狂风紧紧抱起一堆巨浪，恶狠狠地扔到峭壁上，把这大块的翡翠摔成尘雾和碎沫。

海燕叫喊着，飞翔着，像黑色的闪电，箭一般地穿过乌云，翅膀刮起波浪的飞沫。

看吧，它飞舞着像个精灵——高傲的、黑色的暴风雨的精灵，——它一边大笑，它一边高叫……它笑那些乌云，它为欢乐而高叫！

这个敏感的精灵，从雷声的震怒里早就听出困乏，它深信乌云遮不住太阳，——是的，遮不住的！

风在狂吼……雷在轰响……

一堆堆的乌云像青色的火焰，在无底的大海上燃烧。大海抓住金箭似的闪电，把它熄灭在自己的深渊里。闪电的影子，像一条条的火舌，在大海里蜿蜒浮动，一晃就消失了。

——暴风雨！暴风雨就要来啦！

这是勇敢的海燕，在闪电之间，在怒吼的大海上高傲地飞翔。这是胜利的预言家在叫喊：

——让暴风雨来得更猛烈些吧！……（《海燕》）

【作品朗读练习】（停连、重音）

这是入冬以来，胶东半岛上/第一场雪。

雪/纷纷扬扬，下得很大。开始/还伴着一阵儿小雨，不久就只见/大片大片的雪花，从彤云密布的天空中/飘落下来。地面上/一会儿就白了。冬天的山村，到了夜里/就万籁俱寂，只听得雪花/簌簌地不断往下落，树木的枯枝/被雪压断了，偶尔/咯吱一声响。

大雪/整整下了一夜。今天早晨，天/放晴了，太阳/出来了。推开门一看，嗬！好大的雪啊！∧山川、河流、树木、房屋，全都罩上了一层/厚厚的雪，万里江山，变成了/粉妆玉砌的世界。落光了叶子的柳树上/挂满了毛茸茸亮晶晶的银条儿；而那些/冬夏常青的松树和柏树上，则挂满了/蓬松松沉甸甸的雪球儿。一阵风吹来，树枝/轻轻地摇晃，美丽的银条儿和雪球儿/簌簌地落下来，玉屑似的雪末儿/随风飘扬，映着清晨的阳光，显出一道道/五光十色的彩虹。

大街上的积雪/足有一尺多深，人踩上去，脚底下发出/咯吱咯吱的响声。一群群孩子/在雪地里/堆雪人，掷雪球。那欢乐的叫喊声，把树枝上的雪/都震落下来了。

俗话说，"瑞雪兆丰年"。这个话/有充分的科学根据，并不是一句/迷信的成语。寒冬大雪，可以冻死一部分/越冬的害虫；融化了的水/渗进土层深处，又能供应庄稼生长的需要。我相信/这一场十分及时的大雪，一定会促进/明年春季作物，尤其是小麦的丰收。有经验的老农/把雪比作是"麦子的棉被"。冬天"棉被"/盖得越厚，明年麦子/就长得越好，所以又有/这样一句谚语："冬天麦盖/三层被，来年枕着/馒头睡。"

我想，这就是人们为什么/把及时的大雪/称为"瑞雪"的/道理吧。（《第一场雪》）

（3）语气。

语气，是指在某种特定思想感情的支配下朗读语句的具体语音形式。也就是说，朗读中语气的构成包括两个方面：一是某种特定的思想感情；一是某种特定的具体的语音形式。

作品中的语句总是要表达一定的思想感情的，总是带有某种感情色彩的：或赞扬，或反对；或严肃，或活泼；或悲伤，或高兴；等等。朗读时对特定语句感情色彩的处理，既受全篇作品总体感情基调的制约，同时又要体现出不同于其他语句的差异性，从而形成朗读整篇作品时语气的丰富多变。

语句的感情色彩，主要是通过声音气息的变化表现出来的。

喜爱的感情，一般要读得"气徐声柔"，轻快流畅。例如：

小鸟的影子就在这中间隐约闪动，看不完整，有时连笼子也看不出，却见它们可爱的鲜红小嘴儿从绿叶中伸出来。（《珍珠鸟》）

悲伤的感情，一般要读得"气沉声缓"，有一种迟滞感。例如：

可万万没有想到，这么一位在艺术上日趋辉煌、前途不可估量的小"猴娃"，竟然被白血病这个病魔无情地夺走了生命，年仅16岁。他的英年早逝，着实令人痛惜不已。（《生命在于奉献——电视连续剧〈猴娃〉观后》）

激愤的感情，一般要读得"气粗声重"，语速稍快。例如：

美国人能成为自由人，还是沦为奴隶；能否享有可以称之为自己所有的财产；能否使自己的住宅和农庄免遭洗劫和毁坏；能否使自己免于陷入非人力所能拯救的悲惨境地——决定这一切的时刻已迫在眉睫。苍天之下，千百万尚未出生的人的命运取决于我们这支军队的勇敢和战斗。敌人残酷无情，我们别无他路，要么奋起反击，要么屈膝投降。因此，我们必须下定决心，若不克敌制胜，就是捐躯疆场。（〔美〕乔治·华盛顿《对部队的演说》）

紧张的感情，一般要读得"气提声凝"，给人一种紧缩感。例如：

我的心绷得紧紧的。这怎么忍受得了呢？我担心这个年轻的战士会突然跳起来，或者突然叫起来。（《我的战友邱少云》）

希望的感情，一般要读得"气多声放"，有伸张感。例如：

我相信这一场十分及时的大雪，一定会促进明年春季作物，尤其是小麦的丰收。（《第一场雪》）

语气的具体语音表现形式，叫语势。语势表明语流中语音形式的状态和趋向。

语势主要有以下六种形态：

1）上山类：形如上山，渐次升高。例如：让暴风雨来得更猛烈些吧！

2）下山类：形如下山，逐渐下降。例如：我就是这样学会游泳的。

3）平缓类：形如水平，保持平直。例如：在我依稀记事的时候，家中很穷，一个月难得吃上一次鱼肉。

4）半起类：形如上山至山腰，气提声止。例如：你猜这个穿军装的人是谁？

5）波峰类：形如水波，中间凸起。例如：起初四周非常寂静。

6）波谷类：形如水波，中间凹陷。例如：我是太阳底下最幸福的人。

［说明：符号"↗"表示上升的语势（含语句尾音上扬），"↘"表示下降的语势（含语句尾音下降），"→"表示平缓的语势。］

【作品朗读练习】（语势、停连、重音）

马路旁的人行道/比马路要整整高出一个台阶，↘而他/简直还没满一周岁↘。

他长着两条细弱的小腿，↘此刻这两条小腿/却怎么也不听使唤，↘老是哆哆嗦嗦地↘……但两条腿的主人——小男孩↗/想从马路上登上人行道的愿望↗/却十分强烈，↘而且信心十足。↘

瞧，↗那只穿着好看袜子的小脚/已经抬了起来，↗踩在了人行道的边沿上。↘但孩子还没有下定决心/登上第二只脚，↘有那么一会儿他/就那么站着：一只脚/在人行道上，↗而另一只脚还在原处没动↘。

然而小孩又收回了跨出去的那一步，↘他似乎在积蓄力量，↘小男孩就这么站着，→既不前进/也不后退，↗只是固执地注视着自己的前方。

"还小呢，↘刚刚能走路，就能跨台阶？"↗路旁一位头发花白的老奶奶喷了喷嘴说，→"做大人的要帮他一把。"↘

而孩子的妈妈并没有伸出手去，→只是微笑着鼓励说：↗

"自己上，↘小乖乖，↗自己上。"↘

小脚又一次地踏上了人行道，↘另一只脚也费力地提到了空中，↗这回可真是憋足了劲。↘

"加油！↗加油！"↘旁边的小姑娘喊着。

终于两只脚都站到人行道上去了。↘这也许是孩子一生中拿下的/第一个高地，↘小胖脸同时绽开了笑容——了不起的胜利！↘

"好一个登山者！"↘胡子老爷爷幽默地说，他摸摸孩子的头，"一开头总是困难的，↘但现在总算对付过去了。↘乖孩子，祝你永远向新的高度进军！"↘

人生/会有多少个/第一次啊！↘（《第一次》）

（4）节奏。

节奏，是在一定的思想感情起伏的支配下，在朗读过程中显现的抑扬顿挫、轻重缓急的语音形式的回环往复。节奏一般是就一篇作品的整体而言的，是贯穿作品的始终的。确定节奏要依据作品内容和表达的思想感情，同时要根据作品大多数句子的感情色彩、语势，并注意到作品中语意之间是如何转换的。

节奏主要有以下六种类型：

1）轻快型：语速稍快，多上升语势，语调轻快、跳动。主要语句、段落表现突出。例如《春》《济南的冬天》等。

2）凝重型：语速适中，语势较平，语调凝重。主要语句、段落表现突出。例如《最后一课》等。

3）低沉型：语速较慢，多下山类语势，语调沉缓。主要语句、段落表现突出。例如《卖火柴的小女孩》等。

4）高亢型：语速快，上山类语势为主，语调高昂。主要语句、段落表现突出。例如《海燕》等。

5）舒缓型：语速适中，多上山类语势，语调舒缓。主要语句、段落表现突出。例如《小鸟的天堂》《高楼远眺》等。

6）紧张型：语速较快，多上山类语势，语调紧促。主要语句、段落表现突出。例如《我的战友邱少云》等。

以上六种节奏类型的划分是相对的，实际朗读中它们往往会不同程度地互相渗透；有时一篇作品的节奏总体上是轻快的，但也不排除其中某一部分的节奏是低沉的或紧张的。

石雨先生在论及运用各种声音技巧表现节奏时，概括出如下总体要求："低而不蔫，高而不喊；慢而不拖，快而不赶；轻而不浮，重而不板。"我们在朗读中应努力达到这种境界。

（5）停连、重音、语气和节奏之间的关系。

停连、重音、语气和节奏作为朗读的四种基本技巧，是既互相区别又相互联系的。其中停连的主要作用是使语意表达层次清晰，重音主要是使句子中的重点字词、词组突出出来，这是两种最基本的朗读技巧。语气处于四种基本技巧的中心位置，它可以决定停连、重音，对形成作品不同的节奏也具有重要作用。停连、重音和语气的综合运用，又形成了作品不同的节奏。

4.4.2　不同类型作品的朗读

4.4.2.1　记叙类作品的朗读

记叙类作品常常是通过对人物、事件的具体叙述，或赞扬某种品质，或肯定某种行为，或表达某种认识，等等。

很多记叙类作品往往是以一个事件的经过贯穿全文的，而人物又是事件的主体，所以要注意通过各种朗读技巧，表现出不同人物的个性，尤其要读好人物的语言。例如《落花生》中出现的人物有母亲、父亲和孩子们，人物的年龄、身份、性格等都是不同的。在读母亲的话时，声音可以低一些，语速慢一些，语气柔和，表现出母亲对孩子们态度的亲切、和蔼。在读姐姐、哥哥和"我"的话时，要表现出孩子说话的特点：音调高，语速快。比如朗读"花生的味美""花生可以榨油"和"花生的价钱便宜，谁都可以买来吃，都喜欢吃。这就是它的好处"这几个句子时，中间的停顿要缩短，每个音节要读得短促些，表现孩子们争着回答父亲问题的情景。父亲生活阅历丰富，他的话蕴含着深刻的人生哲理。读父亲说的话时，语速应稍慢一些，停顿可以适当多一些，给人以理解、回味的时间；语气应是亲切的、循循善诱的，并略带庄重、严肃。

朗读记叙类作品，还要注意把人物的语言和叙述、描写等区别开来。一般情况是，叙述、描写的部分声音可以低一些，而人物对话部分声音要高一些，突出一些。

朗读叙述、描写部分时，既不要喧宾夺主，同时也要避免过于平淡。例如《落花生》第一自然段中有这样一句："我们姐弟几个都很高兴，买种，翻地，播种，浇水，没过几个月，居然收获了。"这句话概括叙述了孩子们种花生的经过，其中"都很高兴"要读得重一些；"买种，翻地，播种，浇水"，中间的停顿应缩短，语速略快，表现孩子们种花生时天真、愉快的心情；"居然收获了"之前的停顿稍长，区分出种花生与收花生的界限，读"居然"字音拖长，"收获"重读，表现出孩子们喜出望外的兴奋心情。

此外，朗读时要体现出事件发展的阶段性，注意内容层次之间的转换要自然。

4.4.2.2　抒情性作品的朗读

这里所说的抒情性作品，主要是指抒情散文。有时作者在作品中用直接抒情的方法表达自己的感情。朗读这样的语句时，需要特别注意强调。例如《小河》最后一句话是："如今我离去了，小河被我远远地抛在故乡，可我永远地思念着你，小河。"作者在这里直接表达了对小河、对故乡、对母亲的怀念、思念和眷恋。

更多的情况是，作者在作品中通过叙事、写景、状物或议论，表达思想感情。这就需要我们在深入理解、感受作品的基础上，体会和表现字里行间蕴含的思想感情。例如《爱痕》中有这样的一段话：

我一边吃力地蹬着车，一边当导游，向母亲介绍改革开放给农村带来的巨大变化。我的衬衫和后背贴在了一起，额头沁出一层汗珠，爬上一道陡坡，准备跨越一条铁道。我弯腰弓背，喘着粗气，小心翼翼地行驶。突然，车子在沙泥的路基上颠簸了一下，我的身体失去了平衡。就在车倒人翻的一刹那，我猛地侧过头，用自己的身体挡住了母亲。母亲安然无恙，我却觉得眼前一黑，下颌被坚硬的铁轨磕伤，殷红的鲜血顿时淌了下来。母亲潸然泪下："好玉玉，妈难为你啦……"我用手帕擦去母亲腮边的泪水，打趣地说："磕破点皮，没关系。这不正好多了个'酒窝'吗？"

这段文字中，没有一个"爱"字，语言平实，看似平淡无奇，只是客观记叙，但是通过对女儿动作、神态、语言具体真切的描写，我们会感受到女儿对母亲的朴素而真挚的爱，并会被这种人间真情深深地打动。

朗读抒情散文，还要注意散文"形散神聚"的特点，把握住对全篇起统领作用的主要感情线索的基调。

4.4.2.3　说明性作品的朗读

说明性作品，有的是介绍客观事物的形状、性质、特征、成因、功用的，有的是说明客观事理的关系、规律的。它要求用准确、简明的语言按照一定条理对事物、事理进行直接的说明。朗读说明性作品，要突出其说明性、知识性、科学性、准确性。对作品中关键性的词语、句子，主要运用停连、重音加以突出强调。例如：

地面上的水/被太阳晒着的时候，吸收了热，变成了水蒸气。∧水蒸气/遇到冷，凝成了/无数小水滴，飘浮在空中，变成云。∧云层里的小水滴/越聚越多，就变成雨或雪落下来。（《太阳》）

4.4.2.4　议论性作品的朗读

议论性作品，主要由论点、论据和论证三要素构成。论点是作者的观点、见解或主张，朗读时一般采用重读、拖长音节的方法来突出，同时语气要肯定，态度要鲜明。

虽然有时作品中也夹有叙述、描写、说明的文字，但这些或是为了引出论点，或是为了证明论点而提供事实依据，或是作为议论的补充。与论证的部分相比，它们显然是次要的，朗读时要注意区分。

议论性作品的一个突出特点是句与句、段与段之间有着严密的逻辑关系。朗读者要对这种逻辑关系有较为深刻的认识、感受，并通过恰当运用停连、重音等技巧予以表现。例如《为人民服务》第二自然段，首句提出观点——死的意义不同；第二、三两句从两方面进一步具体说明死的价值、意义不同；第四句是结论：张思德同志的死是重于泰山的。朗读时可以这样处理停连和重音：

人/总是要死的，但死的意义有不同。中国古时候/有个文学家叫作司马迁的说过："人固有一死，或重于泰山，或轻于鸿毛。"为人民利益而死，就比泰山还重；替法西斯卖力，替剥削人民和压迫人民的人去死，就比鸿毛还轻。张思德同志/是为人民利益而死的，他的死/是比泰山还要重的。

4.5　命题说话应试指导

说话，是社会生活中人们互相传递信息、沟通感情的一种最简便、最常用的交际方式。这里讲的"说话"是指一个人在各种需要说话的场合，不用写稿就能不失时机地"脱口而出""出口成章"，说上三五分钟甚至十几分钟的话。说话分为主动式和受动式。主动式的说话多为即兴讲话，比如：在各种会议或座谈讨论，临时应酬的各种致辞，主持一些活动的现场讲话，某些情景诱发下产生的感言等。受动式的说话是受别人要求、提议而发表的，比如：在各种会议上临时应邀发言，回答人们的现场提问，竞赛中当场命题的演说，测试中的口试和答辩等。这些说话在日常生活和社会交往中应用得越来越广泛，提高说话能力和技巧也越来越为人们所重视。

命题说话作为普通话水平测试的试题之一，就是考查应试者在没有文字凭借的情况下，说普通话的能力和所能达到的规范程度。重点测查语音标准程度，词汇、语法规范程度和语言自然流畅程度。

4.5.1 命题说话的特点和要求

4.5.1.1 命题说话的特点

（1）即时性。

命题说话事先无法准备，是即时性说话。在抽到话题后，应试人只能在较短的时间内打"腹稿"，在确定话题之后必须把思想内容条理化，把思维转换成外部语言。由于没有充足的思考斟酌的时间，这个"腹稿"往往是粗线条的、不太完整的。在诉诸语音表现出来的时候，常常是脱口而出，现想现说，这就是命题说话的即时性。

（2）综合性。

从抽到话题开始构思到用口语表达出来的这一过程，实际上是对应试人各种能力、素质的全面考查，如思维能力、认识能力、组织语言的能力、运用各种语音技巧的能力以及社会生活经验、心理素质、语文修养等。命题说话不可能写出成稿，又有不容修改的特点。说话中观点、内容、词语一旦出现偏差便无法更改，这对说话人提出了更高的要求，也足可让喜好随意应付、顺嘴胡诌者深以为戒。

（3）口语化。

说话是口语，口语与书面语言的差别是说话口语化。口语化首先表现在说话中使用的词汇上，如在书面语言中使用"父亲""夜晚""头颅"，而在说话中则常说成"爸爸""晚上""脑袋"。口语化还表现在说话时句子形态的简约和松散。简约，是指说话时短句多，省略句多（省略主语、谓语、宾语或介词、连词等），修饰语少，尤其是多层次、较长的修饰语少。

例如：

昨天，小王买了一件蓝颜色的特别合身的绒衣。（书面语）

昨天，小王买了件蓝色绒衣，特别合身。（口头语）

松散，主要指口语中词语之间的停顿较多。

4.5.1.2 命题说话的要求

命题说话的话题由应试人从给定的两个话题中选定一个话题，连续说一段话，时间不得少于 3 分钟，30 或 40 分（此处以 40 分为例）。

（1）语音规范标准。

说话测试中，语音标准程度占 30 分，应试人的语音标准程度可分为六档。一档：语音标准或极少有失误，扣 0 分、1 分、2 分不等；二档：语音错误在 10 次以下，有方音但不明显（或语音错误在 10～20 次），扣 3 分、4 分不等；三档：语音错误在 10 次以下但方音比较明显，或语音错误在 10～15 次，有方音但不明显，扣 5 分、6 分不等；四档：语音错误在 10～15 次，方音比较明显，或语音错误在 10～20 次，方音明显，扣 7 分、8 分不等；五档：语音错误超过 20 次，方音明显，扣 9 分、10 分、11 分不等；六档：语音错误超过 50 次，方音重，扣 12 分、13 分、14 分不等。

测试中的说话不同于日常说话、朗读和演讲，测试中的说话重在检测语音，要展示自己的思维流程，有目的，有条理，叙述性强。说话时的语音标准要求与前几项的语音规范标准相同，尽量减少语音错误；音变要规范，包括上声、"一"、"不"、轻声、儿化、语气词"啊"的变读。说话要腔调纯正，无方音色彩。

（2）词汇语法正确无误。

词汇、语法规范程度占 5 分，可分为三档。一档：词汇、语法规范，不扣分；二档：词汇、语法偶有不规范的情况（侧重于方言词汇而不是口语表达），扣 1 分、2 分不等；三档：词汇、语法屡有不规范的情况，扣 3 分、4 分不等。

普通话是语音、词汇、语法三要素的统一体。所以普通话测试中，除检测应试人的语音情况外，还将通过"说话"项检测其词汇、语法是否规范，词汇、语法是否规范（即说话中无方言词、方言语法）。应试人应注意掌握普通话和方言的词汇、语法对应规律，避免出现用方言词或方言句式说普通话。比如"我吃过饭了"，湖南很多方言说成"我吃嘎饭了"，把"借给他一本书"说成"借本书把他"。很明显，这与普通话的词汇、语法不一致。

（3）语言自然流畅、口语化强。

语言自然流畅程度占 5 分，也可分为三档。一档：语言自然流畅，不扣分；二档：语言基本流畅，口语化较差，有书面语倾向，有背稿的现象或语流不连贯，扣 0.5 分、1 分不等；三档：语言不流畅，语调生硬，语言表达书面语化，语流有停顿和间歇，扣 2 分、3 分不等。

另外，缺时、无效语料、离题、雷同等项也都有相应的扣分。

说话要多用简单句，少用长句，这样可以保持思维的连贯性，减少语句错误；尤其是不要有很长的修饰语，说话要平实。多用口语词，避免使用方言词语，比如湖南方言的"嘎"、广东方言的"哇"等，也不必故意追求文雅的语言，要尽量说得通俗易懂。还要避免啰唆、重复，不要说口头禅，比如有人凡说话必有"这个"或"那么"，这都是应该避免的。另外，说话和朗读、演讲不一样，说话是很自然的，不要用朗读或背书的腔调去说，那样会让人感觉很生硬、不自然，从而给人留下语音面貌差的印象。要想克服这些问题，关键在于平时要坚持说普通话，养成讲普通话的习惯，让习惯成自然。

4.5.2　命题说话的注意事项

（1）选择话题，内容切实。

选择好说话的题目是应试取得成功的关键所在。命题说话的题目一般规定为二题任选其一，有经验的人总能迅速选择与自己生活贴近的事或关系亲近的人来叙述，这样容易做到言之有物、言之有序。

（2）思维敏捷，语脉连贯。

命题说话是临场发挥，一旦确定了话题，就要迅速想好要点，理清思路，列出顺序，有条不紊地说话。不能拖拖沓沓，语无伦次，前言不搭后语。这就要求说话人头脑清醒，有较强的应变能力；始终保持语脉连贯、语流畅达。做到说话连贯、语调自然，不要因怕说错或中断而一个字一个字地往外"挤"；要尽量避免平时说话中习惯加进的"嗯""啊""这个吧""完了吧"等。

（3）语音准确，语态得体。

命题说话考查应试人说普通话的能力和规范的程度。重视说话的内容是不错的，但更要重视发音准确，吐字清晰，声音响亮；轻声儿化、变调等处理应正确无误；停连、重音、节奏等应与说话内容相符。用词准确、恰当，不使用方言词汇，句式应符合口语习惯和语法规范。如果一味重视内容充实、语言精美而忽略语音的准确，又容易使尚未完全改造彻底的方音"露出马脚"。

语态得体是指不要事先把话题写成文后死记硬背，这样不但给人"背稿"的感觉（这是不符合命题说话的要求的），而且完全背稿，一旦记忆出现中断，又会影响下面内容的表达。

（4）命题说话的准备。

测试命题说话的过程，实际上是一个审题、构思、表达的过程，在说话前做好准备工作非常重要。

审题。抽到题签后，首先要审题。看一看话题是属于介绍类的还是评述类的。如："我的父亲"是属于介绍类的话题，"说勤俭"是属于评述类的话题。然后进一步分析话题的要求：如果是介绍类的话题，就要弄清话题要求说的是人还是事。说什么样的人、什么范围、什么时间的事；如果是评述类的话题，要弄清话题要求是有关国家、社会的大事，还是有关公德、生活的具体问题。在分析理解了话题要求之后，才能确定说话的目的和中心。

选材。在确定了说话的中心之后，还要选择好材料。说话的选材，跟写文章一样，要选择能表现中心思想的材料。选材要注意选择真实的材料，只有真实的材料才能调动起自己的真情实感，才能使自己的表达自然流畅；选材还要注意选择典型材料，只有典型的材料才能有说服力，才能引起听者的兴趣，增强感染力。

构思。有了说话的材料之后，还要组织好这些材料，安排好说的结构。命题说话的结构一般分为开场白、主体和结束语三部分。

1）开场白。开场白是命题说话的开头。好的开场白可以打开场面、活跃气氛、引起听者的兴趣。开场白的形式是多样的：有的开门见山地亮出观点，直截了当地揭示主题，突出中心；有的讲述一段趣闻，提出一个新奇的问题，引人入胜；有的提出不同的观点，发人深思；有的背诵谚语诗词等，活跃气氛。

2）主体。主体是命题说话的主要部分，讲述事情、阐明观点，表达情感都依赖这一部分。口语表达有稍纵即逝的特点，听者不可能在短时间内分析思索和理解。说话的主体部分要以较快理解为前提，因此要交代清楚时间、地点、人物、事情经过，条理清晰，结构严密。主体部分进一步提高要求，做到节奏多变、波澜起伏，才能扣人心弦，产生好的效果。

3）结束语。好的结束语可以给听众留下完整、深刻的印象和回味的余地。结束语可以是对内容的总结和概括，也可以抒发感情或发出号召。结束语要简洁有力、朴实自然。

4.5.3 命题说话的类型

命题说话大体可以分为介绍和评述两大类。

4.5.3.1 介绍类

介绍，主要有自我介绍、介绍他人和介绍事物三种。

（1）自我介绍。

自我介绍，包括介绍自己的自然情况、职业特点、特长爱好、脾气性格、学习情况、业余生活、婚姻状况、家庭生活等。

【辅导与练习】

话题"我的业余爱好"

话题分析：

①话题中"业余爱好"，限定了说话的范围和主题——必须是在工作（学习）以外的时间里自己有浓厚兴趣的一种或几种爱好，如读书、下棋、唱歌、集邮、书法等。当然，必须是有意义的、健康的。

②可以分别说一说自己的几种不同的业余爱好，也可以只重点谈一种业余爱好，这视每个人的不同情况而定。

③如果是说自己的某一种业余爱好，要求应该说清楚这种业余爱好是什么时候养成的、是什么原因促使你对此感兴趣，以及这种业余爱好给你带来了哪些有益影响——或是增长了知识，或是开阔了眼界，或是陶冶了情操，或是提高了认识，或是使身心得到了休息，等等。还可以说一说自己在这方面取得的成绩，如作品发表、获奖、参加展览等。

（2）介绍他人。

介绍他人，包括介绍自己的家庭成员和其他亲属、邻居、同事、老师、同学以及一些对自己影响较大、令自己印象深刻的人等。

【辅导与练习】

话题"值得我敬佩的一个人"

话题分析：

①话题中的"一个"限定了说话对象的数量。这个人可能是自己熟悉的、与自己关系密切的，也可能是自己并不熟悉、与自己关系一般甚至只见过一面的。

②既然是"值得我敬佩"，那么这个人一定在某一方面或某几方面有过人之处，或是品质高尚，或是技艺超群，或是成果斐然……总之，要把自己敬佩的原因说清楚。

③为了使说话的内容具体、丰满，要力避只是说一些抽象、概括、评价性的话，而要通过对这个人的言行举止的具体叙述来说明。

（3）介绍事物。

介绍事物，包括的范围很广，如介绍某处景物、某本书、某部电影，介绍家乡的风俗、特产、新变化，还包括介绍自己听到、看到、亲身经历的某件事等。

【辅导与练习】

话题1　"我最爱读的一本书"

话题分析：

话题中的"一本书"限定了介绍的对象是书，而不是杂志或其他出版物。说好这个话题的关键在于说清楚为什么爱读这本书，说话时可按以下思路组织语言：

①简明扼要地介绍这本书的作者和主要内容。

②比较详细地说明书中哪位人物、哪个情节或哪个观点等给你留下的印象最深。

③说一说这本书给你的教益、影响，要突出重点，切忌面面俱到。

话题2　"家乡×××方面的变化"

话题分析：

①这个话题是半命题式的。首先要把话题补充完整。补充时要注意，一方面要体现出家乡的变化；同时还必须是自己熟悉的，以便有话可说。例如可以补充为"家乡交通方面的变化""家乡城市建设方面的变化""家乡住房方面的变化"等。

②要紧紧围绕"变化"两个字展开话题，可以运用对比的方法把某个方面变化的前后情况说清楚，尤其是变化之后的现状更要说得具体一些。

③可以适当说明变化的原因，必要时还可加上自己的感想、评论等。

话题3　"一次难忘的参观活动"

话题分析：

①话题规定的"参观活动"包括的内容很广，比如参观展览会、乡镇企业、博物馆等。

②要说清楚这次参观活动的时间、地点、参观的内容，尤其要注意条理性，一般可按参观的先后顺序来说明。

③要详细地说明令你难忘的、给你印象最深的内容及你的感情。

4.5.3.2　评述类

评述，就是阐述自己对某一论题的认识、看法，也包括就某一现象或某种观点发表见解、表明态度等。

这类话题一般都与人们的现实生活、思想实际、社会思潮联系得比较密切。例如："谈谈你对公款吃喝的看法""说勤俭""有人说，现在是'世风日下'，就此谈谈你的认识"等。

要说好评述类话题，应注意以下几点：

要根据话题提供的论题或提出的要求，确立好正确、鲜明的论点。有时话题给出的是一个有争议的或认识上有偏差的甚至是错误的观点，就更需要我们认真分析、仔细辨别。

要围绕确定的论点，选择恰当的论据。用作论据的材料必须真实可信、有说服力。作为论据的材料有两类：一类是事实论据，一类是理论论据，二者经常配合运用。

限于话题说话的时间（4分钟之内），对某个论题的论述不可能非常全面、细致，因此要注意突出重点。

【辅导与练习】

话题"说勤俭"

话题分析：

①首先要明确"勤俭"的含义是勤劳而节俭，勤俭是中华民族的传统美德，也是一个人应该具有的美好品德。

②要说清勤俭的重要性，可以从正反两方面用事实、数字等来说明勤俭的好处和不勤俭的危害（小至个人，大到国家）。

③可以针对当前社会上某些人铺张浪费、贪求奢华的现象谈谈你的看法。

④还可以谈谈怎样才能做到勤俭，可以联系自己、自己的家庭或单位的实际情况具体说一说。

五、我学会了什么

本章我们了解了普通话测试的基本题型和测试标准，并学习了每种题型的应试技巧。要读好单音节词，我们需重点分清翘舌音与平舌音，分清鼻音与边音，分辨 i 和 ü、o 和 e、er 和 e 与 a 等。要读好多音节词，我们要注意词语朗读的连续、轻声和儿化以及轻重音节。朗读作品时，应掌握停连、重音及不同类型作品的朗读技巧。命题说话时，则要掌握介绍类和评述类题目的不同技巧。

六、互动地带

1. 一日，地铁中一名外国人问一位中国老人："你愁不愁？"老人很诧异："我不愁，我很开心。"外国友人摇摇头，又问："你臭不臭？"老人很生气："我不臭，天天洗澡，你怎么回事儿？"旁边走过一名大学生，忙上前解释道："老人家别生气，他是问您抽不抽烟。"这时，老人才注意到外国友人的手中拿着一支香烟……

讨论与思考：为什么老人与外国友人沟通出现偏差？

2. 卖鱼的扯着嗓子一个劲地叫喊着："鱼啦，鱼啦。"旁边一个卖枣的也不甘示弱，紧接着嚷："糟（枣）啦，糟（枣）啦。""鱼啦。""糟啦。""鱼啦。""糟啦。"卖鱼的越听越不对劲，觉得卖枣的好像有意跟他作对，于是两人吵了起来。

请你指出两人吵架是什么原因造成的？

（声调错误，"枣"字没儿化）

3. 一个外地人，在市区迷了路，见一个斯文的小姐走过来，便迎上去问："兔子，亲吻（请问）一下……"话还没说完，小姐便气得满脸通红地跑了。

请你指出上文中沟通出现的偏差是怎么造成的？

（兔子——同志是韵母错误；亲吻——请问是前鼻音与后鼻音咬得不清楚，声调错误。）

七、复习思考题

1. 举例说明普通话水平测试的意义。

2. 你所学专业普通话水平测试的就业要求是什么等级？

八、实训练习与操作

实训项目：普通话水平测试。

实训目标：掌握普通话单音节词、多音节词、朗读、命题说话的技巧，能用标准的普通话交流。

实训内容与要求：教师随堂抽测，按照普通话考试时间和标准检测学生。

实训成果与检测：教师抽测，按标准评分。

九、岗位显身手

搜集本专业相关行业的用语表达，并练习用标准的普通话朗读。

第3篇

社交篇

第3章　礼貌用语

一、我要学什么

1. 了解礼貌用语的使用要求、技巧；
2. 掌握常用礼貌用语。

二、我要达到的目标

1. 熟练运用礼貌用语，善用敬语和雅语；
2. 避免使用礼貌忌语。

三、课前脑运动

小王站在窗前欣赏校园风景，悠闲得很。小张走过身旁时，正好小王转身，两人撞到一起，小王一看鼻子被撞得流血了，便骂："你眼睛瞎了！"小张不甘示弱："你才瞎呢！四眼狗"，于是两人厮打起来，最后都挂了彩，住进了医院。

思考：在日常生活中，类似这种因小事而导致事态扩大的事件时有发生。怎么去避免？

四、涨知识

礼貌、礼仪是人们在频繁的交往中彼此表示尊重与友好的行为规范。而礼貌用语则是尊重他人的具体表现，是建立友好关系的"敲门砖"。所以在日常生活尤其是社交场合中，会使用礼貌用语十分重要。多说客气话不仅表示对别人的尊重，而且表明自己有修养；多用礼貌用语，不仅有利于双方气氛融洽，而且有益于交际互动。

4.1　礼貌用语的使用要求

4.1.1　态度和蔼真诚，尊重对方

使用礼貌用语，其目的是通过语言传递尊重、友善、平等的信息，联结起情感沟通的纽

带。而语言是表达内心活动的声音，是人们内心思想感情的展现。因此，使用礼貌用语，首先要发自内心地尊重对方。只有由衷地、真诚地对人尊重，在语气上表现出恭敬之情、和蔼诚挚之意，才能给对方以亲切感、受尊重感，进而拉近彼此之间的距离，达到交流思想、联络感情、建立友谊的桥梁作用，也就是"要心有所存，才口有所言"。在社会交往中，礼貌用语的作用是无与伦比的，一声真挚的"对不起"能够化解剑拔弩张的冲突，一个和蔼的"不要紧"等于给人吹去一阵温润的春风。

4.1.2　谈吐文雅，善用敬语和雅语

语言的运用因人而异，同样一个意思，在语言上却有美丑之分、文野之别。这就要求我们做到谈吐文雅、谦逊得体，而措辞的谦逊文雅主要体现在敬语和雅语的运用。

（1）所谓敬语，指的是对听话人表示尊敬的语言手段。常用的敬语有"请""您""您好""欢迎光临""再见""对不起""阁下""尊夫人""贵方"等。比如说，与人交流时，我们经常说"请您稍候""请帮我一下""请多关照""请留步"等。这些话中的"请"字不是多余的，含有谦虚、尊重对方的意思，这种礼貌的表达使语气显得委婉不生硬，有助于彼此的交流与沟通。

不过，敬语在使用时应注意下列几点：

1）适用场合。敬语主要适用于四种场合：正规的社交场合，会议、谈判等公务场合，和师长或身份、地位较高的人交谈，和陌生人打交道的时候。

2）根据不同对象使用不同敬语。敬语的使用要有针对性，要先看对象，然后选用恰当的敬语。比如你想问一位中国长者的年龄，就可以说："您老高寿？""请问您老多大年纪了？"对平辈或年龄不太大的人则不适合如此发问，而应说："请问你多大年龄？"听到这类问话，中国人都会高兴地回答你，因为这类问话很有礼貌。但是你如果直接去问一个外国人的年龄，他会很不愉快，认为这不礼貌，是对他的不尊重。如果需要问外宾年龄时，你应面带微笑，客客气气地说："××先生，我可以问一问您的年龄吗？"如果外宾高兴，他会马上回答。反之，他会回避这个问题，这时你就不要再追问。对外国女士，问年龄更要谨慎。

（2）雅语是指一些比较文雅的词语，和俗称相对。雅语常在一些正规的场合以及一些有长辈或女性在场的情况下，被用来代替那些比较随便甚至粗俗的话语。多使用雅语，能体现出一个人的文化素养。在待人接物中，如招待客人端茶时，你应该说："请用茶。"如果还有点心招待，可以说："请用一些茶点。"假如你比别人先结束用餐，你应该向其他人打招呼说："请大家慢用。"雅语的使用不是机械的、固定的。只要你的言谈举止彬彬有礼，人们就会对你良好的个人修养产生深刻的印象。比如说，上厕所应看场合说雅语。中国人上厕所时习惯说"上厕所""方便一下"等，但如果在一位陌生人家里做客，或有女士在场，就要更文雅些，必须这样说："我可以使用一下盥洗室吗？"或"请问洗手间在什么地方？"

4.2 礼貌用语的使用技巧

4.2.1 语音轻柔，语调亲切，语速适中

声音在语言表意中的地位相当重要，有魅力的声音，更容易做到以声传意、以声传情，并给人以美的享受。而声音美，不仅指嗓音的动听甜美，更重要的是如何正确发音，使自己的语言保持轻柔的语音、抑扬顿挫的声调、快慢适中的语速，自然地表达丰富的思想感情。与人交流过程中，语调过高、语气过重，会让对方感到你尖刻、生硬、冷淡、刚而不柔；语气太轻、语调太低，会让对方感到你无精打采、有气无力。一般来说，使用礼貌用语时，语音应以低音为主，语调柔和，吐字清楚，语句清晰。说话时要尽可能使声音听起来柔和，避免粗厉尖硬的讲话，要做到以理服人，而不是以声、以势压人。语速要因人而异，快慢适中，根据不同的对象灵活掌握，恰到好处地表达，让人听明白，让人理解，从而收到良好的效果，展现自我温文尔雅的良好形象。

4.2.2 配合表情与动作，多从对方的角度组织语言，多用征询用语

在平时的对话交流过程中，除了使用礼貌用语之外，还要配合相应的表情和动作。否则，稍有不慎就会给对方留下不好的印象，甚至使谈话不欢而散或陷入僵局。比如说当别人遇到不幸时你去看望安慰，你的表情一定要同情、专注；别人有了成绩你去祝贺，你的表情就要真诚、热情、愉快。如果你三心二意、心不在焉就是失礼，会引起别人的反感。再比如说，在餐厅，有人询问"洗手间在哪里"时，如果仅仅用一个远端手势表明位置，没有语言上的配合，甚至只是努努嘴来打发对方，这样就显得很不礼貌。如果既用了远端手势，又对对方亲切地说："请一直往前走，右边角上就是！"对方的感觉就会好很多。

4.3 常用礼貌用语

在交谈中，一定要和善，多用礼貌语。常用的礼貌语有"请""谢谢""对不起""您好""麻烦你了""拜托了""可以吗""您认为怎样"等。同时，可根据礼貌用语表达语意的不同，选择不同的礼貌语。

（1）问候语。

问候语一般不强调具体内容，只表示一种礼貌。在使用上通常简洁、明了，不受场合的约束。无论在什么场合，与人见面都不应省略问候语。同时，无论何人以何种方式向你表示问候，都应给予相应的回复，不可置之不理。与人交往中，常用的问候语主要有"你好"

"早上好""下午好""晚上好"等。与外国人见面问候招呼时，最好使用国际比较通用的问候语。例如，英语应用"How do you do？（你好）"等。

（2）欢迎语。

欢迎语是接待来访客人时必不可少的礼貌语。例如"欢迎您""欢迎各位光临""见到您很高兴"等。

（3）致歉语。

在日常交往中，人们有时难免会因为某种原因影响或打扰了别人，尤其当自己失礼、失约、失陪、失手时，都应及时、主动、真心地向对方表示歉意。常用的致歉语有"对不起""请原谅""很抱歉""失礼了""不好意思，让您久等了"等。当你不好意思当面致歉时，还可以通过电话、手机短信等其他方式来表达。

（4）请托语。

请托语，是指当你向他人提出某种要求或请求时应使用的必要的语言。当你向他人提出某种要求或请求时，一定要"请"字当先，而且态度语气要诚恳，不要低声下气，更不要趾高气扬。常用的请托语有"劳驾""借光""有劳您""让您费心了"等。在日本，人们常用"请多关照""拜托你了"。英语国家一般多用"Excuse me（对不起）"。

（5）征询语。

征询语，是指在交往中，尤其是在接待的过程中，应经常地、恰当地使用诸如"您有事需要帮忙吗""我能为您做些什么""您还有什么事吗""我可以进来吗""您不介意的话，我可以看一下吗""您看这样做行吗"等征询性的语言，这样会使他人或被接待者感觉受到尊重。

（6）赞美语。

赞美语，是指向他人表示称赞时使用的用语。在交往中，要善于发现、欣赏他人的优点长处，并能适时地给予对方以真挚的赞美。这不仅能够缩短双方的心理距离，更重要的是能够体现出你的宽容与善良的品质。常用的赞美语有"很好""不错""太棒了""真了不起""真漂亮"等。面对他人的赞美，也应做出积极、恰当的反应。例如，"谢谢您的鼓励""多亏了你""您过奖了""你也不错嘛"等。

（7）拒绝语。

拒绝语，是指当不便或不好直接说明本意时，采用婉转的词语加以暗示，或用使对方意会的语言。在人际交往中，当对方提出问题或要求，不好向对方回答"行"或"不行"时，可以用一些推脱的语言来拒绝。例如：对经理交代暂时不见的来访者或不速之客，可以委婉地说：

"对不起，经理正在开一个重要的会议，您能否改日再来？"

"请您与经理约定以后再联系好吗？"

如果来访者依然纠缠，则可以微笑着说："实在对不起，我帮不了您。"

（8）告别语。

告别语虽然给人几分客套之感，但也不失真诚与温馨。与人告别时，神情应友善温和，语言要有分寸，具有委婉谦恭的特点。例如："再次感谢您的光临，欢迎您再来！""非常高兴认识你，希望以后多联系。""十分感谢，咱们后会有期。"等。

4.4 礼貌忌语

礼貌忌语是指不礼貌的语言，或他人忌讳的语言，或会引起他人误解、不快的语言。主要包括以下几种：

（1）不礼貌的语言。如粗话脏话，这是语言中的"垃圾"，必须坚决清除。

（2）他人忌讳的语言。是指他人不愿听的语言，交谈中要注意避免使用。如谈到某人去世了，可用"病故""走了"等委婉的语言来表达。

（3）不尊重的语言。不尊重的语言是指有损他人自尊的语言。比如，"老家伙""傻子""你太笨了""你火星来的吧"等语言。尤其，当交流对象是残疾人的时候，更要注意避免使用"瞎子""聋子""麻子""瘸子"等词语。

（4）容易引起误解和不快的语言也要注意回避。比如，在议论他人长相时，可把"肥胖"改说成"丰满"或"福相"，"瘦"则用"苗条"或"清秀"代之。在探望病人时，应说些宽慰的话，如"你的精神不错""你的气色比前几天好多了"等。

（5）不友好的语言。在任何情况下，都不要使用让对方感到敌意与挑衅的语言。比如，在电影院有人坐了你的座位时，不要直接斥责"这是你的座吗!"，而是可以委婉地询问："对不起，麻烦对一下您的座位号，您好像坐在我的座位上了。"

（6）不耐烦的语言。交谈过程中，我们要注意自己的态度，不要把不耐烦、烦躁等情绪带入谈话中。比如"不知道""不行""讨厌""真烦人""你等着吧""急什么""你烦不烦""我没工夫""有完没完""你问我，我问谁?""不是告诉你了吗? 怎么还问?""你怎么搞的?""你咋呼啥?""（你）没见我忙着吗?""快点，我还有别的事"等。

五、我学会了什么

本章我们了解了使用礼貌用语的重要性，知道了在使用礼貌用语时要发自内心，态度要和蔼亲切，多用雅语和敬语。通过本章，学习基本的礼貌用语和礼貌忌语，在使用礼貌用语时注意自己的语音、语调、语气和语速，在交谈中配合合适的表情和动作，从而塑造自我温文尔雅的良好形象。

六、互动地带

1. 洛杉矶国际机场 2 号航厦的国航登机柜台前大排长龙，电脑死机让等待的一些乘客颇不耐烦。一位南加州本地的导游带领几十位游学团学生排队，其中几个学生不小心插到了一组中国散客团的队伍前面。散客团领队立刻大喊："怎么那么没有规矩!"领队的强势引发该团另外 5 名游客情绪激动，他们立刻冲到该导游面前质问其学生为什么插队。该导游道歉后，把学生叫回队伍中，但对方依然不饶，且开始骂声连连。航厦内充斥着中文的高声喧哗和骂声。李导游说，身为华人，现场目击这样一幕感觉有损颜面。毕竟在国际机场，周围往来各国游客，看华人在这里大吵大闹实在有碍观瞻。

讨论与思考：你觉得此次有损国人形象的事件，本应该如何避免？

2. 一个男士在火车上不停的爆粗口，即便是要借过也毫无礼貌而言，车上的人虽然很反感，但最后都忍了下来。终于，这位男士要下车了，却忘记拿自己的行李。旁坐的人立马喊住他说："先生，请等下。"只听那男士很凶悍地回了句："干什么？"旁坐的人也不生气，和气地说："您的行李忘记拿下去了。"并热情地递给了他。男士连谢谢也没说就接过行李转身想下车。

讨论与思考：你觉得如何面对这种不礼貌的情况？

七、复习思考题

1. 礼貌用语的使用要求和技巧是什么？
2. 我们常用哪些礼貌用语？
3. 哪些语言会引起他人的反感？请举例说明。

八、实训练习与操作

1. 实训项目：将学生分为若干组，排演礼貌用语情景剧。

实训目标：掌握礼貌用语使用要求和技巧。

实训内容与要求：可设置诸如校园、影院、商场等实际场景，由学生自编自演使用礼貌用语的过程。

实训成果与检测：学生分组表演，教师及其他同学评议。

2. 你的室友没有床帘，经常在晚上 10 点后你准备休息的时候玩电脑游戏，玩儿到兴奋时还会大喊大叫，影响了你的休息，你应该怎么说，怎么做呢？

实训项目：运用礼貌用语处理生活中不文明行为。（400 字左右）。

实训目标：掌握礼貌用语使用的技巧。

实训要求：由学生自导自演模拟使用礼貌用语解决生活中的问题。

实训成果与检测：学生分组表演，教师及其他同学评议。

九、岗位显身手

调查自己专业相应的行业容易与客户或服务对象容易产生哪些交际矛盾？可以用哪些礼貌用语去化解？

第4章 介绍用语

一、我要学什么

1. 学习自我介绍的 5 种形式及注意事项；
2. 学习介绍他人的礼节。

二、我要达到的目标

1. 掌握自我介绍的技巧；
2. 掌握介绍他人的技巧。

三、课前脑运动

中国台湾地区影视艺术家凌峰在一年的春晚上是这样自我介绍的："在下凌峰，我和文章不同，虽然我们都获得过"金钟奖"，和最佳男歌星称号，但我以长得丑而出名，一般来说男观众对我的印象特别好，本人这个样子对他们没有构成威胁，女观众对我的印象不太好，她们认为我是人比黄花瘦，脸比煤炭黑（笑声）但是我要特别声明，这不是本人的过错，实在是父母的过错，当初没有征得我的同意就把我生成这个样子。（笑声）现在的男人基本上可以分成三种：第一种，看上去很漂亮，看久了也就那么一回事，就像我的朋友刘文正这种；第二种，看上去很难看，看久了以后是越看越难看，这种就像我的好朋友陈佩斯这种；第三种看上去很难看，看久了以后，就会发现他有一种男人的味道，这就是在下这种了。鼓掌的都表示同意了！（笑声）鼓掌的都是一些长得和我差不多的。"

凌峰的自我介绍是否给你留下难忘的印象？为什么？

四、涨知识

4.1 自我介绍

介绍自我，即自我介绍，就是自己把自己介绍给对方。自我介绍是"推销"自我的一种重要方法和手段，运用得好，可以使自己在社交活动中顺利如意。

在社交活动中，想要结识某个人或某些人，而又无人引见，如有可能，可主动向对方自报家门。

在进行自我介绍时，要把自己的姓名、身份及相关的情况向别人介绍清楚，使其对你有所了解。成功的自我介绍会给他人留下深刻的印象，这将为进一步交谈、交际打下良好的基础。

4.1.1 自我介绍的具体形式

自我介绍的具体形式有：

（1）应酬式。适用于某些公共场合和一般性的社交场合。这种自我介绍最为简洁，往往只包括姓名一项即可。例如：

"你好，我叫张强。"

"你好，我是李波。"

（2）工作式。适用于工作场合，介绍内容包括本人姓名、供职单位及部门、职务或从事的具体工作等。例如：

"你好，我叫张强，是腾飞电脑公司的销售经理。"

"我叫李波，我在北京大学中文系教外国文学。"

（3）交流式。适用于社交活动中希望与交往对象进一步交流与沟通，介绍内容大体包括介绍者姓名、工作、籍贯、学历、兴趣及与交往对象的关系等。例如：

"你好，我叫张强，我在腾飞电脑公司上班。我和李波是老乡，都是北京人。"

"我叫王朝，是李波的同事，也在北京大学中文系，我教中国古代汉语。"

（4）礼仪式。适用于讲座、报告、演出、庆典、仪式等一些正规而隆重的场合，介绍内容包括姓名、单位、职务等，同时还应加入一些适当的谦辞、敬辞。例如：

"各位来宾，大家好！我叫王伟博，我是顺义电脑公司的销售经理。我代表本公司热烈欢迎大家光临我们的展览会，希望大家……"

（5）问答式。适用于应试、应聘和公务交往。问答式的自我介绍应该是有问必答，问什么就答什么。例如：

主考官问："请介绍一下你的基本情况。"

应聘者答："各位好，我叫李默，现年 26 岁，河北石家庄市人，汉族……"

4.1.2 自我介绍的方法

自我介绍的方法有：

（1）开门见山法。即直截了当地向对方说明自己的姓名、职业等情况。这是最常用的自我介绍方法。

（2）借风使舵法。就是借用名言、成语、典故等，与自己的姓名巧妙联系。运用得好，既可显示自己的学识，又可以给人留下深刻印象。

（3）顺水推舟法。就是根据语境的变化，在介绍时将自己的姓名与当时的情景相联系。这种方法在同一阶层或同一职业的交际对象中使用，往往能使对方产生认同感，效果较好。

（4）自我调侃法。利用自己的姓名、本身的某些特点及有趣的细节，采用自我揶揄的方法来做介绍。这种方法使用得当，能表现出幽默的个性和豁达的气度。

此外，自我介绍时还可以采用妙语双关、巧借谐音等方法。对以上方法需要细心揣摩，灵活应用。

4.1.3　自我介绍的注意事项

要成功地作自我介绍，应注意做到以下几点。

（1）把握时机。应当何时进行自我介绍？这是最关键而又往往被人忽视的问题。要抓住时机，在适当场合进行自我介绍，比如对方有空闲，情绪较好，又有兴趣时，这样就不会打扰对方。

（2）讲究态度。态度一定要自然、友善、亲切、随和。应镇定自信、落落大方、彬彬有礼。既不能唯唯诺诺，又不能虚张声势、轻浮夸张。要表现出自己渴望认识对方的真诚情感。任何人都以被他人重视为荣幸，如果你态度热忱，对方也会热忱。语气要自然，吐字要清晰，语速要适中，目光正视对方。

在自我介绍时从容不迫、潇洒大方，就会给人以好感；相反，如果你流露出畏怯和紧张，结结巴巴，目光不定，面红耳赤，手忙脚乱，则会为他人所轻视，彼此间的沟通便有了阻隔。

（3）注意时间。自我介绍要简洁，言简意赅，尽可能地节省时间，以半分钟左右为最佳，不宜超过一分钟，而且越短越好。话说得多了，不仅显得啰唆，而且交往对象也未必记得住。为了节省时间，作自我介绍时，还可以利用名片、介绍信加以辅助。

（4）注意内容。自我介绍的内容要素包括：本人的姓名、供职的单位以及具体部门、担任的职务和所从事的具体工作。这些要素，在自我介绍时应一连串报出，这样既有助于给人以完整印象，又可以节省时间，不说废话。要真实诚恳、实事求是，不可自吹自擂、夸大其词。

（5）注意礼仪。进行自我介绍时，应先向对方点头致意，得到回应后再向对方介绍自己。如果有介绍人在场，自我介绍则被视为不礼貌。应善于用眼神表达自己的友善，表达关心以及沟通的渴望。如果你想认识某人，最好预先了解一下他（她）的情况，诸如性格、特长以及兴趣爱好等。这样一来，在自我介绍后，便很容易与对方融洽交谈。在得知对方的姓名后，不妨再加重语气重复一次，因为每个人最乐意听到别人尊称自己的名字。

4.1.4　面试时的自我介绍

对于即将走上工作岗位的大学生，面试时的自我介绍就显得非常重要。这时的自我介绍不仅要把自己的基本情况介绍清楚，还要视所申请职位的要求来介绍自己的优点。介绍要适度，不宜用很多形容词作自我评价，采用事实陈述的语言和方式为好，以免给用人单位留下华而不实、自以为是的印象，反而弄巧成拙。自我介绍时，必须留意自己在各方面的表现，尤其是声调。切忌以背诵、朗读的口吻介绍自己。最好事前做些练习，尽量令声调听起来流畅自然、充满自信。身体语言也是重要的一环，尤其是眼神接触。这不但令听者专心，也可表现自信。

4.2 介绍他人

介绍他人，通常是把自己熟悉的人介绍给第三方。相对于自我介绍，介绍他人时应注意更多的礼节。

（1）应注意介绍的顺序。目前，国际上约定俗成的介绍顺序是：将男性介绍给女性；将年轻者介绍给年长者；将主人介绍给客人；将晚到者介绍给早到者。这四种顺序表现出介绍人对后者的尊敬。

为他人作介绍，最好先说"请让我来介绍一下……"或"请允许我向您介绍一下……"之类的介绍词。在半正式和非正式场合还可以使用"×小姐，您认识××先生吗？""××同学，来见见××老师好吗？"或"×小姐，这位是××先生"之类的介绍。

（2）使用称呼要得体。按照我国的称呼习惯，一般对年龄较小的人或者同龄人，可以直呼其姓名，如"张莉""王小燕"；也可以用"小＋姓"的称呼方法，如"小张""小李"等。对年迈者可以称呼"张老""李老"，这样既显亲切，又显得十分干练。在正式场合作介绍，还应在姓名后面加上"同志"。近几年来，也流行对女性称"小姐""女士"或"夫人"；对男士称"先生"。

除了一般称呼外，介绍他人时还可以以职务称呼，如"李经理""张厂长""王局长"等；或以职业称呼，如"汪老师""刘医生""黄律师""周法官"等。

（3）介绍他人时，语言的信息量要适中。介绍只要讲清楚姓名、身份、单位、职业和职务，便于双方交谈即可。信息量不足或信息量过多，都可能影响双方的交谈。介绍语要热情文雅，切忌冷漠粗俗，更不能使用伤害被介绍人自尊心的语言。

五、我学会了什么

本章我们了解了自我介绍的具体形式、方法、注意事项，以及为他人介绍的顺序与技巧，我们要在适当的时机用正确的方法和形式从容地介绍自己，并能得体自然地为他人介绍。

六、互动地带

新东方的一次面试中，一位面试者这样介绍自己："大家好，我叫程晖，来自首都经济贸易大学国际人力资源管理专业。我的名字中，'晖'由一个'日'、一个'军'组成，代表春天的阳光。我也希望自己能像春天的阳光一样把温暖带给大家。"

讨论与思考：这位面试者自我介绍的亮点是什么？怎样有特色地进行自我介绍？

七、复习思考题

1. 自我介绍的具体形式有哪些？

2. 自我介绍的方法有哪些？需要注意什么？

3. 请简要谈谈介绍他人时的顺序。

八、实训练习与操作

1. 面试一分钟的自我介绍。

实训目标：面试时能够用标准的普通话介绍自己。

实训要求：发音准确、到位，字正腔圆，流利大方，声音洪亮。

实训成果与检测：学生轮流自我介绍，教师与其他同学进行检测与点评。

2. 为他人介绍。

实训目标：掌握为他人介绍的顺序及技巧。

实训要求：模拟生活中、工作中为他人介绍的场景。要求顺序正确，用语合理。

实训成果与检测：学生分组完成，教师与其他学生进行检测点评。

3. 实训项目：如果你被邀请参加一次轻松的联谊活动，你将如何自我介绍？

实训目标：介绍时能够用标准的普通话介绍自己，给人留下深刻的印象。

实训要求：发音准确、到位，字正腔圆，流利大方，声音洪亮。

实训成果与检测：学生轮流自我介绍，教师与其他同学进行检测与点评。

九、岗位显身手

模拟本专业相关行业工作中与客户见面时的场景，进行简略的自我介绍及向客户介绍新接手业务的同事。

第5章 求职面试

一、我要学什么

了解面试常见问题及回答方式。

二、我要达到的目标

掌握面试常见问题及回答技巧。

三、课前脑运动

请你搜集讲述求职面试中一个成功的案例和一个失败的案例。

四、涨知识

4.1 应聘面试中常问的50个问题之一般问题

（1）跟我谈谈你自己！
- 将你的回答控制在1~2分钟，千万不要闲谈。
- 使用你的"定位陈述"（建立的梗概）作为基础，开始你的谈话。

（2）你对我们公司有什么了解？
- 你要知道该公司的产品、规模、收入、声望、形象、目标、问题、管理人才、管理风格、人员、技能、历史和企业文化等。
- 问一个感兴趣的问题，让面试者告诉你一些有关公司的情况，让他们用他们的语言对其公司的业务下定义。

（3）为什么你想为我们工作？
- 不要谈你想要什么，首先谈他们需要什么。
- 你希望成为该公司项目的一部分。
- 你想要解决该公司的一个问题。
- 你肯定能够为实现该公司的某一目标做出贡献，明确该公司需要的管理人才等。

（4）你能为我们做什么？有哪些事是你能做到而其他人所不能做到的？

· 联系以往的经验，说明你是如何成功地为以前的雇主解决问题的。这类问题应该与你现在所面试公司的问题有相似之处。

（5）你认为我们的这个职位在哪些方面最吸引你？在哪些方面最不吸引你？

· 列出 3 个吸引人的方面，只列出 1 个稍微不那么吸引人的方面。

（6）为什么我们要雇用你？

· 因为我的知识、经验、能力和技能。

（7）你在工作中希望得到什么？

· 希望得到一个能够运用技能、展示才能和被认可的机会。

（8）请给我作出……（你所面试职位）的定义。

· 回答要简单，要针对行动和结果进行阐述。

（9）你需要多长时间才能为我们公司做出有意义的贡献？

· 在接受一点进入公司后的培训和一段较短的学习调整时间之后，很快就可以为公司做出贡献。

（10）你将为我们公司工作多久？

· 只要我们双方都认为我还在为公司做出贡献、还在不断地取得成绩和发展，我就将一直为公司工作下去。

4.2　应聘面试中常问的 50 个问题之关于经验和管理方面的问题

（11）对于我们所能提供的职位，你的能力可能是太强了或是经验太过丰富了。

· 实力强的公司就需要实力强的雇员。

· 如今哪儿都需要经验丰富的管理人员。

· 强调一下你的长远目标。

· 正是因为你具有比他们所要求的更丰富的经验，你的雇主将会获得更快的投资回报。

· 一个发展中的、充满活力的公司是不可能不充分利用它的雇员的聪明才智的。

（12）你的管理风格是什么样的？

· 开朗的、开放的、管理是最好的……但是你必须按时完成工作或报告你的上司。

（13）你是一个好的经理人吗？举例说明。为什么你认为你有最高的管理潜力？

· 你的回答应着重于你取得的成绩和执行过的任务，强调你的管理技能、计划、组织、控制、与人的交往能力等。

（14）在你雇用新员工时，你想得到什么？

· 技能、始创力和适应能力。

（15）你曾经解雇过任何人吗？如果是的话，原因是什么？你又是如何处理的呢？

· 你曾经有过这样的经历，而且你处理得很好。

（16）在你看来，作为一个经理，什么是最难解决的问题呢？

- 计划好要做的事情，在预算范围内按时完成该计划。

（17）你的下属是怎样看待你的呢？

- 回答要诚实，从好的方面进行陈述……他们可以很容易地调查你的回答。

（18）作为一个经理人，你最大的弱点是什么？

- 回答要诚实，但以正面的陈述结束回答。例如："我不太会批评谴责我的下属，因此我总是先从好的方面开始说。"

4.3　应聘面试中常问的 50 个问题之有关行业发展的问题

（19）在我们这个行业里，你认为有哪些比较重要的发展趋势呢？

- 你的回答应包括 2～3 条发展趋势。

（20）你是否要辞去现在的工作？

（21）你为什么要辞去现在的工作？

- 以自己感到舒服和诚实为基础，简单扼要地作出你的回答。

- 如果可能的话，给出一个基于"团体"原因的回答，例如："我们的部门正在进行调整或已被取消了。"

- 表示出关心，但不要显得恐慌。

（22）形容一下什么是你认为最理想的工作环境？

- 所有的员工都被非常公正地对待。

（23）你是如何评价你现在的公司的？

- 一个非常出色的公司，给予了我很多非常珍贵的经验。

4.4　应聘面试中常问的 50 个问题之评价你的经验和所做出的成绩

（24）你是否曾帮助公司提高了销售量和利润？你是如何做的？

- 详细地做出描述。

（25）你是否曾帮助公司节约了成本？你是如何做的？

- 详细地做出描述。

（26）你曾经为公司赚了多少钱？

- 回答要具体。

（27）在你的上一份工作中，你管理多少人？

- 回答要具体。

（28）你是否更愿意使用图表而不是文字来进行工作呢？

- 回答要诚实而明确。

（29）在你现在或从前的工作中，你最喜欢的方面有哪些？最不喜欢的呢？

- 回答要诚实而明确。

（30）在你现在或以前的工作中，取得过哪几项最重大的成绩？

- 你可以使用简历中已经指明的重要成绩。

4.5 应聘面试中常问的 50 个问题之有关找工作的问题

（31）为什么你到现在还没有找到新的职位？

- 找工作很容易，但是想找一个合适的工作就难得多（你对工作合适与否比较"挑剔"）。

（32）你以前想过要辞去现在的工作吗？如果是的话，是什么使你留到现在？

- 挑战！但是，那份工作，现在已不能提供给我任何挑战了。

（33）你是如何看待你的老板的？

- 越明确越好。

（34）你是否能举一个在工作中受到批评的例子？

（35）你还在考虑哪些其他类型的工作或公司？

- 你的回答应与这家公司所从事的行业有关。

4.6 应聘面试中常问的 50 个问题之你的工作习惯和风格

（36）如果我与你以前的老板交谈，你认为他会说你在哪些方面具有优势以及在哪些方面有所欠缺呢？

- 强调你的技能，对于你的弱点则不要过分强调；通常将缺少某些技能或经验作为缺点，要比将性格上的弱点作为缺点安全得多。

（37）你能在有压力的情况、有最后期限等的情况下工作吗？

- 是的。非常简单，这就是商业领域的生活方式。

（38）你是如何改变你工作的性质的？

- 改进它……这是当然的。

（39）你是更喜欢从事组织、经营性的工作呢，还是喜欢从事专业性的工作？为什么？

- 这取决于该项工作和它所带来的挑战。

（40）在你目前的工作中，你发现了哪些被忽略了的问题？

- 回答要简单扼要，不要自吹自擂。

（41）你难道不认为在一个规模不同的公司（另外一种类型的公司），你的发展会更好吗？

- 取决于工作。可详细阐述一下。

（42）你是如何处理一个项目团队中的冲突的？

- 首先私下里讨论一下这些问题。

（43）在你所必须做出的决策中，哪一个是令你感到最为难的？

● 最好试着让你的答案与你所面试的职位有所联系。

4.7　应聘面试中常问的 50 个问题之有关工资的问题

（44）你希望得到多少工资？

● 用一个问题来回答，比如："在你们公司，类似职位的工资标准是多少？"

● 如果他们不回答的话，那么给出一个你认为在市场中你应该获得的工资额度。

（45）如果我们将这个职位给你，你希望得到多少工资呢？

● 回答这个问题要小心一点，这个工作的市场价值应该就是这个问题的答案，例如："根据我的了解，像您所说的这种工作，通常它的工资都在……左右。"

（46）你认为你的工资应该是多少？

● 脑子里应该有一个确定的数字……不要犹豫。

4.8　应聘面试中常问的 50 个问题之有关个性的问题

（47）你上一本书看的是哪一本？上一部电影看的是哪一部？上一次参加的是什么体育项目？

● 谈一谈书、体育运动或电影，以体现你生活的平衡性。

（48）你是如何评价你自己的性格的呢？

● 和谐的，平衡的。

（49）你的长处有哪些？

● 最少举出三个长处，并将这些长处和你应聘的公司联系起来。

（50）你的缺点有哪些？

● 不要说你没有缺点。

● 尽量不要将个人性格上的弱点作为缺点，但也要准备一个，以防面试时被人问到。

● 将缺点试着说成优点："有时我非常希望能完成一项任务，所以太投入了以至于忘记已经工作到很晚了。"

当然，用人单位在面试时，所问的问题并不一定都如我们所设计的训练题一样，有时可能考脑筋急转弯，有时可能让你回答一些数、理、化、文、史、哲、地和生活科技常识，这就需要平时积累和临场随机应变。

五、我学会了什么

本章我们学习了面试的用语技巧，面试前要对应聘的公司、岗位和自身优势进行准确的定位，沉着冷静地回答面试官的问题。

六、互动地带

面试官问一名应聘者："能谈谈你的缺点吗？"应聘者思索了一下回答说："这对于我来说真是一个挑战，毕竟没有人愿意谈自己的缺点。如果说我的缺点的话，我想应该是容易紧张。因为我是一个对自己要求很高的人，不希望工作过程中犯错误，所以很容易紧张，我愿意在今后的工作中不断改进自己。"面试官笑了："其实，今天在这里，大家都很紧张，不光是你。"

讨论与思考：这名应聘者回答得是否得体？为什么？如果是你，你会怎样回答？

七、复习思考题

面试提问过程中，面试官容易从哪些方面提问题？我们应该怎样回答？

八、实训练习与操作

实训项目：结合本专业，组织一场模拟面试。

实训目标：掌握面试流程，得体地回答面试官的问题。

实训内容与要求：分组进行，每组同学分别扮演面试官与应聘者。环节设置自我介绍和面试提问，结合本专业有针对性地询问问题，应聘者要沉着得体地回答，着装正式。

实训成果与检测：教师与同学综合评定并进行指导。

九、岗位显身手

请分别扮演面试官和应聘者，按照职场面试的礼仪和材料准备等要求，真实地模拟职场应聘面试。

第6章　演讲用语

一、我要学什么

1. 学习喜庆演讲的技巧；
2. 学习竞聘演讲的技巧。

二、我要达到的目标

1. 掌握喜庆演讲技巧；
2. 掌握竞聘演讲技巧。

三、课前脑运动

一位参加竞选反贪局侦查三科科长的干警，在谈自己取得的成绩时，没有把他过去在控申科、公诉科工作取得的成绩和获得的荣誉一一列举，而将重点放在自己从事反贪工作8年来取得的成绩上，指出："8年的反贪侦查经历使我得到了多方面的锻炼，积累了较为丰富的侦查经验，培养了不怕吃苦，甘愿奉献的精神。如果我能当选，这些因素将有助于我尽快进入角色，更好地承担起艰苦的反贪工作。"

你觉得他没有把自己工作以来的所有成绩讲出来是否吃亏？为什么？

参考：作为竞争性很强的竞职演讲，要想向听众展示自己的实力，对过去取得的成绩不能不讲，但具体讲哪些，应以是否能突出自己的竞争优势为标准，对那些与所竞争职位没有关系或关系不大的成绩，则可以不讲，而将重点放在与竞争职位紧密相连的成绩上。这样他就把自己的竞争优势较好地突出出来，大大提高了竞争力。

四、涨知识

4.1　喜庆演讲

婚礼、寿宴、开学或毕业典礼等，常常需要即席讲话，以此活跃现场气氛，提升喜庆格调，这类即席讲话，一般比较简短、诙谐、高雅。

这类即席讲话因人而异，因现场氛围而异。常见的有如下几种类型：

（1）平实深沉。

譬如著名作家贾平凹的《在女儿婚礼上的演讲》，他在叙述父女情分及婚事之后，着重讲了如下一段话：

在这庄严而热烈的婚礼上，作为父母，我们向两个孩子说三句话：第一句，是一副老对联："一等人忠臣孝子，两件事读书耕田。"做对国家有用的人，做对家庭有责任的人，好读书能受用一生，认真工作就一辈子有饭吃。第二句话，仍是一句老话："浴不必江海，要之去垢；马不必骐骥，要之善走。"做普通人，干正经事，可以爱小零钱，但必须有胸怀。第三句话，还是老话："心系一处。"在往后的岁月里，要创造、培养、磨合、建设、维护、完善你们自己的婚姻。

（引自《演讲与口才》2005 年第 6 期）

作为一个享誉中外的大作家，没有绚丽的辞藻，没有豪言壮语，平实中渗透着对这对新人深沉的爱，这种爱不是浮在词汇上，而是深含在语意中。三句话，告诫他们怎样处世、怎样做人、怎样持家、夫妻怎样相处，全面而实在，终生受用。整篇演讲，堪称婚礼致辞的典范。

（2）典雅风趣。

譬如一位教授在新生开学典礼上的即席演讲，全文如下：

我今天要说的是——门！世界上最有名的门是法国的凯旋门，中国最有名的门是天安门。我们今天不讲凯旋门，不讲天安门，只说说咱们×××学院的校门。这道门，线条流畅，姿态优美典雅，造型别致新颖，号称"湖南高校第一门"。中文系说它是革命的浪漫主义与现实主义结合的产物；数学系说它昭示着我们要不断探索；物理系说它的寓意是学如逆水行舟，不进则退；历史系说它是迎接高考胜利者的"凯旋门"……真可谓仁者见仁，智者见智。这是一座幸运之门，这是一座光荣之门，这是一座科学之门。你们从四面八方踏进这座校门，你们是时代的骄子、社会的宠儿！

2001 年，你们步出校门奔向五湖四海，你们将是社会的栋梁、祖国的希望！希望你们在门内的四年能勤奋刻苦，门门功课优秀，为校门"添砖加瓦"；跨出校门后献身科学，献身教育，争当中国的爱因斯坦、门捷列夫，为校门增色添彩！

以校门为寄托物，前面铺陈，中间借不同学科对校门的不同理解，阐释校门造型的内涵，最后以"踏进校门"与"跨出校门"为契机，寄托教师对新生的殷殷期望。典雅中不乏风趣，风趣中又透着庄严。怡情益智，不失教师风范。

（3）激情洋溢。

譬如下面这篇婚礼上的即席演讲，适逢下雨，便以雨为线索讲开了：

今天是个黄道吉日，老天爷下的这场雨，真是一场及时的雨啊！（众愕然）××与××七年苦恋，你们的精诚至爱，感动了老天爷，特在这大喜之日，降下这滴滴甘霖，为你们洗去爱情路上的仆仆风尘，让你们身心澡雪、精神焕发地投入新的旅程！（满堂叫好）饮今日之幸福酒，思往昔之父母恩，父母的爱又何尝不像这雨水一样，绵绵密密，润物无声！（四位老人喜笑颜开）感谢今天光临的诸位亲朋，感谢你们在这飘雨的日子里，为他们的婚礼

"保驾护航"！也相信你们在未来的岁月中，会和他们的小家庭风雨同舟！（众鼓掌欢笑）××、××，愿你们记住这个美丽的日子，漫漫人生路上，你们将风雨无阻，风雨兼程！滂沱雨如缠绵爱，缠绵爱比雨更多。今天的雨，象征着来日的丰收与富足。在此，祝愿这对新人，也愿在座的每一位：爱情甜蜜像雨丝，生活富足如大地！（热烈掌声）

（引自《演讲与口才》2006 年第 1 期）

全篇演讲紧扣窗外的雨，从不同的角度比喻爱情甜蜜，比喻父母的养育，比喻亲朋的关爱，比喻未来的艰辛与幸福。因为比喻贴切，讲话得体，伴随着演说者的激情，场内不时爆发出阵阵掌声与欢笑。既提升了喜庆的内涵，又创设了热烈的氛围。但值得注意的是，有的婚礼主持人，为了调动现场气氛，声嘶力竭，出语粗俗，油腔滑调，反而把好端端的一场婚礼弄得格调低下。

4.2 竞聘演讲

对于竞聘者来说，最能决定竞聘胜负的重要环节之一便是演讲。竞聘演讲是竞聘中最能展示竞聘者语言艺术的地方。

4.2.1 竞聘演讲的要求

（1）在听觉上要与人共鸣。

每一个竞聘演讲者都希望自己的演讲具有很强的说服力与感染力，达到预期的目的。如果演讲者能站在听众的角度思考问题、分析问题，那么这样的演讲往往更能以情感人、以理服人。在竞聘演讲中，怎样从听众角度进行思考与分析呢？笔者认为，在演讲稿的写作中，应注意以听众者身份介入，为听众着想；演讲者通过引导，使听众身临其境；演讲者运用假设，与听众达成共识。

（2）在气势上要先声夺人。

竞聘演讲的一个重要特征就是具有竞争性。竞争的实质，是争取听众的响应和支持。而做到这一点的有效方法之一，就是要有气势，"气盛宜言"。这气势不是霸气，不是娇气，不是傲气，而是浩然正气。有了渊博的才识、正大的精神和对党的事业与人民的深厚的感情，作者就不难找到恰当的语言表达形式。

（3）在态度上要真诚老实。

竞聘演讲其实就是"毛遂自荐"。自荐，当然应该将自己优良的方面展示出来，让他人了解自己。但要注意的是，在"展示"时，态度要真诚老实，有一分能耐说一分能耐，不能为了自荐而说大话、说谎话。

（4）在语言上要简练有力。

老舍先生说："简练就是话说得少，而意包含得多。"竞聘演讲虽是宣传自己的好时机，但也绝不可"长篇累牍"，而应该用简练有力的语言把自己的思想表达出来。

（5）在心理上要充满自信。

著名演说家戴尔·卡耐基曾说过："不要怕推销自己。只要你认为自己有才华，你就应该认为自己有资格担任这个或那个职务。"当你充满自信时，你站在演讲台上，面对众人，就会从容不迫，就会以最好的心态来展示你自己。当然，自信必须建立在丰富的知识和经验的基础之上，这样的自信会成为你竞聘的力量，变成你工作的动力。

4.2.2　竞聘演讲的艺术

竞聘者参加竞聘演讲时，都希望通过自己精彩的演讲，竞聘成功。然而，一些初次竞聘者，由于缺乏临场经验，又不懂得究竟应当如何演讲才能得到招聘单位的领导和评委的认同和赏识，所以往往因出现各种失误而导致竞聘失败。

4.2.2.1　介绍简历，突出重点

做竞聘演讲，首先要介绍自己的个人简历。对于竞聘者来说，个人简历主要是指本人简要的学习经历和工作经历。因此，竞聘者必须把自己学习和工作期间与竞聘职位有某种关联的主要经历作为重点加以介绍，这样才能避免泛泛而谈，使介绍简历成为展示自己优势的最佳切入点。例如，一位师范大学中文系的本科毕业生在应聘某中学高中语文老师时，这样介绍自己：

我叫夏畅，今年23岁，××师范大学中文系本科毕业，获文学学士学位。大学期间，我刻苦学习，掌握了学科基础知识，提高了专业能力。我曾利用暑假从事家教的机会，进行高中语文教学的初步尝试，这使我对教材内容有了一定程度的了解，教学理念也相应得到了更新。特别是在××市八中实习的过程中，我根据课程标准的要求，大胆进行教改探索，我所采用的自助式学习的课程教学模式，受到学生的普遍欢迎。实习结束时，我代表实习队上的一堂汇报课，也因其富有创新意识而受到了学校领导和老师的好评。实践经验表明，我具备了一名高中语文教师的基本条件和综合素质。

这位竞聘者简要说明了自己大学期间的学习情况，重点介绍了她从事家教和参加实习的经历。这样用实践经历来突出自己的教学水平和工作能力，特别容易得到招聘单位领导和评委的认同，为竞聘成功奠定了良好的基础。

4.2.2.2　表明能力，突出专长

诚然，招聘单位对应聘者自身能力的要求是多方面的，比如政治素质、管理才能、业务水平等。竞聘者在竞聘演讲中表明自我能力时，不能面面俱到、什么都谈，而应当针对竞聘职位的性质和特点，以突出自身的专长取胜。因为用人单位往往需要的是具有某种专长的优秀人才，突出专长，就是突出自身的优势。例如，某电脑公司招聘一名计算机专业技术人员，一位竞聘者在表明自己的能力时，这样说道：

我是××大学计算机专业本科毕业生，计算机软件的开发与应用以及计算机常见故障的处理，是我的专长。我在实习期间编写的"CAI环境下微型网络学习系统"被一所中学采

用，我撰写的《谈谈计算机常见故障的排除方法》等四篇专业论文在省级以上的学术刊物发表。以上成绩表明，我符合贵公司的招聘条件，是你们的合适人选。

这位竞聘者在演讲时，不仅突出了自己在"计算机软件的开发与应用以及计算机常见故障的处理"方面的专长，而且用一系列实实在在的成绩来印证这一专长，从而充分展示了自己的专业水平和能力。这样表明自己的能力，针对性强，优势突出，被招聘单位选中自然是意料之中的事。

4.2.2.3 说明构思，突出实效

一般来说，竞聘者在演讲时，除了介绍简历和表明能力之外，还要说明自己的工作目标和构思。此时，不能尽说空话和大话，而应当在认真了解招聘单位工作性质和竞聘岗位工作职能的实际情况后，有针对性地提出既符合客观实际又切实可行的工作构想。只有这样，才能给人求真务实之感。例如，一位竞聘者在初次竞聘某局中层干部时这样讲道：

我要做到：脑勤，把思考与实践相结合，多用脑总结工作中成功的经验与失败的教训，让整个工作有条不紊地开展。腿勤，心为群众系，腿为群众跑，多到基层，为基层解决他们迫切需要解决的具体困难、具体问题。嘴勤，忌空谈，与职工多谈心，多交流，把好经验、好方法、好建议搜集运用于管理之中。耳勤，广泛听取干部职工的意见，了解干部职工的疾苦，真心实意地为其排忧解难。手勤，多作记录，多记心得，多写文章，多干、实干、巧干，干出成效来。

显然，这位竞聘者对竞聘岗位的工作性质和职能是十分熟悉和了解的，因此，他才能联系自己的工作实际，有针对性地提出五个方面的工作构想。这些构想，思路清晰，目的明确，无疑能够得到招聘单位领导的认同和赏识。

4.2.2.4 表达意愿，突出真情

竞聘演讲的结尾处，一般都要表达竞聘者的意愿。此时，竞聘者应以情动人，以简洁朴实的语言，表达自己获取职位的真切愿望，不能过分夸张虚饰，给人矫揉造作之感。只有这样，才能博得现场领导和评委的好感，为自己竞聘的成功画上圆满的句号。例如，一位竞聘者在竞聘某市医院外科医生时这样讲道：

尊敬的院领导、各位评委，我是偏僻山区一个贫困农家的女儿，能够读到医科大学毕业，与学校的关心和社会的资助分不开。我真诚地希望你们能够给我一个回报学校和社会的机会，让我用自己的双手为患者解除病痛，给千千万万的家庭送去安康和幸福！谢谢大家！

这位竞聘者首先介绍了自己家境的贫寒和求学的艰难，接着表达了自己"回报学校和社会"的意愿。面对如此坦诚的竞聘者，恐怕现场所有的领导和评委都会为她开启绿灯，因为他们需要的，正是这样具有强烈事业心和责任感的人才。

总之，初次竞聘者在演讲时只要调整好竞聘心态，掌握必要的演讲方法，就能够得到招聘单位领导和评委的认同和赏识，获得竞聘的成功。见下面的两例：

某银行副行长竞聘演讲稿

各位领导、各位评委：

大家好！

我叫××，现年33岁，1995年山西财大毕业，先后在阳城中行信贷科、存汇拓展部、基层网点工作，2004年任综合管理部主任至今。这次股份制改革，对部分领导岗位公开竞聘，对于调动广大员工工作积极性、激励年轻干部全面发展，具有重大意义。竞争可以展示自我，竞争可以发现差距，竞争可以促进进步。经过慎重考虑，我决定竞聘阳城中行副行长职务。

竞聘这个岗位，我有四个优势。一是熟悉银行业务，具备扎实的专业知识。4年的大学生活，使我积累了扎实的理论功底。毕业至今，我从来没有放松学习。通过加强政治理论和业务知识学习，我的思想修养明显进步，业务水平不断提高。24岁被任命为网点主任，是当时阳城金融系统最年轻的主任。二是具备经验优势和能力优势。参加工作十多年，我从事过多部门工作，有2年存汇拓展部主任、5年网点主任、2年综合管理部主任的工作经历。每一个岗位、每一次经历，都为我积累了丰富的工作经验，锻炼了我跨部门的协调能力。三是具备强烈的责任心、上进心和永不言败的精神。因为我年轻，总是受到更多的关注；因为我年轻，总要付出更多的精力和汗水来证明自己。无论在哪个岗位，我都兢兢业业、勤勤恳恳，干一行、爱一行、专一行，努力把工作做到最好。四是我生在阳城，长在阳城，工作在阳城。我热爱家乡，中行给我了工作的机会，中行给了我展示才能的舞台，中行让我青春无悔！我愿意为中行的发展做出自己最大的努力。这是我竞聘最大的理由和优势！

综上所述，我认为我具备了阳城中行副行长职位所需的条件，并且坚信自己能够胜任这一职位。如果这次竞聘成功，我将从以下三方面着手，尽心尽力履行好自己的职责。

（1）摆正位置，做好领导的参谋和助手。我会认清角色，当好参谋；服务全局，当好助手。做到行权不越权、到位不越位。上为领导分忧，下为员工服务，并把它作为全部工作的出发点和落脚点。

（2）行使行长授予的权利，用于独当一面。我一定会团结同志，多做调查研究，倾听大家的呼声，全面掌握工作动态，及时向行领导反馈信息，协助行长履行好管理职能。对于自身肩负的工作，不折不扣、优质高效地完成，努力做到"工作质量更好，工作效率更高，综合素质更强"。

（3）金融业是服务性行业，靠服务求生存，靠服务求发展。我要继续发挥自己土生土长的优势，创新服务理念和服务手段，在稳定老客户、发展新客户、提升中行形象、提高综合竞争力方面继续发挥作用。

各位领导，各位评委，人生只有不断追求，才能更好地实现自身的价值。既然是竞争上岗，就会有上有下，有进有退。无论上下，我都将一如既往地勤奋踏实、努力工作。我坚信，无论在什么工作岗位上，只要有足够的努力，就一定会获得成功！

谢谢大家！

竞选班长的演讲词

今天，我走上演讲台的唯一目的，就是竞选"班级元首"——班长。我坚信，凭着我不俗的"观念"，凭着我的勇气和才干，凭着我与大家同舟共济的深厚友情，这次竞选演讲给我带来的，必定是下次的就职演说。

我从没有担任过班干部，缺少经验。这是劣势，但正因为从未在"官场"混过，一身干净，没有"官相官态""官腔官气"；少的是畏首畏尾的私虑，多的是敢作敢为的闯劲。正因为我一向生活在最底层，从未有过"高高在上"的体验，对摆"官架子"看不惯、弄不来，就特别具有民主作风。因此，我的口号是："做一个彻底的平民班长。"

班长应该是架在老师与同学之间的一座桥梁，能向老师提出同学们的合理建议，向同学们传达老师的苦衷。我保证做到在任何时候、任何情况下，都首先是"想同学们之所想，急同学们之所急"。当师生之间发生矛盾时，我一定明辨是非，敢于坚持原则。特别是当老师的说法或做法不尽正确时，我将敢于积极为同学们谋求正当的权益。

班长作为一个班级的核心人物，应该具有统领全局的大德大能——我相信自己是够条件的。首先，我有能力处理好班级的各项事务。因为本人具有较高的组织能力和协调能力，凭借这一优势，我保证做到将班委一班人的积极性都调动起来，使每个班委成员扬长避短、互促互补，形成拳头优势。其次，我还具备较强的应变能力，所谓"处变不惊，临乱不慌"，能够处理好各种偶发事件，将损失减少到最低限度。再次，我相信自己能够为班级的总体利益牺牲一己之私，必要时，我还能"忍辱负重"。最后，因为本人平时与大家相处融洽，人际关系较好，这样在客观上就减少了工作开展的阻力。

我的治班总纲领是：在以情联谊的同时，以"法"治班，最广泛地征求全体同学的意见，在此基础上制订出班委工作的整体规划；然后严格按计划行事，推选代表对每个实施过程进行全程监督，责任到人，奖罚分明。我准备在任期内与全体班委一道为大家办九件好事：

（1）借助科学的编排方法，减轻个人劳动卫生值日的总长度和强度，提高效率。

（2）联系有关商家定期配送纯净水，彻底解决饮水难的问题。

（3）建立班组互助图书室，并强化管理，提高其利用率，初步解决读书难问题。

（4）组织双休日离乡同学的"互访"，沟通情感，加深相互了解。

（5）在征得学校和班主任同意的前提下，组织旨在了解社会、体会周边人群生存状况的参观访问活动。

（6）利用勤工俭学的收入买三台二手电脑，建立电脑兴趣小组。

（7）在班组报栏中开辟"新视野"栏目，及时追踪国内改革动态，关心通勤生，结成互帮互促的对子。

（8）建立班级"代理小组"，做好力所能及的代理工作，为有困难的同学代购物件、代寄邮件、代传讯息等。

（9）设一个班长建议箱，定时开箱，加速信息反馈，有问必答。

我会是一个最民主的班长，常规性工作要由班委会集体讨论决定，而不是由我一个人说了算。重大决策必须经过"全民"表达。如果同学们对我不信任，随时可以提出"不信任案"，对我进行"弹劾"。你们放心，弹劾我不会像弹劾克林顿那样麻烦，我更不会死赖着不走。我决不信奉"无过就是功"的信条，恰恰相反，我认为一个班长"无功就是过"。假如有谁指出我不好不坏，那就说明我已经够"坏"的了，我会立即引咎辞职。

同学们，请信任我，投我一票，给我一次锻炼的机会吧！我会经得住考验的，相信在我们的共同努力下，充分发挥每个人的聪明才智，我们的班务工作一定能搞得十分出色，我们的班级一定能跻身全市先进班级的前列，步入新的辉煌！

谢谢大家！

4.2.3　竞聘演讲应注意的问题

竞聘演讲作为一种直抒胸臆、发表政见的重要形式，越来越被党政群机关中层干部竞争上岗和企事业单位工作人员竞聘上岗所广泛应用，成为人们考查一个人综合素质的有效途径。竞聘演讲应注意以下问题。

（1）忌信口开河、杂乱无章。竞聘演讲具有较强的针对性和时效性，竞聘者必须在事前对要争取的职位作大量的调查研究，全面了解职位特征和胜任这一职位所应具备的素质，在所述的内容上做文章。有些竞聘演讲者对自己要竞争的职位没有一个完整清晰的认识；对一些鸡毛蒜皮的小事翻来覆去地扯；对所应从事的工作抓不住重点，东扯葫芦西扯叶，自己说不明白，听众也搞不清楚。

（2）忌狂妄自大、目空一切。有的竞聘演讲者过高地估计了自己的能力，在谈工作优势时好提当年勇，自认为条件优越，某职位"非我莫属"，做好工作不过是"小菜一碟"；在谈工作设想时，脱离实际，来一些"海市蜃楼"般的高谈阔论，极易引起听众的反感。

（3）忌妄自菲薄、过分谦虚。竞聘演讲要求竞职者客观公正地评价自己的竞争优势，大胆发表行之有效的"施政纲领"。有的竞聘演讲者唯恐因自己的"标榜"而引起评委和公众的不悦，便把对自我的认识和评估弄到"水平线"以下。这种过分谦虚的表白，不仅不能反映自己真实的能力、水平和气魄，也不利于听者对你做出正确的评价。

（4）忌吐词不清、含混模糊。竞聘演讲一般要求演讲者在有限的时间内言简意赅地把自己的基本情况、工作特点、工作设想向听众娓娓道来。但是有的竞聘演讲者不善于把握演讲的轻重缓急，连珠炮式地将整个演讲"一气呵成"，因吐词不清，或语速过快，使听众不知所云。

（5）忌服饰华丽、求新求异。登台演讲，服饰是一个人思想品德、内在修养的外在表现和自然流露。竞聘做演讲是一项正规、严肃的主题活动，评审员往往会以所竞争职位的需要和自己的审美观来评判演讲者。因此，演讲者的穿着应以庄重、朴素、大方为宜。有的竞聘者认为穿得与众不同就会以新奇取胜，于是或服饰华丽，或不修边幅。岂不知，这样做的结果，不仅群众眼里通不过，也不会给评委留下好印象，从而使演讲的效果大打折扣。

竞聘演讲为广大人才提供了一个充分展示自我、表现自我的舞台。愿广大竞聘者能够克服演讲中的不良倾向，客观、公正地做好自我评价，科学合理、切合实际地阐明施政方案，向公众"毛遂自荐"一个真实、客观的自我，通过竞争找到适合自己展示才华的工作岗位。

五、我学会了什么

本章主要涉及了喜庆演讲和竞聘演讲两方面的内容。其中喜庆演讲等即席讲话体现个人的综合素质和表达水平，一般来说包括平实深沉、典雅风趣、激情洋溢这几种风格。竞聘演讲则要突出专长和能力，态度真诚、充满自信、简练有力、气势夺人。

六、互动地带

1. 一名年轻的公务员在竞聘某县宣传科副科长时，开头便讲道：

我在大学参加过多次演讲，受到老师和同学们的热烈欢迎，他们都认为我的演讲非常精彩，我感到无限的欣慰。我相信，我今天的演讲也一定会很精彩，能够给评委领导和同志们交一份满意的答卷。

请分析该段演讲词如何？

参考：分析：竞聘者走上讲台应该有一定的自信，但是，要把握好度，不能过分，否则就会演变成自傲。要知道，"王婆卖瓜，自卖自夸"，是很招人厌的。因为演讲者十分强烈的自我肯定语气，容易导致听众的逆反心理，即使演讲的确很成功，听众的满意度也会大打折扣。而且，万一这份答卷不怎么令人'精彩'，这个"台"就很难下了。

建议：要靠事实、数据来讲述自己获得好评。同时不要把话说得太"满"，要留有余地，把满意与不满意留给听众评说。

2. 我叫××，今年40岁，中共党员。首先，我要感谢上级党委给了我竞选校长的机会，并且衷心地感谢各位代表和同志们对我的支持和信任。我1987年大学毕业，分到第一中学任教；1990年任办公室副主任；1992年任办公室主任；1996年任副校长，主管教学工作。我认为我完全有能力胜任校长这一职务，因为我具有如下优势……

听完这段竞聘演讲的开头，你感觉如何？

参考：这样开头，简洁明了，朴实庄重。但难免刻板平淡，缺乏新意，不仅难以激发听众兴趣，而且会使人感觉：这个人不善创新，不适合做领导。这种先入为主的印象一旦形成，将对接下来的演讲内容产生不利的影响。

七、复习思考题

1. 怎样在喜宴上即席讲话？
2. 练习写一份学生会竞聘稿。

八、实训练习与操作

实训项目：组织一次竞聘演讲会。

实训目标：掌握竞聘演讲的技巧和注意事项。

实训内容与要求：结合本专业就业岗位进行一次竞聘演讲，要求突出专长，突出实效，表现力强。

实训成果与检测：教师根据学生各方面综合评定。

九、岗位显身手

请根据自己所学专业，设置适当的职场岗位模拟进行竞聘演讲。

第4篇

职业篇

第7章 推销服务用语

一、我要学什么

1. 了解推销服务用语的要求；
2. 学习推销服务用语的三个技巧；
3. 了解推销服务用语的禁忌；
4. 学习企业及商品介绍用语。

二、我要达到的目标

灵活运用推销用语，掌握推销技巧。

三、课前脑运动

考官：请把我手中的笔推销给我。

200 考生 199 个都说这笔如何如何好，未通过面试。

有一考生说：您正在面试我，没笔如何做面试记录，请买下它吧！该考生脱颖而出，通过面试！

请分析他的推销为什么能成功？

参考：与其告诉客户你的产品如何好，不如告诉客户这个产品正是他所需要的。

四、涨知识

4.1 推销服务用语的要求

管理学家翟鸿燊曾说："什么叫营销？就是满足人的需要。中国的'儒'字就是'人 + 需'。推销商品首先要推销自己，顾客接受你了，自然会接受你卖的商品。"每个人的一生都在自觉或不自觉地推销自己。在我们生命的每一天，我们每一个人都是推销员，我们都在向我们所接触到的人推销我们的理念、计划、能力和热诚。

推销是面谈交易，整个推销活动中，从接近顾客到解除疑虑，直到最后成交，都离不开口才。

推销活动离不开语言，推销语言是传递商品信息的重要媒介。推销员就是要从双方获益的目标出发，通过直接的对话说服顾客接受他所推销的产品或服务。所以，这里我们可以给推销口才下一个定义，即采用一定的推销方式与技巧，向消费者介绍商品或劳务或理念，引导、启发、刺激、说服对方产生需求欲望，促成对方接受的口语交谈活动的能力。

推销口才一般具有以下特征：

（1）目的性。推销语言有明显的目的性，从同顾客打交道开始，其目的就是宣传产品、推销商品。在开口说话前，其思维就有活动，如怎样说、产生什么效果、自己将怎样应付等，绝不会毫无目的地乱开口。在一般情况下，推销语言的目的是单一的。某个时间、某个场合、对某个人说什么样的话，目的相当明确，只要获得了期望的效果，目的就达到了。

（2）真诚性。从心理学角度分析，顾客在推销开始时往往处于一种防御的心理状态，对推销人员的语言往往是抵触和防备的，因此，推销人员第一步的工作就是要打消顾客的疑虑，建立和维护与顾客的良好关系。情真意切的语言可以缩短推销人员与顾客间的情感距离，消除顾客对推销人员固有的戒备心理。做到一是一、二是二，不花言巧语，不故弄玄虚。

（3）通俗性。通俗易懂的语言最容易被大众所接受。所以，推销人员在语言的使用上要多用通俗化的语句，要让自己的客户听得懂。对产品和交易条件的介绍必须简单明了，表达方式做到直截了当。表达不清楚、语言不明白，就可能会产生沟通障碍，影响推销的效果。

（4）诱导性。一位美国推销员贺伊拉说："如果您想勾起对方吃牛排的欲望，将牛排放在他的面前固然有效，但最令人无法抗拒的是煎牛排的'吱吱'声。他会想到牛排正躺在黑色煎锅里，吱吱作响，浑身冒油香味四溢，不由得咽下口水。""吱吱"的响声使人们产生了联想，刺激了人的欲望。顾客都想得到价廉物美的商品，这就要求推销人员在推销商品时积极发挥自己的语言能力，在尊重事实的基础上极力宣传商品的功用、性能和特点，以增强商品对顾客的吸引力。

（5）灵活性。不同的顾客心理各不一样，这就要求推销人员要善于了解顾客和商品的不同状况，推销语言因人而异、因物而异，以灵活变通的语言针对不同顾客的特点介绍商品，投顾客之所好。推销的语言艺术就在于对顾客产生一种魔力，使顾客在不知不觉中被吸引，自觉自愿地购买推销人员所推荐的商品。

（6）时代性。集结了人类社会一切文明成果、作为思维和交流工具的语言，在商品推销中的运用是最富有时代性的。在商品推销中，陈旧过时的语言被淘汰，新的语言逐渐产生并传播开来，因此说话的内容具有很强的时代性。

4.2　推销服务用语的技巧

由于推销的根本目的在于说服客户接受产品，所以推销语言必须满足客户的需要，准确有效地传递推销信息，引起其注意，激发其兴趣，促成交易的实现。

4.2.1　开场白技巧

推销员在进行推销访问时，要想顺理成章地将谈话切入正题，就需要讲好第一句话。好的开场白能营造出轻松自然的气氛，能使推销员尽可能多地了解顾客，从而有针对性地展开说服。而不太高明的开场白则可能一下子引起客户的反感和抵触。通常情况下，推销有以下几种开场方式：

（1）激起顾客好奇心。

现代心理学表明，好奇是人类行为的基本动机之一。美国杰克逊州立大学安彦教授说："探索与好奇，似乎是一般人的天性，神秘奥妙的事物，往往是大家所熟悉关心的对象。"那些顾客不熟悉、不了解、不知道或与众不同的东西，往往会引起人们的注意，所以推销也可以利用"人人皆有好奇心"这一点来引起顾客的注意。

飞机推销员拉埃迪来到新德里，想在印度航空市场占有一席之地。没想到，当他打电话给有决定权的拉尔将军时，对方反应十分冷淡，根本不愿见面。最后，在拉埃迪的一再要求下，拉尔将军才勉强答应给他10分钟的时间。拉埃迪决心要利用这10分钟的时间扭转乾坤。

当他跨入将军的办公室时，拉埃迪满面春风地说："将军阁下，我衷心地向您道谢。因为您使我得到了一个十分幸运的机会，使我在过生日的这一天，又回到了出生地。"

"什么，你出生在印度吗？"将军半信半疑地问道。

"是的！"拉埃迪借机打开了话匣子，"1923年的今天，我出生在贵国的名城加尔各答，当时我的父亲是法国密歇尔公司驻印度的代表。"

10分钟过去了，将军丝毫没有结束谈话的意思，他被拉埃迪绘声绘色的讲述深深地吸引住了，他邀请拉埃迪共进午餐。拉埃迪从公文包中取出一张颜色已经泛黄的照片，双手捧着，恭恭敬敬地请将军看。

"这不是圣雄甘地吗？"将军惊讶地问。

"是的，您再仔细看一下那个小孩，那就是我。4岁时，我和我父亲一道回国，在途中十分荣幸地与圣雄甘地同乘一条船，照片就是那时我父亲为我们拍摄的。我父亲一直把他当作最珍贵的礼物珍藏着，这次是因为我要去拜谒圣雄甘地的陵墓，父亲才给我的。"

"我十分感谢你对圣雄甘地和印度人民的友好感情。"将军紧紧抓住了拉埃迪的手。午餐自然是在亲切无比的气氛中进行的。拉埃迪和将军像是一对久别重逢的老朋友，越说越投机。当拉埃迪告别将军时，不用说，这种原本希望渺茫的大买卖已经成交了。

（2）急人所需。

即抓住对方的急需提出问题而引起其注意。美国一位食品搅拌器推销员挨家挨户地推销其产品，当一住户的男主人为其开门后，推销员第一句话就问道："家里有高级搅拌器吗？"男主人被这突如其来的发问难住了，他转过脸来与夫人商量，太太有点儿窘迫又有点儿好奇地说："搅拌器我家里倒是有一个，但不是高级的。"推销员马上说："我这里有一个高级的。"说着，他从提袋中拿出搅拌器，一边讲解，一边演示。

（3）简单明了地提问。

假如推销员总是可以把客户的利益与自己的利益相结合，提问题将特别有用。顾客是向你购买想法、观念、物品、服务或产品的人，所以你的问题应带领潜在客户，帮助他选择最佳利益。

美国某图书公司的一位女推销员总是从容不迫、平心静气地以提出问题的方式来接近顾客。

"如果我送给您一小套有关个人效率的书籍，您打开书发现内容十分有趣，您会读一读吗？"

"如果您读了之后非常喜欢这套书，您会买下吗？"

"如果您没有发现其中的乐趣，您把书重新塞进这个包里给我寄回，行吗？"

这位女推销员的开场白简单明了，客户几乎找不到说"不"的理由。后来，这三个问题被该公司的全体推销员所采用，成为标准的接近顾客的方式。

（4）正话反说。

有的时候推销人员为了引起对方的注意，故意正话反说，这也是一种出其不意的妙法。一个高压锅厂的推销员找到一个批发部经理进行访问推销，他一开始就说了这么一句："你愿意卖 1 000 只高压锅吗？"推销员在推销的时候不说"买"而说"卖"，一听这句话，经理感到这个人很有意思，便高兴地请他谈下去。销售员抓住机会向经理详细地介绍他们工厂正准备通过宣传广告大量推销高压锅的计划，并说明这样做的目的是为了给零售商提高销售量，于是这个经理愉快地向他订了一批货。

（5）向顾客请教。

推销人员可以利用向顾客请教问题的方法来引起其注意。一般顾客是不会拒绝虚心讨教的人的。一位电脑推销员的开场白是："李总，在计算机方面您可是专家。这是我公司研制的新型电脑，请您指教在设计方面还有什么问题？"受到这番抬举，对方就会接过电脑资料信手翻翻，一旦被电脑的技术性所吸引，推销便大功告成。

（6）顺水推舟。

借由向顾客提出新构思来推销自己的产品，从而有效地吸引对方的注意。一位推销员在推销自己的产品前，先向对方提出这样的问题："在上个月的展销会上，我看到你们生产的橱窗很漂亮，那是我们的产品吗？"这句话马上引起了对方的注意，并使对方十分高兴。然后推销员紧接着对这位客户说："我想，如果你们生产的橱窗再配上我厂的这种新产品，那就是锦上添花了。"说着，他顺手递上了自己所要推销的产品。这个推销员顺着他人产品之水，推动自己产品之舟，巧妙至极。

（7）利益陈述。

良好的利益陈述能够削弱顾客的排斥心理，只要推销人员能够讲得使他略感兴趣，那么就有了打开成功大门的钥匙。

有位推销人员去一家公司推销他公司的服务。他一进门就自我介绍："我叫××，是××公司的推销顾问，我可以肯定我的到来不是为你们添麻烦的，而是来与你们一起处理问题、帮你们赚钱的。"

然后，他问公司经理："您对我们公司非常了解吗？"

他用这个简单的问题，主导了销售访谈，并吸引了顾客的注意力。他继续说："我们公司在本行业的市场区域内是规模最大的。我们在本区的经营已有 22 年的历史，而在过去 10 年里，我们的员工人数由 13 人增加到 230 人。我们占有 30% 的市场，其中大部分都是客户满意之后再度惠顾的。"

"××先生，您有没有看到孟经理采用了我们的产品后，公司经营状况已大有起色？"

用这样一个简单的开场白，他已经为自己和他的公司，以及他的服务建立起了最大的顾客信赖度。他已经回答了"它安全吗？""他可靠吗？"这两个问题。他打开了客户的心，并且减少了顾客的抗拒感，所以顾客马上就很有兴趣地想知道他过去的客户得到了哪些利益，而自己将会从中得到哪些好处。由此，客户从起初的抗拒与疑虑变成了后来的接受与信任。

（8）真诚地赞美。

赞美是现代交际所不可缺少的技巧。几句适度的赞美，能像润滑剂一样使对方产生亲和心理，为交际沟通提供前提——心理上的亲和，是别人接受你意见的开始，也是转变态度的开始。适当地赞美对方，满足对方的自尊心和虚荣心，可使之产生一种优越感，处于沾沾自喜之中。因此，赞美是推销活动中常用的一种行之有效的方法。

巧施赞美，贵在一个"巧"字。世人都喜欢恭维，但恭维应因人而异，用不同的方式讲不同的恭维话。赞美和恭维应掌握分寸，不要弄巧成拙。适度得体的恭维应建立在理解他人、鼓励他人、尊重他人的正常心理需要和为人际交往创造一种和谐友好的气氛的基础之上。例如：

"这位女士，您的腿真漂亮。这款长裤的样式现在正流行，也正好适合您，您穿上一定很好看。您买不买没关系，试一下就算找个感觉吧。"

"先生好眼力。这套西装是名牌，价格适中。您穿上这套衣服会显得特别大气，衣服的颜色与您的肤色也特别相配。不信您穿上试一下，肯定不错的。"

总之，好的开场白是成功推销的一半，其中的技巧需要我们在实践中慢慢学习掌握。

4.2.2 诱导技巧

诱发顾客的消费欲望是推销成功的关键，所以需要推销人员在推销过程中运用鲜明的语言，掌握特别的表达技巧。

（1）循循善诱法。

不可否认，每个人都有自己的欲望，一个人在不同时期又有不同的欲望。而人们的欲望总是深深埋藏在心底，不易被别人察觉。推销人员只有通过自己的头脑和嘴巴，使这种欲望的外壳被层层剥落，才能利用它达到推销的目的。如果推销员巧妙地运用推销语言艺术，循循善诱，就会激发顾客的购买欲望，使其产生拥有这种商品的冲动，促使并引导顾客采取购买行动。

如一位电子产品的推销员在推销产品时，与顾客进行了这样一番对话：

推销员："您孩子快上中学了吧？"

顾客愣了一下："对呀。"

推销员："中学是最需要开启智力的时候，我这儿有一些游戏软盘，对您孩子的智力提高一定有益。"

顾客："我们不需要什么游戏软盘，都快上中学了，谁还让他玩这些破玩意儿？"

推销员："我的这个游戏卡是专门为中学生设计的，它是将数学、英语结合在一块儿的智力游戏，绝不是一般的游戏卡。"

顾客开始犹豫。推销员接着说："现在是知识爆炸的时代，不再像我们以前那样一味从书本上学知识了。现代的知识是要通过现代的方式学的。您不要固执地以为游戏卡是害孩子的，游戏卡现在已经成了孩子学习的重要工具了。"

接着，推销员从包里取出一张磁卡递给顾客，说："这就是新式的游戏卡，来，咱们试着弄一下。"果然，顾客被吸引住了。

推销员趁热打铁："现在的孩子真幸福，一生下来就处在一个良好的环境中，家长们为了孩子的全面发展，往往在所不惜。我去过的好几家都买了这种游戏卡，家长们都很高兴能有这样有助于孩子成长的产品，还希望以后有更多的系列产品。"

顾客已明显地动了购买之心。

推销员："这种游戏卡是给孩子的最佳礼物！孩子一定会高兴的！"

结果，顾客购买了几张游戏软盘。在这里，推销员巧妙地运用了口才艺术，一步一步，循循善诱，激发了顾客的购买欲望，使其产生了拥有这种商品的冲动，促使并引导顾客采取了购买行动。

（2）选择法。

即有意地诱导客户从"买与不买"之间不知不觉地转到"买这种还是那种"之间，从而使客户于无形中在买哪种商品中选择。

某城市有位老板在大街两边开办了两家一模一样的粥店，每天前去就餐的顾客人数也相差不多。然而，左边一家粥店收入总是比右边一家多出近百元，而且几乎天天如此。老板觉得很奇怪，派人前去调查，了解各店的经营、服务情况，以解营业额不同之"谜"。

被派去的人装扮成普通顾客，他首先走进右边的粥店。见客人来了，服务小姐满面春风，带着微笑把他迎进去，给他盛好一碗热气腾腾的粥，接着又热情地问他："先生，加不加鸡蛋？"调查者发现，每进来一位顾客，服务员都要问同样的话："加不加鸡蛋？"顾客有说加的，也有说不加的，粗算起来加鸡蛋的人和不加鸡蛋的人各占一半。

之后，那位奉命调查的人又走进左边的粥店。服务小姐同样满面春风地把他迎进去，盛好一碗热粥放在桌上。然后和气地问他："先生，请问您需要加一个鸡蛋，还是加两个鸡蛋？"其他顾客进店，服务员也问同样的话。通常，爱吃鸡蛋的人要求加两个，不爱吃的人一般要求加一个；当然也有不加的，但这种情况比较少见。这样一天下来，左边小店要比右边那家多卖出很多鸡蛋。不同的问话，让两个粥店的营业额产生了差异。

（3）投其所好法。

从对客户感兴趣的事谈起，逐渐引起其购买欲望。要善于抓住不同客户的特点，区别对待，也就是我们平常所说的"投其所好"。一位优秀的推销员，在每个领域都能如鱼得水，这与他善于抓住对方的兴趣并能投其所好的做法是分不开的。

有一个推销员上门推销化妆品，女主人很客气地拒绝了。

"不好意思，我们目前没有钱，等有钱时再买，你看行不行？"

这位推销员看到女主人怀里抱着一条名贵的狗，计上心来。

"您这小狗真可爱，一看就知道是很名贵的狗。"

"是呀！"

"您一定在它身上花了不少钱和精力。"

"没错。"女主人眉飞色舞地向推销员介绍她为这条狗所花费的钱和精力。

"那当然，这不是一般阶层能够做到的，就像化妆品，价钱比较贵，所以使用它的女士都是收入高、档次高的。"

一句话说得女主人心花怒放。这位女士再也不以没钱为借口了，反而非常高兴地买下了一套化妆品。

（4）美景勾画法。

为了使顾客产生购买的欲望，仅让顾客看商品或进行演示是不够的。要使顾客产生购买的念头，还必须在此基础上勾画出一幅梦幻般的图景，为商品增加魅力。

一位推销室内空调机的能手，给顾客描绘了这样一幅场景：

"您在炎热的阳光下挥汗如雨地劳动后回到家。您一打开房门，迎接您的是一间更加闷热的'蒸笼'；您刚刚抹掉脸上的汗水，可是额头上立马又渗出了新的汗珠；您打开窗子，但一点儿风也没有；您打开风扇，却是热风扑面，使您本就疲劳的身心更加烦闷。可是，您想过没有，假如您一进家门，迎面吹来的是阵阵凉风，那将是一种多么惬意的享受啊！"

（5）时间分解法。

将价钱较高的商品的价格按使用的时间进行分解，使客户感觉在一个单位时间内的花费似乎很少。

某地毯推销员对顾客说："每天只花一角六分钱，就可以为您的卧室铺上地毯。"

顾客对此感到惊奇，推销员接着讲道："您卧室12平方米，我厂地毯价格每平方米为24.8元，这样就需要297.6元。我厂地毯可铺用5年，每年365天，这样平均每天的花费只有一角六分钱。"

（6）故事吸引法。

推销过程中穿插一两则小故事，既能娱乐听众、鼓舞客户、吸引顾客的注意力，又能再一次为推销人员提供成交机会。任何商品都有它独特而有趣的话题，例如，它是怎样发明的、发明的过程、产品带给顾客的好处等。以故事作为推销的突破口，往往会无往不利。

一位推销员在听到顾客询问"你们的商品质量怎样"时，并没有直接回答顾客，而是给顾客讲了一个故事：

"前年，我厂接到客户一封投诉信，反映商品有质量问题。厂长下令全厂员工一起去千里之外的客户单位。当全厂工人来到商品使用现场，看到由于商品质量不合格而给客户造成的惨重损失时，感到无比的羞愧和痛心。回到厂里大家纷纷表示，今后决不让一件不合格的商品进入市场，并决定把接到客户投诉的那一天，作为'厂耻日'。"

推销人员没有直接去说明商品质量如何，但这个故事却让顾客相信了他们商品的质量。

（7）幽默法。

美国一项有 329 家大公司参加的幽默意见调查表明：97% 的推销人员认为，幽默在推销中具有很重要的作用；60% 的人甚至相信，幽默感决定推销事业成功的程度。幽默，是推销成功的金钥匙，它具有很强的感染力和吸引力，能迅速打开顾客的心灵之门，让顾客在会心一笑后，对推销人员、商品或服务产生好感，从而诱发购买动机，促成交易的迅速达成。

美国有两家保险公司的业务员在推销本公司的保险业务时，争相夸耀自己公司的服务如何周到、付款如何迅速。A 公司的业务员说，他的保险公司十有八九是在意外发生的当天就把支票送到投保人的手中。B 公司的业务员不甘示弱："那算什么！我们公司在一幢 40 层大厦的第 23 层。有一天，我们的一位投保人从楼顶上摔下来，当他在坠落的途中经过第 23 层时，我们就已经把支票塞到了他手里。"结果，那位 B 公司的业务员赢得了更多的客户。

（8）反面刺激法。

指推销人员从反面用消极的语言来刺激顾客，诱导顾客购买商品。但运用反面刺激法进行推销活动时，一定要注意语境，注意对象、场合，话语刺激要适当，不能过分。否则往往适得其反。

一位发动机厂的推销员在向一位顾客推销发动机时说："在这一类发动机中，数这种发动机功率大、效果好，质量也属上乘。但可能因价格稍贵了一点儿，有的人便看不中。您好像对此有些犹豫，那您还是看看另外几种便宜的吧！"由于有位推销员事先通过与这位顾客的交谈，摸清了顾客的心理，知道这位顾客很想买一台功率很大、质量好的发动机，而并不十分在意发动机价格的高低。因此，经推销员这么一激将，这位顾客立即做了一番不被人看低的解释，并最终下决心买下了这种质量最好、价格也最贵的发动机。

（9）环境暗示法。

推销人员在宣传自己的商品时，可以利用环境提供给自己的条件，运用语言的附加意义或暗示语法，诱导顾客的购买意向。

美国有一位推销员波特，有一次为了推销一套可供一座 40 层办公大楼用的空调设备，与建设公司周旋了几个月，可还是无法谈成。然而，购买与否的最后决定权，还是握在买方的董事会手中。

有一天董事会通知波特，要他再一次向董事们介绍其空调系统。波特强打起精神，把不知讲过多少遍的话又重述了一遍。但董事们反应冷淡，只是连珠炮似的提了一大堆问题，用外行话问内行人，似有意习难。

波特心急如焚，眼看几个月的心血就要付诸东流，他浑身发热。这时，他忽然想到"热"这个妙计。他不再正面回答董事们的问题，而是很自然地改变了话题。他泰然自若地说："哟！今天天气还真热，请允许我脱去外衣，好吗？"说罢，还掏出手帕，煞有介事地擦着前额渗出的汗珠。

他的话、他的动作立刻引发了董事们的连锁反应，或许这是一种心理学的暗示作用，董事们似乎一下子也感受到了闷热难耐，一个接一个地脱下了外衣，又一个接一个地拿出手帕擦汗。

这时，终于有一位董事开始抱怨说："这房子没有空调，闷死了。"就这样，董事们再也不需要波特的推销，主动地考虑起空调的采购问题。令人不可思议的是，拖了几个月之久的买卖，竟然在短短十分钟内就获得了突破性的成功。

4.2.3 巧妙处理异议

客户产生购买欲望后，一般会从有关方面向卖方提出异议，如性能、质量异议，或者价格异议等。这时推销人员不应该有任何不耐烦，而应积极、谨慎地处理顾客的异议。可以针对顾客异议的类型，选择不同的应答语灵活应对。处理顾客异议的语言技巧，主要可以参考以下几种方法：

（1）正面击退法。

有时顾客由于对公司的产品质量、信誉存在着疑虑，可能会说出一些刺耳的话来。面对这种情况，有必要正面击退顾客的批评，从而消除其内心的疑虑。我们这里所说的是正面击退顾客的错误指责或不合理的挑剔，并非意味着对顾客本人来个迎头痛击。

（2）否定处理法。

指推销人员依据一定的事实和道理，直接或间接地否定顾客的异议。一位顾客对推销皮衣的推销员说："这皮衣和××市场上卖的是一样的东西，可你这儿却比那儿卖得贵多了！"已经调查过市场情况的推销人员胸有成竹，认为顾客的异议不能成立，于是便据实反驳道："不会吧？同一厂家、同一款式的产品均有统一的售价标准。您看，我这是有厂家防伪标志的正宗商品，您说的那种比我这儿同一款式的售价便宜，我早已经见过了，那是非正宗生产销售的伪劣假冒商品。您不妨再进一步比较、了解一下，看我说的是不是属实。"

（3）反问处理法。

指推销人员利用顾客的异议来反问顾客，使顾客在推销人员的反问中，自行消解心中的疑虑。反问的特点在于问而不答，但反问者的倾向性意见却尽含于反问之中。运用这种方法来处理顾客的异议，既给顾客留有余地，又有效地促使顾客对问题再进一步思索，并认真权衡、品味推销者的意见。比如，一番讲解之后，顾客对推销人员说："东西是不错，就是现在还不太想买！"推销人员跟上去追问道："这样的东西您不想买，您还想买什么样的呢？"

（4）示弱处理法。

善于与对方进行心理互换也是一种使顾客获得快乐的手段，它不仅能使交易继续下去，说不定对方还会给你带来更多的顾客。示弱就是一种扬人之长、揭己之短的语言技巧，目的是使交易重心不偏不倚，或使对方获得一种心理上的满足，从而达到销售的目的。有个人很擅长做皮鞋生意，别人卖一双，他往往能卖几双。一次谈话中，别人问他做生意有何诀窍，他笑了笑说："要善于示弱。"接下来他举例说："有些顾客到你这里来买鞋子，总是东挑西拣到处找毛病，把你的皮鞋说得一无是处。顾客总是头头是道告诉你哪种皮鞋最好，价格如何适中，式样与做工又如何精致，好像他们是这方面的专家。这时，你若与之争论毫无用处，他们这样评论只不过是想以较低的价格把皮鞋买到手。这时，你要学会示弱。比如，你可以恭维对方确实眼光独特，很会选鞋挑鞋，自己的皮鞋确实有不足之处：如式样并不新潮，只不过较稳罢了；鞋底不是牛筋底，不能踩出笃笃的响声，不过，柔软一些也有柔软的好处……你在表示不足的同时也从侧面赞扬鞋子的优点，也许这正是他们瞧中的地方。顾客花这么大心思，不正是表明了他们其实是喜欢这种鞋子吗？"

通过示弱，满足了对方的挑剔心理，一笔生意很快就成交了。这就是他的妙招，示弱并不是真示弱，只不过是顺着顾客的思路，用一种曲折迂回的办法来俘虏顾客的心罢了。

（5）岔题处理法。

岔题是应付突发事件的有效方法，但要使岔题成功，必须注意两方面：一是要自然。所谓自然，就是指岔开的话题要与原来的话题连得上、说得通。二是要及时。所谓及时，就是指岔题要抓紧时机，找准岔口，在对方话题尚未充分展开之前就以新的话题取而代之，使对方在不知不觉之中离开原来的话题，将焦点逐渐转移到新的话题上去。一次服装展销会上，一位营业员正在向众多的顾客介绍服装的样式，突然听到有个顾客说："样式不错，可惜……老了点。"

这位营业员一听，马上机灵地接着说："这位先生说得对，我们设计的服装样式好，又是传统老店，品质保证，价格公道……"其实，那位顾客说的是"式样老了点"，但是这位营业员怕其他顾客受到他这句话的影响，因而灵机一动，利用语词的谐音关系把"老了点"改换成了"老店"，岔开了对自己不利的话题，模糊了对方的焦点，有效地把大家的注意力引导到对自己有利的方面。

（6）问答处理法。

即当顾客对商品有异议时，推销人员向其提一连串问题，而且对于这种问题，对方都只能点头称是，这个时候顾客整个身心趋向肯定的一面，容易造成一种和谐的谈话气氛，也容易使其放弃自己原来的偏见。

美国一电机推销员哈里森，讲了这么一件他亲身经历的事：

"哈里森，你又来推销你的那些破烂儿了！你不要做梦了，我们再也不会买你那些玩意儿了！"总工程师昨天到车间去检查，用手摸了一下前不久哈里森推销给他们的电机，感到很烫，便断定哈里森推销的电机质量太差，因而拒绝他今日的拜访。哈里森冷静考虑了一下，开口问道："好吧，斯宾斯先生！就是已经买了的也得退货，你说是吗？"

"是的。"

"当然，任何电机工作时都会有一定程度的发热，只是发热不应超过全国电工协会所规定的标准，你说是吗？"

"是的。"

"按国家技术标准，电机的温度可比室内温度高出72℉①，是这样的吧?"

"是的! 但是你们的电机温升比这高出许多，昨天差点儿把我的手烫伤了!"

"请稍等一下。请问你们车间里的温度是多少?"

"大约75℉。"

"好极了! 车间是75℉，加上应有的72℉的升温，共计是140℉以上。请问如果你把手放进140℉的水里会不会被烫伤呢?"

"那是完全可能的。"

"那么，请你以后千万不要再去用手摸电机了。不过，对于我们的商品质量，你们完全可以放心，绝对没有问题。"结果，哈里森又做成了一笔买卖。

4.2.4 其他注意事项

推销是面谈交易。整个推销活动中，从接近顾客到解除疑虑，直至最后成交，都离不开口才。俗话说："良言一句三冬暖，恶语伤人六月寒。"可见，能游刃有余地运用推销口语非常重要。所以，除以上讲述的技巧之外，这里再介绍一些其他的与推销口语相关的注意事项。

（1）讲解因人而异。

口才出色的推销人员善于区别顾客的不同情况，有针对性地运用不同的讲解语言。事实上，不同顾客具有不同的个性和不同的购买动机，推销员的语言就要随时调整，或通俗易懂，或精辟深入，体现出不同的侧重点。那种不分对象、千篇一律的套话，容易引起顾客的厌烦和反感。

高尔基的名著《在人间》里有一段写两店铺推销圣像的情节：

一家店铺的小学徒没有什么经验，只是向人们说："圣像各种都有，请随便看看。圣像价钱贵贱都有，货色地道，颜色深暗，要定做也可以，各种圣人圣母都可以画!"尽管这个小学徒声嘶力竭，可仍很少有人问津。

另一家店铺的广告则不同："我们的买卖不比卖羊皮靴子，我们是替上帝当差，这比金银还宝贵，当然是没有任何价钱可以衡量的!"结果，许多人都情不自禁地被吸引了过来。

同是推销圣像，为什么效果不同呢? 原因就在于前者用语冗长、平淡刻板，而后者针对基督徒的心理，将自己说成是"为上帝当差"的，用心独到、言简意赅。

（2）表述思路清晰。

应善于安排表述的顺序。科学合理、起伏有致的讲解，不但表明你言语的逻辑，而且能反映你头脑的清晰。蹩脚的表述让人不得要领，获得凌乱无绪的印象。

一个优秀的推销员会这样对他的顾客讲解他要推销的酱油瓶：

"我们打开它的盖子，有个舌状的倒出口，出口上刻有7厘米的槽沟，可以防止瓶内液体外漏;而注入口可倒入多种液体：油、酱油、醋等。"

"这个瓶有着光洁的圆锥形外表、圆顶状的盖子，摸起来舒服，看起来别致。"

---

① 1℉（华氏度）$= \dfrac{9}{5}℃ + 32$。

"它的最大优点是，倒完瓶内酱油后，瓶口不会有残留液体，非常卫生。本厂曾选择100个用户进行实验，经过一年的试用，反应甚佳。"

"据我们所知，目前在市场上尚未有同类产品。相信我们的销售前景相当可观，定能给您带来很大效益。"

这样安排讲解的顺序，层次分明，条理清楚，有理有据，逻辑性强，足见推销员的口才功力。

（3）听顾客把话说完。

一般人在与别人交谈时，大多数时间都是自己在讲话，或尽可能想自己说话。而一般推销员在推销商品时，70%的时间是自己在讲话或推销商品，顾客只有30%的讲话时间。因此，这样的推销员总是业绩平平。而那些顶尖的推销员，通过经验总结出了一条规律：如果你想成为优秀的推销员，就要将听和说的比例调整为2:1，也就是说：70%的时间让顾客说，你倾听；30%的时间自己用来发问、赞美和鼓励顾客说。

让顾客充分表达异议，即使你知道他要说什么，也不要试图打断他。对顾客要有礼貌、认真地倾听，尽量做出反应。没有任何一个顾客愿意与那些自作聪明的业务员打交道。如果你不能表现出对顾客及其问题的兴趣，你就永远难以赢得顾客的信任。

老李在自己的镇上盖起了一套三层的楼房，当房子三层刚封顶时，几个朋友在他家吃饭。席间，来了一位专门安装铝合金门窗的个体户，与老李一见面就递了一张名片。其实这个个体户的店铺面也在镇上，老李虽然见过他，不过没有业务往来。

个体户与老李见面后，便开始推销自己的商品。听完个体户的介绍，老李说："虽然我们以前不认识，但通过我们刚才的一席话，我感觉你对铝合金门窗安装的经验很丰富，我也相信你能做得很好。不过在你来之前，我们厂里一名下岗钳工已经向我提起此事了，说他下岗了，门窗安装之事让他来做……"

老李的话还没说完，个体户便插话道："你是说那东跑西走的小张吧？他最近是给几家安装了门窗，但他那'小米加步枪'式的做法怎么能与我们比呢？"

这话不说还好，一说便马上让老李改变了主意，他接着说："不错，他是手工作业，没有你们那些先进的设备。但他现在已下岗在家，资金不够丰厚，只能这样慢慢完善。出于同事之间的交情，我也不能不给他做！"

结果个体户只得怏怏地离开了。之后，老李对朋友们说："这个个体户没听明白我的意思，把我的话给打断了。本来我是暗示他，做铝合金门窗的人很多，不光他一个上门来找业务。我已打听过了，他做门窗已多年，安装成熟，而且也很美观。但他的报价很高，我只是想杀杀他的价格，可他的一番语言攻击了我同事的人品，我宁愿找别人，也不要让他来安装。"

（4）给顾客思考的时间。

顾客的购买需要一定会在和推销人员的交谈过程中直接或间接地表现出来。有时候，一个人往往同时受到几种消费心理需要的支配。因此，如果在给顾客下订单时，对方出现了一阵沉默，推销人员千万不要以为自己有义务去说些什么。相反，要给顾客足够的时间去思考和做决定。千万不要自作主张，打断他们的思路。

日本金牌保险推销大师原一平曾有这样的推销经历：他去访问一位出租车司机，那位司机坚信原一平绝对没有机会能说服得了他购买人寿保险。当时，这位司机之所以会见原一平，是因为原一平家里有一台放映机。它可以放彩色有声影片。而当《它将为你及你的家人带来些什么呢?》的宣传影片放完后，大家都静悄悄地坐在了原地。三分钟后，那位司机经过一番心理斗争，主动问原一平："现在还能参加这种保险吗?"

最后，原一平获得了一份高额的人寿保险契约。

（5）读懂顾客的态势语言。

美国心理学家艾德华·霍尔在他的《无声语言》一书中说：无声语言所显示的意义要比有声语言多得多，而且深刻得多。因而，推销员要了解顾客的深层心理，就要学点破解态势语言的知识。顾客的动作、表情以及神态等，会向你透露出价值的信息。

拿握手来说，握手时用力回握的人，热情好动，凡事比较主动。握手时掌心向下，叫"控制式"，表明想取得主动、优势或居于支配地位；用两只手握住对方的手，上下摇动，叫"手套式"，表示热情欢迎、感激或肯定契约的关系等意义。

再比如四肢，如果顾客紧抱双臂，可以肯定他处于防御的地位，可能不会接纳你的建议；摊开胳膊，表示他不同意你的意见；小幅度地摇动脚部或抖动腿部，意味着焦躁不安、紧张；张开腿而坐，表示自信，有接受对方的倾向；两手交叉，身体前倾，表示他对你所提供的信息很感兴趣；双手臂在胸前交叉表示防卫；双手或双腕在背后交叉表示自信和优越感。

人与人的距离也是一种表现感情关系的特殊形式。有人把这种距离划分为四种：第一种是密切距离，发生在情人之间，一般为45厘米；第二种是友好距离，为45~120厘米；第三种是社会距离，为进行社会性的非个人联系的距离，为120~360厘米；第四种是公众距离，指公式化的社会活动距离，为360厘米以上。推销员在社交活动中一方面要学会从对方与你的距离判断对方的感情，另一方面要注意自己的行动，不要轻易闯入别人的私人空间。

（6）正确对待挫折。

推销工作很容易被误会，很容易受冷遇，也很容易被拒绝。要正确对待挫折，切忌一蹶不振、妄自菲薄。受到挫折以后，也不要低声下气，那样不但于事无补，还会影响企业、商品和自己的声誉，或造成今后受制于人。

（7）诚恳地进行道歉。

无论是否是己方的过错，客服人员在与客户沟通时都要适时地表示道歉。用倾听与道歉稳定了客户的情绪后，就要尽快在沟通中解决问题。你可以在给客户提供解决方案时，尽可能给出多套方案，给客户选择的空间，让他（她）看到你的诚意。这样可以进一步消除双方的对立情绪，产生认同感。例如：

"实在对不起，给您带来了麻烦和不愉快。"

"可能我们事先没有沟通好，导致您在使用商品时操作不当，发生了故障。对给您带来的不愉快，公司感到很抱歉。"

"我知道，这个问题给您带来了麻烦，我们感到很抱歉。我想可能您真正要说的是，希望我们在三天内解决您的问题，并针对给您造成的损失给予补偿，对吗?"

在道歉时，尽量不要说"我理解你的心情"之类的话。对方此时正在气头上，听了这些毫无意义的话，可能会感到你根本无法理解他，只是在敷衍了事而已。

上述介绍，相对博大精深的口才技巧来说，可能连"管中窥豹"都算不上，但我们仍然能从中体会到口才技巧对一个成功的推销人员的重要作用。有些人错误地认为"口才是天生的"，其实"口才"并不是简单的伶牙俐齿，它是以广博的知识、丰富的经验和复杂的技巧为后盾的。有理不在言多，有时即使寥寥数语也能石破天惊，一举击中要害。因此，只要勤学、勤练、多思考，即使没有天生的伶牙，你也能塑造出"俐齿"。

4.3 推销服务用语的禁忌

销售人员在和客户的沟通过程中，不仅要使用文明的语言，保持谦和的态度，而且在沟通和谈话的方式方法上，还需要注意一些细节性问题。自己在和客户谈话时，应该禁忌以下六个方面：

（1）批评性话语。

这是许多业务人员的通病，尤其是业务新人，有时讲话不经过大脑，脱口而出伤了别人，自己还不觉得。虽然我们是无心去批评指责，只是想打一个圆场、有一个开场白，而在客户听起来，感觉就不太舒服了。业务人员每天都是与人打交道，赞美性话语应多说，但也要注意适量，否则，让人有种虚伪造作、缺乏真诚之感。

（2）夸大不实之词。

不要夸大商品的功能，这一不实的行为，客户在日后享用商品中，终究会清楚你所说的话是真是假。不能因为要达到一时的销售业绩，就夸大商品的功能和价值，这势必会埋下一颗"定时炸弹"，一旦纠纷产生，后果将不堪设想。

（3）攻击性话语。

同行业的业务人员用带有攻击性色彩的话语，攻击竞争对手，有的人甚至把对方说得一文不值。殊不知，无论是对人、对事还是对物的攻击词句，都会引起准客户的反感。因为你说的时候是站在一个角度看问题，不见得每一个人都是与你站在同一个角度，你表现得太过于主观，反而会适得其反，对你的销售也只能是有害无益。

（4）隐私问题。

每个客户都有自己的隐私，当客户有意回避不谈时，作为销售人员不该再"打破砂锅问到底"。每个人都有自己的短处，都不乐意将之展示于人，所以不应该在交谈时"哪壶不开提哪壶"，否则将会因自己的缺点而酿成不良的后果。

（5）质疑性话题。

推销业务过程中，你很担心准客户听不懂你所说的一切，而不断地以担心对方不理解你的意思为由质疑对方——"你知道吗？""这么简单的问题，你了解吗？"这种以长者或老师的口吻进行的质疑让人很反感。众所周知，从销售心理学来讲，一直质疑客户的理解力，客户会产生不满，这种方式往往让客户感觉得不到起码的尊重，逆反心理也会随之产生，可以说是销售中的一大忌。

（6）不雅之言。

每个人都希望与有涵养、有层次的人在一起，相反，不愿与那些"出口成脏"的人交往。同样，在推销服务过程中，不雅之言必将为产品的销售带来负面影响。同时，销售人员的个人形象也会大打折扣。

4.4 商品介绍用语

4.4.1 企业介绍用语

在推销服务中，让客户了解推销的企业及商品非常重要。企业介绍要做到以下几点：

（1）必须熟知企业的各类情况。

每个企业都有自己的特点。要想把企业介绍清楚，必须熟知企业的历史及发展现状，如企业的设备、人员、技术产品等方面的优势，企业制度、企业的知名度、相关技术的发展情况等。

（2）要注意运用谈话技巧。

1）要根据环境及对象选择一个好的开头。可选用下面的方法：

①以展示企业的有关物品开始介绍，如企业图片、商品实物等。

②用提问的方式开始介绍。

③用企业或相关行业最近发生且有影响的事件开始介绍。

④以赞颂对方人格、行为或对方的企业单位等开始介绍。

⑤用涉及听者利益的话开始介绍，以引起听者的注意，这一点特别适用于商业活动。

⑥从双方有共同点的地方开始介绍。

2）层次要清楚。必须注意先说什么、后说什么，介绍的层次要清楚，条理要分明，不可颠三倒四、杂乱无章。

3）切忌泛泛而谈，要突出中心。在对企业进行介绍时，没有中心的空泛内容是没有什么意义的。要学会用事实、用数字说话，因为一个企业的许多情况都是以数字指标来衡量的。

4）切忌啰唆、复杂。啰唆、复杂是对听者的不尊重，也会使介绍的效果大打折扣，甚至会得到相反的结果。

5）要选择一个好的结束语。介绍企业的结束语，不但要起到总结的作用，而且要与介绍的目的联系起来，因为对企业的介绍总是要达到某种实际目的的，不是为介绍而介绍。

（3）介绍企业的基本方法。

1）叙述法：开门见山地对企业的情况进行叙述介绍。

2）分析法：一边介绍企业，一边分析评价。

3）比较法：对企业进行纵向、横向的比较。

4）"点睛法"：以企业的最新业绩或者大家最关心的事件开头，然后再进一步介绍企业的情况。

5）视觉辅助法：用图片或实物将介绍内容具体化。

4.4.2 商品介绍用语

（1）基本要求。

一是介绍商品必须突出其实用性；

二是介绍的语言必须具有通俗性；

三是注意图片、文字与语言的共存性。

（2）常用的商品介绍方法。

1）直接法：直接介绍商品。

2）比较法：将不同商品进行比较。

3）列举重点法：介绍商品时，要突出特点，条理分明。

4）展示法：介绍商品的同时展示图片或实物。

（3）介绍商品的禁忌。

一是缺乏准备；

二是忽略顾客；

三是介绍商品时语调要么慢声细语，要么声如洪钟，不能把握适度。

（4）介绍商品的步骤。

1）先做自我介绍。自我介绍的时候声音要洪亮、面带微笑（能给人以较好的印象），介绍的内容一般是个人、公司等基本情况。

2）介绍商品的特点和优势。

3）介绍专业术语。

4）商品示意图的说明与讲解。成熟的商品都有一套较为完善的技术资料，要把说明和讲解商品的示意图作为商品介绍的重点。

5）列出一些典型客户。

6）实际商品的演示。以下文为例：

中文案例素材库（Chinese Cases Materials Database，CCMD）

中文案例素材库采集了众多知名媒体的相关报道，重点筛选出社会关注度高、蕴含着深刻商业内涵且具有较高案例开发价值的典型性商业事件。

CCMD 为案例研发和案例教学提供了优质丰富的案例素材，这些案例素材一般由事件描述、专业机构评论和学科本源三部分组成。

目前 CCMD 已经覆盖了 13 个学科门类的案例素材，分别是：会计与控制、商业环境和社会责任、创业与创新、金融、人力资源、信息管理与电子商务、综合管理、市场营销管理、运营管理、组织行为与领导力、战略管理与执行、供应链管理与物流、其他。

CCMD 每天都会进行更新，以保证用户及时了解最新的商业事件。

五、我学会了什么

推销很大程度上是语言的科学、语言的艺术。一名成功的推销员不仅要有洞悉顾客心理的敏锐，还要十分注意推销语言的表达技巧。毋庸置疑，每一件商品的销售，不仅需要商品本身的品质作基础，更需要有注入人心的推销语言艺术作保障。

通过恰当的方式，推销人员将商品的用途、性能、特征、使用和保管方法等知识介绍给顾客，可以帮助顾客打消对商品的安全顾虑，帮助顾客更好地使用商品，进而扩大商品的品牌效应，让顾客将来成为该企业的忠诚顾客。

六、互动地带

一天，公司来了顾客李大姐。李大姐一进到店里，就开始抱怨："你们公司可真不好找啊，我倒了两趟车，问了无数个人，来回来去，走了两个小时才到你们公司啊，累死我了。"刘龙连忙拿过来一把椅子，说："李大姐，您请坐，我给你倒杯水，缓缓乏。我告诉您一个好消息，我们的新产品在功能上又有了一些改进。"李大姐闻听此言，立即产生了兴趣，还没坐稳，就急着说："快拿来我看看。"刘龙把最新款的数码相机递给了李大姐。李大姐摆弄了一会儿，又看了一眼说明书，大声地说道："不行，这款照相机太复杂了，这么高科技，我使用起来不方便。"刘龙笑着对李大姐说："您说得对，这款数码相机的确是高科技，操作稍微复杂一点儿，不过，只要掌握了使用方法，用起来还是很方便的，而且效果特别好。您看，这几张照片就是用这款相机拍摄的，您看看这像素、这清晰度。"李大姐看到照片后，露出满意的笑容，开心地说："是很清晰啊，好看，那得不少钱吧？"刘龙说："不贵，比这款老式的才贵了300元。""啊？贵了300元！不行，太贵了，我买不起。"李大姐的音量马上提高了一倍。刘龙说："您说得对，这相机的价格又涨了，不过现在它所用的技术更先进了，照相机不像消耗品，我们经常会购买，这一部相机，买了以后几十年都不坏。您如果想要在每一个金色的瞬间留下美好的回忆，那这部相机是最佳的选择。"李大姐对于刘龙的回答很满意，最后说："那你们有什么优惠活动吗？"刘龙说："有啊，我们中秋节酬宾，购买数码相机，赠送一个精致的水杯，活动截止到今天，您真有福气，今天购买，就能领到这礼物。"李大姐说："那我就今天购买吧，谢谢你，真是个好小伙子。"

讨论与思考：在推销过程中，刘龙是如何处理顾客异议的？

七、复习思考题

1. 推销服务用语的要求有哪些？
2. 推销服务用语的技巧有哪些？

八、实训练习与操作

1. 实训项目：模拟一次推销活动。

实训目标：在推销中能注意语言的要求、语言的技巧运用。

实训内容与要求：某学生是 A 汽车销售公司的一名推销员，一对夫妻来买车。要求每 3 个同学一组，将班级同学分成若干组，分别模拟推销员与夫妻之间发生的销售活动。

实训成果与检测：学生进行模拟后，老师和其他学生一起进行点评。

2. 实训项目：模拟一次商品介绍。

实训目标：注意商品介绍的基本要求和常用的方法。

实训内容与要求：某保健品公司最近新推出一种专门预防心脑血管疾病的药，请从成分、功效、使用人群、用法用量、不良反应、保存方法等方面进行介绍。要求每位学生认真撰写稿件，注意介绍的方法，以课件的形式熟练地讲给大家。

实训成果与检测：学生进行介绍后，老师和其他学生一起进行点评。

九、岗位显身手

价格已经到底线了，但是客户还是狠命杀价，请模拟一次商品推销成功的情景。

第8章　卖场服务用语

一、我要学什么

1. 了解卖场服务用语在形式上、程序上、内容上的要求；
2. 学习营业员（含网络）、收银员基本用语及禁忌；
3. 学习珠宝营业员的服务用语基本要求及用语。

二、我要达到的目标

掌握各种卖场服务用语的技巧。

三、课前脑运动

当顾客进卖场时，下列哪个第一句推销用语更好？为什么？
1. 您好，欢迎光临。有什么可以帮助您的？
2. 您好，欢迎光临某某专柜！这是我们的新款。我们这里正在搞某某活动。

四、涨知识

　　卖场营业员做好销售工作的重要手段之一，就是使用正确的卖场服务语言。导购员、销售员、营业员能够了解消费者心理，准确使用礼貌用语，不仅是对消费者的尊重，更是一种促销的手段。消费者来卖场消费，得到服务人员的尊重，不但可以体会到宾至如归的感觉，实现消费的目的，而且会为卖场带来"回头客"，使买卖增值，在一定程度上还可以减少服务上的投诉，规避卖场的服务风险。

　　如果卖场销售人员在导购和促销活动中使用恰当的语言，将商品的最优品质和最佳性价比等诸多信息恰当地介绍给消费者，能大大激发消费者的购买欲，以达到促销的目的。那么，卖场销售人员该如何正确运用语言的力量，在消费活动中激发消费者的热情，使之积极消费呢？

4.1　卖场服务用语的要求

和顾客进行沟通与交流，最重要的手段就是语言。准确优美、生动形象、亲切感人的语言会给人以愉悦的感受，创造出融洽和谐的交易氛围。如果只是为了想要顾客购买商品，而一味地说些肉麻虚伪的社交辞令的话，不仅不能够刺激消费者的消费欲望，反而会适得其反，令消费者退避绕行。准确使用卖场服务用语，是做好商业服务的一项必备基本功，也是营业员个人综合素质的表现。营业员应该抓住消费者的心理，恰当使用服务用语，以获得最佳的促销效果。

4.1.1　形式上的要求

（1）注意语音语速，吐字清晰准确。

卖场营业员在为消费者服务时要注意语速，不能太快，也不可太慢。太快，不利于消费者马上接受关于商品的全部信息；太慢，则显得懒散懈怠，容易引发消费者对营业员服务态度的质疑。通常，较为合适的语速是每秒钟 2 ~ 3 个字。营业员的语言发音、用词及语法要正确，否则，消费者就有可能听不懂，也就无法获得有关商品的信息。因此，营业员应尽量使用标准的方言，最好是使用标准的普通话。销售人员要以明朗、清晰、快活的声音与消费者交流，使消费者产生舒畅愉悦的心情，而最忌讳出现发音含混不清的情况。

（2）注意语气、语调和音量。

从前波兰有位明星，大家都称她为摩契斯卡夫人。一次她到美国演出时，有位观众请求她用波兰语讲台词，于是她站起来，开始用流畅的波兰语念出台词。

观众都觉得她念的台词非常流畅，但不了解其意义，只觉得听起来非常令人愉快。

她接着往下念，语调渐渐转为热情，最后在慷慨激昂、悲怆万分之时戛然而止，台下的观众鸦雀无声，同她一样沉浸在悲伤之中。突然，台下传来一个男人的爆笑声，他是摩契斯卡夫人的丈夫、波兰的摩契斯卡伯爵。因为他夫人刚刚用波兰语背诵的是九九乘法表。

从这个故事中，我们可以看到，说话的语气竟然有如此不可思议的魅力。即使听者不明白其意义，也可以使其感动，甚至可以完全控制对方的情绪。

所以，遇到重要的或需要强调的部分，不妨以缓慢而有力的口气说出。若是平仄、抑扬不分的话，顾客的印象就不深，左耳进、右耳出。喋喋不休、没完没了的销售人员，往往很少有这方面的考虑。讲得快的人最多20秒左右就可进入缓慢有力的主题表达，并用适当的韵律，巧妙配合。不少消费者会持有拒绝、逃避的态度，因此，销售人员一旦口气上有抑扬顿挫的韵律，就可使消费者的心理恢复常态。说话的内容和技巧需要靠平时下功夫研究提高，也要重视"临场发挥"。

4.1.2　程序上的要求

在卖场里，没有不好的消费者，只有不好的服务。卖场服务用语程序上的要求是要做到"五声"，即：来有迎声，问有答声，帮有谢声，错有谦声，走有送声。

顾客临门时，营业员应笑脸相迎，以"您好，欢迎光临！""早上好！有什么可以帮助您的？"等问候语来表示对顾客的欢迎，使顾客在进入卖场的第一时间即获得情感上的满足，进而产生购买的欲望。

当顾客环顾之后，对某个商品产生兴趣时，就会针对商品提出一些具体问题。这时营业员就应该热情地加以解答。"请稍等""请到这边看看""对不起，我马上帮您问一下，请稍后"，这些语言会令顾客期待获得商品的更多信息。

在交易过程中，顾客会给予营业员的工作以帮助或褒奖。此时营业员应对顾客表示谢意。当顾客帮助营业员将商品放归原处时，营业员应说："谢谢您，我来吧。"如果顾客表示："麻烦你了。"营业员应回应："不客气，谢谢您体谅。"

当因某些原因造成不能马上满足顾客的需求，而造成延迟或交易失败时，营业员应对顾客致以歉意——"不好意思，让您久等了""真抱歉，您要的货品还没到货。"

顾客离开卖场时，不论是否交易成功，营业员都应对顾客的光临表示谢意，并向顾客发出欢迎再次莅临的邀请——"谢谢，欢迎再次光临！""谢谢光临，请慢走！"

4.1.3　内容上的要求

营业员与顾客之间的语言交流，除了一些必需的程序上的文明用语之外，最核心的部分还是针对商品的信息介绍，以促使消费者产生购买意愿。因此，对语言的内容也有特殊的要求，即清晰准确、明白晓畅、艺术巧妙。

（1）清晰准确。

营业员向顾客推介商品时，语言要有逻辑性，对商品的相关信息要把握全面，能够突出重点和要点，介绍时准确无误。比如，在服装卖场，顾客咨询服装材质时，营业员要准确地告知顾客该商品是纯毛的还是混纺的，是羽绒的还是丝棉的。切不可为了促销，用虚假的语言欺骗顾客，否则就会为商业纠纷埋下隐患。为了使买卖成功，营业员在介绍商品时，还应尽量突出商品的核心吸引力，在语言内容上着重突出商品的优势或特点。比如，某种家用电器是问世多年的商品，而某个品牌对这种日用电器进行了新的设计，赋予其新的功能和特性。营业员应在介绍商品时将此内容作为重点突出加以介绍，以激发顾客在同类商品中择优选择该商品的欲望。

（2）明白晓畅。

营业员应尽量使用通俗易懂的语言，使顾客获取需要了解的商品信息。如顾客对某一商品很感兴趣，但对与商品有关的信息和知识却知之不多，此时，营业员就应该用浅显易懂的语言介绍该商品。需要用一些专业性强的语言时，也应由浅入深，先介绍顾客已知的、能够理解和接受的内容，再慢慢进入专业信息的介绍。

- 先生，这是个新商品，是家庭厨房搞卫生时使用的。
- 小姐，这个皮包使用了新工艺，这种工艺其实就是防止皮包在冬季变硬裂纹。
- 先生，关于这款相机的优点，通俗点儿说，就是您用普通相机拍的照片，如果放大几倍的话，图像就会有点模糊。而用这款相机拍出的图像，即使扩大几十倍也非常清晰。

（3）艺术巧妙。

营业员面对顾客的提问时，或是为了达到促销目的时，应注意使用巧妙而艺术的语言，既使顾客感到轻松愉悦，又可化解尴尬局面。比如，当顾客进门咨询商品价格后，表示价格稍贵时，营业员如能巧妙地运用语言，就能化解尴尬，促成消费。

- 小姐，您算算，一件衣服卖 720 元，可以穿两年，一天才花两元钱，很实惠了！
- 小姐，一个这么漂亮的包包卖 380 元，可以用一两年，一天才合几角钱，物有所值啊！
- 先生，这个价，就当您多抽了两包烟。/小姐，就当您多去了两次美容院。

用这些巧妙的语言化解顾客因价格产生的消费迟疑，使其听得入耳舒心，那么接下来的销售便极有可能成功。

4.2　一般营业员服务用语

作为与顾客常打交道的卖场营业员，需要掌握必需的语言艺术，以避免由于自己言语不慎而给顾客及销售业务带来不利的因素。下面给大家讲讲营业员如何多用敬语，少用忌语；多用日常用语，少用专业术语；多用亲切语，少用生硬语；多动脑筋说话，少随口而出；多看人说话，少千篇一律等，旨在对营业员的语言艺术进行多方面的具体形象的讲解。

4.2.1　营业员服务用语技巧

（1）耐心倾听。

营业员要与顾客建立良好关系，就要热情，而认真倾听顾客说话是表示热情的最好方式之一。在与顾客的交流中专注倾听，表明了对顾客的尊重。

（2）幽默灵活。

老舍先生说"幽默者的心是热的"，在生活和工作中，幽默的话语会化解矛盾。如果营业员遇到了顾客投诉的事件，能巧妙运用幽默语言处理，效果更好。

（3）言而有信。

营业员与顾客交流时要实事求是，绝不可为了达到促销目的而向顾客空许承诺，如答应顾客可以随时退货等。

（4）讲究方式。

讲话方式有多种，比如说明式、规劝式、讲述式、询问式、安慰式、赞美式、问候式、委婉式。营业员要针对不同的顾客选择不同的讲话方式。

4.2.2 基本服务用语

在营业工作过程中，我们处处都应注意正确地使用服务用语。服务用语是营业工作的基本工具，怎样使每一句服务用语都发挥它的最佳效果，这就必须讲究语言的艺术性。服务用语不能一概而论，我们应根据营业性工作岗位的服务要求和特点，灵活地掌握。

（1）接待顾客时，应做到认真耐心，主动热情，和蔼可亲，公平周到，童叟无欺，有问必答，多拿不厌。顾客在挑选商品时，导购人员要主动介绍，边介绍边展示，并说"这种款式好吗？我再给您拿其他款式，您看怎样？""您可以试一下，不满意了我再给您换"，等。

（2）遇到性子比较急、挑多了又怕导购人员不高兴的顾客，要主动用安慰的话语，安定顾客的情绪，如："别着急，您慢慢挑选吧！"或"您仔细看看，不合适的话，我再给您拿。"

（3）当顾客已经选好了商品，导购人员可用"您真有眼光！"等话表示肯定和欣赏，或者说："您还看看别的吗？"以提醒顾客购买连带性商品。

（4）顾客反复挑选询问时，导购人员要满腔热情，做到多问不厌，不要说"不"的话，可以说："别急，您慢慢看、慢慢挑，试一试、走一走，满意就好。"对反复挑选后，由于没有中意的款式而未发生购买行为的顾客，导购人员不应歧视，而应耐心做好商品整理回收工作，因为顾客这一次不买不意味下一次也不买，可以说"对不起，这次没能让您满意，欢迎下次光临"等。

（5）在营业接待工作中，使用礼貌用语应做到自觉、主动、热情、自然和熟练。牢记"十字"用语——"您好"不离口，"请"字放前头，"对不起"时时有，"谢谢"跟后头，"再见"送客走，给营业工作增添绚丽的色彩。

- 迎接客人时，说"欢迎""欢迎您的光临""您好"等。
- 接受顾客的吩咐时，说"听明白了""清楚了，请您放心"等。
- 不能立即接待顾客时，说"请您稍候""麻烦您等一下""我马上就来"等。
- 对在等候的顾客说"让您久等了""对不起，让你们等候多时了""对不起，今天顾客多，导购员少，怠慢了，请谅解"等。
- 客人喜欢的款式没有了，可以说"对不起，您要的那种款式已经卖完了，要不您看看别的款式是否喜欢"等。
- 打扰或给顾客带来麻烦时，说"对不起""实在对不起""打扰您了""给您添麻烦了"等。
- 由于失误表示歉意时，说"很抱歉""实在很抱歉"等。
- 当你听不清楚顾客问话时，说"很对不起，我没听清，请重复一遍好吗"等。
- 当你要打断顾客的谈话时，说"对不起，我可以占用一下您的时间吗""对不起，耽误您的时间了"等。
- 当顾客向你致歉时，说"没有什么""没关系""算不了什么"等。

- 对他人表示感谢时，说"谢谢""谢谢您""谢谢您的帮助"等。
- 当顾客回应你的致谢时，说"请别客气""不用客气""很高兴为您服务""这是我应该做的"等。
- 送客时，说"再见，一路平安""再见，欢迎您下次再来"等。

4.2.3　营业员用语的禁忌

（1）否定句。

- 这个我不知道。
- 我不会做这个。
- 这个事不是我管的。
- 这个问题你别问我。
- 不要弄脏了，到时卖给谁？

（2）蔑视语。

- 乡巴佬，你买不起呀？
- 买得起你再试穿。
- 这个问题三岁孩子都知道。
- 你这体形在我们这儿买不到衣服。

（3）烦躁语。

- 都试穿几件了，还试呀？
- 刚才不是跟你解释了吗，还没听懂呀？
- 我给她讲的时候，你咋不听着点儿呢？
- 你到底要哪个，看好了再叫我拿。
- 就在这里看，别拿那么远。
- 挑好了快交钱。

（4）斗气语。

- 我就是这个服务态度了，你管不着！
- 你到底想咋的？

4.3　珠宝营业员服务用语

珠宝卖场是商品价值较高的奢侈品消费场所。珠宝卖场的营业员除了具备一般营业员的基本语言要求外，还应根据销售对象和消费对象的特殊性，掌握一些珠宝销售的专业用语，以达到促销的目的。

4.3.1　珠宝营业员服务用语基本要求

（1）要着重介绍商品的特点。销售员要向顾客介绍商品的基本情况，要就商品的品质向顾客说明珠宝玉器的价值，还应着重将某个商品的特别之处作为对顾客有价值的优点进行说明。这样做的目的是帮助顾客建立购买信心，以促进销售。

（2）要善于倾听，寻找话题。珠宝营业员要善于倾听消费者的每一句话，借此了解顾客是什么类型的人，并寻找顾客最关心的话题与之进行交流，以拉近与消费者的距离，了解顾客的购买动机，消除顾客购买的主要顾虑，达到促销目的。

4.3.2　珠宝销售常用语

作为珠宝行的员工，使用规范、专业的销售常用语，不但可以树立品牌形象，还能够增强顾客的购买信心。因此，要求每一位营业员使用以下常用语。

（1）顾客进店时的招呼用语。

- 您好！欢迎光临××珠宝！
- 上午好（下午好）！欢迎光临！
- 您好！请随便看看！
- 您好，先生/小姐！有什么我可以帮您的吗？
- 您好！您带的这件首饰好特别啊！
- 您好！您想看一下哪类首饰？
- 您好！您想给自己选，还是送人啊？
- 您好！您的小孩好可爱啊！

【用语要领】态度温和，亲切，真诚。要有针对性地对待。因人而异，灵活运用。一切都要围绕"怎样与顾客迅速地拉近距离"。

（2）提供服务目标时的询问语。

- 您是不是想看一下项链啊？这边都是项链！
- 您是送人吗？我来帮您挑选一下，可以吗？
- 您想看一下什么价位的？我帮您介绍一下！
- 您喜欢什么款式的啊？是经典的，还是时尚的啊？
- 您随便看！有需要时，您叫我一声！

【用语要领】细心，专注聆听，语气诚恳，积极回应；并且要主动询问，避免说话太快，口气生硬，连珠发问。

（3）展示货品时的专业用语。

- 这款戒指是我们公司设计师精心设计的……，它的特点是……，它的优点是……，您戴上后会……！
- 您看的这款是我们公司最新推出的……，它的特点是……，它的优点是……，您戴上后会……！

- 这种款式是目前市面上最流行的……，它的特点是……，它的优点是……，您戴上后会……！
- 这款是我们公司优惠酬宾的款式……，现在购买绝对是非常实惠的……。
- 珠宝种类繁多，有 A、B、C 货之分，其中……货最具有保值性。

【用语要领】耐心介绍，展示货品。随时留意客人的反应，介绍商品的特点、优点和给顾客带来的好处，要避免沉默或一个人说个不停。

（4）鼓励顾客试戴时的销售常用语。

- 我帮您戴上看看效果好吗？
- 这是镜子，您看一下自己戴起来的效果？
- 这边有一款很适合您的脸形，您不妨试戴一下看看！
- 这一款很适合您的气质，给您试戴一下看看好吗？
- 首饰摆在柜台里和戴在身上是两种完全不同的效果，我建议您试一下，没关系的。
- 这块玉佩是天然 A 货，这个价位特别合适。
- 这几件是本店新到的款式，您请看看。
- 这几款是经典的结婚龙凤双喜佩，您可以试试看。
- 这种款式非常适合您。
- 您的品位真不错，这是本季最流行的款式。您不妨试试看。
- 本店销售的玉器全是真玉，假一赔二十。
- 本店有上百种款式，只要您耐心挑选，一定会有一款适合您。

【用语要领】态度热诚，采用询问的语气，试戴动作轻柔；避免表现出不耐烦、过于热情，态度要诚恳，不要过于奉承。

（5）发觉顾客表现出消费顾虑时的用语。

- 您感觉这款戒指价格有点高是吗？
- 是啊，您看的款式钻石级别比较高，所以相应的价位就会高一些。
- 请问您是注重钻石级别，还是注重款式？
- 您看这几款比刚才的那款价位稍微低一些，款式也很好。

【用语要领】积极地复述和回应客人，微笑又有耐心。对商品的货真价实加以肯定；避免争辩、表示不满、强买强卖、口气生硬、鄙视顾客。

（6）开具销售单时的礼貌用语。

- 就是这一款式的吧，我帮您开票好吗？
- 我帮您算一下这款首饰的折后价格，您看一下！
- 这款首饰原价是××元，打八折后是××元！
- 请问您是付现金，还是刷卡啊？
- 这是收您的××钱，您请稍等！
- 让您久等了，收您××元，找您××元。您请过目！

【用语要领】说话清楚，展示单据，当面点清款项；避免说话含混不清，避免命令式的口气。

（7）VIP 登记服务时的用语。

- 请您填一份贵宾档案可以吗？我们可以送您一张会员卡！

- 您现在购买我们××珠宝达到一定的金额就已经是我们的贵宾会员了，以后公司要是有什么活动或者是赠送礼品，我们会优先通知您！并且，您持有贵宾卡，还可以有额外的优惠。

- 麻烦您填一下具体生日，您在生日那天有可能会收到一份意外惊喜！（视自己店内情况而定）

- 您也可以带您的朋友过来消费，既能优惠，又可以给您积分，积分多了我们还会有礼品赠送。

【用语要领】要着重讲会给顾客带来的好处，热情诚恳地向顾客介绍；避免敷衍了事、不耐烦、口气生硬。

（8）顾客离开时的礼貌用语。

- 真遗憾，这次没有您满意的货品，欢迎下次再来。

- 您的首饰我帮您放在首饰盒里了，您看一下！

- 这是您的货品，发票在盒子里，请拿好。（双手递给顾客）

- 请问要不要给您做个礼品包装啊？

- 这是我们的售后服务小册子，您回去可以仔细看看，里面介绍了关于家居佩戴的注意事项和我们的售后服务承诺。

- 谢谢您！欢迎下次光临！

- 请问，还有其他需要吗？

【用语要领】有耐性，微笑目送顾客远走；避免喜形于色，避免同事之间对顾客品头论足、指手画脚。

4.4　收银员服务用语

收银员是卖场里负责给顾客结账的服务人员。通常情况下，收银员与其他营业员在运用语言时有相同之处，也有很大不同。表现为，不论顾客购买的商品有何区别，付款时都是一样的程序。因此，收银员用语有较为明显的程序性。

4.4.1　收银员语言基本要求

（1）必须使用普通话。

（2）必须以主动热情为顾客提供优质服务为前提。

（3）必须快速、准确、友善地向顾客传递货款结算信息。

（4）必须使用规范的服务用语。

（5）发生错误，无论顾客是对是错，都必须先致歉。

4.4.2 收银员服务用语规范

收银员日常服务用语规范，见表 8-1。

表 8-1 收银员日常服务用语规范

简称	服务类别	用语规范
迎	迎接顾客	说"欢迎光临""早上好""节日好"，点头致意、微笑致意
算	结算商品总额	"称呼语＋总金额"，如："先生，您消费的总金额是 75 元。"
唱	唱收唱付	唱收："先生，收到您 100 元整。" 唱付："收到您 100 元，货款 75 元，找您 25 元。"
装	包装商品	分门别类包装，并交到顾客手中
送	送别顾客	"谢谢""再见""欢迎下次再来！"

4.4.3 收银员服务常用语

收银员与顾客接触时，除了应将"请""谢谢""对不起"随时挂在口边，还有以下常用待客用语。

- 当顾客走近收银台时，说："欢迎光临！您好！"
- 欲离开顾客，为顾客做其他服务时，说："对不起，请您稍等一下。"同时须告知顾客离开的理由。
- 顾客在叙述事情，或接到顾客的指令时，不能默不作声，必须有所表示："是的！好的！我知道了！我明白了……"
- 当顾客等候时，应该说："对不起，让您久等了。"
- 当顾客结束购物时，必须感谢顾客的惠顾并说："谢谢，再见！"
- 当顾客结账服务时，要做到三唱服务："总共×××元/收您×××元/找您×××元。"
- 当顾客买不到商品时，应向顾客致歉，并给予建议："对不起，现在刚好缺货，让您白跑一趟。您要不要先买别的牌子试一试？"或"是否可以留下您的电话和姓名？等货到时，我立刻通知您。"

4.5 网络卖场服务用语

网络卖场是一种特殊的经营场所，其不是以实体店铺的形式存在的，而是通过网络来推销商品和服务的。因此网络卖场使用的语言不是营业员与消费者之间做面对面的沟通，而通常是以文字的形式进行交流。因此，作为网络卖场的客服人员，与普通卖场的营业员使用的语言有很大的区别，必须将声音语言转换成文字语言为消费者提供服务。

4.5.1　网络客服专员服务用语技巧

在网络世界里营销，网络客服专员必须掌握消费者的购买需求和心理状态，在语言上可采用分层次、逐级递进的方式吸引消费者，刺激其消费。

（1）引导关注。

网络客服专员要引导买家关注本家店铺，可以用照片＋文字的方式将本店商品展示出来，初步吸引买家注意力。

（2）价格对比。

通过价格对比，让顾客有一个直观的认识："此款平时售价是×××元；在此促销活动中，两套是×××元。"

（3）挖掘需求。

通过发问的形式，去了解顾客的需求，从而帮其选择一款适合其的宝贝："您需要的是职业装呢，还是休闲装？"

（4）积极推荐。

站在顾客的角度，多为顾客去考虑，为他选择一款适合他的宝贝。让他感觉你是在真心地帮他，从而使彼此成为朋友："您想给孩子买个新书包吧？我们这有好多款学生书包。如果孩子是中学生，我建议您买双肩背的；如果是大学生，我看还是拉杆的更实用些。"

（5）用活动刺激顾客消费。

客服："请问您准备如何发货呢？快递还是平邮？"

买家："我再考虑一下吧。还没有想好是不是马上就买呢！"

客服："好的，另外我们现在正在做包邮、送赠品的活动哦！就最后两天啦，您要抓紧决定呀。错过了就可惜了呢！"（配QQ表情）

（6）增大单额量。

买家："这幅油画已经付款了，尽快发货哦！"

客服："您好！请放心哦！我们会及时发货的。另外，我们正在做促销活动。在全场八折的基础上，满298元，再送30元券，满398元包邮哦！实惠多多！希望亲不要错过哦！"

4.5.2　网络卖场常用服务用语

（1）收到顾客信息时。

亲，您好，欢迎亲来到×××，我们大多数的宝贝都有现货哦！而且我们店面正在做×××促销活动！惊喜连连哦！

（2）收到顾客提问时。

买家：你们店铺在哈尔滨吧？那到×××区域需要多少天啊？

客服：亲，一般的情况下是 3 ~ 5 天，但是快递不是我们所能控制的，我们能做到的就是尽快为您安排发货。

（3）收到顾客议价要求时。

买家：如果能便宜 10 元的话，我就买三双这款运动鞋。你帮我改下价格吧。

客服：亲这么喜欢，就直接拍下吧。您拍了我们这边就会马上把价格改过来。改好后通知您，您再付款！

（4）顾客确认购买时。

亲可以直接拍下哦。有现货的话，3 ~ 5 天内安排给您发货；如订制，7 ~ 10 天内安排给您发货。

（5）顾客要求当天发货。

● 亲，您可以直接拍下，下午就安排给亲发货哦。

● 亲，不好意思，由于现在店里是促销活动期间，我们的出货量非常大，所以安排在周一发货了，请亲您多多谅解哦！

（6）如果顾客有其他快递要求。

亲，使用×××快递（客户提出的快递公司）邮费会高一点哦，我们默认的是××快递，速度快，服务好哦！

（7）如果顾客暂时没决定是否要购买。

亲，您可以收藏本店，店内还有……以后您常来看看有没有您喜欢的哦！

（8）顾客已付款。

● 亲，您好！感谢您选用×××旗舰店的×××商品，我们已经收到您已经完成付款的信息，您的收货地址是×××市×××区×××小区××幢×单元×××室，收货人是×××，邮编是×××，请您确认。我们将会在 3 ~ 5 天内为您安排发货，收到宝贝不要忘了确认收货哦。再次感谢您对×××旗舰店的支持！

● 亲，您好！快递已发出。×××快递公司，单号为××××××，将于××月××日到货，请您在验货后签收！如在收货、验货过程中有任何疑问，请及时联系我！

● 亲，您好！感谢您选购了本店的商品，您×月×日订购价格为×××元的×××商品，今天已经为您安排发货了，预计会在后天早上送到您的手中，请您注意查收，货单号是××××××。您也可以登录快递公司的网站××××××查询发送进程。考虑到运输途中宝贝的完整性，请您收到包裹后先检查、再签收。收到宝贝之后有任何问题，请您跟我们联系，我们的邮箱地址是××××××××××，再次感谢您的配合，祝您工作愉快！

（9）顾客确认收货时。

再次感谢亲对×××的支持，不要忘了给好评哦。

（10）顾客未确认收货时。

亲，收到宝贝了吗？请不要忘了确认收货哦！如有任何问题，请马上与我们联系哦！

（11）顾客没收到宝贝时。

亲，请耐心等待，我们马上问一下快递公司。

（12）顾客给予好评时。

亲，看到您的好评了，如果您对我们的宝贝非常满意，可以将我们的店铺推荐给朋友哦！您现在是我们的 VIP 客户了，如果您累计消费 298 元，将赠送您 30 元的代金券。

（13）顾客给予差评时。

亲，如果是对我们的服务不满意，请为我们指出，我们会积极改进哦；如果对我们的宝贝不满意，×××承诺 7 天无理由退换货，即自签收之日起 7 天内接受无理由退换货，退换运费由买家自行承担。另外，退货商品必须保证所有配件及包装完整，不影响二次销售。因长途运输造成包装箱无法再次使用的，我们需扣除买家 15 元的包装费用，还请亲谅解！

（14）顾客未发评语时。

- 如果满意，亲别忘了给予好评哦！亲的肯定，是我们前进的动力哦！
- 亲，如果现在忙的话，稍后别忘了给予好评哦。

五、我学会了什么

本章对卖场这一主要服务行业的用语进行了归纳梳理，强调了卖场使用恰当服务用语的重要意义及使用要求，对珠宝、收银、网络销售等几个重要的、典型的商品销售服务场所的特殊语言进行了典型介绍，对将来有可能从事服务行业工作的学生具有指导性的意义和作用。

六、互动地带

一位衣着朴素的中年女性消费者来到某服装商场。该商场有高、中、低档不同价位的男女服装。这位女消费者在商场里转了好久，最后进入一家经营中低档服装的店铺。此前该店铺的营业员已经注意到该消费者曾经进过自家店铺，并且自己已经与其打过招呼。

讨论与思考：在这次消费服务过程中，该店铺营业员应使用哪些服务用语，以达到促销目的？

七、复习思考题

1. 使用卖场服务用语时，应注意哪些细节？
2. 网络销售语言中使用的"亲"，有什么作用？
3. 珠宝销售人员在营销中需要使用哪些特殊语言？

八、实训练习与操作

1. 实训项目：模拟网络营销童装。

实训目标：掌握网络营销语言的运用技巧。

实训内容和要求：模拟某网店店主营销一批应季童装，两人一组，一个同学扮演店主，一个同学扮演客户。可以以现场演说的形式代替网络文字输入的形式进行。

实训成果与检测：学生现场演示后，组织学生进行课堂讨论及点评。

2. 1天，老妈妈陪一对恋人走进了某种宝专柜，挑选结婚戒指。经过介绍女孩看好叫"幸福里"一个戒指。指圈大小刚刚好，优雅柔美的造型和钻石璀璨的光芒将女孩的纤纤玉指衬托得更加动人。她打心眼里喜欢上了。但是她认为5 000元，太贵了，超出了预算。女孩又走到了铂金专区，想选个便宜点的铂金戒指，经过试戴，女孩选中了一款1 800元的铂金戒指。请你试着运用推销用语技巧让这位女孩经过比较后购买5 000元的"幸福里"钻戒。

九、岗位显身手

结合本专业相关行业，选择自己喜欢的销售物品，模拟一次网络销售。

第9章 酒店服务用语

一、我要学什么

1. 了解酒店服务用语的特征；
2. 学习酒店服务规范用语。

二、我要达到的目标

掌握酒店服务用语使用技巧。

三、课前脑运动

一个用餐高峰的中午，某中国餐厅进来一群游览归来、又累又饿的顾客。由于正是用餐高峰，这么多人的进店用餐给后厨带来了极大的压力。他们正在那商量着吃什么。请你考虑：在餐厅人满为患、后厨繁忙时，如何解决后厨人手、炉灶均十分紧张的问题，同事还能够服务好这群顾客，使他们快速吃上饭，满意离去？

四、涨知识

酒店服务离不开语言，酒店服务用语是一种对客人表示友善和尊重的礼貌用语方式，直接关系到宾馆酒店的服务质量。酒店服务人员一定要真正理解酒店服务礼貌语言的内涵及重要性，这样，才能在具体的服务过程中自觉地、恰到好处地加以运用，从而形成一种良好的职业习惯和职业修养。

4.1 酒店服务用语的基本特征

职业语言是某一职业岗位的从业人员必须掌握的工作语言，不同的职业有着不同的职业语言特征。从事酒店服务行业的服务人员，必须认识和理解本行业的语言特征。

（1）言辞的礼貌性。

酒店服务行业用语言辞的礼貌性，主要体现在对尊敬语的使用上。尊敬语是说话者直接表示自己对听话者敬意的语言，通常宜在说话人把听话人视作上位者时使用，如："先生，对不起，让您久等了。"尊敬语力求让顾客感受到自己在服务人员心目中所占有的地位，以及自己作为一名宾客在酒店所享有的尊重和礼遇。

（2）措辞的修饰性。

使用酒店服务语言时，要充分尊重宾客的人格和习惯，绝不能讲有损宾客自尊心的话，这就要求注意措辞。措辞的修饰性主要表现在经常使用的谦谨语和委婉语两个方面。谦谨语是谦虚、友善的语言，能充分体现说话人对听话者的尊重，如："这张桌子已有人预订了，请用那张靠窗的好吗？"委婉语是用婉转、含蓄的表达方式来代替直露的语言，如说"请您从这边走"要比说"您走错了"效果好。请比较下面这两种不同的说法：

第一种说法：对不起，您的房间还没有收拾好。

第二种说法：请稍等，您的房间马上就收拾好。

"马上就收拾好"实际上也就是"还没有收拾好"，但这种说法显然要比直说"还没有收拾好"要好得多。有时候为了不让客人太失望，需要反话正说。

假如在旅游旺季，客人来酒店预订房间，但只有一间房间了，这话该怎么对客人说呢？请比较下面这两种不同的说法：

第一种说法：您运气不好，只剩下一间房间了，您要不要？

第二种说法：您运气真好，还有一间房间，我们可以留给您。

如果你是那位客人，你更喜欢听哪一种说法呢？这些不同的说法只是细小的区别，但这不是"逻辑"上的区别，而是"感情"上的区别，我们要为客人提供优质的"心理服务"，就不能不重视这些细小的区别。

（3）表达的灵活性。

如果在酒店服务工作中只是简单、重复地使用一句问候语，就不可能取得好的效果。服务人员应当灵活地用不同的敬语来招呼宾客，使其产生亲切感和新鲜感。

在使用礼貌用语时察言观色，随时注意宾客的反应，针对不同的对象、不同的性格特点、不同的场合，灵活运用不同的措辞。一般来说，可以通过宾客的服饰、语言、肤色、气质等去辨别宾客的身份，通过宾客的面部表情、语气的轻重、走路的姿态、手势等行为举止来领悟宾客的心情。遇到语言激动、行动急躁、举止不安的宾客，要特别注意使用温柔的语调和委婉的措辞。对待宾客投诉，说话时更要谦虚、谨慎、耐心、有礼，要设身处地地为宾客着想，投其所好，投其所爱。要善于揣摩宾客的心理，以灵活的表达来应对各种宾客。

4.2　酒店服务用语的使用技巧

在酒店服务过程中，由于各种原因难免会产生误会、差错。此时正确使用礼貌用语，主动耐心解释，有助于消除误解，处理好问题和矛盾。礼貌服务用语也是酒店服务行业的"软件"

内容之一。酒店服务人员应从以下几方面来加强服务工作中礼貌用语的正确使用和习惯使用。

（1）语言要准确，词语要恰当。

酒店服务人员在服务中说话应力求语意完整，合乎语法。否则，即便你是好意，由于你所表达的语意不完整，还是会引起客人的误解和不悦。同时，还要注意词语的选择，如用"用餐"代替"要饭"，用"几位"代替"几个人"，用"贵姓"代替"您叫什么"，用"去洗手间"代替"去大小便"，用"不新鲜、有异味"代替"发霉""发臭"，用"让您破费了"代替"按规定要罚款"，等等。这样会使人听起来更文雅，免去粗俗感。

另外，在使用礼貌用语时，不能使用方言、土语，要用普通话。这样，一是可避免语意表达不准；二是可避免触犯客人的某些忌讳。否则，容易引起客人的反感。

（2）语言要简练、明确、恰当。

"言不在多，达意则灵"，若语言啰啰唆唆、拐弯抹角，话说了一大堆，还是说不清，听者就会厌烦、急躁，甚至产生误会或纠纷。因此，服务人员与客人谈话应言简意赅，时间应恰当，不宜过长，否则不仅会影响客人，还是一种不尊重客人的失礼行为。

在接待宾客时，还要注意语言音调和速度的运用。说话不仅是在交流信息，同时也是在交流感情。如明快、爽朗的语调会使人感到大方的气质和亲切友好的感情；声音尖锐刺耳或说话速度过急，会使人感受到急躁、不耐烦的情绪；有气无力，拖着长长的调子，会给人矫揉造作之感。因此，在与宾客谈话时，掌握好音调和节奏是十分重要的。我们应通过婉转柔和的语调，营造和谐的气氛和良好的语言环境。

（3）与宾客讲话要注意场合恰当。

在使用礼貌用语时，必须察言观色，要随时注意宾客的反应，针对不同对象、不同场合，灵活掌握不同用语。在宾客思考问题或是与朋友谈话时，要在宾客允许的情况下，方可与宾客讲话。

（4）注意语言、表情和行为的一致性。

作为一名优秀的服务人员，在接待宾客时，应把语言与恰当的表情、美的行为结合起来，注意举止表情。如果一个使用礼貌服务用语接待宾客的服务人员，面无微笑，目光冷漠或游移，或者是一边在做他自己的事一边答话，甚至坐着与站立在面前的宾客说话……这种言行不一的举动，即使语言再美，也给人不舒服的感觉，也将使礼貌服务用语失去它本身的意义。因此，具体应做到以下几点：

1）与宾客讲话时，要面对宾客站立，并始终保持微笑。

2）巧妙地使用目光：要给客人一种亲切感，就应该让眼睛闪现出热情而诚恳的光芒；要给客人一种稳重感，就应该送出平静而诚挚的目光；要给客人一种幽默感，就应该闪现一种俏皮亲切的目光。

3）要垂手恭立，距离适当（一般以1米左右为宜），不要倚靠他物。

4）要举止温文，态度和蔼，能用语言讲清的，尽量不加手势。

5）讲话要吐字清楚、嗓音悦耳，给人以亲切感。

6）认真倾听宾客陈述，随时察觉对方对服务的要求。

7）不论宾客说出来的话是误解、投诉还是无知可笑，不论宾客说话的语气多么严厉或粗暴无礼，都要耐心认真听取，不能在表情和举止上流露出反感、蔑视之意。即使双方意见不同，也只能婉转地表达自己的看法，而不能当面提出否定的意见。

8）在听话过程中不去随意打断对方的说话，也不随便插话。

9）听话时要随时作出一些反应，可边听边点头，或以"嗯"的声音进行反馈，也可以说"我明白您的意思"等来表明你在用心倾听。

10）要进退有序。与宾客讲话结束离开时，要先后退一步，然后转身离开，以示对宾客的尊重，不要扭头就走。

11）凡是答应客人的事，一定要尽力去办好，要做到"言必行，行必果"。但遇到自己没有把握的事，要及时汇报，不能随便答应。

4.3　酒店服务规范用语

4.3.1　常用礼貌服务用语

（1）五声。

酒店服务中的"五声"指的是宾客来店有欢迎声、体贴客人有问候声、宾客表扬有感谢声、宾客批评有道歉声、宾客离店有送别声。

（2）十语。

欢迎语：欢迎光临；请跟我来；欢迎您来我们酒店用餐，请问几位？

问候语：您好；你们好；早上好；中午好；晚上好；多日不见，近来好吗？

征询语：对不起，打扰了，请问您有什么需要；请问您有什么吩咐？

应答语：好的，请稍等，我马上就来；不客气，不用谢，这是我们应该做的。

道歉语：对不起，请原谅；实在对不起，这完全是我的错；对不起，失礼了，非常抱歉；对不起，让您久等了，请别介意；请多包涵。

告别语：您慢走；您走好；保重；谢谢光临；欢迎下次光临，再见。

祝贺语：祝您节日快乐；生日快乐；周末用餐愉快；新年快乐；恭喜发财。

感谢语：谢谢；非常感谢。

称呼语：先生、小姐等。

提醒语：请随身携带好贵重物品。

（3）酒店服务忌语。

- 找谁？
- 你，干啥？
- 不知道。
- 一边儿站着去。
- 着什么急？
- 我就这态度，怎么着？
- 越忙越添乱，真烦人。
- 现在才说，刚才干什么去了？
- 我不管。
- 你事儿不少，毛病。
- 告诉你了还问。
- 墙上贴着呢，自己看。
- 问别人去。
- 我现在没空，等会儿再说。
- 少啰唆！
- 活该。
- 你没长耳朵？
- 你问我，我问谁？
- 有意见找领导（头儿）去。
- 有完没完？
- 你这人真麻烦。

- 怎么不早准备好？　　　● 我还没着急，你倒不耐烦了。

4.3.2　酒店餐厅服务用语

（1）当客人进入餐厅时。

- 早上好（看时间早晚，主动打招呼问好："早上好""晚上好""早安"……），欢迎光临，先生/小姐，请问您一共几位？里边请……
- 请往这边走。
- 请跟我来。
- 请坐。（安排座位时打招呼："请这里坐""请坐这儿""请稍等"……客人坐下后："请用茶""请用毛巾"……）
- 请稍候，我马上为您安排。
- 请等一等，您的餐台马上准备（收拾）好。
- 请您先看一下菜单（请您先点一下凉菜）。
- 先生/小姐，您喜欢坐在这里吗？
- 对不起，您跟那位先生合用一张餐台好吗？
- 对不起，这里有空位吗？
- 对不起，我可以用这把椅子吗？

（2）为客人点菜时。

- 对不起，先生/小姐，现在可以为您点菜吗？
- 这是菜谱，请您点菜……请问您商量好了吗？
- 您喜欢用什么饮料？我们餐厅有……
- 您喜欢用些什么酒？
- 您是否喜欢……
- 您是否有兴趣品尝今天的特色菜？
- 您喜欢用米饭还是面食？
- 您喜欢吃甜食吗？来盘水果沙拉如何？
- 请问，您还需要什么？我们这里有新鲜可口的凉菜。
- 真对不起，这个菜需要（事实上的时间），您多等一会儿好吗？
- 真对不起，这个菜刚卖完。
- 好的，我跟厨师联系一下，会使您满意的。
- 如果您不介意的话，我向您推荐……
- 您要赶时间是吗？那我为您推荐这些快餐。
- 您所点的菜品有……您点的酒水有……

（3）为客人上菜时。

- 现在为您上热菜可以吗？
- 对不起，请让一下。

- 对不起，让您久等了，这道菜是……（上菜时招呼："对不起，让您久等了"……）
- 真抱歉，耽误您这么长时间。（与等候的顾客打招呼："请稍候""请稍等一下""好，这就来"……）
- 请原谅，我把您的菜搞错了。
- 实在对不起，我们马上为您重新做（换一盘）。
- 先生，这是您订的菜。

（4）席间为客人服务时。

- 先生/小姐，您的菜上齐了，请慢用。
- 您还需要些什么饮料？
- 您的菜够吗？（餐中招呼："您还需要些别的吗？""请用餐"……）
- 对不起，我马上问清后告诉您。（回答要办事情的顾客时："请等一下""请原谅""好的""愿意为您服务"）
- 先生，您是××？您的电话。
- 小姐，打扰您了，我可以清整一下桌面吗？（有事打扰客人时："对不起""麻烦您""不会打扰您吗？"……撤残菜时："对不起，可以撤掉这个餐盘吗？"……）
- 谢谢您的合作。
- 谢谢您的帮助。（客人不注意碰了服务员并表达歉意时，或者有求于服务员、说些感谢语时："没关系""别客气""不要紧""这是我们应该做的"……）

（5）餐后结账并送客。

- 先生，您的账单。
- 对不起，请您付现金。
- 请付××元，谢谢。
- 先生/小姐，应收您××，实收您××，这是找给您的零钱和发票，请收好，谢谢。（"您的钱正好""您的钱不对，请您点一下"）
- 希望您对这里的菜肴提出宝贵意见。（向客人征求意见时："您品尝得如何？""您吃得好吗？""您觉得满意吗？""我们做得不好，请指教""请提宝贵意见"……）
- 非常感谢您的意见。
- 十分感谢您的热心指教。
- 谢谢，欢迎您再来。
- 再见，欢迎您再次光临。（客人离店时："再见""欢迎您再来""您慢走"……）

（6）其他应答语。

1）对需要帮助的客人说：

- 您好！我能为您做些什么？
- 我可以为您服务吗？
- 您好！我能帮您什么忙？
- 请问这盘子可以撤下来吗？

2）接受客人吩咐时，说：

- 好的，明白。
- 好的，听清楚了。请您放心。
- 好的，马上就来。
- 好的，我就来。

- 好的，请稍等，我给您催一催。　　● 请您放心，我一定会解决好。

3）听不清或未听懂别人问话时，说：

- 对不起，请您再说一遍。
- 对不起，请您再重复一遍好吗？

4）不能立即接待客人时，说：

- 对不起，请您稍候。
- 麻烦您，请等一下。

5）接待失误或给客人添麻烦时，说：

- 实在对不起，给您添麻烦了。
- 对不起，方才疏忽了，今后一定注意。

6）当客人表示感谢时，说：

- 不用谢，这是我应该做的。
- 别客气，我乐意为您服务。

7）当客人赞扬时说：

- 谢谢，过奖了。　　● 谢谢您的夸奖。　　● 这是我应该做的。

8）遇到客人打包带走时说：

- 好的，请您稍等。

当交到客人手中时说：

- 您慢走，欢迎下次光临××餐厅。

9）当客人投诉时，首先表示歉意，然后态度和蔼，积极解决。如不能解决，说："请稍等！"之后迅速报告上级。

4.3.3　酒店前厅服务用语

4.3.3.1　预订服务用语

- Good Morning, TRALIN HOTEL. 您好，泉林大酒店。
- 请问有什么可以帮您的吗？
- 先生/小姐，请问该怎么称呼您呢？（请问您贵姓？）
- ××先生/小姐，请问您是为自己预订还是为客人预订呢？
- ××先生/小姐，请问您打算住几天/预订几天呢？
- 请问您的客人大约什么时间到酒店？
- ××先生/小姐，请问您一共几位客人？
- ××先生/小姐，能告诉我您客人的名字吗？
- ××先生/小姐，您看您喜欢哪种类型的房间呢？
- 那您采用哪种方式付款呢？
- ××先生/小姐，能留一下您的联系方式吗？谢谢。

- ××先生/小姐，您还有就餐或其他方面的要求吗？
- 我可以再为您复述一下预订内容吗？
- ××先生/小姐，因为酒店房间比较紧张，如果您的预订有什么变动的话，请及时通知我们，以便我们更好地为您提供服务，谢谢。
- ××先生/小姐，请问还有其他要求吗？
- 谢谢您选择我们酒店，我们将届时欢迎您的光临，再见。

4.3.3.2　入住服务用语

- 先生/小姐，您好，欢迎光临。请问有什么可以帮您的吗？
- 请问您有预订吗？
- 请问您打算住多长时间呢？
- 我们酒店有×××的房间，您看您喜欢哪种类型呢？
- 这样的房间每天每间只需人民币×××元，您看可以吗？
- 先生/小姐，麻烦您出示一下您的证件好吗？谢谢。
- ××先生/小姐，请您稍等。
- ××先生/小姐，请问您采用哪种方式付款呢？
- ××先生/小姐，我们酒店为您提供免费的贵重物品寄存服务，如果您需要，可以随时在我们总台办理。
- ××先生/小姐，请问您还有其他要求吗？
- ××先生/小姐，如果没有什么异议，请您在这儿签个字好吗？
- ××先生/小姐，这是您的证件，请收好，谢谢。
- 麻烦您在收银处办理一下押金手续好吗？
- ××先生/小姐，这是您的早餐券，每天早晨 7：00—9：00 您可以在二楼自助餐厅用早餐。
- ××先生/小姐，我们酒店实行房务中心制，如果您在房间内有什么需要，可以拨打我们房务中心的电话。
- ××先生/小姐，您的房间在×楼的×××房间，这是您的欢迎卡和钥匙，请我们行李员带您到房间。
- 祝您居住/住店愉快。

4.3.3.3　其他服务用语

- 您好先生/女士，我能为您做些什么？
- 您好先生/小姐，需要我帮忙吗？
- 晚安，××先生/女士。
- 欢迎光临××国际大酒店。
- 欢迎下榻××国际大酒店。
- 欢迎您来我们酒店下榻。

- 很高兴见到您。
- 你们一行（团队）有多少人？
- 您一个人吗？
- 您希望在临近××风景的地方安排一个房间吗？
- 你们喜欢靠近……附近安排一间房间吗？
- 现代时尚的标准间。
- 装修别致、豪华宽敞的单人间。
- 豪华、宽敞的商务套房。
- 宁静、舒适的单人间。
- 尊贵、舒适、装修豪华的总统套房。
- 此房间非常适合您的需求。
- 此房间对于您迎接您的小团队是十分方便的，也是极为理想的。
- 同时，您可很快进入梦乡而不受喧哗的干扰。
- 为此，您和孩子可以在同一房间，这样您就不用为他们担心了。
- 我们这里有一套非常方便的客房，靠近停车场，同时我们也可以协助您把行李送到房内，客房价格为××元。
- 我们有一套宁静、装修别致豪华的套间位于一楼，又面临××河，价格为××元。
- 你们喜欢选择哪一种客房下榻？
- 请您先填写登记表好吗？然后是××太太。
- 太好了，×××先生/小姐，请您登记一下好吧？
- ××先生/小姐，您是第一次下榻我们酒店吗？
- ××先生/小姐，请您在这里签一下名好吗？
- ××先生/小姐，您的证件能给我看一下（复印一下）吗？
- 请您告诉我您的身份证号码好吗？
- ××先生/小姐，您来自××（地方）？那是一座非常美丽的城市。
- 您是使用信用卡还是现金？××先生/小姐，请您预付费用××元。
- 您在店消费需要签单吗？
- 先生/小姐，您有预订吗？
- 先生/小姐，您有旅行社（订房中心）预订确认书（单）吗？
- 先生/小姐，能告诉我您的全名吗？
- 先生/小姐，您是通过哪家旅行社（订房中心）预订的？
- 对不起，先生/小姐，您公司没有与我们酒店签署协议。
- 对不起，先生/小姐，今天我们酒店客满。您可以去××酒店试一下。
- 谢谢您对我们酒店的支持。
- 对不起，先生/小姐，今天客房预订已满。
- 对不起，先生/小姐，今天标准间预订已满，我们仅有套间，您需要预订吗？
- 对不起，先生/小姐，我们没有查到您的预订。

- 今天晚上 8:00 四楼酒吧将有化装舞会，一直到次日凌晨 2:00。欢迎您光临。

4.3.4 酒店客房服务用语

4.3.4.1 日常服务用语

- 陌生客人要求开房间时，应说："请出示一下您的房卡和欢迎卡，好吗？"
- 如有来访客人找住店客人，如住店客人在房间，应电话通知住店客人："先生/小姐，您好！大厅内有××先生/小姐来访，您方便会客吗？"如客人同意，应询问："需要为您上访客茶吗？"如客人不在，应说："对不起，××不在，有什么是我可以转达的吗？"若客人不见，应对访客说："对不起，××先生/小姐现在不方便会客。"
- 访客在大厅就座后，上茶时应说："先生/小姐，请用茶。"
- 派送客衣时，应事先电话询问客人："先生/小姐，您好，您的衣服已洗好了，可以给您送到房间吗？"
- 上欢迎茶和免费水果时，应说："您好！先生/小姐，给您上欢迎茶和免费水果。"
- 客人加婴儿床时，应说："先生/小姐，您看婴儿床放在哪里合适？"
- 如房间小整过程中客人回来，应致歉："您好！先生/小姐，我们正在为您打扫房间，现在可以继续清理吗？"为客人整理好房间后，应说："如有什么需要，请拨打电话×××与我们联系。"
- 如客人的物品寄存在前台，应提醒客人："先生/小姐，前台有您寄存的物品。"
- 转送外部门送给客人的物品时，应提前与客人联系："先生/小姐，××部门送您的××，现在方便给您送到房间去吗？"
- 客人要的物品酒店没有，应向客人道歉："对不起，先生/小姐，您要的东西我们正在帮您联系，联系到后马上给您送到房间。"
- 访客要求进入保密房，出于对住客负责，应说："对不起，您说的客人不住在我们酒店。"
- 如果客人到客房部大厅找洗手间，应提醒客人："对不起，先生/小姐，公用卫生间设在综合楼。"
- 访客找公用电话，可建议客人："对不起，先生/小姐，公用电话在综合楼。"
- 当有特殊情况需用客人房间的电话时，应先征求客人的意见："对不起，先生/小姐，我可以用一下您的电话吗？"
- 当不知如何回答客人的问题时，应说："对不起，先生/小姐，请稍等，我给您问一下，稍后给您答复。"
- 如客人的房间一直在打"请勿打扰"，且客人不在，未能给客人清理房间，那么在客人回来后，应对客人说："对不起，先生/小姐，您的房间一直显示'请勿打扰'，我们没给您打扫房间，您看什么时间给您打扫？"
- 如客人打"请勿打扰"，但客人在屋内，那么应在 14:00 后打电话询问客人："××

先生/小姐，您好！打扰了，我是客房服务员，请问您需要什么时间打扫房间？"

- 如遇到客人投诉，自己解决不了的，应对客人说："对不起，请稍等，我马上给您请示。"
- 如果客人在屋内，未插房卡，而服务员不知客人是否在屋内，按门铃后，客人开门，服务员应说："您好，请问可以给您打扫房间吗？"
- 访客来访，应问访客："请问您找哪个房间的客人？"再问："请问××房间客人怎么称呼？"若访客说得对，应说："请稍等，我帮您联系。"
- 在接听电话时，另一部电话响了，应说"请稍等"，接起另一部电话；当回到第一部电话时，应对客人表示歉意："对不起，先生/小姐，让您久等了。"
- 当客人提出购买房间的物品留念时，应对客人说："请稍等，我马上给您联系。"
- 发现客人房间的房门未关上时，应打电话给客人，并说："您好，××先生/小姐，我是服务员。您的房门没有关，为了您的安全，请把房门关上。"
- 客人回房后，把客人的留言/传真递给客人，并说："您好，××先生/小姐，这是您的留言/传真。"
- 如访客要求给客人转送物品，应说："对不起，请您到前台办理寄存手续。"
- 请客人签酒水单时，应说："请您确认一下您房间用过的酒水。"
- 在给客人送餐时，应打电话给客人："您好！先生/小姐，我是客房服务员，您订的餐可以给您送到房间吗？"
- 在给客人输送物品进房间后，应说："您好！先生/小姐，这是您要的×××。"
- 上欢迎茶进入房间后，应说："您好！先生/小姐，请问我可以进来给您送欢迎茶吗？"客人同意后，将香巾放在茶几上，伸手指示"请用香巾"，将茶水放在香巾一侧，说"请用茶"。上茶完毕后，说："请慢用。如果您还有什么需要，请拨打电话×××与我们联系，祝您居住愉快！再见！"
- 给客人送留言单进入房间后，应礼貌地说："您好！××先生/小姐，这是您的留言单。"将留言单放在写字台上后，后退一步说："如果您还有什么需要的话，请拨打电话×××与我们联系。"
- 客人在屋内，给客人开夜床时，应说："您好！××先生/小姐，现在可以给您开夜床吗？"
- 客人要求洗衣，进入客人房间后，对客人说："您好！××先生/小姐，您要洗衣服是吗？"
- 客人嫌房间打扫得太晚时，应说："对不起，先生/小姐，我们马上给您打扫。"
- 客人对提供的水果不满意时，应对客人说："对不起，都是我们工作失误，马上给您更换。"
- 当设备设施出现故障时，应对客人说："对不起，都是我们的失误，我们马上联系给您维修。"
- 客人要求购买房间内的物品而又嫌贵时，应对客人说："对不起，这是酒店规定的价格。"

● 当客人不会使用按摩浴缸时，应对客人说："您好，我帮您示范一下吧！"

● 访客来找客人，而客人不在自己的楼座时，应对访客说："我帮您与前台联系查询。"

● 客人提出在一层看不到海时，应对客人说："您好，请稍等，我帮您联系前台，给您调个高楼层。"

4.3.4.2 特殊情况服务用语

（1）一位客人在服务中心结账，而客房内还有几位客人未离开，服务中心通知你去查房时：

"对不起，先生/小姐，因为在你们离店时，我们必须看一下客人是否有东西遗忘。请问你们是否需要延长住宿时间？如果你们还需要在客房多待一会儿，麻烦请到服务中心办理手续，服务中心会通知我们暂不查房的。对不起，打扰你们了！"

（2）一位客人由于同住客人把钥匙带走而无法进入房间，在楼面碰到服务员叫她开门，服务员——

● "对不起，先生/小姐，请稍等一会儿，请告诉我您的姓名。"

● 打电话到总台核对无误后："对不起，先生/小姐，让您久等了。"

● 立即开门："先生/小姐，如还有什么事需要我帮助的话，请拨打服务中心电话××××或××××，我们随时为您服务，再见！"

（3）当客房服务员在走廊里推着手推车准备打扫客房，而此时房间里还住着客人时，服务员——

● 规范敲门："我是客房服务员，可以进房打扫房间吗？"

● 如果同意打扫："对不起，打扰您了，我会很轻地打扫，不会妨碍您的，马上就好。"

● 如果客人不同意打扫："对不起先生/小姐，我问一下，您等会儿出去吗？如果您出去的话，我等您出去以后再来打扫好吗？"

● 如果客人说"出去"时："那我过两个小时再来打扫好吗？"

● 如果客人说"不出去"时："对不起，先生/小姐，您需要打扫的时候，请拨打电话××××或××××，我们随时为您服务。对不起，打扰您了，谢谢，再见。"

（4）客房服务员将客衣送到客人的房间，客人发现衣服上有油渍未洗干净，觉得不高兴，服务员——

● 规范敲门："我是客房服务员，可以进来吗？"

● "您好，先生/小姐，这是您昨天送洗的衣服，请您检查一下。"

● 客人发现有油渍时："非常抱歉，先生/小姐，我们会试着重洗一遍，我会特别关照洗衣工，让他们尽力除去这块油渍，您现在还有衣服要洗吗？"

● 如客人说"有"时："先生/小姐，请您填好洗衣单，单上请填清件数、干洗还是湿洗，明天早上服务员打扫房间时，会把衣服收走的。"

● 如客人说"没有"时："先生/小姐，打扰您了，如需要帮助，请打服务中心电话××××或××××，我们随时为您服务，再见。"

五、我学会了什么

本章阐述了酒店服务用语的基本特征及正确使用方法，并列举了酒店服务行业的规范用语及使用要点、酒店各部门日常服务用语。酒店服务人员只有认真掌握以上服务用语，才能更好地为宾客提供满意的服务，提高酒店服务的质量。

六、互动地带

1. 酒店服务用语要讲究艺术与随机应变。酒店服务中常常会遇到一些紧张的气氛或者尴尬的场面，这时我们就应该随机应变，用巧妙的语言来缓和紧张气氛。

2月15日下午14时30分，有一位客人（胡先生）在广州大厦的大堂吧等人，但是那位客人却迟迟未来。大堂吧的环境虽然优雅、温馨，胡先生却有些坐立不安，毕竟此次生意的成败关系到公司的兴衰。"先生，请您把脚放下来，好吗？"服务员小林一边添加开水，一边委婉地轻声提醒道。胡先生这才发现自己竟不经意地把脚搁在了对面的椅子上摇晃，原本就等得不耐烦的胡先生已极为烦躁，这时服务员小林的话又引起了其他客人的频频注视。未加思索，胡先生带着怨气，盯着小林一字一句地说："我偏不放下，你能拿我怎么办？"片刻的沉默后，小林笑了笑："先生，您真幽默，出这样的题目来考我。我觉得您满有素质的。"说完，她面带微笑转身就离开，并且始终没有回头。稍后，胡先生弯腰借弹烟灰的刹那，把脚放了下来。

讨论与思考：请问服务员小林的做法合适吗？为什么？

2. 有一位客房服务员在推着工作车经过走廊时，发现多位客人正站在一间客房前的过道上谈话，挡着工作车不便通过。这位服务员说："请您让一下。"虽然他用了"请"字，可还是招致客人投诉。如果是你的话怎样处理这样的问题？

七、复习思考题

1. 酒店服务用语的基本特征是什么？

2. 服务人员与宾客讲话时，具体应做到哪几点？

3. "五声""十语"的具体内容是什么？

4. 在服务接待工作中，为什么要强调语言、表情、行为的一致性？

八、实训练习与操作

实训项目：模拟酒店服务人员的岗位工作，训练使用各种礼貌用语为客人服务。

实训目标：能够灵活掌握酒店各部门的礼貌服务用语。

实训内容与要求：按酒店的工作岗位模拟训练，要求能正确、灵活地使用礼貌服务用语。

实训成果与检测：学生分小组模拟练习，学生互评，教师点评。

九、岗位显身手

请选择酒店服务中的前厅、客房、餐饮某一岗位，模拟进行酒店服务。

十、我的拓展阅读资料

服务用语应对 111 例

第 10 章　导游服务用语

....

一、我要学什么

1. 了解导游语言的要求、技巧、忌语；
2. 学习导游服务常用语。

二、我要达到的目标

1. 熟练掌握导游服务常用语；
2. 熟练运用导游语言的技巧。

三、课前脑运动

　　某旅游团有一位游客常常在游览中，喜欢离团独自活动，出于安全考虑和旅游团活动的整体性，作为导游人员你怎么劝说他？

四、涨知识

　　俗话说："山水美不美，就靠导游一张嘴。"导游员做好导游服务工作的重要手段和工具就是导游语言。导游员掌握的语言知识越丰富，驾驭语言的能力越强、运用得越好，信息传递的障碍就越小，游客就越容易领悟，导游讲解和沟通的效果也就越好。通过导游的服务用语，使游客感到旅游活动的知识性、趣味性和新奇性，从而对目的地产生美好的深刻印象。
　　导游讲解是导游工作中的一个非常重要的环节。导游讲解艺术追求的是最大限度地为游客描绘美景，帮助游客完成各自的审美体验，享受旅游带来的愉悦。那么，导游员应如何在讲解中激发游客的热情，使之积极参与游览活动，从而获得审美享受和满足呢？

4.1　导游语言的要求

　　导游语言是思想性、科学性、知识性、趣味性的结合体。正确、清楚、自然是对导游语言的基本要求,是导游人员语言技能的具体体现。四者相辅相成,缺一不可。

4.1.1　正确

正确是指导游人员在导游讲解时要使用规范化的语言,内容正确无误,逻辑性强。

(1)导游语言的发音、用词及语法要正确,否则,旅游者听不懂,导游人员就无法达到表达思想、传递信息的目的。为此,导游人员要勤学苦练讲"地道"的外语;方言导游员要讲标准的方言,而不能南腔北调;即使是普通话,导游员也应注意发音的准确,不受乡音的影响。用词须恰当,不能词不达意或将音读错;可适当引用名人名言、成语等,提高讲解的品位。

(2)导游讲解的内容要正确无误、有据可查,讲解景点的历史沿革、构造、用途或数据资料必须准确,有根据、有出处,切忌胡编乱造、信口开河;即使是神话传说、民间故事,也要有根据,有古籍可查,而且必须和游览景点有紧密联系。

正确性是导游语言科学性的体现,也是导游讲解以客观现实为依据原则的表现。语言的科学程度直接影响着游客的心理,影响着他们的游兴。导游语言的科学性越强,就越能吸引游客的注意,越能满足他们的求知欲,导游也就会越发地受到尊重。如果讲解中出现错误,由于"晕轮效应",游客会认为导游的其他讲解也是错误的。如果遇到多种解释或说法不一的事物,可选择比较有权威性的或多数人的意见,也可将几种不同的解释、不同的观点都摆出来,用共同探讨的态度请游客自己思考判断。

(3)观点正确。导游语言应具有很强的思想性,要表明导游人员鲜明正确的观点和立场。在介绍我国国情、大政方针、市容市貌、百姓生活等情况时,一定要实事求是,将具体的数字与具有说服力的事例相结合,充分体现改革开放后中国的巨大变化。如果通过导游人员的努力,能使游客对中国、对某地域形成较全面、正确的认识,那么说明导游讲解是成功的。

4.1.2　清楚

导游讲解的清楚性是以其正确性为前提的,这是导游语言科学性的又一体现。导游讲解的清楚性,包含以下几点:

(1)具有严密的逻辑性,内容要层次分明。不能"东一榔头西一棒子"地想说什么说什么、见什么说什么,使游客感到导游人员心中无数、杂乱无章。讲解的内容需要逐字逐句地斟酌,是按照一定的时间顺序讲还是按照一定的空间顺序讲,都要精心策划。特别是对于内容丰富、复杂的景点,讲解必须有条理。先讲什么、后讲什么、中间穿插什么,都要事先组织好,否则会让人不知所云。

例如千佛山唐槐亭的讲解:

大家来看,前面这座凉亭就是唐槐亭了。

匾上"唐槐亭"三个字是全国书法家协会主席、"马背书法家"舒同1981年来千佛山时题写的。这里原址是秦琼庙，庙里有唐王李世民和他的大将秦琼的塑像。秦琼，字叔宝，济南历城人，相传他的故居在济南四大泉群之一的五龙潭上。他是山东的英雄好汉、李世民的左武卫大将军。传说秦琼的塑像如果没有唐王相伴，便怎么也塑不住。秦琼一生忠于职守，死后也不忘自己的使命，不愿占据主位。

唐槐亭是由这边这棵唐槐而得名的。据说秦琼曾在此拴过马，所以这棵槐又被称为"秦琼拴马槐"。传说，秦琼非常孝顺，每年都要来为老母进香。为了表达对母亲的一片孝心，他从不骑马上山，而是将马拴于此，由此徒步上山。现在树干已经干枯，但是又有一幼枝从老树中生长起来，犹如老树怀抱婴儿，所以人们又称它为"母抱子槐"。

这段导游词，根据唐槐亭的景物，分为"唐槐亭"和"唐槐"两部分进行讲解。游客首先看到的是亭子，所以先讲唐槐亭，主要讲"唐槐亭"三字和"秦琼庙的传说"两点内容，顺序是先实后虚。接着由唐槐亭的得名自然过渡到唐槐上，主要讲"秦琼拴马槐"和"母抱子槐"名字的由来。按照这个顺序组织这些内容进行介绍，条理分明，首尾连贯，表达清楚，能给人以明晰的印象。这样既便于导游介绍，又便于游客领会。

（2）中心内容明确，简洁明了。由于一般的旅游团队活动日程安排较紧，景点游人较多，游客听导游人员讲解时又以站姿为主，所以导游人员讲解时一定要提高时间利用率。中心内容要明确，简洁明了，使游客很快听到景点介绍，并从中感受到无穷的乐趣。

4.1.3　自然

为了使导游语言自然生动，导游员应努力根据讲解对象的具体情况和不同的时空条件，将自己语言的音调和节奏运用得恰到好处，以求达到生动、传情、传神的目的。

（1）适度、优美的语音、语调。

在口语交流中，语音最富有表现力，它借助音量、语调、语气和语速的变化，能用同样的词汇和语法令接收者在语义理解上产生差异。所以，掌握好了语音的运用技巧，导游员在讲解时就会对游客产生较强的感染力。

1）导游人员在进行导游讲解时，音量大小、声音高低要适度，以旅游者听清为准，避免声音过高。

音量过大形成噪声，对游客是一种刺激和污染，时间长了会引起游客的烦躁情绪。声音过低、音量太小，又会使游客听起来吃力、容易疲劳，同时会使游客感到导游人员讲解起来没有把握或自信心不足。更要命的是，有的导游人员声音太小，以至于游客听不清他在讲什么，这样导游语言就起不到传递信息的最基本作用，直接影响到导游服务的质量。

导游员在导游讲解和同游客对话时，要善于控制自己声音的强弱。一般来说，导游员在控制声音时，应注意两个原则：

第一，根据游客人数的多少和讲解地点的环境状况来控制音量。游客人数多时，导游员可适当提高音量，音量要以使离你最远的游客听清为度；反之，则适当降低音量，音量大小以每位游客都能听清为宜（必要时可借助扩音器）。在室外讲解，音量要适当大些，在室内则要小一些。因此，导游人员平时要注意练声，从低声到高声分级练习，以便能在不同的情况下把握说话音量的大小。

第二，根据导游讲解和言谈对话的内容来调节音量。对于一些重要的内容或信息、关键性的词语等，可以加大音量进行强调，以加深游客对这些信息的印象和理解。有时，为了强调，除了加重音量外，还要拖长音节或一字一顿地慢慢说出。

例如：明天早上我们团队八点在中餐厅用餐。加重音量在"八"和"中餐厅"上，并将"八"的音节拖长，强调力度加大。

2）导游人员在导游讲解时，语调既要正确、优美、自然，又要富于变化、悦耳动听，要对游客有感染力，能激发其游兴。

任何一种语言都少不了用抑扬顿挫、起伏多变的声调和语调来表现和传达自己的思想和情感。在导游活动中，导游讲解也应像藤野先生讲课那样，讲究语调的节奏，也就是抑扬顿挫。因为人的各种感官都喜欢变化，也就是说，都讨厌千篇一律。耳朵持续听到同一种连续的声调会感到不舒服。而抑扬高低的语调变化，往往会使语言具有音乐般的节奏感，使游客乐于倾听。

语调一般分为升调、平调和降调三种，带有相应的感情色彩。

- 升调多用于表示疑问、兴奋、激动和惊叹等感情状态。例如：

您老来过海南吗？（表示疑问）

您老80年代就来过海南？（表示惊叹、疑问）

大家快看，前面就是三峡工程建设工地！（表示兴奋、激动）

- 平调多用于表示庄严、稳重、平静、冷漠等感情状态。例如：

海瑞，是我国明代著名的政治家，一生为官刚直清廉，体恤民情，深受百姓爱戴，世人称之为"南包公""海青天"。（表示庄重）

这儿的人们都很友好。（表示平静状态）

武汉红楼是中华民族推翻帝制、建立共和的历史里程碑。（表示庄严、稳重）

- 降调多用于表示肯定、赞许、期待、同情等感情状态。例如：

我们明天早晨八点准时出发。（表示肯定）

希望大家有机会再来当阳，再来玉泉寺。（表示期待）

【综合运用】

在讲解趵突泉公园趵突泉景区三股水"突字少点"时：

请大家看一下那块石碑上的"趵突泉"三个字——细心的朋友已经发现了，"突"字少了一点，这是为什么呢？还是让我来告诉大家吧！据说当年趵突泉水汹涌奔腾，把那一点给顶走了。又有人说，那一点也像我们一样，喜欢旅游，所以它顺着趵突泉水溜走了。它到哪里去了呢？这个等到下午我们游览大明湖的时候，我再告诉大家。

这段话中，使用到了三种语调。"这是为什么呢？""它到哪里去了呢？"用的是升调。"还是让我来告诉大家吧！""这个等到下午我们游览大明湖的时候，我再告诉大家。"使用的是降调。其他使用的是平调。

在讲解大明湖公园铁公祠铁铉的故事时：

燕王于公元1400年6月8日兵临济南，受到了铁铉和都督盛庸等地方官兵的坚决抵抗。

当时铁铉曾设计假装投降，在现在西门上设铁闸，想诱使朱棣进城，然后趁机落闸轧死朱棣。但由于守城士兵一时失误，计划失败，朱棣得以逃生。后来朱棣使用火炮轰城，城楼坍塌一角、危在旦夕，这时铁铉命令手下士兵在缺口前悬挂朱元璋的大画像，燕兵不敢再用炮击，铁铉利用这个时机迅速将城墙修复。后来，燕兵还在小清河修筑高坝拦水淹灌济南城，但经神灵保佑，使其未能得逞。

燕王昼夜攻打，攻了3个月之久，没有结果，又听说援兵到来，只得绕城而走。朱棣攻下南京后，推翻了建文政权，自己做了皇帝，就是历史上有名的永乐皇帝。后来，朱棣北上，又进攻济南，铁铉孤军奋战，终因寡不敌众，济南陷落，铁铉被俘，处以死罪。铁铉宁死不屈，大骂朱棣。朱棣下令割下他的耳朵和鼻子，让他自己吃掉，问他味道怎么样，铁铉非常坚定地回答道："忠臣的肉当然是香的了。"朱棣大怒，下令把他放在油锅里炸。但是铁铉始终背对着朱棣，不肯正眼看他。朱棣极为愤怒，说："你活着不肯服我，死后我一定让你服我！"于是下令让手下用大铁钩把他翻过来，但是当时油花四溅，旁人无法靠近。朱棣没有办法，只好命人把他就地草草埋掉了。

在这段讲解中，低潮部分，音色应深沉些、平稳些；高潮部分，音色则应明亮些、圆润些。

由于外语和地方方言都有各自的语调习惯，国内游客由于受地方方言的影响，所使用和理解的普通话也各有差异。所以导游员在讲解时语音要标准，使用语调要注意所需表达的情感的变化应符合游客说话的习惯。导游的语音、语调最好是不高不低，并适当以情发声、以声带情，使之声情并茂而无矫揉造作之感。

（2）适当的语言节奏。

导游语言的节奏是指说话的快慢和语句的断续停顿。节奏运用得当，不仅能使游客听得清楚明白，还会使其情随意转、心领神会，从而达到更好的解说效果。

在导游工作中，导游人员应注意观察旅游者的反应、理解能力和他们是否在记录等，根据当时的具体情况决定节奏的快慢。导游讲解，如果一直用同一种速度往下讲，像背书似的，不但缺乏情感色彩，而且会使人感到乏味，令人昏昏欲睡。因此，导游讲解应善于根据讲解的内容、游客的理解能力及反应等来控制讲解语言的速度。导游员的语速要根据导游过程的进程和游客对所讲解内容的理解程度进行适当的调整。如对于儿童、老人及语言领会能力较弱的游客，应适当放慢语速，语速过快会使游客无法跟上导游的思路，不能应时应景地理解游览对象，也会导致导游工作得不到良好的配合。当然，过慢的语速也会招人厌烦。导游员在调整自己的讲解语速时，应考虑大多数游客的特点来进行。

例如，刚接到旅游团时，导游人员致欢迎词的讲话速度就要比平时慢一些，声音略大些，最好不使用扩音器。这样旅游者不但能听到导游人员真实的声音，而且可以清楚地看到导游人员讲话时的口形。这样做有助于缩短旅游者适应导游语言的时间，尽快为导游服务创造最基本的条件。待旅游者逐渐适应了导游人员的语音语调后，再适当加快语速。在向游客讲解各种注意事项时，声调就应增高，音量要放大，速度要放慢，更应将重音落在具体的时间、地点上。

另外，在谈及重要的内容或需要重点强调的内容、想引起游客注意的事情、严肃的事情、容易招致疑惑误解的事情，以及数字、人名、地名、人物对话等时，语速可适当放慢，以便游客理解、领会和记忆。

导游的过程是一个动态的过程，导游讲解还应注意配合引导游览进程的节奏，徐疾有致，较好地控制旅游者的行程安排。

讲解语言速度的快与慢是相辅相成的，必须注意节奏急缓有致。讲太快了，像连珠炮似的，听者竖起耳朵，集中注意力听，时间一长，精神高度紧张，特别容易疲劳，注意力自然就会涣散。相反，太慢了的话，又不能给人以流利舒畅的美感。一般来说，讲解的语速应该控制在每分钟200个字左右。但对年老的游客，要注意放慢语速，以他们听得清为准。在导游讲解中，尤为重要的是，要善于根据讲解内容控制语速，以增强导游语言的艺术性。

请看实例：

光绪的凄苦，只有他的贴身太监王商能领会。一天晚上，王商趁慈禧熟睡之机，买通了看守珍妃的宫女，偷偷地将珍妃带到了玉澜堂同光绪见面。相见之时，两人有诉不尽的衷情、说不完的心里话，真是难舍难分。月过中天了，珍妃还不忍离去，真是"相见时难别亦难啊"。

讲这段话时，语速应沉重迟缓一些。但当讲到后边一段时，就要注意加快语速，以渲染紧张气氛：

就在这时，殿外传来小太监的咳嗽声，王商一听，不好！慈禧太后来了，怎么办？珍妃此时再走已来不及了……

由此可见，充分利用讲解的内容，即配合内容来调整语速，该快就快、该慢就慢，是控制语速的重要方法。要使讲解语言入耳动听，就必须注意控制语速。控制语速的技巧并不难掌握，把音节拉长，速度就慢；把音节压缩，速度就快。

如导游在讲解大明湖名字由来的故事时，有这么一段话：

您可能要问，大明湖这个名字是怎么来的呢？在这里，我给大家讲个故事。

古时候，济南北郊有个大明国寺。寺内殿宇雄峙，每天经声佛号，看上去极为庄重。然而寺内的和尚却不守教规，经常利用信徒烧香还愿的机会，奸污前来拜佛的良家妇女。传说有一个官人的母亲病了，请了许多医生也不见效。官人的妹妹要去大明国寺为母亲烧香许愿，官人说什么也不同意。妹妹便在每天晚上偷偷地朝大明国寺的方向烧香祈祷，一月之后，母亲的病果然好了，妹妹决心到大明国寺还愿。那天寺内老和尚外出，几个小和尚见这女子长得年轻漂亮，颇有几分姿色，便起了歹心，悄悄地跟踪，查看了住处，回去报告了老和尚，老和尚立即派人把官人的妹妹抢到了寺内。

官人得知后，极为愤怒，他抄起大刀，跨上战马，奋力向大明国寺追去。他刚到大明国寺附近，突然一声霹雳，天塌地陷，那座金碧辉煌的大明国寺，就这样沉入了地下。接着，从地下冒出一股水，形成了一个很大的湖泊，就是现在大家看到的大明湖。

讲述这个故事的时候，前半部分应娓娓道来，语速比较缓慢；后半部分（"官人得知后"以后）应有所变化，以产生感染力，扣动游客心弦。具体说来，"极为愤怒，他抄起大刀，跨上战马，奋力向大明国寺追去。他刚到大明国寺附近，突然一声霹雳，天塌地陷"

语速应较快；"那座金碧辉煌的大明国寺，就这样沉入地下。接着，从地下冒出一股水，形成了一个很大的湖泊，就是现在大家看到的大明湖"语速应较慢，以增强故事真实性，而且要渗入自己的感情，以提高语言的表达效果。

保持适当的语言节奏，还要注意适当停顿。

停顿指的是导游员讲解中短暂的中止时间。所谓"中止时间"不是指物理时间，而是就心理时间而言的。中止时间的长短难以规定秒数。导游讲解时，并不是讲累了需要休息一下时才停顿片刻而沉默；语音的暂时中断，能起到强调语义、加重感情的作用，是为了能使讲解收到心理上的反应效果，所以才突然故意把话头中止，沉默下来。假如导游一直滔滔不绝、口若悬河地说个不停，不但无法集中游客的注意力，而且也会使导游的讲解变成"催眠曲"。反之，如果说话吞吞吐吐，老半天才说出一句话，或在不该停顿的地方停顿了，不仅游客的注意力会涣散，而且容易使人在理解上产生歧义。因此，这里所说的停顿，是指语句之间、层次之间、段落之间的间歇。据专家统计，最容易使听众听懂的谈话，其停顿时间的总量，占全部谈话时间的35%~40%。

导游员讲解停顿的类型有以下几种：

1）语义停顿。

一句话说完要有较短的停顿，一个意思说完要有较长的停顿。如：

由于历史的变迁，/当年的魏国公府早已毁坏了。‖现在的瞻园，/是当年魏国公府仅有的遗存，/是当年府内西花园的一部分。‖清朝时，这处遗园被改为藩署街门，/乾隆皇帝南巡时，曾经在这里游览。‖如今，青砖洞门上，那"瞻园"二字，/就是乾隆皇帝的御笔。‖（/表示较小的停顿，‖表示较大的停顿）

由于有了这些停顿，导游员才能有条不紊地把层层意思交代清楚。

2）暗示省略的停顿。

不直接表示肯定或否定，只用停顿来暗示，让游客自己判断。如：

请看，那边一线起伏的山峦像不像一条龙？‖后边的几座小山丘像不像九只小乌龟？这就是"一龙赶九龟"的自然奇观。‖

3）等待游客了解的停顿。

先说出令游客好奇的话，再停顿下来，使游客处于应激状态。如：

"现在，这里仍保留着用人祭祀河神的习俗，他们每年都要举行一次祭祀盛典。仪式时，众人将一位长得十分漂亮的小姑娘扔进河水之中。"

导游员说到这里，故意停了下来。此时，游客脸上现出了惊疑的神情：难道如今这里还保留着如此野蛮不人道的风俗？停了一会儿，这位导游员接着说：

"不过，这位姑娘是用塑料制作的。"

游客们恍然大悟。

恰到好处的停顿，能使后续的话语产生惊人的效果。

4）表示强调的语气停顿。

美国的戴尔·卡耐基在《语言的突破》中叙述了林肯用停顿进行强调的经验：

"林肯在讲话时，经常说着说着就把话头从中间切断，每当他讲到重要地方，为了加深听众内心的印象，他就使出'切断话题'这一招，暂时沉默一下，凝视听众的眼睛。为了使自己的内容和意义能深深刻在听众的心里，唯一能使他达到这一目的的，就是他所具备的沉默，因为沉默加强了他说话的力量。"

尽管这是关于演讲的经验之谈，但对导游讲解同样有着重要的借鉴作用。导游员讲解时注意停顿，可以使语言变得流畅而有节奏，收到"大珠小珠落玉盘"的效果。

总之，该快则快，该慢则慢，快慢结合，徐疾有致，当停则要停；声音要抑扬顿挫，高低搭配，有起有伏使声音有所变化，并富有感情色彩，要有音乐般的节奏感。但不能矫揉造作，哗众取宠或故作高深。如此，定会使导游语言生动，吸引游者，收到意想不到的效果。

4.2 导游服务语言的技巧

4.2.1 语言畅达，措辞准确

流畅通达的口语讲解，使旅游者能够听清、听懂并领会导游词的内容及用意。因此必须语气衔接自然、词语搭配得当、遣词造句准确，如行云流水，令人清爽舒服。有些导游词要一气呵成，达到不假思索、脱口而出的程度。切勿用空洞的套话、华而不实的描绘、不伦不类的比喻，因为这会使游客厌烦。因此，精确地选用词语，进而连贯地表达意思，是导游语言美的一个重要方面，也是导游语言组织能力的一种体现。使用导游语言时，还应注意语言表现对象与语言环境的统一，使语言表达更适应环境气氛的需要，更具有表现力。

4.2.2 运用生动的语言

生动是导游语言艺术性和趣味性的具体体现，旅游需要轻松愉快、活泼有趣的氛围。语言要生动，就要避免平铺直叙，做到言之有神、言之有趣。

首先，导游员要具备相应的专业知识和相关知识，如旅游资源、历史、地理、美学、心理学，等等，做到景观的讲解内容充实、妙趣横生，满足游客在旅游过程中求知的心理需求。

其次，导游员可以运用多种修辞手法，使导游语言富于美感。

最后，巧用神话传说和历史故事。动人的神话传说不仅能使游客受到启迪和教育，也会给景观增添神秘的色彩，并增强自然景观和人文景观的美感。故事传说往往寄托着劳动人民美好的愿望，"活化"了自然景观，使游客不仅产生情感上的共鸣和联想，而且也从中得到美的享受。生动的导游语言是相互表达和交流思想感情的重要手段，也是导游员最重要的基本功之一。通过导游员的讲解，祖国的大好河山由"静态"变为"动态"，沉睡了千年的文物古迹死而复生，给游客留下难忘的印象。

4.2.3 运用多种讲解方法

一个优秀的导游员会在导游讲解的过程中针对不同的景观运用各种讲解方法，把游客吸引在自己周围。最常用的讲解方法有描绘法、引用法、类比法、问答法、制造悬念法等。导游通过悬念的制造，使游客主动参与到旅游活动中来。旅游是"花钱买经历"的消费，经历的获得如果没有游客主体的亲身参与，将不会留下生动而深刻的印象。导游讲解的方法种类繁多，导游在学习众家之长的同时，必须结合自己的特点融会贯通，在实践中形成自己的风格特点，才能取得理想的导游效果。

4.2.4 语气文雅，合乎礼仪

提倡礼貌用语，说话讲究文明，这是各行各业尤其是服务性行业职业道德的重要内容之一。导游语言应当合乎礼仪，如果语言不美、说话粗鲁，会直接影响游客的情绪，甚至引起误解、争吵乃至斗殴。文雅、谦逊的语言也表现了一个人的气质和修养，彬彬有礼的导游语言会使游客产生一种信任感和亲切感，有利于相互间沟通和增进友谊。

总之，灵活、幽默、富于联想的导游语言能激发游兴；真挚、适时、方法多样的导游语言能"助燃"游兴；而生动、形象、别具一格的导游语言能增添游兴。所以，运用导游语言艺术能激发旅游者的热情，使之积极参与游览活动，从而获得审美享受。

4.3 导游服务常用语示例

4.3.1 欢迎词

见到客人后，导游员要以热情洋溢的语言欢迎客人的光临，以期为游客留下良好的第一印象。接团时欢迎词要多讲一些，大致包括以下几个部分：表示欢迎、自我介绍、表达愿望、希望合作、预祝愉快等。

如在济南接团，欢迎词如下：

各位游客朋友们：

大家好！欢迎大家来济南参观游览。刚下火车，旅途奔波，大家辛苦了。我谨代表我们阳光旅行社的全体工作人员，对各位团友的到来表示热烈的欢迎。

首先我想让大家认识一下我、司机师傅和旗帜。我就是本团的导游，姓宋名××，名字不好记，让大家费神了。这位司机师傅呢，他姓×，×师傅是我们社里资格最老、技术最娴熟的一位老司机。我们坐他的车是安全又快速。大家这两天的济南之旅，就由我和×师傅来陪伴大家。大家如果有什么要求或建议就尽管提出，我们会本着合理而又可能的原则来满足大家。

俗话说得好："百年修得同船渡。"今天我们同坐一辆车是我们的缘分，希望大家能珍惜这个缘分，相互照顾，相互配合。也希望我的讲解能令各位满意，并预祝各位朋友能在济南吃得满意、住得舒服、玩得开心，能在济南留下一段美丽的回忆。

如果是景点的欢迎词，可以简单一些，包括对客人的到来表示欢迎、简单的自我介绍、表达热情服务的愿望、预祝游览愉快等。如：

女士们、先生们：

大家好！欢迎大家来柳埠旅游！

首先允许我自我介绍一下，我叫×××，是四门塔风景区的导游员，今天就由我来陪同各位游览四门塔。我愿意为您提供热情服务，大家有什么要求尽管向我提出。预祝大家旅行愉快！

4.3.2　欢送词

游览结束，导游要向游客致欢送词，以加深感情，获得锦上添花的效果。致欢送词要语气真挚、富有感情。

如果是在济南送团，欢送词如下：

女士们，先生们：

我们现在乘车前往济南遥墙国际机场，很快就要分手了！中国有句俗话："见时容易别时难。"在此即将告别之际，更加让我感到友谊情深、难舍难分啊！

我们这个旅行团，在济南逗留了两天。时间虽然有限，但我们的日程安排既紧凑、又丰富。我们游览了天下第一泉趵突泉、泉城明珠大明湖、泉城南部屏风千佛山、全国四大名刹之首的灵岩寺等，观赏了捏面人、制陶器等表演，品尝了糖醋黄河鲤鱼、九转大肠等名菜佳肴及风味小吃，购买了木鱼石、鲁锦等地方特色浓郁的旅游纪念品，可谓既饱眼福又饱口福，高兴而来、满载而归！

我们这次济南之行，可以说是一次顺利的、愉快的旅游！这次旅行能取得成功，是全体团友和领队大力协作、共同努力的结果！我和司机师傅对各位的热情合作与帮助，在此表示衷心的感谢！

各位团友，近年来济南市旅游业突飞猛进，取得了较大发展。但在接待服务等方面，可能存在一些不尽如人意的地方。如果有这种情况的话，请各位留下宝贵意见，以利我们改进工作，将来更好地为大家服务。

好了，机场马上就要到了，我和司机师傅最后祝大家旅途顺利！

如果是某个景点的导游讲解，欢送词可以进一步简化。如红叶谷景点导游的欢送词：

各位团友，今天我们的游览到这里就结束了。感谢大家的支持与合作！欢迎大家再来红叶谷参观游览，祝大家一路顺风！再见！

4.3.3　问候语

旅游接待服务人员在工作区域遇到客人时，应主动与客人打招呼并礼貌问候。能否灵活地运用问候语，是检验旅游从业人员语言沟通与交际能力高低的一个重要依据。

问候语是指在接待宾客时根据不同的对象、时间、地点所使用的规范化问候用语。

（1）初次见面时，首先用"您好"，欢迎语再跟上，如"欢迎到中国来""欢迎参加我们旅行团"等。

（2）一天中不同时间段分别用"早上好""中午好""晚上好"等问候语问候客人。

（3）节日问候语有"祝您新年快乐""节日愉快"等。

（4）表示祝贺的问候语有"祝您生意兴隆""祝你们演出成功"等。

（5）祝福问候语有"祝您生日快乐""祝您健康长寿"等。

（6）表示关切的问候语有"您现在好点了吗""您太劳累了，要注意休息"等。

（7）表示安慰的问候语有"您别着急""放宽心，一切都会好起来的"等。

（8）服务工作中的问候语通常用"您需要帮忙吗""您有什么需要"等。

4.3.4　应答语

旅游从业人员，在接待服务工作中经常要回答客人提出的各种问题。如何巧妙作答、让客人满意，里面既包含礼貌规范的要求，同时又反映出员工的语言表达技巧，不同的问题需要用不同的表达方式去回答。应答用语特指用来回应他人的召唤或是在答复他人询问时所使用的专门用语。有三类：

第一类，肯定式应答用语：它主要用来答复客人的请求。一般不允许对客人说一个"不"字，更不允许对其置之不理。肯定式应答用语有："是的""好""随时为您效劳""很高兴能为您服务""我知道了""好的""我明白您的意思""一定照办""我会努力去做的"等。

第二类，谦恭式应答用语：一般用在他人对我们提供的服务表示满意，或对我们进行口头表扬、感谢时。主要有："这是我的荣幸""请不必客气""您太客气了""过奖了""这是我们应该做的"等。

第三类，谅解式应答用语：在游客因故向自己致歉时，应及时予以接受，并表示必要的谅解，如："没有关系""不必放在心上""我不会介意的"等。

具体示例如下：

（1）对前来问讯的客人，在客人开口之前，应面带微笑，倾身向前的同时主动说："您好，我能为您做什么？"

（2）接受客人吩咐时，应说："好，明白了！"

（3）没听清或没听懂客人的问话时，应说："对不起，麻烦您，请您再说一遍。"

（4）不能立即明确回答客人问话时，应说："对不起，请稍等一下。"

（5）对等候的客人应该说："对不起，让您久等了。"

（6）当客人表示感谢时，应说："别客气，这是我应该做的。"

（7）当客人因误解而致歉时，应诚恳地说："没关系，这算不了什么。"

（8）当受到客人的赞扬时，应说："谢谢，您过奖了。"

（9）当客人提出无理或过分的要求时，应该说："很抱歉，我们没有这种做法。"或者是满怀遗憾地说："哎呀，我也特想满足您的这种要求，但是我不能这么做。"

4.3.5 请托语

（1）标准式请托用语："请稍等""请让一下""请您抓紧时间，闭馆时间到了""请您随我参观"等。

（2）求助式请托用语："劳驾""拜托""打扰""借光""请关照"等。

4.3.6 致谢语

（1）标准式致谢用语："谢谢""谢谢您"。

（2）加强式致谢用语："十分感谢""万分感谢""多谢"等。

（3）体贴式致谢用语："有劳您了""让您费心了""上次给您添了不少麻烦"等。

4.3.7 征询语

征询用语，也叫询问用语。在主动提供服务时，或了解他人需求时，或给予他人选择时，或启发他人思路时，或征求他人意见时使用。

（1）主动式征询用语。

- 您需要帮助吗？
- 我能为您做点儿什么吗？
- 您需要什么？

（2）开放式征询用语。

您需要预订飞机票还是火车票？

（3）封闭式征询用语。

- 您觉得这件东西怎么样？
- 您不想要一杯果汁吗？
- 您是不是想先来试一试？
- 您不介意我来帮助您吧？

4.3.8 赞美语

赞赏用语主要用于对他人的肯定，讲究的是少而精和恰到好处。

（1）评价式赞美用语：多为及时的正面评价，例如："太好了""真不错""对极了""相当棒"等。

（2）认可式赞美用语：当他人发表了见解后，需要由我们对其是非直接做出评判。当对方的见解正确时，我们应做出认可："还是你在行""您的观点非常正确""你考虑问题真是周到"等。

（3）回应式赞美用语：当我们被他人夸奖称赞时，我们可以说："哪里有您说得那么好""您过奖了""哪里，我做得不像您说的那么好"等。

4.3.9　推托语

拒绝别人也是一门艺术。在导游工作中，有时也需要拒绝游客的不合理要求，此时必须语言得体，态度友好，不能直言"不知道""做不到""不归我管""问别人去"等。我们可以选择以下三种形式的推托用语，根据不同的情况也可以交叉使用。

（1）道歉式的推托用语。在客人的要求难以被立即满足的情况下，不妨直接向对方表示自己的歉疚之意，以求得到对方的谅解。如："实在抱歉，我们暂时还没有办法做到您要求的那样。""对不起！您的要（需）求已经超出我们服务的范围，不过，我们将及时向有关部门反映，予以解决。"

（2）转移式的推托用语。指在可以缓解的前提下，不具体纠缠于客人所提的某一具体问题，而是主动提出另外一件事情或建议，以转移对方的注意。例如："这件其实跟您刚才想要的差不多。""您过会儿再来找他，也许他就回来了。"

（3）解释式的推托用语。推托客人时，说明具体的缘由，尽可能让对方觉得自己的推托合情合理。如："今年，我们都经历了大雪纷飞的日子，路面积雪结冰，危险重重，所以×××取消。"

4.4　导游服务忌语

在服务中，我们必须杜绝以下四类"服务忌语"：

（1）不尊重之语。如在面对残疾人时，切忌使用"残废""瞎子""聋子"等词。对体胖之人的"肥"、个矮之人的"矮"，都不应当直言不讳。

（2）不友好之语，即不够友善甚至满怀敌意的语言。

（3）不耐烦之语。在服务工作中要表现出应有的热情与足够的耐心，要努力做到：有问必答，答必尽心；百问不烦，百答不厌；不分对象，始终如一。假如使用了不耐烦之语，不论自己的初衷是什么，都是不对的。

（4）不客气之语。如在劝阻服务对象不要动手乱摸乱碰时，不能够说"别乱动""弄坏了你得赔"之类的话。

五、我学会了什么

本章我们了解了导游语言要求正确、清楚、自然，导游员讲解时要用适度、优美的语音、语调，利用好停顿保持适当的语言节奏，使自己的导游语言具有吸引力。同时要掌握导游服务常用语，如欢迎语、欢送语、问候语、请托语、应答语、致谢语、征询语、赞美语、服务忌语、推托语等，以强化导游语言的基本技能。

六、互动地带

1. 某法国旅游团中国之行的最后一站为广州。某日清晨 8 时，旅游团全体成员已在汽车上就座，准备离开饭店前往机场出境。地陪小李从饭店外匆匆赶来，上车后清点完人数，再向全陪了解了全团行李情况（全陪告诉小李全团行李一共 28 件，已与领队、饭店行李员交接过）。小李再次清点人数后，就请司机开车，随即讲了以下一段话：

"女士们、先生们，早上好！

"我们全团 27 人都已到齐。好，现在我们去机场。这次中国之行我们先后游览了西安、北京、上海、桂林及广州，大家玩得还尽兴吗？俗话说'天下没有不散的筵席'，转眼间朋友们即将踏上归程，虽然我们相处的时间不长，但彼此已结下深厚的友谊。这一回我们是'新知'，下一次就应该是'故友'了。期盼各位能再次光临中国，再来我市旅游，届时也希望我能再次成为大家的导游。在此分别之际，我为大家唱一支歌，歌名为《朋友》，愿我们永远是朋友！（唱歌）……女士们、先生们，机场到了。我因为马上要赶往海口接另外一个旅游团，就先和大家告别了，现在请下车。"

引导游客下车后，地陪小李与旅游团成员一一握手告别，便踏上旅游车赶往海口。

讨论与思考：请运用导游用语的相关知识，分析地陪小李这一段话的不足之处。

2. 如某游团原计划自武汉飞往深圳，因未订上机票只能改乘火车，游客对此意见很大，很是生气。你会如何劝说游客使其平息怒火？

七、复习思考题

1. 导游语言要求有哪些？
2. 导游语言怎样保持适当的语言节奏？
3. 导游语言怎样才能达到自然？

八、实训练习与操作

假设有一兄弟院校参观团来学校参观，你作为一名学生导游，如何引导他们参观校园？如何设计欢迎词、欢送词？请与同学分组加以训练，然后将自己的导游词录下来，进行自我批评或互评。

实训目标：掌握导游用语使用要求和技巧，能够使用规范、自然的导游用语进行引导，学会拟写欢迎词、欢送词。

实训内容与要求：请与同学分组加以模拟训练，然后对自己的导游词进行录音。

实训成果与检测：学生互评，教师总结并讲评。

九、岗位显身手

跨出校门的导游员小徐带了一个旅游团。上车后他就认真地讲解了起来。他讲这个城市的历史、地理、政治、经济、一些独特的风俗习惯。然而，游客对他认真的讲解似乎并无多大兴趣，不但没有报以热烈的掌声，坐在车子最后两排的游客，反而津津乐道于自己的话题，互相间谈得非常起劲。小徐心里很不好受。

请你给小徐提一些建议，怎么去面对这种状况，如何解决？请进行模拟演练。

第11章 物业服务用语

一、我要学什么

1. 了解物业服务用语的意义；
2. 掌握物业服务用语要求和规范。

二、我要达到的目标

能够熟练运用物业服务用语解决各种工作中的实际问题。

三、课前脑运动

请列举物业服务规范用语。

四、涨知识

物业管理人员不仅是单纯地管理物业，更主要的还是要与人打交道——在物业管理中，需要与业主和租用人打交道，需要与内部各类管理人员打交道，需要与各个相关部门打交道。在打交道中，主要靠有效的语言来沟通感情、传递信息，这就要求物业管理人员思维敏捷、逻辑性强，并善于表达自己的意图和意向。

4.1 物业服务用语的意义

服务用语在物业管理行业中是用来完善接待业主、做好物业服务工作及营建和谐社区的重要手段。规范服务用语、讲究语言艺术，能给物业管理人员与业主沟通和处理好日常工作带来许多方便，也是营建和谐社区的基础，同时也能树立物业管理企业的良好公众形象。请看下面案例：

例1：某一服务人员要出电梯时，对站在自己前面的业主说："走开，我要出去。"

例2：一位业主到客服部来报修，客服部的一服务人员正有事，就对住户说："没看见我在忙着?"

例3：一服务人员接到业主打来的电话："喂，有什么事，找谁?"

以上这些典型的不规范服务用语，造成业主对物业管理公司服务不满意，这将会大大损害公司在业主心目中的形象。不妨修改为：

例1："先生/小姐，我已到了，请让一下。"

例2："先生/小姐，您请稍等，我马上给您安排。"

例3："您好! 我是客服部，请问有什么需要帮助?"

这样的物业管理服务用语，不仅让业主听着舒服，也显得服务人员热情、周到。一方面业主得到了应有的尊重，另一方面也体现了物业管理企业的服务意愿。

不规范的物业服务用语，将会给物业管理企业带来不良影响和巨大的无形损失。在日常工作中，有一些物业服务人员说话不假思索，一些服务人员甚至将不好的口头禅也带到工作中来，引起业主的反感或误解，无意中惹怒了业主，失去了业主的支持。

其实，由于物业管理行业的特点，要做到让业主100%满意是比较困难的。但只要你的服务能赢得一个顾客的满意、感动一个顾客，就将收到一传十、十传百的效果，就能使物业管理企业在业主心中树立起良好形象。反之，如果物业服务人员因为不规范的服务用语惹怒了业主，那后果可想而知。

在物业管理工作中应使用规范化的语言，讲究语言艺术，给业主营造一个和谐、心情舒畅的氛围。要做到这一点，就必须以顾客心理为基础，以语言艺术为载体，做到言之有理、言之有度、真诚耐心，这会给物业服务工作带来意想不到的效益。

4.2 物业服务用语的要求

4.2.1 注重针对性

在物业管理服务中，服务人员所接触的人群在职业、年龄、语言习惯等方面有很大的差别，物业服务人员在使用服务用语时，一定要注意针对性。例如，对办事老练的人，说话一定要谨慎，避免出现语言差错而贻笑大方；对性格豪放、粗犷的人，说话一定要坦诚、爽快，这样才比较容易沟通；对知识渊博的人，说话要含蓄、文雅、谦虚好学，这样才能赢得对方的尊重。当然，在物业管理服务的过程中，服务用语的使用也应注意因人而定，注重场合，才能达到更好的效果。

4.2.2 尊重业主的生活习俗

趋吉避凶是所有中国人的传统心理，所以，在物业管理服务过程中，服务语言的使用也一定要尊重业主的生活习俗，注意其生活禁忌。特别是在业主装修开工和搬家的时候，服务用语的选择更是十分重要，物业服务人员一定要多说些吉祥话，如"开工大吉""恭喜发财"等。此外，使用物业管理服务语言，关键是能够给业主一个好的心情，营造一个和谐的氛围，不激化矛盾，维护与业主之间的良好关系。其实，不管身处物业管理企业的哪个岗位，使用好服务用语都非常重要。不能规范物业服务用语的人员，就不能算是一个合格的物业服务人员。

4.2.3 注意语音、语调、语速

加强物业服务语言规范化、提高物业服务人员的语言水平和语言修养，需要一个长期的过程，必须经过严格的培训。但是，如果物业服务人员能够注意服务语言的语音、语调和语速，做到吐字清晰，便能够收到立竿见影的效果。事实上，注意语音、语调和语速也是使用规范化物业服务语言的一项重要内容。例如"请您稍等"这句服务语言，"请您"的语调要稍重一些，"稍等"的语调要稍轻一些，这样就能显得礼貌亲切，反之则令人感觉生硬。在说出物业服务用语时，如果语气缓慢柔和，就能体现出服务人员的耐心诚恳；反之，则会显露出急躁、厌烦的心理。

服务人员如果吐字不清、问话含糊，也不能达到良好的沟通效果。例如，如果"你要什么"被业主听成"你叫什么"，而且让不知所措的业主把自己名字报上，那么业主一定会尴尬不已。所以，物业服务人员要说好普通话，运用好语言和面部表情，用微笑的服务传递情感，以优雅的体态和最佳的精神去感染业主，给业主带来好心情。只有这样，物业服务的整体质量才会提高，业主才会有宾至如归的感觉，业主对物业管理企业的满意度才会提高。

4.3 物业管理服务用语规范

4.3.1 物业管理警卫服务用语

（1）检查业主顾客的证件时，应先向被检人敬礼，然后说："您好！请您出示证件。"如被检人出示证件，查实后，应示谢意："谢谢您的合作。"如被检人不愿出示证件，应说："对不起，这是公司规定，请您配合我的工作。"如被检人忘了带证件而急需进入小区，应说："请稍候，让我请示一下好吗？"

（2）检查车辆时，应用标准手势动作示意车辆停下来，上前敬礼。外来车辆、营运车辆应发"车辆临时出入卡"，并向被查人交代有关事项，然后用标准手势指引车辆进入。

（3）当遇到业主有事咨询时，不要躲避业主的询问，而应主动热情地打招呼，敬礼问好："您好，我能帮您做点什么吗？"业主询问的事情，如果你很清楚，应详细回答；若遇不知道、不清楚的事情，应向业主致歉："对不起，您问的事情我不是很清楚，如果时间允

许的话，我可以向同事请教，然后再转告您，可以吗？"注意不要生硬地拒绝顾客，以"不知道""不清楚"作回答，或不懂装懂、模棱两可、胡乱作答。

（4）当遇业主携带物品时，应主动上前，在不脱岗的情况下，帮助业主拿物品。如果需要离开岗位一段时间，应向业主致歉："实在对不起，工作时间不能脱离岗位，我只能帮您一小段路程。"千万记住，业主也是常人，不会苛求刁难，物业管理警卫不要脱离岗位刻意去帮助业主，但是可以呼叫巡岗帮忙。

（5）当遇业主从岗亭经过，应热情打招呼。如果业主外出，应说："××先生/小姐，请慢走。"如果是业主返回，应说："××先生/小姐，您回来啦！"当然招呼语很多，我们不要死板地只讲上两句，要随时适人、适景地和业主打招呼。

（6）当发现有车辆违章停放时，应礼貌说明，并引导其到指定位置停好车。具体示范如下：

- 先生/小姐，对不起，请您按位泊车。
- 请不要将车停在人行道。
- 请不要将车停在绿化地。
- 请不要将车停在路口。
- ××先生/小姐，您好！请泊这个车位。
- 请您往后（或前、左、右）。
- 请您关好门窗，带走贵重物品。
- 谢谢您。

4.3.2　物业管理员接打电话用语

（1）接听电话时。

"您好！"（内线）

"您好！安佳物业管理公司。"（外线）

"请问您贵姓？"

"请问有什么可以帮您的吗？"

"谢谢，再见。"

- 听不清对方说的话时——

"对不起，先生/小姐，您刚才讲的问题我没有听清楚，请您重复一遍好吗？"

"先生/小姐，您还有别的事吗？"

"对不起，先生/小姐，我把您刚才说的再重复一遍，您看妥不妥当？"

"您能听清楚吗？"

- 当对方要找的人不在时——

"对不起，他（她）不在，有什么事需要我转告他（她）吗？"

（2）打出电话时。

"先生/小姐，您好！我是安佳物业管理公司，麻烦您找一下王先生/小姐。"

● 当要找的人不在时——

"您能替我转告他（她）吗？"

"谢谢您，再见。"

4.3.3 物业管理的其他服务用语

（1）处理业主投诉时的规范用语。

遇到业主向你投诉时，不允许有不耐烦的表现，应细心聆听，并认真做好投诉的内容记录。尤其是投诉本部门的，应向其道歉，并把投诉及时反映给部门领导。具体范例如下：

● 处理用户电话投诉时的规范用语：

"先生/小姐，您好！安佳物业管理公司。"

" 请问您是哪家公司？"

"先生/小姐，您贵姓？"

"请告诉我详情，好吗？"

"对不起，先生/小姐，我立即处理这个问题，一周内给您回复（时间视情况而定）。请问怎样与您联系？"

"您放心，我们会立即采取措施，让您满意。"

"很抱歉，给您添麻烦了。"

"谢谢您的意见。"

● 处理用户来访投诉时的规范用语：

"先生/小姐，您好！请问我能帮您什么吗？"

"先生/小姐，请问您贵姓？"

"您能把详细的事情告诉我吗？"

"对不起，给您添麻烦了。"

● 如职权或能力不能解决时——

"对不起，先生/小姐，您反映的问题由于……（说明理由）暂时无法解决，我会把您的情况向公司领导反映，尽快给您一个满意的答复。"

● 当投诉不能立即处理时——

"对不起，让您久等了，我会马上把您的意见反馈到有关部门处理，大约在三天内（时间）给您一个答复，请您放心！"

● 属于投诉本公司其他部门时——

应先向业主致歉："对不起，我们的工作做得不够，我会将您的意见反映到××部门的。"

（2）处理业主室内工程报修时的规范用语。

对业主的话要全神贯注、用心倾听，眼睛要望着业主的面部，但不要死盯着业主；要等到业主把话说完，不要打断业主的谈话，业主和你谈话时，不要有任何不耐烦的表示；要放下手中的工作，眼望着对方，面带笑容，要有反应；不要心不在焉，左顾右盼、漫不经心、不理不睬，有没听清楚的地方要礼貌地请业主重复一遍。具体如下：

"您好，服务中心。请问您室内哪里要维修？"

"您可以留下您的姓名和联络电话，以方便维修吗？"

"谢谢您的合作，我们将尽快派人替您维修，大约在10分钟内给您答复。"

（3）收、催管理费时的规范用语。

收、催管理费的情况发生时，业主的态度较敏感，工作人员尤其要讲究说话技巧。

● 收管理费时——

"先生/小姐，您好，请问您是交管理费吗？请问您的房号是多少？"

"收您1 000元，找回20元（或1 000元收齐）。"

"这是您的发票，请保管好。"

"谢谢您，再见。"

● 用户电话咨询管理费时——

"先生/小姐，您好，请问有什么可以帮忙的吗？"

"请稍等，我帮您查一下。"

"贵公司（单元）5月的管理费800元，电费300元，维修费60元，租金300元，共计1 460元。您打算现在来交款吗？"

"一会儿见。"

● 催收管理费时——

"先生/小姐，您好！"

"贵公司（单元）7月份的管理费还没有交。我们已于31日发出了《催款通知》，想必您已经收到了，现在再提醒您一下：按管理公约，管理费应在当月15日之前缴纳，逾期管理公司将按每天1‰计收滞纳金。"

"为了避免增加您不必要的支出，希望您尽快来交款。"

"请问您什么时候过来交费？如果是汇款没到，可以先把汇款单复印或传真给我们。"

"谢谢，再见。"

（4）纠正违章施工时的规范用语。

纠正业主违章施工，不仅要向业主说清物业管理的有关规定，以理服人，而且还要注意方法，以情动人。这样才能真正说服业主配合物业管理公司做好管理工作。具体范例如下：

"先生，您好！请您拿出出入证让我看一下。"

"请您将出入证佩戴在左胸前，以便检查登记。"

"王先生，您好！请您到服务中心办理大厦出入证，无出入证不能在大厦内施工，请您办好证再施工。"

"王先生，您好！施工场地禁止吸烟，请您将烟熄灭，否则我公司将不得不执行有关违约处罚规定。请您自觉遵守大厦有关施工安全的管理规定。"

"王先生，您好！办公时间施工不能使用冲击钻、电锯、电刨等有较大噪声的电机具，以免影响周围用户办公。请您改在非办公时间使用。"

"王先生，您好！请您不要乱接电线，以免发生危险。"

"王先生，您好！收工清场时，请您将用剩的油漆等危险品带离大厦。离开前，请将室内的电源总阀拉下，以确保安全。"

"谢谢您的合作！"

（5）对业主室内二次装修进行验收时的规范用语。

"您好！我是管理公司工程部的，您申报的室内装修验收，现在进行验收方便吗？"

"王先生/小姐，经过检查，发现贵公司的装修工程存在违章改煤气管道的问题，请您通知承建商三日之内整改，然后通知工程部复验。有关事项我公司将会发一份整改通知给您。"

"王先生/小姐，经过检查，贵公司装修工程基本符合要求，但尚欠××单据及文件，请您尽快将其交到管理公司。"

"王先生/小姐，经过检查，贵公司装修工程基本符合要求，我们将在两周内电话通知您来办理退还装修保证金。"

"谢谢您，再见。"

（6）与业主进行日常交谈时的规范用语。

● 当业主正在交谈，物业管理人员有急事要找他（她）时——

"先生/小姐，打扰一下，可以吗？"

● 业主问你不清楚的事时——

"对不起，待我向有关部门了解清楚再答复您，好吗？"

● 请业主做某件事情——

"可否请您5分钟后再来，先生/小姐？"

● 被业主呼唤进入房间，到达在门口时——

"我是物业管理人员，请问有什么事需要帮忙？"

● 当业主无事纠缠你时——

"实在对不起，如果没有什么事的话，我还要干别的工作，请原谅。"

● 因物业的设备问题，致使业主受伤时——

"××先生/小姐，很抱歉，由于我们工作疏忽，使你蒙受伤痛，请原谅。"

"现在好些了吗？请好好休息，有什么事情需要我们的话，请告知，我们随时乐意服务，祝您早日康复。"

● 让业主等待时——

"对不起，让您久等了。"

● 当业主制造麻烦，影响物业管理人员正常工作，该人员需将问题转给别人处理时——

"××先生/小姐，如果您能到右侧的办公室去，我想我们的经理会帮助您的。"

● 没有听清业主的话时——

"对不起，我没听清您的话，请您再说一遍好吗？"

五、我学会了什么

本章明确了物业服务用语的重要意义、物业服务用语的注意事项，介绍了物业服务用语具体的表达技巧。我们在物业工作实践中要牢记物业服务语言的要求，灵活运用物业管理场合中常见的服务用语。

六、互动地带

某小区物业服务中心维修班小黄接到报修电话，业主张小姐说家中厨房小阳台地漏冒水。小黄马上带着设备在 5 分钟内赶到了业主家。此时张小姐家的厨房小阳台已积了 1 寸①多深的污水。小黄试图用吸泵抽通地漏，但效果不佳，地面污水不见减少。小黄满脸歉意地对业主说："对不起，小姐，这个地漏堵得很死，吸泵无法通开，必须用机器才能打通，但按规定要收取 30 元的费用。"张小姐马上表示不同意："我家洗衣机这几天都没用过，不可能是我家地漏堵了，一定是楼下水管的事，没有道理让我家付钱。"小黄耐心地向她解释相关规定，但是张小姐很不高兴，马上拨通了物业服务中心的电话，投诉维修工不想干活，胡乱收取费用。

讨论与思考：如果你是小黄，你该怎样委婉有效地沟通？

七、复习思考题

1. 物业服务用语有什么重要意义？
2. 物业服务用语的注意事项有哪些？
3. 介绍你所掌握的物业服务用语具体的表达技巧。

八、实训练习与操作

维修工修完后不收拾现场就走了，到处乱七八糟，脏东西到处都是。业主大妈怒气冲冲地找你来投诉，你该怎样运用语言技巧解决问题？和同学讨论讨论。

实训目标：掌握物业服务用语规范及表达技巧，提升解决实际问题的能力。

实训内容与要求：根据情境，学生分组模拟表演。要求在沟通过程中，态度温和真诚，有耐心；并能运用规范的物业服务用语解决问题。

实训成果与检测：学生分组表演，教师评测并做总结指导。

九、岗位显身手

自己选择某一物业服务方分组演练接听物业服务投诉电话。

---

① 1 寸 ≈ 0.033 米。

第 12 章　幼儿教师工作用语

一、我要学什么

1. 学习幼儿教师教学口语、教育口语；
2. 学习与幼儿及家长沟通技巧。

二、我要达到的目标

1. 熟练运用教学口语、教育口语，进行幼儿教学教育工作；
2. 掌握与幼儿及家长沟通的语言技巧。

三、课前脑运动

浚浚是一个可爱的小男孩儿，家里人很是宠爱。不过最近段时间，他出现了喜欢咬人的现象，今天在和琪琪争抢椅子的时候又咬了小朋友。你认为怎样和家长沟通让家长了解小朋友在幼儿园的表现。

四、涨知识

幼儿教师职业口语是幼儿教师面向幼儿传授知识、培养能力时最重要的手段，是教师和幼儿之间沟通的桥梁。

正如教育家苏霍姆林斯基所说"老师的语言修养决定学生在课堂上脑力劳动的效率"，幼儿教师职业口语艺术的高低，直接影响着教师教书、育人质量的优劣。

幼儿教师口语还必须用标准的普通话表达。国家推广全国通用的普通话，学前教育是推广普通话中不可忽视的一个重要阵地。人类学习母语的研究表明 3~6 岁的幼儿正处在语言学习的敏感期或关键期，特别是语音发展的敏感期。这一时期的幼儿语言模仿能力强，他们的发音器官达到灵敏的极限，耳朵能辨别语音语调上的细微差别，口舌能准确地模仿各种声音。教师应抓住幼儿语言发展的这个关键期的有利时机，言传身教，运用标准的普通话进行教育教学，使幼儿在耳濡目染中自觉而牢固地掌握普通话。

4.1　教学口语

教学口语是幼儿教师从事教学活动时所使用的职业口语，也就是幼儿教师在教学过程中"传道、授业、解惑"的工作用语。

教学活动是幼儿教师职业活动的主要内容，掌握教学口语表达的技能和技巧既是教师必备的基本功，也是提高教学能力的重要途径之一。

4.1.1　教学口语的特点

（1）规范性，是指教师应当运用符合现代汉语语音、词汇、语法等各方面标准的普通话进行教学活动。在语音方面，教师要使用符合普通话的标准发音，做到发音清楚、吐字准确，不使用方言，不念错字。在词汇方面，不使用方言词，不生造词汇，也要慎重使用尚不稳定的"新词"，如不说"这个地掌儿"（这个地方），"看清亮"（看清楚）等普通话中没有的词汇，尽量少使用像"很酷""帅呆了"等新词。在语法方面，力求避免句子成分搭配不当、语句不通等不规范现象。教师经常读错字音、说话语病较多、口头禅泛滥，天长日久，就会对幼儿产生消极影响，因而幼儿教师口语应当首先体现规范性特点。

（2）启发性，是指教师的语言能够引导幼儿积极思考并让他有所领悟。例如：

几个男孩在搭建高速公路。教师开着车停下来问："我的车在哪里交费？""对不起，还没建好呢，请过一会儿再来！"……教师注意到他们只搭了两条同向通行的车道，于是又问："回来时我从哪里走？"孩子们一看不对劲儿。"哎呀！对面来的车要是也从这儿过，不是要撞上了吗！赶快在旁边搭条反向的车道吧。"可是，建筑区已经没有地方了。孩子们你看我，我看你，不知如何是好。教师在旁边出了一个主意："有没有什么资料可以查一查啊！"一句话提醒了他们。一位小朋友从一幅公路图片上受到启发："我们可以像搭立交桥似的，一个立体双层公路收费站！"

在事例中，教师发现了幼儿游戏中存在的问题，就通过提出"我的车在哪里交费？""回来时我从哪里走？"的问题，提出了具有挑战性、能引发幼儿新旧经验之间冲突的问题，引导幼儿意识到问题之所在。再通过提醒和点拨提供了解决问题的线索，有效地启发幼儿自己想出解决问题的办法：就是搭一个立体双层公路收费站。

（3）趣味性，是指教师的语言应当能够激发幼儿的兴趣，把幼儿的潜在的学习积极性充分地调动起来，使他们在愉快的气氛中自觉、主动地学习。优秀的教师非常重视运用极富情趣的语言来唤起幼儿的兴趣。他们善于从幼儿活动的实际出发，或借助谜语、儿歌、故事、游戏，或利用教具、动作、表情等辅助手段，使活动充满乐趣，从而有效地激发幼儿的活动兴趣。

语调抑扬顿挫富于音乐性，面部表情丰富，能以眼神吸引幼儿，以手势帮助说话，使活动像蜜一样"黏"住幼儿的心，这样的教学活动必定能收到良好的教学效果。例如：

在一次语言活动中，教师让中班的幼儿进行故事表演《微笑》，给他们戴上事先准备好的头饰。幼儿很兴奋，随着音乐，扮演起了各种小动物。一会儿，有些幼儿就忘记了自己的任务，其中一个扮演小蚂蚁的小朋友在一旁玩起了其他的东西。教师看到了，她大声地对其他小朋友说："小伙伴们，小蚂蚁迷路了，哪个小动物愿意做好事帮他找回自己的同伴们，把微笑留给他？"其他小朋友听了，都纷纷过去帮他找到自己的同伴，并使他重新进入了角色中。

（4）生活性，是指幼儿教师在组织幼儿活动时应当较多使用常用的、非概念化的日常生活交际语言。脱离幼儿已有生活经验和幼儿生活实际的抽象概念和语言，是幼儿无法理解和掌握的。例如：

教师要求幼儿给桌上的不同形状的插塑分类时，使用"下面请小朋友送三角形的插塑回家，送正方形的插塑回家"，远比使用"下面请小朋友按形状给这些插塑分类"效果好。

"送……回家"是幼儿经常可以听到的生活语言，而"形状…分类"是比较抽象的概念，它们在幼儿日常交际中很少接触到，所以幼儿理解起来比较困难，而用"送……回家"，这类生活化的语言，幼儿就很容易理解和操作。

（5）激励性，是指教师通过肯定、赞许、表扬和鼓动等方式激发、鼓励幼儿不断进取的特性。例如：

在小班的科学课《排排队——做彩链》上，教师要引导幼儿发现实物排列的简单规律，即一大一小或一红一绿等，培养幼儿的观察和动手能力。教师特意戴了一条美丽的项链，请幼儿观看，并启发幼儿发现美丽的项链是由两种颜色的珠子有序排列的。教师再示范穿一串项链，让幼儿知道美丽的项链是怎样做出来。

教师在指导幼儿自己动手做自己喜爱的项链或手链时，不断地鼓励幼儿"一大一小真漂亮"，"一红一白真好看""穿得真快，项链要做成了""不要着急，你穿得很准确"等。在教师的不断激励下，幼儿顺利地完成了任务。最后教师又引导幼儿将自己的制作的彩链戴在身上，互相欣赏。通过教师的激励，幼儿主动、顺利地完成了教学任务。

此外，教师口语的语言水平和认知水平，应当比幼儿现有的语言水平和认知水平略高。只有这样，教师的语言才有可能引导幼儿语言不断向更高水平发展，进而促使幼儿认知水平的提高。

4.1.2　不同学科领域教学口语的个性差异

不同学科领域的教学口语既有较强的一致性，又有相对的差异性。我们根据幼儿园教学的实际情况，分三个方面来说明不同领域教学口语的个性特征。

4.1.2.1　健康、艺术领域教学口语的个性特征

健康课要让幼儿在具体的活动中养成积极的心理素质、良好的生活习惯；艺术课则要使

幼儿在音乐、美术活动中发现并喜爱生活和艺术中的美，激发他们表现美和创造美的情趣和能力。这两类课程具有较强的实践性，其教学用语往往是伴随着各种技能、技巧的实际训练同时进行的。为使幼儿能准确无误地进行技能训练，较快地掌握各种技能和技巧，该类教学口语往往带有较强的提示性和演示性的特征。

（1）用语提示性。

幼儿教师在指导学生进行技能训练时，多使用提示性口语。或提示技能和动作的要领，或提示训练中应注意的事项等。使用提示性口语的目的是突出教学的重点、难点，让学生把握技能训练的要领，因此教师的提示用语要力求做到准确简洁、要言不烦，避免啰嗦絮叨、不得要领。

（2）富于演示性。

教师在指导学生演练某种技能时，经常采用边讲解边示范（即演示）的方式，使二者密切配合，融为一体。演示性教学口语充分利用了视觉（看演示）和听觉（听讲解）的互补作用，对学生迅速掌握行为或动作要领，有较强的指导作用。例如中班健康领域《刷牙》的教学活动过程是这样的：

第一步，组织幼儿观看动画片《老虎拔牙》，知道牙齿对我们人体健康的重要性。

第二步，引导幼儿看书：《刷牙》，讨论正确的刷牙方法。小朋友，宝宝在干什么？是什么时间？宝宝是怎样刷牙的？你平时是这样做的吗？你会刷牙吗？请幼儿结合自己的实际情况畅所欲言。

第三步，教师出示牙齿模型和牙膏、牙刷、牙缸等实物，一边示范一边讲解刷牙的方法：拿好牙刷，挤上牙膏，将口杯盛满温水。然后将牙刷放在口中，顺着牙齿上、下、里、外一下一下仔细地刷牙，最后用水漱口。

第四步，幼儿练习刷牙，教师逐一指导。提示：刷牙时先要做什么，然后干什么，最后做什么？同时纠正不正确的姿势和方法。

第五步，教师教唱《刷牙歌》。歌词是：小牙刷，手中拿，顺着牙缝上下刷，里里外外都刷刷，刷得满嘴白花花。大家夸我讲卫生。哈哈！笑一笑，露出一口小白牙。

通过教师的演示，幼儿学会了刷牙，并掌握了刷牙的正确方法。因而我们说演示性在教学中有较强的指导作用。

4.1.2.2　社会、语言领域教学口语的个性特征

社会课要努力提高幼儿的社会认知、丰富幼儿的社会情感；语言课则不仅培养幼儿的语言交流能力、理解能力，还要结合具体的读说、背诵来增进幼儿的文化素养。这些领域的教学不仅有着突出的教育功能，还应具有较强的感染力，教学口语要注重形象性和情感性。

（1）用语形象性。

幼儿思维的具体形象性特点，决定了他们更容易理解和接受直观、生动、具体的教育内容，特别是对观念的感知和理解，更需要借用于形象。因此，幼儿教师必须善于运用语言创造直观形象，来帮助幼儿理解和感知各种抽象事物、词语、概念等。

（2）富于情感性。

情感性就是教师的语言应当充满感情色彩。在幼儿教育过程中，教师主要任务不仅仅是传递现成的知识，更主要的是通过与幼儿之间的接触，交流情感，达到幼儿与教师、与环境中的其他对象之间的互动，丰富幼儿自身的生活经验和学习经验。教师富有情感性的语言能够拨动幼儿的心弦，引起他们内心世界的共鸣，激发他们对幼儿园生活和学习的兴趣。

例如大班语言活动《萤火虫》是这样开始的：

小朋友们，老师给你们讲一个故事。一天，小白兔去采蘑菇，在回来的路上天黑了，小白兔找不到家了，急得哭了起来。几只萤火虫飞过来了，对小白兔说："别着急，我们来帮助你。"说着，他们把身后的小灯点得更亮了，很快地帮助小白兔找到了家。小朋友想一想，萤火虫身后那个发光的东西，真的是灯吗？它为什么会发光呢？好，今天啊，我们一起来认识萤火虫。

教师运用一个故事作为开场白，极富情感的话语首先唤起了幼儿的同情心，使孩子们为小白兔的不幸遭遇产生了深深的忧虑。同时形象的语言又激发了幼儿的兴趣，使他们将注意力集中在"身后有个小亮点"的萤火虫身上，也愿意积极思考，想弄清楚"那个发光的东西"是不是"灯"。这样教师就可以成功地带领幼儿在充满想象、轻松愉快的气氛中学习了。

4.1.2.3　科学领域教学口语的个性特征

科学课教学侧重在具体可感的活动中指导幼儿认识客观事物的形态、特征及其规律，同时也担负着培养和发展幼儿逻辑思维能力的特殊任务，因此科学课教学口语在形象生动之外，更加具有准确性和逻辑性的特征。

（1）用语准确性。

准确性，是指教师要用规范的语言传达真实、正确、可靠的知识。幼儿园科学领域的教学内容看起来比较简单，但并不是说教师的教学语言就可以比较随意。教师要用准确的语言引导幼儿认识客观事物，感受事物的数量关系。同时在具体活动中培养幼儿细致敏锐的观察力，形象生动的表达力以及较强的动手操作能力。

（2）富于逻辑性。

语言的逻辑性，指的是教师在使用语言时必须使其内容符合事物的客观规律。幼儿思维尚处在初级发展阶段，他们理解和掌握的许多概念基本上是一种日常概念，对科学概念的理解还有一定的困难，但这并不意味着教师就可以不注意自己的语言逻辑和事物的科学规律。相反，教师在使用语言时注意内容的科学性和表述的逻辑性，有利于幼儿掌握正确的信息，促进幼儿逻辑思维的发展。例如：

在一次小班的活动中，教师发现一个小朋友将教师事先准备好的空心纸棒放到嘴边说话，便对其他幼儿说："刚才老师看见金一冰小朋友把小嘴巴对准纸棒在说话呢，现在我想请你们每一个人找一个好朋友，一个对着纸棒说话，另一个用小耳朵听，听见你的好朋友说的话了吗？"幼儿纷纷抢着回答……教师小结："这个长长的、圆圆的、空心的纸棒，可以把我们说的话传出来，我们给它起一个名字，叫传声筒。"

教师在这里给"传声筒"是一个日常概念。对传声筒日常概念的使用和解释，为幼儿以后学习其他相关科学概念有一定的促进作用。

4.1.3　教学口语的要求

4.1.3.1　对口语质量的要求

幼儿教师的教学口语不仅应是标准的普通话，还应当是高质量的话语，其基本要求是：

（1）发音准确规范，口齿清楚利索，不说错字、别字，不带方言方音，"不出现吃字""丢音"等现象。

（2）语速适中，能根据表达的需要和幼儿的年龄特点，掌握用快速、中速、慢速以及匀速、变速进行教学的技巧。快速讲解时能保持流畅清楚，不"吃"字，不脱漏。慢速讲解时语流徐缓，声声入耳，娓娓道来，从容不迫，做到当快则快，当慢则慢，快慢适度，节奏感强。

（3）语调自然、优美、适度，会用声音高低升降、抑扬顿挫的变化表情达意，能掌握恰当运用平直调、高升调、曲折调、降抑调等各种调式技巧。

（4）用词朴素、恰当，语句通顺、自然，层次清晰。教师在与幼儿交谈时，其语言中的词汇和语言结构应当有所调整：句子不宜过长，复合句和并列句不宜过多，较多地使用一些名词、动词和形容词，语法和语义关系也应限定在一定的范围之内。

4.1.3.2　对心理素质的要求

幼儿教师良好的心理素质是课堂教学成功的重要基础。为使课堂教学保持一种良好的心理状态，幼儿教师应努力树立以下三种意识：

（1）自信意识。幼儿教师首先要树立信心，相信自己。有了信心，才能做到在教学过程中精神饱满、神情自若、思维敏捷，使口语表达处于最佳状态。树立自信意识的首要条件是充分备课，吃透教材；其次是了解幼儿，心中有数；再次是把握重点，熟悉难点。只有这样，才能形成胸有成竹、轻松自如的心境。

（2）吸引意识。幼儿教师在讲课时，必须要有一种强烈的潜在意识，就是怎样讲才能吸引幼儿，使幼儿对所讲内容有兴趣？为了充分调动幼儿的积极性，激发幼儿的学习兴趣，教师应从吐字归音、遣词造句、用语修辞等方面来探讨各种表达技巧，努力增强教学口语对幼儿的吸引力。

（3）反馈意识。教师在讲课中要时刻不忘观察幼儿的反应，及时从幼儿的面部表情、动作、眼神里捕捉反馈信息，并随时依据反馈信息适当因势利导，调整讲授内容和表达形式，努力实现教与学的和谐统一。

以上三种心理素质，都是幼儿教师运用教学口语时应具备的心理素质。

4.2 教学环节的口语训练

4.2.1 导入语训练

4.2.1.1 导入语的含义及作用

导入语是教师上课开始时所讲的与教学目标相关、能活跃气氛，激发学习欲望或引出新课的一席话，就是所谓的"开场白"。导入语设计得好，有助于创设最佳教学情境，引导幼儿尽快地进入教学状态。

4.2.1.2 导入语的形式

导入语的形式一般有激趣式、提问交流式、讲故事式、朗诵谜语式、实验式、教具演示式、情境式、机变式、游戏式等，其中很多方法经常综合运用。导入语要求语言简洁、生动、有童趣、富于启发性。

（1）激趣式：教师用富有探索性的语言直接调动幼儿的好奇心和学习兴趣。例如大班语言领域活动《反义词》：

小朋友，今天，老师准备了很多东西，我要请你们用耳朵听听，用嘴巴尝尝，用手捏捏，用手拎拎，还要仔细观察观察，你们就会发现许多小秘密，看看谁发现的秘密最多。

这段导入语教师为了激发幼儿的兴趣，用了"尝尝""捏捏""拎拎"等动词，充分调动了幼儿亲自实践的情绪。"小秘密"充满神秘的色彩，"老师究竟拿来了什么好东西呢？"幼儿不禁会去幻想，从而大大刺激幼儿的思维和兴奋点，使其跃跃欲试。这种方法教师在操作时通常要带有一种神秘感，注意表情、眼神、语气、体态的配合。

（2）提问交流式：教师通过提出与本课有关的问题来调动幼儿思维的积极性和主动性，起到快速开启、调动幼儿学习和发言的作用。例如中班社会领域活动《我们的节日》：

教师把班级布置得非常漂亮，放了欢快的背景音乐，为幼儿庆祝"六一"。

教师："小朋友们看看活动室有什么变化？"

幼儿："哈哈，大灯笼，大气球……"

幼儿："还有许多小动物都来了。"

幼儿："还有外国小朋友呢！！"

教师："为什么今天要把我们的班级打扮得这么漂亮呢？"

幼儿："今天是儿童节！"

教师："对，今天是'六一'国际儿童节，为什么叫'国际'儿童节呀？"

教师："因为儿童节是全世界小朋友的节日！你们快乐吗？"

这段导入语教师用直接提问的方式引导幼儿思考，同时和他们进行朋友式的交流，在交流中提出本课的主题，让幼儿情不自禁地进入了学习的状态。运用提问导入语时，问题要切合本课的中心，不能偏离主题，问题的提出要有针对性。

（3）讲故事式：从幼儿感兴趣的故事入手，给课堂创造一种轻松和谐的气氛。例如：小班社会领域活动《我学小猫来钓鱼》：

教师：有一天，小花猫和姐姐一块在河边钓鱼。忽然，飞来了一只小蜻蜓。小花猫想抓住它。可是，钓鱼竿刚一动，蜻蜓就飞走了。一会儿，又飞来一只蝴蝶。小花猫追了半天，也没抓住。姐姐一直坐着专心钓鱼，钓了一条又一条，小花猫一条也没钓到，急得直流汗。"我也要像姐姐那样专心钓鱼！"小花猫再也不东跑西颠了：蜻蜓来了，她不看；蝴蝶来了，她不瞧。"啊，我钓到大鱼了！"小朋友们，刚才我们画了这么多的鱼，现在想一想，小猫钓到鱼了吗？

这段导入语通过故事引入，让幼儿了解做事要坚持到底的道理。形象生动，活泼有趣，教师没有用太多的语言就激起了幼儿的学习兴趣。运用这种导入语时，教师选择或创编的故事一定要与所讲的内容有密切的联系，要直接能引出主题，同时篇幅不宜太长，因为幼儿注意力时间有限，教师切记不要为了开始的热闹场面而长篇大论，喧宾夺主。

（4）朗诵猜谜式：从幼儿喜欢的有音乐美、有节奏感的儿歌、儿童诗以及谜语入手，可以大大增强孩子的好奇心，训练其思维能力。这也是幼儿园教学导入语常用的方法之一。例如大班科学领域活动《看时钟》：

教师："会说没有嘴，会走没有腿，它会告诉你，什么时候起，什么时候睡。小朋友们，你们猜，老师给你们带来什么礼物了呀？"

幼儿："时钟！"

教师："小朋友们知道时钟是用来做什么的吗？"

幼儿："看时间！"

教师："没有时钟会怎么样呀？"

幼儿："妈妈上班会迟到！"

幼儿："就看不到动画片了。"

无论是谜语还是儿歌，或者儿童诗、绕口令都具有一定的节奏感和音乐美，是幼儿所喜爱的导入形式。这则谜语不仅能引发幼儿思考，提出本课的主题，同时还能丰富幼儿的语言，是幼儿教学导语常用的方式之一。这种导语运用时应注意选材的质量，内容要简单、押韵，朗朗上口，适合幼儿诵读。

（5）实验式：让幼儿亲自动手操作来发现问题，以此调动幼儿的学习兴趣。例如中班科学领域活动《什么沉、什么浮》：

教师："小朋友们，今天我们来做个小实验，好不好？"

幼儿："好！"

教师："请小朋友将充气玩具放进水中，看看有什么事情发生？"

幼儿："它不沉下去，总浮上来。"

教师："用力往水里按充气玩具，试试能不能让充气玩具沉在水里。"

幼儿："不能！"

教师："这是为什么？"

幼儿："有个力往上顶。"

教师："用手再按一按玩具，感受一下，这是一种什么力量？"

教师："这就是=水的浮力。"

实验式导入语在科学领域教学中常用，它能充分体现出幼儿参与活动的主动性。这个导入语通过让幼儿玩水中的玩具，促使幼儿亲自发现问题，激发其强烈的求知欲望。"为什么总按不下去呢？"这个问题，可以引领他们勇敢而兴致勃勃地探索下去。运用实验式导入语要注意幼儿的操作过程是否规范、安全。教师事先要讲明要求，实验过程不要过于复杂，必要时教师可以和幼儿共同参与，并随时指导。

（6）教具演示式：教师开始教学时，通过出示能够引起幼儿好奇心和兴奋点的教具，以达到调动幼儿学习积极性的目的。幼儿园教具包括：图片、手偶、玩具、实物、影音资料等。例如大班语言领域通话故事《快乐鸟》：

教师展示幼儿收集的鸟的图片，请幼儿互相进行介绍。

提问："这只鸟的名字叫什么？它有什么本领？"

小朋友："是啄木鸟，它会吃害虫。"等等。

教师播放几种鸟的录像，进一步引起幼儿的兴趣，丰富幼儿有关鸟类的知识。

教师："小鸟可爱吗？那今天老师就给小朋友讲一个小鸟的童话故事，名字叫《快乐鸟》"

这段导入语运用了图片和多媒体教具，体现了现代科技的妙处。对幼儿来说，这是新颖而逼真的。教师能组织幼儿课下搜集资料，既培养幼儿良好的认知方法，又促进了幼儿的参与意识，使幼儿在展示自己的成果之后，能饶有兴致地投入影音资料的观赏中，从而自然地引出主题。运用这种导入语时，教具必须与本课的主题切合。其制作一定要精致美观，有童趣，教师的解说也不可脱离教具。

（7）情境式：教师根据不同的教学内容，设置出不同的教学情境，使幼儿有身临其境的感觉，以激发学习的积极性。例如中班社会领域活动《夸夸我的家》：

教师以"记者"的身份进入活动室，引起幼儿活动兴趣。

"我是某某报社的记者，我听说中一班的小朋友正在开'好家庭展览会'，我想来采访你们，了解你们的好家庭，你们愿意介绍给我听吗？"

幼儿："愿意！"（争着回答）

这个导入语设计了记者访谈的情境，具有时代感和趣味性。教师的角色扮演更能使幼儿尽快进入思维状态，大胆发言，充分突出了教师课堂上的主导作用。运用情境导入语时教师设计的情境不能脱离幼儿生活实际，多选用他们已有的生活经验，或是他们感知过的情境，这样便于幼儿入境。

（8）游戏式：游戏导入语就是教师通过游戏活动激发幼儿的活动热情，引起幼儿注意，来导入新课的方法。例如社会领域活动《快乐的班级》：

师生共同玩游戏：老鹰捉小鸡，引导幼儿讨论。

教师："刚才玩游戏的时候，自己心情怎么样呀？"

幼儿："高兴！快乐！"

教师："如果你天天一个人，没有朋友，你会这么高兴吗？"

幼儿："我不会，我不高兴。"

教师："我和小朋友们一样，我一个人也不开心，我和你们在一起，我就感到非常幸福，因为我们有个快乐的班级。"

这是一个游戏和讨论相结合的导入语，教师以游戏人手，在孩子积极参与游戏活动后，趁热打铁，抓住有利时机进行引导，使孩子在快乐游戏后，感知到了快乐的源头——班级。从而训练了幼儿的情感表达。运用这种导入语在游戏前，要交代好游戏规则，避免造成混乱局面和意外伤害。

（9）机变式：有时在课堂教学之前突然出现或发生了有利于设计导入语的事件或情景，教师可注意抓住时机，即兴应变，充分利用，以调节幼儿学习新课的主动性和积极性。例如中班科学领域《雨的形成》：

教师上课前，窗外下起了毛毛细雨，教师便抓住时机。

教师："小朋友们看，天上飞下来了雨宝宝，你们知道小雨点是怎么飞到天上去的吗？今天我们就来学习雨的形成。"

这个导入语简洁明了，随机的教具，随机的语言，能在一瞬间内激发幼儿的求知欲。一边看着窗外的雨滴，一边听老师讲雨宝宝的形成，幼儿印象更加深刻。运用这种导入语时教师的应变要准确及时，语言组织要简洁，切合主题，不要给人以随便之感。

除了上面介绍的几种方式之外，常用的导入方式还有许多，例如知识导入式、表演导入式、魔术导入式等。而这些导入方式往往又是交叉进行的，比如游戏式和讨论式结合，实验式和提问式结合，故事式和情境式结合等。总之，导入语的方式不拘一格，但不管什么方式都是为了吸引幼儿的注意，激发幼儿的兴趣，启发幼儿的思考，使他们快乐的进入学习状态。

4.2.1.3 导入语设计的要求

（1）切题。导入语是为导入新课安排的，因此，必须从教学内容和教学对象的实际出发，防止离题千里、不知所云。

（2）求精。导入语是每节课的引语，它的目的是引出新课，它本身并非讲授的重点内容，因此，语言要力求精练、概括，点到为止，不可喧宾夺主。

（3）求巧。导入语需要简练而概括，但形式应该是丰富多彩的，不应千篇一律。导语要根据教学内容力求巧妙、新鲜，富有吸引力。

（4）设疑。好的导入语应能引起幼儿的思索，调动幼儿探求新知识的积极性，并能指引找到获得新知识的途径。

4.2.1.4 导入语训练

【训练一】仿说下面大班健康领域活动《我来帮助你》的导入语，可适当加入态势语。

小朋友们，今天老师得到一幅非常奇怪的挂图，你们看，挂图里哪些小朋友和我们一样呀？哪些小朋友和我们不一样？他们怎么了？哦，对，他们是残疾人，残疾人身体的某种器官出了毛病，生活上有很多不方便。比如：盲人的眼睛看不见；聋哑人耳朵听不见，不能讲话；还有的残疾人手畸形，不能用手做事；有的不能用双脚行走等。正是因为他们身体残疾，所以行动不便，生活困难。小朋友们，那你们说说我们应不应该帮助身体有残疾的人呀？我们应该怎样帮助他们呢？

【训练二】阅读下面的导入语，体会教师所用的导入语的形式及作用。

1. 中班艺术领域活动《猴子爬山（折纸）》：

教师边念儿歌，边操作折纸范例。

"小猴子，真淘气，花果山下爬山去，爬爬爬，爬爬爬，爬上山后笑嘻嘻。小猴子爬山好玩吗？你们想不想要一个这样的玩具？那小朋友想一想，这个小猴子爬山是怎么做的？"

2. 中班语言领域活动《门铃响了》：

教　师：小朋友们，你们家有门铃吗？

幼　儿：有。

教　师：门铃是怎么响的？

幼　儿："铃——铃"地响。

教　师：什么时候门铃会响？

幼　儿：来客人的时候就响。

幼　儿：爸爸回来就响。

教　师：门铃响了你会怎么做？

幼　儿：我会问谁呀？

教　师：哦，莎莎家也有门铃，这一天莎莎家的门铃响了好几次，到底发生了什么事呢？我们一起来听故事《门铃响了》。

3. 中班社会领域活动《我该怎么办》：

幼儿看情境表演，讨论、学习自我保护的方法。

教　师：有一天，兔妈妈带小兔白白到商店买衣服，商店里的东西可多了。兔妈妈只顾自己挑衣服，小兔白白一个人跑到卖玩具的地方，看了很长时间，等它想起妈妈的时候，妈妈已经不见了，白白哭了起来。这时，一只狐狸悄悄地走到白白身边说："你别哭，我认识你妈妈，你跟我走吧，我带你去找妈妈。"小朋友你们想一想，到底发生了什么事呀？

4.2.2　提问语训练

4.2.2.1　提问语的含义及作用

提问语是指教师根据教学目的要求和幼儿的实际情况提出问题，促进幼儿思考钻研，以加深理解教学内容的教学语言形式。其实在幼儿教学实际中，提问语贯穿于教学过程始终。无论是导入语、结束语还是讲授语，都可能有问题的参与。

4.2.2.2 提问语的形式

提问语一般可分为以下几种：

（1）填空式：就是把问话组织成像试题中的填空那样，然后依次发问。这种提问法，多是根据活动中的一些需要记忆的地方提出来的问题，又可称为重点式提问。通常需要记忆的知识也就是重点问题，所以根据教材中的教学重点提出明确的问题，这个问题弄清楚，本课的知识目标也就基本达到了。这种提问方式可以训练幼儿边看、边听、边记、边概括的能力。例如：

小花猫的耳朵什么形状呀？嘴边长了什么呀？小花猫走路什么样呀？

（2）过渡式：就是在教学中起承上启下的作用，通过这个问题，可以让幼儿发现更本质的问题，使幼儿有一个连贯的思维。例如：

教师出示"分享"两字。

教师："这两个字是什么字？"

幼儿："分享。"

教师："'分享'是什么意思？"

幼儿："和大家一起享受。"

教师："和别人一起分享的时候你有什么感觉？"

幼儿："高兴！"

教师："森林里的小动物也爱分享，听听他们分享什么了？"

教师和幼儿在一起听故事。

（3）选择式：是指用选择问句来提问的方式。对于某些最容易混淆、弄错的地方，运用选择式问法，要求在二者或数者之中选一个答案，能激发幼儿积极地思考和辨析。这种选择式问法，不仅缩小了问题的范围，使幼儿不致偏离中心，而且能使要辨析的难点更加明显、集中。例如：

3和3能组成6，还是能组成9呢？10个10是100呢，还是1 000呢？

（4）比较式：是指用比较的方法来提问。比较的方法很多，仅以科学领域教学而言，就有不同形状、重量、颜色的比较等。就比较的目的而言，既有不同点的比较，也有相同点的比较。在教学中经常运用这种提问的方法，有利于发展幼儿的求异思维和求同思维。例如：

教小朋友认识沙子，提问："沙子和土有什么区别？干沙子和湿沙子在堆小山时有什么不同呀？"

教小朋友认识表情，提问："小朋友们，你们在笑的时候，嘴有什么相同之处呀？哭的时候嘴有什么相同之处呀？"

（5）连环式：是指为了达到表达的目的而精心设计的环环相扣的一连串问题。这几个问题形成一个整体，几个问题都解决了，问题也就解决了。例如中班科学领域活动《认识8》：

教师出示小白兔7只，提问："有几只小白兔呀？"幼儿点数答7只；教师再出示小灰兔7只，提问："有几只小灰兔呀？"幼儿点数答7只，教师将小白兔和小灰兔一一对应贴好。提问："我添上一只小灰兔，7只添上1只是几只呀？"幼儿答7只添上1只是8只，教师明确："7添上1是8。"教师再问："小灰兔和小白兔谁多谁少呀？"幼儿答8比7多，7比8少。提问："怎样使小灰兔和小白兔一样多呀？"幼儿明确了添上一个和去掉一个的办法。

这五个问题，一环扣一环，成递进式排列。教学中的不少难点，要分步骤才能解答清楚，这时运用连环式提问法由浅入深，逐步引导，在问和答的间隙中为幼儿留下了更多的思考、理解的余地，便于幼儿逐步地消化所学的内容。

（6）信息反馈式：就是针对幼儿的学习效果提出的具体问题。这样的问题可以帮助教师明确幼儿对知识的掌握程度，以便于教师正确把握课堂教学的方式方法，必要时可随时做调整。这样的问题在幼儿园教学中必不可少。例如：

你们懂了吗？你们是怎么想的？你们是怎么做到的？

（7）错误诱导式：就是教师"明知故犯"，用错误的结论激发幼儿思考，从而发现正确答案的方式。例如：

我想爸爸妈妈不给我买玩具，我大哭大叫也没什么不好，我是小孩吗！你们说对吗？

（8）追本探源式：就是直接请幼儿回答问题产生的原因。例如：

为什么要有广告？

我们为什么要穿衣服？

课堂提问是引起幼儿反应，增强师生之间相互交流、相互作用的主要手段。幼儿园教学中常常采用提问的方法，启发幼儿思考，帮助幼儿在回答问题的过程中发展智力，培养口语表达能力。

提问语具有明确的目的性——紧扣授课中心，为完成教学任务服务；具有很强的针对性——针对幼儿的实际水平、年龄、心理特点、兴趣爱好；具有较强的启发性——启发幼儿去思考和探求，便于引起讨论；具有清晰的层次性——要环环相扣，第一个问题应该是第二个问题的基础；具有含蓄的提示性——问题以点拨为主，而且要点到为止。不能提出那些幼儿难于回答的问题、似是而非的问题或简单到只用"是""不是""好""不好""美""不美"就能回答的问题，句式要短，问题要落在实处。

4.2.2.3 提问语的要求

（1）选点准确。课堂提问要有明确的目的，它是教师在备课过程中紧紧围绕教学目的有准备、有顺序地认真设计的。提问要围绕教学的难点和重点来进行，问到点子上。

（2）启发智能。设计问题时，应注意做到把对幼儿智能的考查和训练融合为和谐统一的整体。教师的提问，既应当是对幼儿知识掌握程度、问题理解程度、思维敏捷程度的考查，又应特别注意通过提问启发幼儿的智能，强化对幼儿这方面能力的培养训练。

（3）难度适当。提出的问题应当有一定的难度，要设法把幼儿带入一个可以理解而又不是很容易理解，有障碍而又可以逾越的境界，形象地说，就是要"跳一跳，摘果子"。

（4）层层递进。设计提问，要由简到繁、由易到难、环环紧扣、层层递进。为此，教师要注意设计好问题的"坡度"，让幼儿回答问题像攀登阶梯一样，步步升高，让幼儿的思维也跟着"爬坡"。

4.2.2.4 提问语训练

【训练一】情境训练。

有位小朋友搞不清"昨天、今天、明天"的时间概念，说："明天老师教我跳了一个舞，今天我回家跳给爸爸妈妈看。"请你按照提问语的要求设计一些问题，帮他理清概念。

【训练二】用下列问句设计一组教学提问语。

1. 为什么……？ ……为什么？

2. 能……吗？ 有……吗？

3. 什么是……？ ……干什么（怎么样）？

4. ……这是真的吗？ ……这样做好吗？

【训练三】阅读下列提问语，体会教师所用提问语的形式及作用。

1. 教师："小朋友们，我的电动玩具不玩了，电池应该怎么办呢？谁能帮我想想？"

2. 教师："我看见你们把水分别滴到了面巾纸和牛皮纸上，谁能告诉我结果有什么不同吗？"

3. 教师发给每个小朋友一枚荔枝，然后问："你们看荔枝的外壳是什么颜色的？摸摸它，手上有什么感觉？是光滑的，还是粗糙的？现在剥开外壳，看看里面的果肉是什么颜色？放在嘴里吃它，感觉有什么味？吃完果肉以后要吐出里面的硬东西来。谁知道这又黑又硬的东西叫什么？

4. 一个幼儿拿三块积木搭了一个房子，想把他的橡皮泥小动物都装进房子里，可是房子太小怎么也装不下。教师走过来，对他说："你能不能把这三块积木换成更大一些的？……要不然，就再多加几块积木搭一个宽大些的房子，你看怎么样？"幼儿照教师说的两种方法都试了，果然成功了，他很高兴。

4.2.3 讲解语训练

4.2.3.1 讲解语的含义及作用

讲解语是教师讲述、阐释教学内容的一种教学用语。主要讲清"是什么""为什么""怎么做"等问题。讲解语应当准确明白、生动有趣、感情丰富。

4.2.3.2 讲解语的形式

在幼儿园教学中，讲解语的形式一般有独白讲述、提问点拨、归纳总结，有时也会交叉进行。

（1）独自讲述式：这种讲解语就是以教师独自表述为主，通过教师清晰准确的表达，使幼儿明确一个实验的操作过程，游戏的规则，活动的顺序等。例如：

大班科学领域"自然测量"活动中，教师要小朋友用冰棒棍为测量工具，测量桌子的边长有多少个冰棒棍长度。

教师：……量时，冰棒棍的一头要对齐桌子的边角，在冰棒棍的另一头用粉笔画一条短线作为记号，第二次量时要从记号开始接下去量。

这段讲解语教师都是以独自为主，表达自然准确，生动有趣，具体可感，幼儿能轻松地按要求完成。

（2）提问点拨式：就是教师通过提问，掌握幼儿的认知情况，然后对于幼儿难以理解的问题，点拨启发，使其茅塞顿开，找到答案。例如：

大班语言领域"小狗抬花轿"活动中，教师想让幼儿理解为什么用8只小狗抬轿。

教师：……平时都是人抬轿，今天可奇怪啦，花轿里坐了只大老虎，那么，会是谁来抬轿呢？教师出示8只小狗抬花轿的图片。

幼儿：小狗抬花轿。

教师：有几只小狗来抬花轿？

幼儿：8只小狗抬花轿。

教师：为什么要8只小狗来抬花轿？

幼儿：因为老虎又大又重，小狗太少抬不动。

教师：小朋友讲出了一个原因，还有一个原因老师来讲讲看，可能是这只老虎特别喜欢讲排场，让8只小狗来抬花轿显得它很有气派，看上去威风凛凛的，你们觉得我讲得有道理吗？

幼儿：有道理。

幼儿：过去的皇帝也是这样的。

教师：你讲得好极了。

教师在点拨式提问中发现他们的思维局限在表象上，所以教师引导幼儿分析她说的话，这是培养幼儿主动学习的手段之一，同时也培养了幼儿运用迁移知识的能力。

（3）归纳明确式：就是教师用简练精确的语言归纳出一段教学或一个问题的结论，明确其规律。例如：

大班数学领域"四等分"活动，教师将正方形的三种分法摆给幼儿看，然后请幼儿比较整体与部分的关系。

教师归纳：像这样把一个东西分成一样大的四份叫四等分，四等分后的每一份都是一样大的，而且每一部分都比原来的整体小，整体比部分大。

在这个教学的片段中，教师边演示边讲解，小结归纳了前面活动的知识点，为后面的活动奠定了基础，使幼儿在形象的讲解中明确了问题的根本。

幼儿园教学中的讲解语和其他年龄段的不同，由于教学对象的特殊性，其受年龄、注意力、心理特点的局限，因此要求教师在讲授时一定遵循幼儿的认知规律，要有层次感。一般以摆现象——提问题——讲原因（或道理）——谈结果的顺序完成，不可一味说教，寓教于乐的原则要体现始终。

4.2.3.3　讲解语的要求

（1）要深浅适度。幼儿理解能力有限，教师的讲解受幼儿独特的接受水平限制，所以教师的讲授语要深浅适度，过于复杂或成人化的语言会分散幼儿的注意力，使课堂气氛混乱。

（2）要生动有趣。教师的讲解语言应符合幼儿语言的发展水平，儿童色彩要浓厚些，复杂的问题用生动有趣、感情丰富的语言讲出来，易于让幼儿身临其境，取得好的教学效果。

（3）要连贯通畅。教师讲解语多由一个或几个语段组成，因而要求语句的组合要富有条理性、连贯性，符合一定的逻辑规律。如果说话颠三倒四，语无伦次，就会影响教学效果。

4.2.3.4　讲解语训练

【训练一】仿说《下雨前》的讲解语。

表演故事《下雨前》，要求幼儿讲述下雨前蜻蜓、青蛙、小鱼、蚂蚁的活动变化。然后讲解为什么会有这些变化。

教师：下雨前，蜻蜓飞得很低，这是为什么呢？因为下雨前空气潮湿，小虫子的翅膀沾了水，飞不高。蜻蜓要捉虫子吃，所以飞得很低……

下雨前青蛙唱得特别欢，这是为什么？这是因为这时候空气潮湿，青蛙觉得舒服，特别高兴，所以比平常唱得欢……

小鱼为什么游出水面呢？因为这时水底闷得难受，小鱼只好游出水面来透气……

蚂蚁为什么忙着搬家呢？下雨的时候，雨水从山坡上冲下来，会把蚂蚁的房子冲垮，所以赶在下雨前往山坡上搬家。

【训练二】阅读下面的讲解语，体会其形式及作用。

（1）教师：钟和手表都是计时工具，它可以告诉人们，现在是什么时间了，应该干什么事情了；它可以帮助人们形成良好的生活习惯，钟是人类的好朋友。小朋友认识了钟，可以按时起床，按时上幼儿园。老师可以根据钟上的时间按时上课，按时做游戏，按时让小朋友吃午饭，钟的用处可大啦。

（2）教师：真正的花仙子老师也没有看见过，但老师想，花仙子肯定长得很美丽。她的头、眼睛、嘴都是由各种不同形状的花组成的，而且花仙子很神奇，她能飞起来，她想飞到哪儿就飞到哪儿；想要什么地方的花开，什么地方的花就开。这么神奇、美丽的花仙子你能把她画下来吗？

【训练三】设计讲解语。

（1）用归纳明确式讲解玻璃制品或塑料制品。

（2）用独白讲述式讲解元宵节的主要习俗或属相的由来。

（3）设计一段讲解语，讲解清楚上下、左右、里外等方位概念。

4.2.4　过渡语训练

4.2.4.1　过渡语含义及作用

过渡语是教学环节间起连接、过渡作用的话。恰当运用过渡语可以使讲课内容层次分明，连接紧密，这对吸引幼儿注意力、发展他们的思维能力能起到促进作用。

幼儿教学中的过渡语要简短、黏连、藏而不露，常常是一个词语、一句问话或一个感叹、一个要求。例如大班语言领域活动《学表情》：

讲课前幼儿集体观看"大头儿子的故事"，里面表现了大头儿子的哭、笑、急、怒、惊讶等多种表情的变化……

教师：过去，你们都哭过吗？

教师：说说看，你是为什么哭的？

幼儿：妈妈不给买玩具。

幼儿：刚上幼儿园的时候哭。

幼儿：老师批评我的时候哭……

教师：你是怎么哭的？要求幼儿用恰当的词句描述哭的表情，如，闭着眼睛哭，哇哇大哭，伤心地哭，难过地哭……

教师肯定：哭的时候，眼角朝下，嘴角也向下。小朋友说得真好。谁能学一学大头儿子是怎样哭的？

教师：这个大头儿子哭得真伤心，他为什么哭呀？启发幼儿可以任意推测。

教师：我们看见小朋友哭了应该怎么办？

在这段教学中，画横线的是过渡语，它连接了小朋友哭的共性特征和大头儿子哭的原因，从而分析小朋友爱哭的原因和哭的坏处，来帮助爱哭的小朋友改正这一缺点。这样使幼儿对表情的表象认识上升到理性认识的高度，可以培养幼儿良好的心性。

4.2.4.2　过渡语训练

【训练一】仿说下面过渡语。

教师：刚才，我们小朋友帮小动物将窗纸进行了四等分，并给小动物贴好了，可有时小动物还要对其他材料和物品进行四等分，它们不知道怎么办？小朋友还愿不愿意帮助它们？

教师拿出特殊材料。这里就是小动物平时遇到的难题，我们小朋友再来试一试，帮小动物想想四等分的方法，好吗？

【训练二】设计过渡语。

（1）先做"沉水"实验，再讲沉水原理，中间应怎样过渡连接？讲完"沉"的原理，接着做"浮"的实验，应怎样过渡？然后又讲"浮"的原理，应怎样过渡？

（2）教师讲解科学领域《红黄蓝》，帮助小朋友认识红、黄、蓝三原色后，引导小朋友做染纸的游戏，应该怎样过渡？

4.2.5　应变语训练

4.2.5.1　应变语的含义及作用

应变语就是教师在教学中，巧妙处理突发情况时使用的应急性教学口语。在一般情况下，教学都能按原计划进行，然而由于对幼儿情况估计不足或教师个人某个方面的原因，难免会出现一些意外情况。例如，课堂中幼儿突然提出了一个教师自己未曾考虑过的新问题；或者课堂上幼儿争相如厕、互相打小报告等，造成混乱局面；或教师对某个问题的讲解幼儿有非常明确的否定意见。这就需要教师在突发事件面前沉着冷静地分析情况，然后从容不迫地迅速组织语言，使问题得到妥善解决。应变能力是每位教师都应具备的教学基本能力之一。

4.2.5.2　应变语的形式

（1）因势利导法

因势利导法是教师顺着突发事件加以引导的应变方法。这种方法可以使教师在教学发生意外时，能迅速变被动为主动，同时由于是针对当时具体的情况作出的应变，幼儿听讲兴趣高，注意力集中，如果处理得当，授课效果甚至比正常授课还要好。例如：

教师正在教儿歌，一只大蜻蜓飞进了教室，孩子们顿时兴奋地拍手喊起来："大头青！大头青！抓住！抓住！"教师认为，这是向孩子们进行保护益虫教育的好机会，就悄悄地走到蜻蜓落脚的地方，一把抓住了大蜻蜓。教师边走边说："大蜻蜓，绿眼睛，飞来飞去捉蚊蝇……"孩子们坐到自己位置上安静了。

教师："小朋友，大蜻蜓是害虫还是益虫呢？""是益虫。""为什么？""因为它能捉苍蝇蚊子。""咱们是把大蜻蜓用线拴上，在教室里玩，还是把它放掉呢？"孩子们异口同声地说："放掉它！放掉它！""好吧，老师请一位小朋友来放蜻蜓。"孩子们争着举起小手，教师把第一个发现蜻蜓又大声叫喊的幼儿请了出来。这个"蜻蜓迷"很正经地走到老师面前，用小手轻轻地捏住蜻蜓的翅膀，站到窗口说："大蜻蜓，你飞吧！飞吧！飞吧！"孩子们一起喊起来。蜻蜓飞走了，教室安静了。教师继续教儿歌。

（2）将错就错法

在教学中教师遇到自己发生疏漏或错误时，不要回避或紧张，而要冷静地将错就错，妙语补失，从容地改正错误并推导出正确的答案。将错就错的应变语，可以使失误化险为夷，不露痕迹，不影响正常的课堂气氛。例如：

教师教学时不小心把贴绒小燕子碰掉了，孩子们立刻发出"咦……"的声音，有的还大声喊："小燕子飞下来了！"教师一点不慌，灵机一动，对孩子们说："你们数一数，几个小燕子落下来了？还有几个在黑板上贴着？一共有几个小燕子？"

（3）自然转移法

教学中，有时幼儿会提出一些老师不便回答或不能回答的问题，那么老师可以用转移话题的办法来摆脱困难。例如：

一个小朋友突然问未婚的女老师，你的宝宝是男孩还是女孩呀，老师说："你们都是我的宝宝，那请宝宝们告诉我，你们谁是男孩谁是女孩呀？"。

4.2.5.3　应变语的要求

（1）求实坦诚。应变语是幼儿教师机智、幽默的教学风格，求实的教学态度的体现，是老师启发幼儿思维、激发幼儿求知欲的重要手段之一。为提高应变语的表达效果，教师必须本着对幼儿坦诚相待的态度，实事求是地组织应变语。

（2）从容镇定。教学中的突然情况是各种各样的，应变语应因时、因事而异，但无论在什么情况下，教师都要从容镇定，沉着冷静，针对具体情况迅速做出判断，拿出措施，以保证教学的顺利进行。切不可慌乱无措，甚至心烦气躁，这样会给幼儿带来不良的影响。

（3）和蔼可亲。突发事件的发生，难免会造成教师心里的不悦，但教师要始终保持和蔼可亲的态度，不能因某个孩子的一句冒失话，转变本来的亲切面容，变得冷若冰霜，打消孩子的积极性。

4.2.5.4 应变语训练

【训练一】假如你在教学时，突然两个孩子吵架了，一个哇哇大哭，你该如何应变？

【训练二】如果你在提问时，有孩子所答非所问，你该如何应变？

【训练三】你忘了关手机，正在讲课时，突然手机响了，你该如何应变？

4.2.6 评价语训练

4.2.6.1 评价语的含义及作用

评价语是指对幼儿的思想行为或目前的发展状况，通过褒贬形式所作的总结和评判。它告诉幼儿什么是好，什么是坏；什么是对的，什么是错的；怎样做能成功，怎样做就会失败等。评价语可以激发幼儿学习的积极性，培养他们良好的品质。

4.2.6.2 评价语的形式

（1）对学习习惯或表现进行评价。例如：

你今天有进步。

你坐得很稳，真像人们说的坐如钟，站如松。

大家听讲非常专心。

看小朋友多认真！

你能坚持到底，真是好孩子！

（2）对幼儿认识和理解水平进行评价。例如：

冬冬说得很对，让我们给他拍拍手。

你们以前不喜欢猫头鹰，现在知道它能保护庄稼，是益鸟，就喜欢猫头鹰了。你们现在的想法非常好，我真为你们高兴！

明明观察得真仔细，知道蚯蚓只有一个头。

小朋友的本领真大，很快就把一首好听的诗歌编好了，老师把你们编的诗歌读一下，大家听听我读错没有？

（3）对幼儿学习兴趣和能力进行评价。例如：

好，这次你成功了，祝贺你！

你取得了好成绩，老师送你一朵小花！

这次你没有作对，下次努力！

（4）对不良言行的评价。例如：

笑笑这样做会使老师不高兴的。

小白兔不喜欢丽丽这样做，他喜欢和有礼貌的孩子交朋友。

4.2.6.3　评价语的要求

实事求是。教师对幼儿的评价要真实可信，不能虚夸，更不应因主观喜好而无故否定，要一视同仁。

情理交融。无论是作肯定、赞扬、鼓励的评价，还是作否定、批评、纠正的评价，都要抓住关键，用语贴切中肯，语气亲切感人，语调自然平缓。

批评适度。评价语要以肯定为主，从而激发幼儿的进取精神，如果必须批评时，切记把握好尺度，不要过严，话语要温柔和气，要让幼儿乐于接受，避免产生挫折感和愤怒情绪。

4.2.6.4　评价语训练

【训练一】仿说下面评价语。

教师：小朋友们最近学了一首儿歌《小动物唱歌》，你们听我说得对吗？

教师有意说错儿歌，小丽说"不对"。

教师评价：小丽很爱学习，她把这首儿歌都背下来了，所以能知道我的错误。她还很勇敢，敢给老师挑错，好，这种精神值得大家学习，让我们给她鼓鼓掌！

【训练二】分析下面的评价语正确与否，如不正确怎样改正？

教师指导幼儿做"蚂蚁搬家"的游戏时，有的小朋友能按要求完成，有的不能，教师说："小冬、小力，你看你们动作那么慢，像两只笨狗熊一样，让你拿颗豆再跑回来，怎么总不记得呢，笨死了！那几个小朋友，东瞧西望干什么呢？就没见过像你们这么笨的孩子！"

【训练三】设计评价语。

1. 两个幼儿学做手指操动作，一个做得又快又好，另一个却怎么也学不会。对这两个幼儿，你怎样评价？请设计两则评价语。

2. 教师同大班小朋友谈理想，小朋友说长大以后做科学家、工程师、大经理、飞行员、老师……教师认为他们都很有理想，对此应怎样评价？

3. 教师请一个幼儿到货架上摆3个盘子，再请一个幼儿到货架上摆2个盘子。教师提问："谁会把这两个小朋友做的事说出来？"小明勇敢地举手，说得准确流畅。请你说几句评价的话。教师又请小朋友根据上述的情境编一道加法题，有的小朋友编得快而正确，有的编得虽快却不正确，有的编得又慢又不正确，对这三种情况，你怎样评价？

4.2.7　结束语训练

明代文学家谢榛在谈及文章的开头和结尾时说："起句当如爆竹，骤想易彻；结句当为撞钟，清香有余。"实际上，我们讲课也如写文章一样，要注意章法。一堂课的结束，应如深山古刹的钟声，余音缭绕，不绝于耳，给人以悠远绵长的感觉。

4.2.7.1　结束语的含义及作用

结束语又简称结语，就是指教学将要结束时，教师引导幼儿对所学的知识与技能进行及时的总结、巩固、扩展与迁移时所用的教学语言。

一个巧妙的结束语，能够让幼儿更加清楚明白地掌握所学的知识和技能，加深他们的感受，巩固他们的记忆；一个精当的结束语还能够开启幼儿的智慧之门，激发他们将知识拓展延伸到更加广阔的生活中，启发他们的思维，开阔他们的视野。

结束语要概括、精当、简练。说时要把语速放慢些，语气肯定，语调要有侧重，表达出强调的语意来。

4.2.7.2　结束语的形式

（1）画龙点睛式。抓住重点，点出要害，在轻松愉快的教学中把感性认识向理性认识推进一步。例如大班语言领域《小树叶》：

教师启发幼儿从小树叶舍己救人和助人为乐的行为上试着去产生另一种情感体验，在小朋友发言后，教师不失时机地进行教育。

教师：对呀，小树叶有一颗善良的心，它助人为乐，舍己救人的行为让我们感到骄傲。我们小朋友也要学习小树叶的这种助人为乐的精神。

这个结束语教师从现象说到本质，把小树叶的精神升华了，从而激发幼儿的崇敬之感，培养了幼儿向上的意志和助人为乐的精神，是"点睛"之语。

（2）归纳总结式。教学结束，把内容作简单的、概括性的归纳总结，便于幼儿提高认识、加强记忆。例如大班科学领域活动《十二生肖》：

教师：生肖一共有十二种，同一年出生的人生肖相同，生肖十二年循环一次。

这段总结语表达得清晰准确，简洁明了，内容紧紧抓住教学的重点，概括说明了十二生肖的种类，归纳总结了本课的重点和难点。

（3）指导活动式。教学过程中，幼儿活动不是作为教学的尾声，而往往是作为高潮出现，是以活动或游戏的方式总结巩固教学内容，这样处理，更能给幼儿意犹未尽的感觉，让幼儿在快乐中结束学习。例如大班科学领域活动《学习倒顺数》：

教师结尾组织"庆丰收活动"。

教师：小朋友真能干，每人都摘到了一只又圆又大的苹果，这里就有两棵苹果树，我们一起用胸前的苹果挂件来打扮它好吗？但是有一个小小的条件，就是每个小朋友去找一位老师，她们会出一道题目考考你，答对的小朋友就可以和老师一起来装扮果园了。

在这段结束语中教师把总结本课的知识重点与游戏活动结合起来，幼儿在活动中既愉悦了身心，又巩固了所学的内容，加深了记忆，这实际上是举一反三，触类旁通的原则体现。

（4）发散延伸式。新课结尾处留下问题，引发思考。这类结束语，可激发幼儿的探索欲望，培养幼儿的探索精神，让幼儿从小就养成爱动脑的好习惯。例如大班科学领域活动《四等分》：

教师：小朋友真了不起，不仅给小动物贴好了窗纸，而且还给这么多种材料、物品想了好多好多种四等分的方法，小动物知道了一定很高兴。现在我们一起到外面去找找看，还有哪些东西也是可以四等分的，再想想该怎么分，然后将方法都去告诉小动物，好吗？

在这段结束语中，教师把知识点引申到课外，激发了幼儿的探索兴趣，同时也为幼儿树立了钻研科学知识的决心。

延伸式的结束语在任何一个年龄段的教学都适用，因为它能拓展幼儿的思维空间，把有限的课堂延伸到无限的大千世界，丰富幼儿的视野。

（5）过渡衔接式。总结本节课引出下节课。例如小班健康领域《小马运粮》：

结束时，教师：今天咱们玩了"小马运粮"游戏，学会怎么助跑、跨跳。下次咱们再玩"追尾巴"游戏，练习在指定地点散开跑。小朋友喜欢玩吗？好，我们下节课再玩。

再如中班科学领域活动《物体有轻重》：

结束时，教师：要知道物体有多轻、有多重，还可以称量一下，光凭眼睛是看不出来的。那么用什么来称量物体的轻与重呢？下次活动老师就和小朋友一起探讨这个问题。

（6）行为评价式。以评价幼儿学习行为结束本节课。例如：

今天小朋友画得都很好，也很专心，相信你们下次一定会比今天更好！

4.2.7.3　结束语的要求

（1）突出要点：结束语是一节或一个教学环节结束时要说的话。目的在于归纳总结所授内容，巩固和强化教学效果，所以内容要重点突出，表述要简练、概括、精当。

（2）语速适度：结束语表述时语速要稳，语气要有感情，不能因时间有限而忙于表述、草草收场，也不能为拖延时间而长篇大论。语气要肯定，语调要有侧重，表达出强调的语意来。

4.2.7.4　结束语训练

【训练一】仿说下面结束语。

教师：好。大家说得都很好。现在我把你们说的写下来，作为倡议书，念给全国的小朋友听好不好？

幼儿：好。

教师：（念）全国的小朋友们：你们好！

今天我们认识了水的特性，知道了水的许多用途。我们吃的是水，喝的是水，用的还是水，没有水，我们就不能生活了。可是，我们国家水并不多，很多地方的人喝不上水，庄稼都干死了，我们很心疼。从今天起，我们要节约用水，不浪费一滴水，让所有的人都喝上水，让庄稼喝饱水，快快长。也希望全国的小朋友都来节约用水。

幼儿：好！热烈鼓掌。

教师：举起"倡议书"，在《让我们荡起双桨》的歌曲声中结束。

【训练二】阅读下列结束语，体会其形式及作用。

1. 虽然小朋友不识很多字，但是我们认识了这些标志符号，知道了符号所表示的含义，这样我们在马路上行走或者在公共场所时，我们就知道应该做什么和怎样做了。我们大家都要学会自觉遵守社会规则。

2. 中班艺术领域活动"花儿朵朵开"（线描画）结束时，教师："春天到了，花园里的花都开了，红的、黄的、粉的、白的、五颜六色真漂亮，蝴蝶、蜜蜂经不住诱惑也飞来采花粉了。小朋友，你能把这美丽的花园画下来吗？"幼儿："能。"教师："好，下节课我们就画美丽的花园。"

【训练三】续说结束语

（1）小班科学领域《白糖到哪里去了？》

指导幼儿把白糖放到一杯温开水里，观察杯中现象，品尝杯中水的味道，经提问、讨论后，用画龙点睛式进行小结。

（2）中班科学领域《认识塑料》

把塑料制品摔在地上，用塑料袋装水，用火烘烤，摸塑料制品与玻璃制品。通过上述活动，使幼儿了解塑料特性，在此基础上，教师用归纳总结式进行小结。

4.3 教育口语

教师是"人类灵魂的工程师"，担负着培养人、教育人的神圣使命。一个合格的幼儿教师，要全面履行教育职责，就要做到既教书，又育人。教育口语是幼儿教师育人最直接最有效的工具。因此，掌握并运用好教育口语是幼儿教师必备的基本功之一。

儿童教育专家多萝茜·洛·诺尔特有一段经典名言：

如果一个孩子生活在批评之中，他就学会了谴责。

如果一个孩子生活在敌意之中，他就学会了争斗。

如果一个孩子生活在恐惧之中，他就学会了忧虑。

如果一个孩子生活在怜悯之中，他就学会了自责。

如果一个孩子生活在讽刺之中，他就学会了害羞。

如果一个孩子生活在忌妒之中，他就学会了嫉妒。

如果一个孩子生活在耻辱之中，他就学会了负罪感。

如果一个孩子生活在鼓励之中，他就学会了自信。

如果一个孩子生活在忍耐之中，他就学会了耐心。

如果一个孩子生活在表扬之中，他就学会了感激。

如果一个孩子生活在接受之中，他就学会了爱。

如果一个孩子生活在认可之中，他就学会了自爱。

如果一个孩子生活在承认之中，他就学会了要有一个目标。

如果一个孩子生活在分享之中，他就学会了慷慨。

如果一个孩子生活在诚实和正直之中，他就学会了什么是真理和公正。

如果一个孩子生活在安全之中，他就学会了相信自己和周围的人。

如果一个孩子生活在友爱之中，他就学会了这世界是生活的好地方。

如果一个孩子生活在真诚之中，他就会头脑平静地生活。

这些话告诉我们：教育环境，直接影响着幼儿个性发展方向，并决定着他们能否健康成长。而教师的教育语言是构成教育环境的一个重要方面，因此教师在运用教育语言时，决不能随心所欲，张口就来。

作为幼儿教师来讲，必须要掌握用不同语言与不同年龄班幼儿沟通的能力。因此我们不仅要了解小、中、大三个年龄班教育口语的特点，同时还要了解不同个性幼儿的特点，并学会用恰当的话语与他们沟通。

4.3.1　学会根据不同年龄班幼儿的思维特点选择恰当的教育口语

4.3.1.1　对小班（3～4岁）幼儿的教育口语运用

小班幼儿神经系统的发育还很不完善，他们知识、经验少，理解能力差，所掌握的词汇也少，思维处于具体形象阶段的初期，因此，教师在对小班幼儿说话时应特别抓住具体、形象这两个特点，要做到：

（1）词语简单易懂，多用短小的语句。对小班幼儿说话时，所用词语应浅显易懂，可多用具体形象的叠音词，如高高的、圆圆的、大大的、红红的，句子多为简单的短句。在向幼儿提问时，要问得非常具体，答案最好就是一句话，最多不要超过两句话，其备选的答案也应该是单一的。

（2）表扬或批评内容具体，有情感色彩。小班幼儿的情感非常容易受暗示，教师的情绪、情感在很大程度上影响着幼儿的认知，并引导着他们的正确行为。幼儿往往通过观察教师情绪来判断自己行为的对或错，因此，教师在表扬或批评幼儿时要加进自己的情感色彩，语言要具体，便于幼儿理解。

（3）态势语稍多，语气稍夸张。小班教师在讲故事的时候要有较丰富的态势语，恰当的态势语能够辅助教师的口语表达，也能够帮助幼儿加深理解教师所教的内容。比如在讲到狐狸出坏主意的时候，教师的眼睛要有"滴溜儿一转"的动作；在讲到大灰狼被小动物们痛打的时候，教师要抱着头，做出浑身疼痛的样子；在讲到"今天的天气真冷呀"时，教师不仅要在"真"字处适当拉长音，还要手抱双肩，做出冻得缩紧全身的样子。

（4）语言拟人化。小班教师的语言拟人化成分较多，这与这一阶段幼儿具有"泛灵"特点有关。小班幼儿认为猫、狗、大树、房子都和人一样会说人话，具有人的"灵性"。

（5）语速慢、多重复。小班教师在说话的时候，语速要稍慢，语调要柔和，且重复的次数稍多，这与小班幼儿接受能力较差相适应。

4.3.1.2 对中班（4~5岁）幼儿的教育口语运用

中班幼儿的思维仍处于具体形象思维阶段，教师的语言依然要具体、形象。但是，中班幼儿相对于小班幼儿而言有了一些进步。主要表现为知识、经验丰富了一些，语言的接受能力和表达能力比以前都有所增强。和小班教师相比，中班教师的话语有如下变化：

（1）句式多样化，语言表达的内容丰富了。由于幼儿认知能力的提高，教师表达时的自由度加大了。不仅使用单句，而且可使用多种句式，用词也更加多样化，语言表达的内容随之更丰富了。

（2）提问的内容稍宽泛，答案有多种。因为中班幼儿思维能力比小班有所提高，所以中班教师在提问时就不必非要像小班教师那样提备选答案单一的问题，而可以提备选答案有多种的问题，同时幼儿在回答问题时也会从多种角度进行思考。

（3）语言重复次数减少。中班教师在给幼儿布置某项任务或提出某种要求时，不必像小班教师那样反复叮嘱，只需说一遍或两遍就可以了。

4.3.1.3 对大班（5~6岁）幼儿的教育口语运用

大班幼儿的思维水平虽然仍处在形象思维阶段，但是由于神经系统的发育越来越完善，他们已经具备了初步抽象思维的萌芽，与此相对应，幼儿教师的话语有如下特点：

（1）语言中出现一些表示类概念的词。大班幼儿对事物的类别有了初步认识，这时教师要教他们一些表示类概念的词，如蔬菜、水果、电器、交通工具等。

（2）复句增加。大班幼儿对事物及其关系有了进一步理解，教师在教育口语表达中可适度增加复句的数量及难度。

（3）语言更简洁。教师在小班需要说得较具体的话，在大班可说得较概括、简洁。

值得一提的是，虽然大班幼儿和小班幼儿比较起来思维水平和理解能力有所提高，但总体来说，幼儿的水平仍然是较低的，教师的教育语言仍然要符合幼儿具有形象思维的特点。

4.3.2 学会根据不同气质类型选择恰当的教育用语

在现实生活中我们看到，有的幼儿活泼外向，有的幼儿沉静内向，有的幼儿做事马马虎虎、粗枝大叶，而有的幼儿则认认真真、很有耐心，这些都是由不同气质决定的。按照心理学分类，气质可划分为四种主要类型：多血质、黏液质、胆汁质、抑郁质。针对不同气质的幼儿，我们要用不同的教育口语。

4.3.2.1 多血质幼儿的教育口语运用

多血质（活泼型）幼儿敏捷好动，神经过程平衡而灵活，容易适应环境，易于接受新鲜事物，反应迅速。他们能较快地适应新环境，上课喜欢积极举手发言，爱争强好胜，愿意与人交往，但他们做事时注意力好转移，容易粗心大意、虎头蛇尾，具有明显的外倾性。

教师在对这一类型的幼儿说话时，不需要用暗示法，话要说得非常具体、明白，点到问题的核心；证据要肯定，不容置疑；目光要直视他，适当增加态势语，不然，他们很可能对教师的话听不进去。

4.3.2.2　对黏液质幼儿的教育口语运用

黏液质（安静型）幼儿的神经过程均衡，灵活性差，反应比较迟缓。他们的突出特点是安静、稳重、均衡、坚强，他们自制力强，一般较内向，能够约束自己，遵守纪律，善于忍耐，情绪不易外露，他们容易形成墨守成规、谨小慎微等心理品质。这样的幼儿在班里注意力集中，做一件事情能坚持较长时间，但与同伴的交往能力差，经常是一个"圈外人"，具有内倾性。

教师在对这一类型的幼儿说话时，要多鼓励，少批评；要用悦耳、活泼的语调，面带微笑的表情，鼓励和引导他们参加集体活动。'同时，注意启发他们多角度、多侧面地思考和解决问题的能力，使他们思维活跃，性格开朗起来。

4.3.2.3　胆汁质幼儿的教育口语运用

胆汁质（兴奋型）幼儿的神经具有很高的兴奋性和较弱的抑制过程，在行为上表现为不均衡性，这种幼儿直率、热情、在生活中精力旺盛，对新鲜事物勇于探索，思维灵活，但爱发脾气、任性，易冲动，好挑衅，心境变化强烈，具有外倾性。

对这类幼儿，教师要特别注意自己的教育方法和语言，在和他们说话时，音量要低，语言要婉转，语气要柔和，尽量做到既触动他们，说服他们，又不致触怒他们。

4.3.2.4　抑郁质幼儿的教育口语运用

抑郁质幼儿的神经类型是弱型的，不能忍受太大或太小的神经紧张。他们情绪体验丰富，对事情很敏感，感情细腻，性情孤僻，优柔寡断，行动迟缓怯懦，一般不愿在大家面前表现自己，但他们做事较踏实、细心，坚持性发展得较好，具有内向性。

教师在对这类幼儿说话时，一定要十分注意自己的语气和语调，要做到语气亲切，语调柔和，说话时可用亲切和蔼的目光看着他，或轻轻地拉着他的手，使他觉得教师是一个可以依赖的、喜欢他的人。教师要多用肯定性评价帮助他们树立起自信心，同时注意培养他们敏锐、机智的特性，千万不要在公开场合批评他们。

4.3.3　对问题幼儿的教育口语运用

4.3.3.1　对有不良行为的幼儿的教育口语运用

有不良行为的幼儿是指有攻击性行为（打人、骂人）、破坏性行为（破坏公物、破坏纪律、扰乱他人正常活动）以及偷窃、撒谎行为的幼儿，这种行为如果不在幼儿阶段予以纠正，随着他们年龄的增长，会给社会带来严重危害。

教师在和这类幼儿说话时，要音量适中，距离中等，语速可稍快；要多和他们讲道理，说危害，道理要讲得简洁明了，不要讲得太多太深，更不要用成人化语言，以免孩子产生抵触心理。另外，教师还可以通过品德教育的小故事教育他们。

4.3.3.2 对注意力不能集中的幼儿的教育口语运用

注意力不能集中的幼儿，是指那些不能在一段时间内专注于某项活动的幼儿。对这类幼儿，教师应善用直表语的技巧，儿童化口语，反复提醒他们一件事做完了再做另一件事，也可用比喻、比拟等修辞方法，形象生动地告诉他们做事不专心的害处，还可以将自己融入他们中，和他们一起做事，带动他们把事情做完。

4.3.3.3 对情感过于依恋的幼儿的教育口语运用

这类幼儿一般有爱哭、缠人、迷恋单一玩具、吮手指等行为特点。他们一般不爱说话，不愿与别人交往。对这类幼儿，教师一方面要多和他们亲近，满足他们的合理愿望；另一方面，又要引导他们多参加集体活动，以培养他们活泼开朗的性格。在和这类幼儿说话时，教师与他们的距离可近些，语气要柔和些，音量不要太大，让孩子感到老师是爱他们的，从而听从、采纳老师的建议。

4.3.3.4 对性格孤僻的幼儿的教育口语运用

性格孤僻的幼儿在集体活动中过分拘谨、羞怯，不爱讲话，不愿跟别人一起游戏。形成孤僻性格的主要原因是缺乏自信心，缺乏主动性。

对这类幼儿，教师要以鼓励为主，抓住点滴进步给予及时的表扬，哪怕他们一时没有做好也不要急于批评。教师可从他感兴趣的主题入手与他交谈，对他擅长的方面，要给他展示的机会，让他产生成功感。同时，教师也可让同班中他愿意接受的小朋友和他亲近，多和他说话，引导他走出自己的小圈子。

4.4 教育口语的训练

4.4.1 直表语及其训练

4.4.1.1 直表语的含义及其作用

直表语就是直截了当、清楚明白地说出自己看法的言语。为了帮助幼儿形成正确的是非观念，提高幼儿辨别是非的能力，教师有时需要把话说得简单明了。

4.4.1.2 直表语的要求

（1）表意正确。词语、句式选择要正确，表达简单明了，具有可接收性。

（2）导引明确。对与错、如何去做，指向清晰，幼儿能从老师那里得到准确的信息。

（3）语气适度。教师语气既要有一定的命令性，又要亲切，使幼儿乐于接受。

4.4.1.3　直表语的类型

对幼儿进行教育，有时可用如下四种直表方式说话：

（1）结论性直表。这种直表语就是直截了当地告诉幼儿什么是对的、什么是错的；什么是可以的、什么是不可以的。对幼儿说结论性的话，要干净利落，给孩子留下最为深刻的印象。尤其要多用儿童已经掌握并富有表现力的词汇、句式说话。例如：

小班幼儿吃饭时，一些孩子总是爱说话。教师对幼儿说："小朋友们如果一边吃饭一边说话，就容易被饭粒呛着。所以吃饭说话是不对的。"

教师语言简洁，表意准确，通过解释吃饭说话将导致的后果，来告诉孩子这一行为是错的。幼儿从老师那里准确地接收到了信息。

（2）指令性直表。这种直表语就是用肯定的句式发出指令，目的明确的要求幼儿按指定的方式、规定的程序去做。这种直表方式要求把话说得简单、明确，有响度，带有一定的命令性，突出"要……""一定要……"等指令词句和表明行为、状态的词。发出指令时，教师语态要亲切，注意加入敬词"请"，以体现对幼儿的尊重，同时也能够被幼儿接受。例如：

六一儿童节，领大班幼儿去公园游玩。老师说："今天我们去公园游玩，请小朋友们一定要注意安全，大家要手牵着手，千万不要乱跑。"

教师的解说有一定的命令性，同时语气平和，易于孩子接受。

（3）提示性直表。这种直表语就是在幼儿的学习生活中，为纠正他们在思想、行为上的不当之处而随机说的提请注意的话。如几名幼儿在玩滑梯中，你推我，我推你，打打闹闹，老师说："不要推哦，会摔下来的。"短短一句话，就提示了幼儿在滑梯上打闹可能出现的隐患，幼儿就会加以注意。

（4）演示性直表。这种直表语就是一边让孩子看教师示范，一边听教师对行为方式、操作过程作辅助性说明，这种直观的表述方式能够让孩子准确掌握该怎么做，不该怎么做。这种表达与演示同步，要说得贴切、简明、生动。

直表方式说话，并不排斥感情因素的渗透，千万不能把话说得硬邦邦的，有过于强制性的意味。如果我们出于对孩子的一片真诚的爱心，即使是干净利落的直表，也会"浅言皆有致，淡语皆有味"了。例如教小班孩子洗手：

小朋友们，吃饭以前，我们要把手洗干净。大家先看看老师是怎么洗的。我先把手放在水里浸一浸，然后涂上香皂。现在看我搓手：手心搓搓，手背搓搓，要用劲搓。现在可以用水冲了，要把香皂冲得干干净净。洗好了，要五个指头朝下，不要让水淌到袖子里，再拿毛巾把手上的水擦干净，擦完以后，毛巾挂在原来的地方。好，现在请小朋友们像老师这样洗手。先怎么样？……好，肥皂不要涂得太多，有脏的地方要用劲搓几下……洗好了，五个指头要怎么样？对，要朝下，不要乱甩手，把水甩到别人的身上就不好了……好，我们都学会洗手了——都记住，吃饭以前要洗手！

这位教师的直表语很通俗易懂。孩子们能够完全理解。老师按照习惯的操作流程，一边演示，一边解说，语序自然连贯，选词用句贴切。发出指令后，随时插入提示，这样就使孩子很快地掌握了洗手这个生活技能。

4.4.2 追加语及其训练

4.4.2.1 追加语的含义及其作用

追加语是对说过的话作必要的重复、加工或补充说明。幼儿的大脑发育尚不够完善，无意注意会时时干扰他们的听知领悟，因此，教师要善于运用追加语强化他们的有意注意，以帮助孩子理解、巩固和记忆。追加语要有合理性，不能让幼儿觉得啰嗦、多余。

4.4.2.2 追加语的类型

在幼儿教育口语中，常用的追加方式有以下两种：

1. 重复性追加。就是面对具体的情况，对说过的话，不做大的改动，而再说一次或数次。包括：

（1）连续性重复和间隔性重复。前者没有时间的间隔。后者有时间的间隔，在幼儿快忘的时候加以重复。

（2）整体的概括性重复和局部的选择性重复。前者是一种全面的归纳；后者是将说过的内容中尤其需要孩子注意的部分提取出来，作重复性解说。

（3）自述性重复和转述性重复。前者是重复自己说过的话，后者是重复幼儿说过的话，一般是重复幼儿答问中正确的部分，有助于巩固、强化这些正确的内容。

2. 补释性追加。就是对说过的话在适当的时候作补充性的解释，目的是把话说得更具体、更周密，强化学生的理解记忆。补释性追加一般是随机追上一两句话，以增强表达效果。例如"水果一定要洗干净才能吃，否则就会肚子疼，冬冬吃了没洗的水果，不是好几天都肚子疼吗？咱们吃水果一定要先洗干净！"在第一句话后面追加了几句，孩子们对"水果一定要洗干净才能吃"的印象更深刻了。从表达策略的角度说，补释性追加是故意把一个句子、一个意思分开来说，先作概括的说明，然后对概括句作解释、作补充。

4.4.2.3 追加语训练

分析下面的谈话，教师运用了哪些类型的追加语。

"不要说谎话"教育谈话

教师：什么叫说谎话？

幼儿：说谎话就是不讲真话。

教师：说得对，说谎话就是不讲真话，嘴里说的同心里想得不一样。我们要做诚实的孩子，不要做爱说谎的孩子。说谎话，是不是就能讨到便宜呢？

幼儿：讨不到便宜。

教师：是的，讨不到便宜。说谎话，一时把人骗了，可最后呢，自己可就吃亏啦！我讲个故事给小朋友们听。教师讲故事《狼来了》。

教师：小朋友，这个故事告诉我们什么呢？

幼儿：放羊的孩子是坏孩子。

幼儿：放羊的孩子爱骗人。

幼儿：叫我们不要撒谎。

教师：是的，是叫我们不要撒谎，告诉我们，爱骗人的孩子不是好孩子。你们看，撒谎的孩子把别人都骗了，可最后呢，自己可吃了亏啦！我们小朋友要做诚实的好孩子！

4.4.3　说服语及其训练

4.4.3.1　说服语的含义及其作用

说服语就是指教师在教育活动中，讲述生动的事例，阐明正确的道理，影响、改变幼儿原来的观念和态度，引导其行为趋向预期目标的语言。运用恰当的内容和形式对幼儿进行说服教育，不仅可以使幼儿在一种轻松愉悦的心理状态下接受正确的观念，养成良好的态度和行为方式，还可以避免不当行为的发生。

4.4.3.2　说服语的要求

（1）态度诚恳。语态不能过于严肃，而要诚恳，让幼儿觉得亲切。

（2）语言有力度。摆事实，讲道理要切合实际，有说服力。

（3）多用感情语。拉近与幼儿的距离，增强说服效果。

4.4.3.3　说服语的类型

（1）直接说服。说服时，直接切入主题，从正面摆事实，讲道理。例如：

午睡时，一个幼儿突然哭了起来，老师走到她的床前，拿出纸巾一边帮她擦泪水，一边轻声对她说："怎么了，哭什么呀？有什么不开心的事？告诉老师好吗？""我妈妈、我妈妈……出差了，好、好几天也不回来、不回来……她不要、不要我了……""嗬，原来是为这个事情啊！妈妈出差不是因为要工作吗？等工作做完了，就会回来了呀！"幼儿问老师："我妈妈会回来吗？""当然会回来了！你想妈妈，妈妈肯定也在想你，她一定会回来的，而且回来的时候还会带礼物给你呢！"老师面带微笑地说。

这位老师的说服语运用得非常得当，她的话语不仅起到了安抚、稳定幼儿情绪的作用，而且也使幼儿感到，尽管妈妈不在身边，老师像妈妈一样对自己好，幼儿园和自己的家一样安全。

（2）间接说服。这包含两个意思。一是先不说出自己的意思，作迂回、铺垫以后再表明自己的看法，让幼儿顺理成章地接受你的建议；二是在对话时，先顺承对方的话语，有时用"当然……但是……",在"但是"后面引出自己要说的话。这类说服语在交流中心平气和地说出来,常常能收到以柔克刚的教育效果。例如:

一个孩子爬到攀登架的最高处,骑在横杠上面不下来。大家都很惊慌,怕处理不当,会在瞬间酿成事故。一位有经验的幼儿教师走了过来。

教师:(微笑着)嗬哟,这是哪位小朋友呀,这么勇敢,爬得这么高呀。上面好玩吗?

幼儿:好玩。

教师:今天这位小朋友真勇敢。不过我们仰着脖子看,脖子已经很酸了,我们想看看这位小朋友怎么下来。上去不容易,下来也不容易呀。我相信这位勇敢的小朋友,不但能爬上去,还会稳稳当当地爬下来。你们看,他爬下来了,他的手抓得很紧,慢慢地、一步一步地下来,很好……

这位教师的说服语运用得非常成功。她先是很有分寸地肯定孩子爬高的勇敢行为,满足了他想获得赞许的愿望。然后用"不过"一转,建议幼儿勇敢地、稳稳当当地下来,并且用"赞许"诱导其安全地下来。教师用先顺承后转接的说服语,防止了一次可能发生的事故。

4.4.4 表扬语及其训练

4.4.4.1 表扬语的含义及作用

表扬是对幼儿良好的思想行为予以肯定和鼓励的教育形式,目的是调动其自身的积极因素,发扬优点,激励上进,使之健康成长。经常使用表扬语,会使幼儿感受到被尊重和关爱、被理解和接纳,产生被重视感和安全感。如果在获得语言表扬的同时还得到了教师的微笑、点头、注视以及抚摸、拍头等亲密的身体接触,幼儿更会感到极大的温暖、关爱和信任。

4.4.4.2 表扬语的要求

(1)善于发现幼儿的"闪光点"。所谓"闪光点"是指孩子身上容易被忽视的可贵之处。它一"闪"就过去了,教师这时要"热处理",要"助燃",要及时予以表扬。这时,话要说得具体,用直表语、追加语,让孩子们看到可贵在什么地方,并知道为什么值得表扬、值得鼓励。

(2)表扬语要准确恰当。言过其实的表扬只会使被表扬的孩子不能正确地看待自己,助长其骄傲的情绪,对幼儿的成长不利。

(3)形式要多样。教师既可以采用正面评价,也可以组织调动孩子们参与表扬的教育活动,使被表扬幼儿的优点、进步得到广泛认同,从而促进其他幼儿的进步。

(4)态度要真诚,语调要热情。教师要发自内心地去赞赏幼儿,鼓励幼儿。有利于强化幼儿积极进取的愿望。

4.4.4.3　表扬语的类型

（1）当众表扬。指在公开的场合当着所有人的面对个别幼儿进行的表扬。当众表扬既能树立被表扬者的自信心，同时也能为其他幼儿树立学习的榜样，激励作用得到充分发挥。例如：

早操以后，幼儿排着整齐的队伍回教室。教师发现有个学生趿拉着鞋。

教师：丽丽，你的鞋怎么啦？

幼儿：刚才不小心，被别人踩掉了。

教师：那你怎么不提上鞋再走呢？

幼儿：我停下来提鞋，咱们队伍就不整齐了。

教师和幼儿回到教室。

教师：大家看，丽丽是趿拉着鞋上楼的。

幼儿：（惊讶，议论）哟，鞋也不会提上，怎么走路哇？

教师：小朋友，你们说，趿拉着鞋走路方便呢，还是把鞋提起来走路方便呢？

幼儿：当然提好了走路方便。

教师：可是，丽丽小朋友却是趿拉着鞋，跟着队伍走上楼的。现在我想请她告诉大家，为什么不穿好了鞋走路呢？

幼儿：我被别人把鞋踩掉了，要是我停下来提鞋，咱们的队伍就乱了。

教师：（动情地）大家听听，丽丽小朋友想得多好啊！她心里装的是我们班集体。为了我们班队伍整齐，她吃力地趿拉着鞋上楼，宁可自己走路不方便。事情虽然小，但是我们看到了她美好的心灵。让我们用掌声表扬她，我们班的小朋友以后都要向她学习。

这位教师从极易被忽视的小事中发现了孩子健康向上的好思想。及时抓住这个"闪光点"，当众表扬，同时也触动了其他小朋友，为其他小朋友树立了榜样。教师的表扬语简洁明快，语意真诚，热情洋溢，很有感染力。

（2）个别表扬。在与幼儿个别交流沟通时，教师给予幼儿表扬，往往会激励这名幼儿做得更好。

（3）随时夸奖。在与幼儿接触中，教师要随时发现幼儿身上的"闪光点"而进行的适度的表扬，目的是巩固好的行为，培养幼儿形成良好的习惯。例如：

有位幼儿教师所教班的幼儿有些习惯没有养成，上课纪律松懈，游戏不守规则等现象时有发生。于是这位老师在活动、上课前常抓住他们的一些闪光点跟他们谈话。

教师："刚才别的班的老师对我说，她看到我们班小朋友做游戏时个个服从命令听指挥，像个小解放军一样。我们班的小朋友真棒！""晓晓今天画画真认真，老师还觉得他上课比以前专心进步多了，小朋友觉得怎么样？""对！你做得真好，我们大家都要向你学习……"

这些表扬语向幼儿传递了教师的思想、要求，使孩子们逐渐养成了良好的学习习惯。

4.4.5 批评语及其训练

4.4.5.1 批评语的含义及其作用

幼儿是具有主观能动性的自然的人。因此，教师应该尊重幼儿的人格、意志和个性特征，以表扬、激励方法为主教育幼儿。同时幼儿又是需要接受教育的未成熟的社会的人，容易形成不符合社会要求的行为、认识和态度，因而教师又必须运用批评的方法，帮助幼儿改变错误的行为、认识和态度。批评语就是对幼儿某种不良言行作否定评价的语言。批评是一种教育手段，为的是让幼儿引起警觉，自觉纠正缺点或错误。对集体来说，批评是为了分清是非，提高幼儿的道德评价能力。有时对幼儿所犯的并不严重的错误，可以"轻描淡写"地加以"指点"。

4.4.5.2 批评语的要求

（1）控制情绪，用语客观。实施批评必须保持良好的情绪，防止把批评和斥责等同起来，言辞要恳切，不说过头话、不作尖刻的指责。

（2）一事一评，不能算总账，或作结论式批评。"算总账"式的批评是对幼儿作全盘否定的评价，这就会在幼儿心中形成自我否定的心理定式，造成幼儿的自卑心理，而增加教育的难度。更重要的是，千万不要给幼儿打上某种结论性的印记。例如：

"你想想这个星期犯了几次错误，第一次……"

"班里数你最淘气，最讨厌，我看你是改不了了！"

"笨死了，将来一定不会有出息……"

这样"算总账"式的批评会使孩子远离教师，产生抵抗情绪，也会使幼儿认为自己真的什么都不行而自暴自弃，所以消极的结论往往会变成预言。

（3）少作剖析，重说危害。少作理性的剖析，重在简单明了地指出其危害性，指出错误可能会造成的后果。

（4）不厌重复，刚中带柔。幼儿自控能力薄弱，教师的批评并不都能一次奏效，因此要经常指点。

4.4.5.3 批评语的类型

（1）弱化语势法。

在教育幼儿时要根据教育对象的心理承受能力，适度地减轻用词分量，淡化贬抑的感情色彩，使严厉的批评变成一种可接受的解说，用较缓慢的语速和较平稳的语调、语态说话。例如：

有个孩子吃香蕉把皮丢在地上。

教师 A：是谁把香蕉皮丢在地上的？是谁干的事？是想让人踩在上面栽个大跟头吗？谁丢的？站出来！

教师B：地上丢的是什么呀？哦，是香蕉皮。香蕉皮是软的，丢在地上，人往上一踩会跌倒的。我们小朋友都是讲卫生的孩子，恐怕是香蕉太好吃了，一下子忘了把香蕉皮丢进果皮箱里了吧？现在这位小朋友想起了没有？来，我们把它捡起来，丢进果皮箱里。以后可别忘了，其他的小朋友也都别忘了呀！

教师A说话单刀直入，一连串的质问显得咄咄逼人，溢于言表的严厉只会吓到孩子，虽然也能达到教育的目的，但可能拉远了孩子和教师的距离。教师B既指出了危害性，也启发幼儿"站"出来自己纠正错误，但批评语说得委婉，用"恐怕是""一下子忘了"表达了对这种偶发情况的谅解。苏霍姆林斯基曾说过："宽容所引起的道德震动比惩罚更强烈。"教师有意弱化指责，表达出对幼儿所犯错误的某种宽容，同样也能达到教育目的。

（2）暗示法。

"教育技巧的核心是暗示。"对幼儿说话，有时不必把话挑明，而要根据其认知水平作积极的暗示，这样同样可以表达教育意图、收到教育效果。例如，有的幼儿很聪明，平时参加各种活动很积极，自尊心极强，但就是自制能力差，与其他幼儿的关系搞不好，经常和小朋友吵嘴打架，在班上比较孤立。对这样的幼儿，采取面对面的直接批评方式容易挫伤他们的自尊心，时间长了容易产生逆反心理，而采取语言暗示，所收的效果就大不一样了。既肯定其脑子灵活，肯动脑筋的一面，保护其自尊心，又要使他们认识到自己所存在的不足，把问题的危害性、重要性化解为轻松活泼的语言，用与之相关的故事、笑话或逸闻对他们进行暗示，要比直截了当地点出他们的不足效果更好。

暗示法有话语暗示和故事暗示两种。

话语暗示实际上是言此意彼，或者用语意宽泛的模糊语言进行暗示。例如：

小朋友洗手不认真一直是不好解决的问题，道理讲过了，方法教过了，最初几天他们还洗得挺认真，时间长了就开始敷衍了事。

教师：元元的小手真白，老师看见他每次洗手都很认真。来给老师闻一闻，真香！

幼儿：老师你闻闻我的手香不香。

幼儿：老师今天我的手也很香的，你闻闻！

从此以后孩子们渐渐养成了认真洗手的好习惯。

教师发现小朋友洗手不认真，并没有严厉地批评他们，而是采用迂回的方式，说的是对元元的表扬，实际是对那些不认真洗手孩子的批评，借此暗示其他孩子也应该向元元学习。孩子们都渴望得到老师的认可和夸奖。于是他们也争相把手洗干净，短短的一句话就轻松地达到了教育目的。

故事暗示就是教师针对幼儿行为上存在的问题，通过讲故事的形式，来暗示幼儿某些行为是对的或不对的，引发幼儿对自身行为的思考，从而达到教育的目的。如有的老师看到幼儿因没有满足他的愿望，又哭又闹，用手打妈妈，就声情并茂地给他们讲《杜鹃鸟》的故事，暗示幼儿应该用行动爱自己的妈妈。看到幼儿有撒谎的行为，就给他们讲《狼来了》《木偶奇遇记》的故事，让他们认识到撒谎的危害性，从而达到教育的目的。

（3）宽容法。

采用宽大处理的方式，理解和原谅幼儿的缺点和错误，促使其改正的批评形式。在对孩子进行严肃的批评教育时，也必须让孩子体会到教师的关切和期待，从而缓解幼儿因犯错误而导致的紧张、拘束，减少抵触心理，有利于幼儿克服缺点，切不可用入木三分的挖苦、训斥去"批评"孩子，更不要让孩子带着"流血的伤口"离开你。这不仅是教育口语运用的大忌，更是教育的失误。例如：

一群幼儿在玩沙子，一个小朋友把沙子塞进了旁边一个孩子的脖子里，这孩子哭了起来。老师没有马上批评那个淘气的小朋友，而是赶快抱住这个哭泣的孩子。

教师（关心地）：你怎么啦？什么地方不舒服？

幼儿：他把沙子塞在我的脖子里，我难受极了。

教师：呀，真的！老师来帮你把沙子弄出来。（边弄边说）你觉得好点了吗？是呀，沙子塞在脖子里真难受。

众幼儿：我们也来帮你弄，快快把你脖子里的沙子都弄出来。

幼儿：是谁把沙子塞到你的脖子里的？

幼儿：就是他嘛。

教师：你看，小朋友都在帮他，你也快些过来。帮他把脖子里的沙弄出来，你说好吗？

教师：我们大家都知道了，把沙子塞在小朋友的脖子里，小朋友是很难受的。我们以后玩沙应该怎样玩呀？要注意什么呀？

幼儿：（塞沙子的小朋友第一个举手）千万不能把沙子塞进小朋友的脖子里。

幼儿：沙子还不能弄进小朋友的眼睛里。

幼儿的不良行为，大多不是他们道德观念上的问题，往往是出于好奇，或一时糊涂做出的举动。我们看到这位教师在幼儿无意间犯下错误时，并没有正面批评他，而是通过与被塞沙子幼儿的谈话，让幼儿意识到把沙子塞到别人脖子里，会让人不舒服。同时，请犯错误的幼儿也参与到帮助小朋友的行动中来，借此给他改正的机会。教师适度地宽容，使幼儿同样明辨了是非，心悦诚服地受到教育。

4.4.5.4 批语语训练

读一读下面的教育实例，体会孙敬修爷爷是运用什么手法对小朋友进行批评教育的，这种方法的好处是什么？

有一天，老教育家孙敬修散步时，看到几个幼儿园的孩子在攀折刚刚栽活的小树苗。孙敬修悄悄凑过去，将耳朵贴在小树上，煞有介事的侧耳细听。

幼儿：（奇怪）老爷爷，你在听什么呀？

孙敬修：我听到小树苗在哭。

幼儿：小树苗它为什么要哭呀？

孙敬修：（又听）小树苗说，它正在慢慢长大，要长成又高又大的树，要让我们在树下面乘凉，要给我们做课桌椅。可是有人把它的腿呀、胳膊呀都折断了，它很疼，它再也长不大了，所以小树苗伤心地哭了……

幼儿：（眼圈儿红了，低下了头）老爷爷，我们再也不折小树苗了。

4.5 与幼儿沟通

4.5.1 与幼儿沟通的准备

4.5.1.1 怎样称呼孩子

（1）称呼其为"小朋友"。

第一次见面或者在还不熟悉孩子姓名的情况下，我们可以称其为"小朋友"；有时，在幼儿园里遇到自己不清楚姓名的孩子，也可以称呼其为"小朋友"。

（2）直接称呼孩子的名字，不加姓，如称呼一个叫钟海明孩子，我们一般不直呼他的姓和名，而是叫他"海明"，显得比较亲切。

（3）重叠称呼孩子名字中的某一字，如可以称呼钟海明小朋友为"明明"。

在与家长接触一段时间后，一般是跟着家长称呼孩子的昵称，如家里习惯称钟海明为"海海"或"小海"，那么，我们在幼儿园也可以跟着家长这样称呼。

（4）名字后面加"小朋友"。

如"海明小朋友"，或者是"明明小朋友"。

（5）称呼姓名。

在一些正式的场合，特别是需要确认孩子身份的时候，如打针、吃药、交费等场合，为避免混淆同名的孩子，是需要称呼姓和名的，也可以在姓名后面加上"小朋友"，如"钟海明小朋友"。

称呼孩子举例，幼儿姓名：郭子欣

- 这位小朋友，你叫什么名字啊？
- 欣欣，你能帮我把这支铅笔给李老师吗？
- 我们请子欣小朋友/欣欣小朋友给我们讲一个故事。
- 子欣，你带照片来了吗？
- 郭子欣小朋友，请你到老师这里来。

熟记幼儿的名字，是与幼儿沟通技巧的第一把钥匙，也是沟通的基础。

记住：不能给孩子起绰号，不能跟着家长或其他孩子喊孩子的绰号，开玩笑也不行。

4.5.1.2 选择与孩子沟通的恰当时机

（1）入园和离园是幼儿一天集体生活的开始和结束，也是与幼儿沟通的好时机。

入园时，教师要以亲切和蔼的态度接待幼儿和家长，热情主动地向幼儿打招呼，如"欢欢，早上好！""小希，你好！"等。注意不要因为和家长沟通而冷落了幼儿。离园时，要主动地和孩子说"再见""明天见"，让孩子带着愉快的心情回家。

（2）表扬和批评孩子都要及时。

　　无论孩子是值得表扬还是需要批评，都应该在事情发生的当下进行，而不是过了一阵儿或几天后才表扬或批评孩子，也不要翻旧账。

　　（3）孩子专心致志于某一件事时，教师最好不要打扰他。

　　如孩子正在专心地玩着积木时，教师就不要让他放下手上的积木跟你聊天，当他做完了手中的事情或需要帮助时才与其沟通，效果会比较好。

　　（4）孩子正在发脾气时，也不是最好的沟通时机。

　　等孩子的情绪平静下来，再与其讲道理可能会有较好的效果。当然，即使是这个时候，也不应忘记用尊重、平等的语气与孩子交谈。

4.5.1.3　注意选择恰当的态势语

　　（1）与幼儿沟通时，教师可以蹲下或坐下。

　　由于身高的差异，如果教师站着和幼儿说话，幼儿势必要仰望教师，这容易导致幼儿产生紧张心理。教师蹲下或坐下，幼儿可以平视教师，在同一水平面说话，孩子会感觉自己受尊重，会比较放松，为师幼双方进行平等的沟通创建了更好的环境。当需要比较长时间的沟通时，与学生并排坐会比面对面更有利于减轻孩子的压力，使孩子更愿意诉说。

　　（2）教师的目光要注视着幼儿。

　　说话时要看着幼儿说话，在大多数情况下，要用亲切柔和或鼓励赞许的目光，在批评幼儿的时候，目光可以严肃一些，但一定要避免用鄙夷、轻视的目光。

　　（3）抱一抱，会让幼儿更真切地感受到教师的爱。

　　当孩子不愿离开家人，在伤心地哭闹时，教师可以抱一抱他，让其感受到教师像妈妈一般的爱。

　　（4）摸一摸头、拍一下肩、刮一下鼻子，都是孩子喜欢的动作。

　　孩子都喜欢被教师关注和爱护，一些充满爱意的小动作会让孩子感受到你对他的情意，他会更愿意与你沟通。

　　（5）微笑是最美的态势语。

　　微笑是最美的语言，孩子说他们喜欢会笑的老师。

　　（6）远离不恰当的体态语。

　　● 用力敲击发出刺耳声音以引起幼儿注意。

　　一位保育员坐在教室里，听见小朋友在吵，她就用小朋友的笔盒不停地对着桌面猛敲，或者用勺子敲击饭碗、把书本往桌子上甩等，这些都是不恰当的体态语。

　　● 跟孩子谈话的时候，双手交叉抱在胸前，会给别人拒人于外的感觉。

　　● 用食指指点幼儿。

　　有的教师在批评教育孩子的时候，或在请某位小朋友起来回答问题的时候都习惯用食指指着孩子说话，这是一种不当的姿势。

　　● 用脚踢孩子的脚。

　　当孩子坐得不安稳或有些其他不当行为时，有的老师用踢孩子脚的方式提醒孩子。

4.5.2 与幼儿沟通的语言技巧

4.5.2.1 语言的选择

（1）选择词义简明、具体、孩子易于理解的词语。

能让孩子理解你所说的话是进行沟通的关键。我们对孩子说话的时候应选用孩子能明其意思的词语，而少用一些多义词、生僻词或有比喻义的词。

对孩子说话要具体，而不要用一些笼统的词语，如"你要争取好好表现。"孩子会不明白怎么才是好好表现。"你表现不错"孩子可能不明白"不错"到底是指什么，那么，如果具体地说："你能够在看完图画书后，及时把书放回原处。"孩子就更会明白自己的哪些行为是得到肯定的。

注意：幼儿教师语言的儿童化并非是跟着孩子说一些"叠词"，如吃饭说成是吃饭饭，以及喝水水、穿衣衣、穿鞋鞋、盖被被、擦嘴嘴等。为了幼儿的语言发展，我们要避免使用这样的词语。

（2）使用正面的语言。

告诉幼儿应当做什么，而不是指出不应当做什么。如：室内游戏中，小雯玩了小布熊，游戏结束后没有把小布熊放回玩具柜，而是将小布熊扔在一边。这时，教师应说："小雯，请把小布熊放回玩具柜。"而不应说："小雯，你不要把玩具扔在地上。"

（3）用幼儿乐于接受的语言，如拟人化、比喻化说法。

可以通过使用一些简明浅显、形象易懂的语言，通过先扬后抑、榜样激励等方法让你说的话令幼儿乐于接受。如：活动后，小明在搬椅子回座位时，重重地拖椅子，发出很大的声音。对这种情况，教师可以说："我听见小椅子喊疼，是哪个小朋友把椅子的腿拉疼了呀？轻点，好吗？"

（4）多用描述性的语言，少用评价性的语言。

实践表明，有针对性的描述性语言更容易让幼儿体验到自己的成功或失误之处，让他们乐于进一步提高积极性或有效改善自己的行为。

描述性的表扬语言如："明明的小耳朵可真灵。""你发现了别人没发现的问题。"

评价性的表扬语言如："你是个好孩子。""你真聪明。""你真棒。"等。

描述性的批评语言如："你把书皮撕了，图书多疼啊。"

评价性的批评语言如："你怎么这么调皮。""你这个讨厌的孩子。""你是个小傻瓜。"等。

4.5.2.2 语气、语调的选择

（1）"低声"是比较容易让幼儿接受的沟通方式。

"低声"在与幼儿沟通过程中很有效：当幼儿尿湿了裤子，低声能让孩子保持尊严；当幼儿在午休的时候说话，低声能让安静的睡眠氛围继续；当孩子跟你说心里话的时候，低声

更能让孩子娓娓道来。

即使是对一些比较调皮的孩子，低声也能让你更接近他的内心，不要对孩子的错误大声呵斥。大声呵斥或许能解一时之气，但对你和孩子的沟通往往会起反作用。

（2）亲切、柔和的语气能让孩子更愿意与你沟通。

亲切柔和的语气会让孩子感受到你对他的关心和爱护，让他更愿意对你说出内心的真实感受，更愿意接受你的建议。

（3）放慢语速，有利于走进孩子的世界。

与幼儿沟通时的语速要比与成年人沟通时慢一些，语速太快容易导致幼儿听得不清楚。当然太慢的语速会使幼儿等得着急，降低幼儿沟通的积极性。

4.5.2.3 认真倾听

当孩子和老师说话的时候，老师应放下手头的事情，看着孩子的眼睛，而不能一边忙自己的活一边听。虽然我们在忙其他事情的时候也能听见孩子说什么，但孩子会认为老师没听自己说，会让他们感到自己未受到老师的重视，从而减弱与老师沟通的热情。

用"哦""嗯""这样啊"等回应性的语言向孩子传达"我在听着"的信息。老师认真地倾听能让孩子更有表述的信心，不时发出回应性的语言让孩子知道我们正在倾听他们的诉说。我们甚至不需要过多发表自己的看法，孩子在叙述中就能找到解决问题的方法。

4.6 与家长沟通

4.6.1 与家长沟通的准备

4.6.1.1 怎样称呼家长

（1）对经常见面的家长，可以用幼儿的昵称，再加上家长与幼儿关系的称呼：如"丽丽妈妈""君生爷爷"。一方面容易分辨，另一方面家长也会在称呼中体会到教师对自己孩子熟悉的程度。

（2）与家长第一次见面，可以先直接称呼其"家长"。

（3）遇到长辈，也可以使用一般性的礼貌称呼。如"这位大伯，您来接哪个孩子啊?"

（4）如果确实知道家长的职业，也可以按职业来称呼家长，如陈医生、李律师。但尽量避免在其他家长面前按职位称呼幼儿家长，如黄经理、何院长。

4.6.1.2 打招呼语言

打招呼是日常礼节。教师应当尽量主动向家长打招呼，态度亲切，让家长感受到教师对职业、对孩子的喜爱，让孩子在园的一天生活有个愉快的开始或结束。需要注意的是，在向家长打招呼后，不要忘了接着跟孩子打声招呼。

早、晚接送时间打招呼举例：

（1）一般情况下：

小红妈妈，您早啊（不要忘了同时对幼儿说："小红早啊。"）。

乐乐爷爷，不用跑，别急，没有迟，时间刚刚好。

欣欣婆婆您好。今天欣欣妈妈没空啊。

您慢走，军军（幼儿名字）再见，星期一见。

小冰爷爷，来接小冰啊，下雨路滑，小心啊。

（2）特殊情况下（如需要向家长反映情况）：

小青妈妈，辛苦了，赶过来的吧，小青现在好些了，您别急。（孩子病了）

明明爸爸来了，（请明明先去上个厕所）今天有件事我跟您说说。（孩子拿了别人的东西）

嘉嘉妈妈，您先在办公室坐坐，我跟许老师交代一声马上过来。（孩子打架了）

（3）家长会、开放日打招呼举例：

您好，您是哪位小朋友的家长啊？

欢迎欢迎，请您先到操场那边坐坐，有凳子。演出 9 点开始。

乐乐妈妈，您好！乐乐在班里准备呢。请您先在这签个名吧。

您好！您来开大班家长会的吧？请从左边楼梯上二楼音乐室。

4.6.1.3　与家长沟通时的态势语

请看着家长说话，这是与人沟通时最基本的礼貌。

用微笑、点头等表示对家长的尊重，时不时用"对""哦""是"等短语回应来表示对话题饶有兴趣，有必要时动笔记录家长谈话的要点。

不要边谈边干其他事情，这是不尊重他人的举止

在和家长沟通前、沟通中，要注意观察家长的情绪。当家长情绪不好时，最好不要"追"着家长谈话，可等家长情绪好转时再沟通。

4.6.1.4　沟通地点的选择

（1）家长接送孩子的时机，是最常见的沟通时机。许多一般性的情况可以在走廊或活动室与家长进行三言两语的沟通，不需要回避他人。可以说说如：

孩子在……活动中表现突出。

孩子今天学会了……。

孩子的头发该剪了。

孩子为什么不爱喝白开水？

这类沟通能有效拉近与家长的距离，为进一步沟通打下良好基础。

（2）有些不大"光荣"的事情，教师应单独与家长沟通，回避他人。如：

孩子拿了别人的东西。

孩子损坏了教具、玩具。

孩子午睡经常尿床。

孩子老是咬手指。

孩子在体检中的一些令人担忧的结果。

（3）个别严重的问题应选择在班上所有幼儿离园后或利用节假日，在幼儿园办公室或幼儿家里等不受干扰的地方沟通。如：

孩子近来一直不愿意跟同伴说话，对任何活动都不感兴趣，

孩子有攻击性行为。

孩子有自伤行为。

4.6.2 与家长沟通的技巧

4.6.2.1 始终围绕孩子进行沟通，说有针对性的话题

对家长来说，孩子在幼儿园一天中的细节小事才是最重要的。他们希望了解孩子每天具体的表现。所以，要对家长说的话应该围绕孩子，并说有针对性的话题。

例：

孩子今天吃饭怎么样，午睡怎么样。

孩子今天学了什么，学得怎么样，回家还可以有哪些补充或拓展。

孩子今天有哪些方面表现得很突出或有进步等。

在一日生活中教师要特别注意幼儿的一举一动，对每个幼儿的一日生活情况都了如指掌，以便和家长交流时能言之有物，对幼儿的特别"用心"会赢得家长的特别"放心"。

4.6.2.2 及时反映表现，先表扬鼓励，后说明情况

孩子在幼儿园里的日常表现、特殊情况、不良表现都应该及时地向家长反映。在反映负面情况的时候，应该先表扬幼儿在事件中或其他事情中好的方面，再说明不好的地方和需要改进的地方。

教师要注意在工作中处处时时细致入微地观察和发现孩子的点滴进步，并及时予以鼓励表扬。然后，再随时把这快乐的成长信息友好地传达给家长，这样家长不仅会为孩子的成长进步倍感兴奋，更会为教师对孩子的关爱给予十分的肯定和感谢。同时，家长在感动中不知不觉会产生支持配合教师的"原动力"。

例：

今天在画画时十分专注，一下都没站起来（对坐不住的孩子的表扬）。

孩子有一副热心肠，想帮助……人、……事（对惹麻烦的孩子表扬）。

想给老师帮帮忙（对好心做了错事的孩子）。

今天能吃一大口青菜，而且说得出好多菜名（对不爱吃菜的孩子）。

今天能睡一会儿了，或者说又有进步，今天挺安静的（对睡不着觉的孩子）。

能跳三下绳了，过几天就能跟大家一样了（对运动能力弱的孩子）。

今天值日做得好（对胆小的孩子）。

4.6.2.3 多用第一人称，拉近沟通的距离

避免老是用"你、他"这些有距离感的代词，多使用"我、咱们、我们"等显得亲切的代词来谈论孩子。

例：

咱们青青今天可乖了，会给老师拿书了。

浩源经常迟到，我担心他会错过好多有意思的活动呢。

咱们都想想办法，帮思思克服爱吃零食的毛病。

班里的孩子都挺有礼貌，咱们大家都有功劳。

4.6.2.4 多倾听，多征询，诚恳对待家长

与家长交谈时，多倾听，把话语的主动权多给家长。

表达自己意见时，可以用"您看呢？……""您觉得怎么样"这样的话语。避免说"是不是""对不对"等话语。

需要小结谈话时，可以说："您看对吗？""您的意思是……"

如果一时不能顺利沟通（如看见家长在气头上），也可以说："那您的要求是……"

4.6.2.5 沟通的重点与方式要因人而异

家长来自不同的文化背景、家庭和工作岗位，其文化修养、思想素质、教育观念都不尽相同，因此和不同素养个性的家长交流，要讲究谈话的艺术，要因人而异，采取不同的交流方式，以达到最佳的交流效果。

（1）文化程度。

面对知识素养高、教育观念强的家长，可以适时交流一些教育的技巧，相互间切磋教育的敏感话题，及时和家长交换一下教育看法等，以互相学习取长补短。

面对文化水平一般、教育观念淡薄的家长，可以直接交流孩子的表现情况，并真诚提出具体的教育措施，让家长予以配合。

（2）性格修养。

面对性格开朗、亲和力强的家长，可以投之以桃报之以李，在轻松的说笑中拉近家园间的情感距离，完成家园合作事项。当孩子出现问题时，可直接进入正题，指出孩子近阶段的进步与存在的问题，并互相商量对策。

面对不善言谈、个性内向的家长，教师可以主动出击，热情向家长介绍孩子在园的表现，提出合作请求，用教师的真诚热情激起家长的参与热情。

面对脾气急躁、虚荣心强的家长，应多提孩子的长处，并委婉地指出孩子的缺点。

面对谦虚、诚恳的家长，可直接挑明孩子近阶段的问题并商量对策。

面对不大熟悉的家长，开始时可拉拉家常，以了解家长的性格，以便有针对性地开展谈话。

（3）对待教育的态度。

面对不关心孩子的家长，应直接指出问题的严重性。

面对宠爱、放任孩子的家长，应宣传科学的育儿知识，并详细分析孩子在集体生活中的表现，使其明白溺爱孩子的不良后果。

请用先表扬、后说情况的技巧把下面列的幼儿的表现反映给家长：

丁丁抢着做值日，结果洒了汤。

浩浩不肯把书借给嘉嘉，争执中咬了嘉嘉的手。

小玉上课说了好多菜名，但午餐时却把青菜拨到一边。

萌萌吃饭前，哭着要奶奶。后来是老师喂了几口才不闹了。

4.6.3 学会与家长闲聊

由于工作关系，我们常会有许多与家长闲聊的机会。可是因为不知道说什么好，许多年轻的教师遇到这样的机会往往有些胆怯，希望避而远之。然而这些闲聊却能在家、园之间起到有效的沟通作用，对教师开展工作很有帮助。所以作为幼教工作者，不妨也学学与家长闲聊的技巧。例如：

亲子日迎宾

"亲子日"早上9点开始，彤彤爸爸8点半就到了，在教室门口张望。王老师在教室里看见了，就走出来。

王老师："彤彤爸爸您好，真早啊。"

彤彤爸爸："是啊，什么时候开始啊？"

王老师："再等10分钟就可以进去了，小朋友们没吃完早餐呢。要不，您看看孩子们上周的环保作品吧。——这件是彤彤的，做得挺好的。"

彤彤爸爸："这是拿什么做的？"

王老师："这个是广告纸，还有塑料绳、纸杯。彤彤做的这个鸟头特别像，小鸟的眼睛用树叶剪的，别的小朋友都说好。"

彤彤爸爸："是嘛，小孩子们都做得不错。"

王老师："是啊，孩子们都很喜欢，这儿还有这星期的图画作业。彤彤说电视机里画的是爸爸妈妈。"

彤彤爸爸："呵……"

王老师："那您慢慢看，我再看看班里的小朋友，等会儿来请您。"

彤彤爸爸："好好，您忙。"

沟通技巧点评：从孩子在幼儿园的表现或作品打开话题。

子晴妈妈："子晴在家也还可以，就是吃饭太少，我怕她不够营养。"

陆老师："是吗，在幼儿园里吃得挺正常的，有时候还添饭呢。"

子晴妈妈："在家老说吃不下。"

陆老师："不会是零食吃得太多了吧。"

子晴妈妈："零食倒好像没吃什么，她长到三岁还没给她吃过糖呢。唉，真没办法。她老不怎么吃饭，我只好叫她爷爷去幼儿园接她的时候带点东西。也没什么，就是一杯酸奶，一块面包或者蛋糕，有时候加点玉米红薯什么的，不是都说吃粗粮好嘛。"

陆老师："子晴一般几点吃晚饭啊？"

子晴妈妈："我们叫她爷爷早点给她吃，一般六点就吃晚饭了。"

陆老师："会不会是前面吃得饱了。到吃饭的时候吃不下了。小孩子还是大饿大饱的好。"

子晴妈妈："休息日也常常说吃不下。"

陆老师："要是实在不开胃，可以去看看中医。"

子晴妈妈："是吗？可以看医生的啊。那我去打听一下。"

陆老师："我也帮你留意一下。"

子晴妈妈："那谢谢您了。"

陆老师："那您也歇歇吧，这出来一趟也挺累的。"

沟通技巧点评：

（1）从最了解的日常情况说起，像关心朋友一样适度关心家长。

（2）听到家长在育儿时的烦恼及时提供一些好的育儿建议。

4.6.4 接送时间常用的沟通技巧

一早一晚，教师会和家长见面，抓住这一机会与家长进行沟通，能够增强家、园同步教育的有效。因此，接送环节是家、园相互传递信息最快、最便捷的时刻。另外，接送环节会折射出教师对孩子家长的重视程度，折射出幼儿园的园风、教师的专业水平、教师的敬业精神，直接影响家长对幼儿园工作的看法、态度、参与的积极性。只有认识到接送环节中家长工作的重要性、必要性，取得家长的满意和信任，否则家长工作必然流于形式，收不到实效。很有必要了解在接送时间常见的沟通话题和有效的沟通技巧。

4.6.4.1 家长愿意听有针对性的评价

接送是幼儿教师每日必经的工作环节，见到家长该怎么说，说什么？实践证明，家长愿意听到有针对性的评价。

【案例1】

"挺好的"为什么不好

王老师是个宽容的年轻教师，第一次担任班主任，她带的小班有30多个幼儿。每天放学，王老师总是面带微笑在教室门口欢送孩子。家长们常问起孩子的表现，对这样的问题，王老师把它们分成两类，一类是小朋友表现良好的，就回答："挺好的。"另一类是有些不足的，就说"还行。"

可没想到期末开家长会时，家长却对王老师提了意见。一位家长抱怨道："我的孩子在幼儿园已经很长时间了。说真的，我现在对孩子在园情况很不了解。您看，孩子每天在幼儿园八个小时，晚上接回家和家长也就待上两个小时。孩子回家不太说幼儿园的情况，问老师，老师总说'挺好的'。真不知这'挺好的'到底好到什么程度，我们家长该为孩子做哪些准备？"言语之间，充满了对孩子教育的焦虑，对了解孩子在园情况的渴望，对"挺好的"的困惑。这位家长的话，立刻引起了其他家长的共鸣。

王老师没料到，那句原意是赞美的"挺好的"竟然引来了不满，很想不通。

分析：家长渴望了解孩子在园的各种。要求教师尽量反馈孩子的在园表现、发展特点和水平，说些针对性强的评价。但是，教师却缺乏这种意识，使家长感觉到自己的需求与教师提供的服务质量之间存在差距，认为教师在马虎应付，因而对幼儿园的工作产生不满。

4.6.4.2 给予家长恰当的指引

育儿非易事，不少家长对孩子的成长很关注，但苦于工作忙碌或育儿知识不足，对一些常见的问题很困惑。当这些家长诚恳地向老师寻求帮助时，我们需要耐心地倾听，并对他们给予恰当的指引。

发愁的妈妈

放学时间到了，张老师站在教室门口等家长接自己的孩子。兵兵和妈妈走出教室门口时，张老师发现兵兵妈妈脸色有些不悦。又听见她小声地抱怨："真是，你爷爷自己不吃，都花在你嘴上了。"

第二天，兵兵妈妈来接孩子时，刚巧兵兵小便去了。张老师笑眯眯地随口跟她闲聊了一句，没想到兵兵妈妈忽然说："老师，我想问你个事。"张老师问她是什么事，兵兵妈妈说："我们兵兵上了中班后特别爱吃零食，还特别爱在回家路上买。我们也耐不住他磨，多少都会买一点。要是他爷爷来接，每次起码七八块，前天最厉害，一天就花了十三块。其实呢，我们倒也不是说花不起这个钱，就是觉得好像多了些，毕竟还小，怕以后长大大手大脚。您说我们该不该给他买呢？"

张老师认真地听兵兵妈妈说完，说："咱们这样您看好不好，您呢，今天回去先和他爸爸、爷爷、奶奶商量一下，大家都说好了，统一口径，每天严格控制兵兵零花钱的数量。咱们多向兵兵说说爸爸妈妈挣钱不易，兵兵是好孩子，我相信他会接受这个观念的，这也能让孩子自觉养成节约的好习惯；然后咱们也分头查查有关资料，给兵兵讲一些勤俭节约方面的故事；另外，您告诉兵兵，买零食吃的危害性，如一些零食不卫生，吃了会生病，还有对牙齿不好等等。"兵兵妈妈听了显得很高兴。最后，张老师还说："我们在幼儿园也搞些相应的活动，帮助兵兵克服吃零食的毛病，配合你们的教育。您看行吗?"兵兵妈妈听了连连点头，脸上露出放心的笑容。

沟通技巧点评：

家长主动把育儿的烦恼告诉老师，并向老师寻求帮助，这说明家长对老师是信任的。这时，我们不要急于判断下结论，而是先认真地倾听家长的叙述，不要随便打断家长说话。目光要注视对方的眼睛，在倾听的过程中常常用"嗯、哦、对"这样的字眼表示正在仔细听。根据家长的倾诉，巧妙答复与引导。教师越是乐于倾听，家长就越愿意交流。用"咱们"式的用语拉近沟通的距离，取得家长的信任。积极提出育儿的建议，帮助家长共同解决问题。

4.6.5 "告状"的艺术

"告状"几乎是每个幼儿教师都做过的事。不过，"告状"的效果往往与教师的语言沟通水平有很大联系。"告状"告得好，家长心悦诚服，直接影响到孩子的表现；告得不好，家长垂头丧气，或者迁怒于幼儿，甚至引起家长对幼儿园教育教学方式的质疑。所以，作为一个新教师，学会一些"告状"的基本技巧，对工作是很有利的。对比下面两个不同方式的"告状"。

【案例1】

> #### 直白的"告状"
>
> 　　强强是个非常调皮的孩子，时常要给老师添点麻烦。瞧，今天他又"闯祸"了。强强玩水把洗手间弄得"水漫金山"，还把小朋友洗手用的肥皂全部扔进了小便池里。老师生气极了，因为这已经不是一次两次的事情了，而且已经多次教育过强强：不能玩水，要节约用水；肥皂不是玩具，不能玩。可强强总是不听。于是，在强强妈妈来接他的时候，老师忍不住告起状来："强强妈妈，强强这孩子真是不听话，整天闯祸，你看，今天他又在厕所里玩水，弄得厕所里全是水，还把洗手用的肥皂全部扔进了小便池，你要好好教育教育他。"强强妈妈听了老师的话，脸色顿时阴沉了下来，看得出来她有些不高兴。随后她忍住怒火，一把拉过站在一旁的强强。强强低着头，一声不吭地跟着妈妈离开了教室。

【案例2】

> #### 委婉的"告状"
>
> 　　新新喜欢玩洗手液，他经常把盥洗室里的洗手液按出许多，然后搓出无数的泡

泡，玩吹泡泡游戏。

这天，新新又趁老师不注意，把一大瓶洗手液全都挤进了洗手池，玩起了吹泡泡游戏。老师非常生气，但仍然耐心地了解了情况。在新新妈妈来接新新的时候，老师说："新新妈妈，新新最近可喜欢帮老师做事情了，他在家一定也帮您干活吧。"新新妈妈笑着说："是的，在家经常抢着帮忙做事情，什么做事情呀！还不是想玩，总是好心办坏事。……"是的"老师接口说，"今天，新新想帮王老师清洗洗手池，结果把所有的洗手液都挤在了里面，弄得厕所里全是水和泡泡，他玩泡泡玩得开心极了，连活动都不参加了。我对他说，帮王老师做事情是好的，但不能把洗手液全挤掉，洗手液是给小朋友洗手用的，这样一来，没有了多可惜。下次不能再这样了。"听了老师的话，新新妈妈连连点头："老师，你说得对，批评得对，我会和新新再说一说的。"

第二天，新新妈妈送新新来上幼儿园时带来一瓶洗手液，说是专门买来的，让新新给大家用。

沟通技巧点评：

很明显，从家长的反映来看，案例2中教师的"告状"比较成功。案例1中的教师没有考虑幼儿做事的动机，在批评的语言上，采取了针对幼儿本身的错误方法。在"告状"的策略上，只贬不扬，使家长羞愤不已。这对幼儿的教育非常不利。而案例2则运用了先扬后抑的方式，让家长心悦诚服。

（1）真诚沟通，注意语气

教师要抱着一种真诚、爱孩子的态度，与家长共同来商讨如何解决问题，教育孩子，而不能给人以一种发泄心中对孩子的不满、责备孩子、教育家长的感觉。因此，教师在告状时应该是心平气和的，语气、语调是平缓的，语速是不快不慢的。

（2）先肯定幼儿事件中的优点，再反映情况

孩子的调皮往往出于好奇、好玩，有探索、观察的用意。教师可以利用这一点，说"孩子今天本来想……，但是……"的语句。这样可以使家长在心情愉悦的状态下了解孩子的缺点，并且承认孩子的缺点。

（3）在"告状"时与家长一起分析问题存在的原因，指出他积极的一面

如案例2中的新新把一瓶洗手液全都用来"玩"了，他的本意是想帮老师洗洗手池，但玩的成分更多，结果浪费了洗手液，扰乱了教学秩序。这样的"连帮带玩"是孩子的天性。在分析了原因，肯定新新的出发点是好的同时，老师也指出了不对之处，进行批评教育，这样就能使家长更容易接受一些。新新妈妈在欣然接受老师"告状"的同时还主动进行了赔礼道歉。

（4）对待孩子的缺点问题持理解、宽容的态度，以此作为反映情况的立足点。

俊俊是个调皮的孩子。今天上音乐课时因为和小朋友抢座位而打了别的小朋友，老师及时教育了他，后来又有小朋友和他抢座位，俊俊在老师的暗示下把座位让给了别人。下午放

学时，妈妈来接他。妈妈问老师："俊俊今天调皮了吗？"老师怎么说呢？

4.6.6　家长会常用的语言技巧

家长会可以让家长进一步了解幼儿园的工作，增强家长与幼儿园的沟通，交流家园双方的教育经验、方法。年轻的幼儿教师都有开家长会的机会，希望以下的例子能帮助你了解开家长会时该说些什么。

4.6.6.1　一般式家长会发言的内容与讲话要点

（1）第一部分是致辞，也就是开场白，讲的时候尽量不要看稿，因为这会影响到你与家长目光的交流。有些比较书面的语言在讲的时候不妨换成口头语言。

（2）第一次开家长会或是新接班的教师有必要介绍自己的姓名（至少是姓氏），如果是容易混淆或是少见的字还可以多解释一下（尽管这是小问题，但家长却很想了解清楚）。一个新的教师组合班，往往还需要在第一次的家长会上把自己的合作伙伴（副班教师和生活教师）介绍给家长，这个部分可以放在致辞之后。

（3）当进入最后一个环节——教师与家长个别交流、家长与家长交流的时候，可以这样说：今天会议的主要内容就是这些了，想个别了解情况的家长可以留步，我们可以个别交流一下，其他的家长请您自便。

【案例1】

开学初新入园幼儿的家长会讲话

各位家长朋友：

下午好！

开学已有一个多星期了，今天请大家来，主要是想让大家更多地了解幼儿园，了解我们的工作目标、内容和方法等，配合我们三位教师共同教育好孩子。

首先由我来简单介绍一下我们小（1）班的班组成员：我姓胡，古月胡，主班老师，主要负责上午的教育教学工作和班级管理工作。这位是咱们班的高老师，主要负责下午的教学游戏活动。还有一位年轻教师是祖老师，祖先的祖，她负责保育工作及卫生消毒工作。

把孩子送进幼儿园后，家长最关心的一定是孩子在幼儿园吃得怎么样，睡得好不好，做了什么？幼儿园的教育原则是保教并重，咱们小班是先保，后教。有了健康的身体，才有一切。所以我们学期工作的重点有两个：保育工作方面，我们的重点就是保证孩子们精神愉悦，吃好、睡好、玩好，让家长放心。教育方面，培养孩子独立的生活习惯，让孩子健康地成长。

先说说保育工作。

孩子的健康、幼儿园的环境卫生是家长们关心的问题。我园的卫生保健工作是由姜医生负责，她是我园的专职保健医生，也就是你们早上送幼儿入园时看到给孩子发晨检牌子的人员。晨检牌子有三种颜色，绿色表示孩子健康，黄色则表示生病会引起老师的特别关注，红色说明个人卫生要注意。我们班的教室、寝室的一切物品都经常消毒，请家长们放心。

幼儿园里吃干什么？幼儿在幼儿园每天有三餐两点（早餐、点心、中餐、点心、晚餐），我们的菜谱都经过保健医生搭配营养。营养保证符合孩子的需要。大家想知道孩子每天吃什么，可以到幼儿园大门口的橱窗看看"每周食谱公示栏"。

刚才发给大家一张我们班这学期的"一日活动时间表"，上面列了孩子在幼儿园都做些什么，学些什么。

接下来说说教育。

咱们班多数孩子在园表现是不错的，但也有少数孩子对集体生活很不适应。怎样让孩子尽快地适应集体生活，家长可以配合幼儿园做些什么呢？

首先，持之以恒，天天送孩子入园。

第一，刚入园的孩子因为离开家庭，来到集体生活中会有哭闹、拒食、不睡觉等现象，这种情况叫"入园焦虑"。家长们不必为此担忧，大人的焦虑常常会影响到孩子的情绪，因此家长们要树立一种观念：小鸟长大了，就会飞，为了让小鸟飞得高，飞得远，父母有时不是要把他往身边拉，而是推他一把，现在应该说已经到了推一把的时候。既然把孩子送到幼儿园里，就是抱着一种让他学。学习独立生活的心情而来的。所以请你们相信老师，我们三位妈妈级的老师会像你们爱自己的孩子一样地去照顾他们、关心他们。家长们请你们自己也要控制情绪，不要在外面偷看孩子的活动。这样做会使孩子的心理适应期拉长，哭闹现象还会加剧。

第二，千万不能用"你不乖，老师要骂的"之类的话吓唬孩子，也不要用物质去哄骗孩子。这样无疑会把幼儿园的生活说得更加可怕，令孩子更不喜欢幼儿园。给孩子多讲讲幼儿园的事，如有许多好玩的玩具，老师会带你们做游戏，还有好多的小伙伴，鼓励幼儿高高兴兴上幼儿园，这样可以缓解他们紧张的情绪。我们三位老师会努力使孩子喜欢上幼儿园，以积极鼓励的正面教育为主。

第三，第一周主要是让孩子熟悉幼儿园和教室环境，以玩玩具、讲故事、做游戏为主，尽早地稳定幼儿的情绪。以后几周开始认识自己的毛巾、杯子、座位等，训练幼儿的独立意识：独立吃饭、独立小便。

第四，每个孩子在幼儿园有自己固定的一块小毛巾、小杯子，实行一杯一巾制。每个孩子都有自己的标识（或小动物或水果等）便于幼儿认识。希望家长在家多让孩子巩固练习。学习自己吃饭。孩子在幼儿园要学会自己用调羹吃饭，很多孩子在家可能会自己吃，但有时爸爸、妈妈觉得他吃得慢，就喜欢动手喂饭。其实慢点不要紧，要紧的是能自己吃饭。所以我们希望从他进幼儿园开始，家长配合幼儿园尽量让幼儿自己吃饭。

第五，如有特殊情况（病假、事假等）不能来园请及时与我们联系。天气逐渐转凉，为确保吃到热早点，以后请家长于早上××点以前送孩子。下午××点开始接孩子。为了孩子的安全，请家长自觉坚持使用接送卡，委托其他人接的要以电话相告或便条带信相告，家人不带卡接的，请签字。

其次，培养幼儿生活自理能力。

第一，因此，请家长为孩子多准备一些衣服、裤子、袜子，并做上记号（绣上名字或符号）。让孩子也认识，以便替换（由于幼儿年龄小，一下子不能适应幼儿园的生活，常常会出现大小便弄脏衣裤的现象）。

第二，来幼儿园为孩子穿的衣服式样要尽量简单，便于幼儿穿脱，上衣要前开口，衣裤要宽松，尽量不穿背带裤及硬底的皮鞋和有鞋带的鞋子，避免孩子在学穿衣服时有畏难情绪。小班主要学习穿、脱套式的衣服鞋子，所以家长应准备一些套式衣裤，以便孩子学习、练习。

第三，在家给孩子勤洗头、洗澡、换衣，讲究卫生，保持干燥。

第四，教幼儿学习自己卷袖子后再洗手，掌握正确的洗手程序，学习独立用毛巾架上的毛巾擦手的方法。

第五，请家长给孩子预备充足的上衣和隔汗毛巾，也绣上名字以备用。

第六，在家里引导幼儿学习自己穿脱衣服、鞋子，自己盖被子。

再次，做好孩子的安全工作。

第一，每天来幼儿园要检查孩子的口袋，不要让孩子带零食、玩具、纸钱及有危险的东西（弹子、刀片、扣子、硬币等细小物品），防止吞吃，不要给孩子戴耳环及项链、戒指等贵重物品，以免遗失。

第二，每天早上送孩子入幼儿园一定要把孩子亲手交到班主任老师的手中，不能只送到大门口让孩子自己进教室，避免孩子在游乐场摔伤。

第三，如果你的孩子生病，要吃药品，请在家把药品用纸包好或者使用药盒装好，写明姓名、服药时间、剂量，早上入园后把药亲自交到老师手中再嘱咐一遍，以防出错。有特殊疾病史的幼儿家长要及时告诉班上老师知晓，便于照看；孩子对什么东西有强烈过敏情况也要早告知老师，防患于未然。

第四，有喜欢咬衣服、东西习惯的孩子要纠正不良的行为习惯，否则不卫生也不利于牙齿的整齐生长。

第五，生活中家长以自身做榜样，多教孩子遵守交通规则等一些安全知识（过马路、坐车等）。

第六，孩子在入园的这一周，往往会发生攻击性行为。原因有四种，一是要引起别人的注意，方法却不对；二是自我控制能力差（年龄小）；三是生理因素的影响（多动）；四是家庭教育的因素（举例略）。家长要做好教育工作和协调工作，千万不能说"别人打你你就去打他"之类的话。

最后，家、园协作。

第一，家长和幼儿园应该有一致的观点与态度。幼儿园里教的一些常规知识与技能，家长在家应帮助孩子加强练习，以达到巩固的效果。如不争抢玩具、自己整理玩具。幼儿园有很多玩具，当然玩的小朋友也很多，我们要慢慢让孩子懂得玩具是大家一起玩的，不能争，不能抢，自己玩过的玩具要收拾好。

第二，教育幼儿懂礼貌、讲文明。孩子每天入园要学会向老师、工作人员和小朋友问好。平时要学会礼貌用语。其实孩子的学习很大部分来源于模仿，所以不管是我们老师还是家长都应该注意自己的一言一行，为孩子树立好的榜样。

第三，如果在某些方面有不同的意见，可单独与老师交谈，切不可当着孩子的面否认教学。我们有一本月评语，可利用它和家长取得及时的联系，到时请家长能认真阅读并提供反馈意见。

第四，家长有什么需要或疑难也可随时提出来，我们愿和你们共同探讨。在教室的门口，我们每天出黑板，将一些通知和幼儿园的教学内容写在上面，请家长们及时关心一下。在教室大门旁边我们贴着每周的周计划表，请家长们了解我们每周的教育教学活动。在走廊的墙上设有"家长园地"，我们会张贴一些国内外先进的育儿观念、教育理念、健康护理方法，以及园内班内学习、生活动态等，请家长有时间就看一看。

第五，为提高办事效率，家长早上送孩子来后有什么具体要求可以用纸写好，三言两语，以书面的形式交给老师，我们尽可能满足您的要求。

下面说几件具体事（略）。

今天我们要说的就这么多，家长如有疑问或有何意见、建议请提出来，我们以后来共同探讨。谢谢各位家长在百忙之中抽出时间光临。让我们本着"一切为了孩子"的共同目标，携起手来，把我们的孩子培养成为一个高素质的人才！

分析：

新生入园能否适应，有什么要求，有什么经验或建议，这是家长们共同关心的问题。因此，新生入园不久，通常会召开家长会。

家长会的目的，一是汇报幼儿在园保育情况、教育目标，让家长心中有数；二是向家长提出育儿的经验和建议，让家长在家教育孩子时能更好地配合幼儿园的工作；三是告诉家长幼儿园或本班保教工作的一些习惯做法和注意事项，让家长留意，以便更好地达到家、园沟通的目的。这是一篇经验丰富，工作细致的教师的讲话稿，她的讲话主题明确，条理清晰，口语化强，方便家长聆听、记录。对新教师来说也是个很好的参考。

【案例2】

纲要式家长会发言稿示例

一、致辞

各位家长：你们好！

首先，我代表大四班的三位老师对你们的到来表示热烈的欢迎，并感谢你们百忙之中抽出时间来参加这个家长会，这让我们感受到了你们对我们工作的理解和支持，对你们孩子的关心，正是有了你们的信任、理解和支持，我们的工作才能顺利开展。在此，我真诚地对你们说一声：谢谢，真诚地谢谢你们的热情支持。同时，更希望你们能一如既往地关心与支持我们的工作。

二、班级情况

1. 我班现有幼儿基本情况；

2. 班级活动场所介绍。

三、介绍本学期保教工作计划

1. 本班特点及主要表现；

2. 学期教育总目标；

3. 月保教工作重点提示。

四、有关事项

1. 向家长介绍收费情况；

2. 学习《幼儿一周表现评价指标》；

3. 学习《幼儿入园制度》及《幼儿家长制度》；

4. 强调入、离园时间，接送卡、签到制的使用。

五、家长配合的内容及要求

1. 严格使用接送卡。这是我园的制度，为了孩子的安全，请家长理解我们；

2. 幼儿来园时请家长检查是否带危险物品如扣子、刀子、手镯、项链。如孩子服药，请把药交到老师的手中；

3. 如果你的电话号码有变动也请及时告诉我们，以免有急事时联系不上；

4. 请家长理性地思考和处理幼儿之间的打架现象；

5. 不要让幼儿无故缺席、迟到，以免影响孩子的学习；

6. 敬请家长务必抽空参加幼儿园组织的各种活动；

7. 如果您的孩子在家出现情绪不稳定或身体不舒服时，请您在送孩子入园时及时告诉老师，以便我们能多关注孩子，避免意外事故的发生；

8. 请及时填写《家园联系册》；

9. 当班里要求孩子从家里带一些材料的时候，请家长给予支持和协助，这是为了开展各种教育活动而必需的资源；

10. 请为孩子准备一份学习用具（略）。

六、柳老师介绍所教学科情况

七、吴老师介绍保育方面情况

八、向家长的承诺

孩子能平平安安、快快乐乐地度过每一天是我们共同的心愿，请各位家长放心，我们一定会尽全力把孩子教育好、照顾好，同时也需要您的鼎力支持。让我们家、园携手，共同促进孩子的健康发展。我们将更加努力工作，不负重托。平时有什么想法或意见请您及时跟我们交流、沟通。

九、听取家长的意见

家长会开场白发言：请以小组为单位，模拟幼儿园小班的新生入园家长会。准备好讲话大纲，对其中"致辞，所要讲的每句话都仔细构思好。选一个同学做班主任老师，不看稿，在小组中讲这部分内容。致辞结束后，给"家长们"介绍一下你的助手——班里的副班主任和生活老师。

4.6.6.2 开好家长会，教师怎样说

（1）笑迎家长目光说话，容易使家长产生共鸣。

家长会上，除语言以外，目光的交流十分重要。如果家长感到我们的目光正注视着他们，他们就会更加注意我们的发言，心理上会与我们更靠近。如，介绍孩子的近况时，谈到："妞妞小朋友，原来内向、害羞，升入大班后却判若两人……不过午睡方面还需家长配合，让她尽快适应幼儿园的作息制度。"当我的目光与妞妞妈妈的目光接触时，她会心地笑了，说："我们也体会到妞妞在一天天地成长。妞妞确实在家从不睡午觉，早上也很晚起床，以后我们要尽量与幼儿园一致，让孩子生活更有规律……"有了目光的交流，家长容易与我们产生共鸣。同时，目光的交流也是我们了解家长内心世界迅速而可靠的方法。如，请家长交流自己的育儿经验时，我先环顾四周，面带笑容地巡视着家长，当肯定某位家长胸有成竹时，可以请他带头交流，从而启示其他家长。这样，会场的气氛融洽、活跃，不会出现冷场的局面。

（2）针对家长心态说话，容易使家长理解。

会上，一些家长对自己孩子在幼儿园的表现比较敏感，导致其参与家长会的心态有主动、被动之分。如，陈汀是我们班出名的"自由主义者"，喜单独行动，常一个人悄悄地溜下楼去玩耍，多次提醒都无济于事。家长会上，陈汀的爸爸一言不发，好像等待老师唠叨他那令人头疼的儿子。

老师说："在我们班上有一个特殊的孩子，他是个'汽车迷'，能一口气说出20多种汽车的名称，且对汽车上的各部件作用了如指掌……我想请他爸爸谈谈，在家是如何引导孩子探索汽车世界的。"

这时陈汀的爸爸抬起头，脸上露出难得的笑容，自然地加入育儿交流中。

（3）根据孩子特点说话，容易使家长信服。

交流中，若对幼儿的情况缺乏了解，话就说不到点子上，有时甚至可能会闹出笑话。从小班到大班，我与孩子们朝夕相处，对他们的个性特点了如指掌。如哪些孩子喜欢音乐、绘画、舞蹈，哪些孩子上课专心听讲，哪些孩子自理能力强，哪些孩子在某些方面还有待提高……因此，在与家长交流时，便能有的放矢，令家长心悦诚服。

（4）采用商量的口吻说话，容易被家长悦纳。

保持谦恭的态度。如，通过多次接触，家长们对我们平时的工作有了一定的了解，觉得教育幼儿不是一件易事。会上，欢欢的奶奶说："我看着天天都在进步的孙女，真无法用语言来表达对你们的感激之情。打算送一面锦旗给你们。"说实在的，听到家长的这番话，我们心中更多的是欣慰。感激家长的理解、支持，说："教育孩子是我们应尽的职责，其实我们还有许多做得不周到的地方，还请家长朋友们谅解。同时，每次活动你们都能积极献计献策，帮助收集各种资料，这些都是给我们的珍贵礼物，在此谢谢大家平时对我们工作的大力支持！"这样的口吻更容易被家长悦纳。

学会求同存异。有时，家长会上讨论的问题是多方面的，我们持某种观点有理有据，家长持另一种观点也自有道理，不必把家长的观点和我们的观点对立起来，应求同存异。如，在家长会上，湘湘的爸爸说："幼儿园怎么只教10以内加减呀？湘湘在家里已经会做100以内的加减了！"教师首先肯定湘湘在数学方面表现出来的兴趣、能力，接着说："大班的孩子要求掌握10以内的加减。而孩子存在着个体差异，就湘湘而言，她思维敏捷，且对数字敏感，家长可以适当让她向更高的目标迈进。而有些数字概念差一些的孩子，对10以内的加减还不能很好掌握，那么家长朋友们不要急于求成，可借助实物、图片来帮助孩子理解。"就这样，我用轻松的语言调节了家长会的气氛。

五、我学会了什么

本章我们学习了幼儿教师教学口语的特点和要求，进行了导入语、提问语、讲解语、过渡语、应变语、评价语、结束语等教学环节的口语训练；学习了幼儿教师教育口语的特点、要求和实施原则，进行了直表语、追加语、说服语、表扬语、批评语等教育口语的技能训练；学习了与幼儿及家长沟通的技巧。

六、互动地带

1. 明明的爸爸妈妈经商在外，很少和老师联系交流。明明各方面都不算出色，却是个调皮的孩子。这天明明的父母从外地回来，主动来到幼儿园向教师询问自己孩子的情况。以下是他们之间的对话：

家长：明明这段时间在幼儿园表现得怎么样？

教师：明明啊，怎么搞的，在幼儿园里调皮都出了名了。就说昨天吧，他又把椅子给弄坏了，这不是第一次了，为此，我班还在晨会上被点名批评了。（一提起明明，老师就皱起眉头，一口气劈头盖脸地数落起来）

家长：是吗？在家里也看不出有多么调皮呢。（这时家长一脸的疑惑）

教师：他经常欺负别的小朋友，喜欢和别人争抢玩具，经常有家长来告状呢。还有吃手指的习惯，有时候跟他说了也不听，你们回家要好好教育教育他。

明明的父母听了老师的话，脸色顿时阴沉了下来，有些不高兴，拉着明明的手离开了教室。

讨论与思考：如果你是明明幼儿园的老师，你会如何与明明的家长沟通呢？

2. 小杰小朋友是个插班生，由于妈妈的娇惯，一时很难适应幼儿园的生活，请你给他写写评语。

七、复习思考题

1. 幼儿教师教学口语的特点和要求有哪些？
2. 幼儿教师教学口语有哪些环节？分别有哪些常见形式？
3. 幼儿教师教育口语的特点和要求有哪些？
4. 幼儿教师在实施教育口语时要遵循哪些原则？
5. 幼儿教师如何与幼儿和家长沟通进行沟通？
6. 开家长会时，幼儿教师怎样与家长沟通孩子的教育？

八、实训练习与操作

1. 强强年龄比同伴小几个月，各方面显得比较稚嫩，父母每次把他送到幼儿园都有些不放心，天天询问强强在园表现如何。请你设计一下某一天教师和强强父母的对话。

2. 冬日的一天，幼儿离园后 5 分钟，小 A 的奶奶拉着小 A 冲进班里，大声嚷嚷道："你是怎么当老师的？我孙女裤子都尿湿老半天了，你都不给换，天这么冷……"小 A 的奶奶涨红了脸，情绪很激动。老师见此情景，应怎样面对家长误解？如何与家长沟通？

实训目标：掌握教师与家长沟通技巧与要求。

实训内容与要求：学生根据情境设计对话，并进行表演，要求态度积极真诚，用语标准，沟通有技巧。

实训成果与检测：学生表演，教师评测、指导。

3. 为下列教学内容设计导入语。

（1）中班科学领域《生活中的正方形》

活动目标：认识正方形的基本特征，能在生活中找出正方形的相似物体；培养幼儿的观察力、创造力。

（2）大班社会领域《热闹的春节》

活动目标：了解有关春节的一些传统习俗，学习拜年时与他人交往的礼节。

实训目标：学生能够根据教学目的灵活地设计导入语，开展教学活动并能激发幼儿的兴趣。

实训内容与要求：学生分小组讨论，设计导入语；然后模拟情境，进行讲述。

实训成果与检测：班级评议，教师评测、总结。

4. 设计中班艺术活动课《圣诞树》（绘画）的教学口语。

（1）引入主题，可结合歌曲《Happy New Year》，也可根据教室已布置好的圣诞氛围。

（2）复习圣诞树的基本画法，指导能力较弱的幼儿用三个三角形组成一株圣诞树。

（3）教师示范，画出不同的颜色、不同形状的装饰物。

（4）启发并指导幼儿，绘制自己想要的圣诞饰品。

（5）指导幼儿剪下并粘贴在先前画好的圣诞树上。

（6）活动讲评。

实训目标：组织和运用恰当的教学口语，创设良好的教学氛围，形象而准确地传授知识，指导幼儿进行小制作。注意体现艺术领域用语的指导性和演示性特色；设置科学有序的教学环节，在不同环节设计形式灵活多样的教学口语。

实训内容和要求：学生小组讨论，设计教学口语，写出教学详案后，在班级试讲。

实训成果与检测：班级评议，教师评测、总结。

5. 根据所给材料，设计表扬语和批评语。

（1）董宁小朋友最近不那么淘气了，教师想抓住三件事当众表扬他：

游戏结束了，还有两张椅子留在操场上，他见了马上把它们搬进教室；有位小朋友玩了一会沙袋，又想玩皮球了，可皮球都在小朋友们手中，董宁想了想，把自己的球给了这位小朋友；朋友出去活动时，他主动把教室里的灯都关了。

（2）为了教育孩子团结友爱、热爱集体，一位幼儿教师要求小朋友带一件自己心爱的玩具到幼儿园同大家一起玩。许多孩子带来了新巧的玩具，但是娟娟却带来了一张小画片。针对这种情况，教师应怎样对孩子进行暗示性的批评教育。

实训目标：掌握表扬与批评的教育技巧，正确运用表扬语与批评语。

实训内容与要求：学生个人设计，分组练习，然后班级试讲。

实训成果与检测：班级评议，教师评测、总结。

九、岗位显身手

请对下面的表扬语发表看法，如不妥，该怎么说？

（1）"林华的脑袋就是灵，像小电脑那么灵，我说呀，将来准能成个数学家！"

（2）"斌斌真能干，学会扫地了。小朋友都去做游戏，斌斌一个人不声不响地扫地，扫得这么干净。小朋友们回来一定会很高兴，老师也很高兴！"

（3）"玲玲是一个比较自觉的孩子，真是'不用扬鞭自奋蹄'，没有人分派她，她却能自觉自愿地做一些有益于整个班集体的事情，值得大家学习！"

十、我的拓展阅读资料

幼儿教师专业用语100句

第13章　养老护理服务用语

一、我要学什么

1. 了解养老护理员服务用语要求；
2. 掌握养老护理服务常用语；
3. 掌握养老护理服务沟通技巧。

二、我要达到的目标

熟练运用养老护理员服务用语解决工作中的问题。

三、课前脑运动

1. 休养人员老张想念儿女，时常絮叨着拿儿女照片让王护理员看，时间长了王护理员就不耐烦，边说："我忙着呢。"边把老张拿照片的手推开，转身走了。

结果王护理员被投诉了，你怎么看这件事。

2. 杨婆婆，75岁，听到老伴在医院里病逝的消息情绪非常低落，常常一个人无声地流泪，饮食也差，眼看着她的健康状态一天比一天差，这时，应该对杨婆婆进行怎样的沟通，采用哪种沟通方式比较要当？

四、涨知识

养老护理服务用语是养老护理员在敬老院等专门的养老服务机构工作的过程中，在为老人（休养员）提供服务，与老人、家属沟通时所使用的礼貌用语。老年人特殊的生理和心理特征要求护理员在工作中要有耐心，理解并接受老人们的行为方式，认真倾听他们的心声，与他们进行言语和情感交流，并尽可能向他们提供帮助，满足他们的合理要求。通过礼貌的语言和仪态，使老年人从养老护理员的工作中感受到全社会的尊敬与关怀。

4.1　养老护理服务用语要求

4.1.1　简洁明白，避免复杂用语

由于老年人都存在着听力下降的问题，所以在交流中，要充分考虑好他们的信息接受能力，说话要清楚明白，不能使用老人们听不懂的方言，尽量以普通话来为他们服务。不要运用太复杂的言语，尤其不能说句子成分结构过于复杂的话，因为老年人理解起来会比较吃力。比如说，如果想请老人到楼下去就餐，就一定要把意思"分解"成老人家能够听懂的若干短句："大娘，吃饭了。""我们到楼下去吃饭，我来扶着您，慢点儿走。"话要说得越简单越好，在不影响自己要表达的思想的前提下，简单明了地组织语言。

4.1.2　耐心亲切，面带微笑

老年人记性不是很好，一件事情，就算刚跟他说过，一转眼，他也会忘得一干二净。如此一来，就只能多说几遍，在他的脑子里形成深刻的印象，慢慢地来，让他一点一点地消化，这样才能达到想要的效果。当然，在这期间，养老护理员要很有耐心，要时刻面带微笑，因为笑容有一种亲和力，能拉近彼此之间的距离，以更好地了解对方，加深沟通。

4.2　养老护理服务用语技巧

4.2.1　深入了解老人，耐心倾听，寻找老人感兴趣的话题

长期生活在敬老院中的老人，生活空间相对闭塞。因此，作为养老护理员，要深入了解老人的情况，寻找合适的话题与他们沟通，例如老人一般都比较关注国家的大事，像台湾问题、三农问题等。作为养老护理员，还可以和他们聊聊他们生活的那个年代和我们现在年代的不同、他们独特的人生经历等。当然，如果老人不介意的话，还可以和他们聊聊家人，尤其是小孩子，因为老人家都喜欢跟人家讲自家的小孩子有多么可爱聪明。需要注意的是，不能和老人提到"死亡"的话题，因为老人家一般都很忌讳。当然，对其情况不太了解的老人，或者不想谈及家人的老人，最好也别过问其家中的情况。

4.2.2　要调整好说话的音量

老年人的听力总是在不断下降的，因此，我们要不厌其烦地重复自己所说的话。但

是，是不是提高说话的音量就行了？在日常生活中，一旦我们听不清别人说话或是电视节目时，我们就让对方大声点，或是调高电视机音量。但是在与老人说话的过程中，千万不要这样做。如果因为老人听不清你说的话，你就冲着老人大喊大叫，这是一件很不礼貌的事，在很大程度上会伤害老人的自尊心。但说话声也不可以太小，那样一来，老人就真的无法听清了。所以要掌握合适的音量，同时配合礼貌的举止和亲切的笑容，老人就容易接受了。

4.2.3　要察言观色，委婉表达

尽量不要说一些言辞过于激烈的话，而且记住千万不要揭他人的短或是触及他人的痛楚。注意察言观色，也许你无意中的一句话会令他人很是郁闷，此时就要懂得"转移话题，顾左右而言他"，转移其注意力。

4.2.4　沟通过程要慢一些，结合必备的体态语言

老年人的听力和理解能力随着年龄的增长而弱化，因此，在与老年人沟通的过程中，要降低说话的语速。如果仍旧沟通不了，就要结合适当的体态语言，学会用眼神或是手势语来表达你的想法，如点头、摇头、摆手、微笑等。

4.3　常用养老护理服务用语

4.3.1　日常用语

（1）要遵循的原则。

提出请求，"请"字在先；获得帮助，及时致谢；打扰别人，诚心道歉；首问负责，及时解答。

（2）基本用语。

与老人日常交流时的基本用语包括：请、你好、谢谢、对不起、请原谅、不客气、谢谢合作等。

（3）称呼语。

对老人的称呼要和蔼可亲。可称为：××大爷（大伯）、××大娘（大婶）、××师傅、××（爷爷/奶奶）等尊称。

（4）赞扬语。

当老人配合你护理时，应及时给予赞赏："真不错""对极了""非常好"等。

（5）推托语。

当你不能满足服务对象的个别要求，或其要求不合理时，应说："这事我不太清楚，我

去问问主管护理或管理人员再告诉你，好吗？"

（6）征询语。

- 你需要我帮助吗？
- 我能为你做什么吗？
- 这药用后你好些了吗？
- 晚上你想吃什么吗？

4.3.2　电话用语

- 你好！这里是福利中心××楼（室），请问您找谁？请稍等。
- 对不起，××（加上称谓）不在，我可以帮您转告吗？
- 对不起，××（加上称谓）有事外出了（或去××了），大概 11 点能回来，请您 11 点以后再打来，好吗？
- 对不起，现在是巡房和护理时间，如果不是太急的话，请您××点以后再打来，好吗？

4.3.3　入住接待用语

- 您好！欢迎您来我中心入住休养，我是护理员李红（可以叫我小李）。今后您有什么事可以找我。
- 我叫××，是您的责任护理员，负责您的生活护理。如果有服务不周的地方，请您随时提出来，我将及时弥补，希望我的服务能让您满意！
- 请您先测体重。
- 您被安排在××栋××层的××（房号），我带您过去。
- 您的主管护理员是××，他们很快就会来看您。
- 您有什么要求，请告诉我们，我们将尽量帮助您。
- 希望您在我中心入住期间心情愉快。

4.3.4　护理用语

- 晨间护理："××（爷爷/奶奶等尊称）早上好，请问您昨晚睡得好吗？""我们开始整理房间了，请配合一下，谢谢。"
- 晚间护理："××（爷爷/奶奶等尊称）我来帮您洗脸洗脚（洗头、擦身等）""祝您晚安！"
- 服药前："××（爷爷/奶奶等尊称）请您服药，我为您倒开水。"注意，必须核对药名、药量，带温开水。
- 您如果有事，请按指示灯，我会随时来的。
- 护理处理完毕："谢谢您的配合，有什么不舒服，请及时告诉我们。"

- 请您不要着急，我马上通知××来看您。

4.3.5　管理用语

- 请协助我们保持房间环境卫生，谢谢！
- 休养员该休息了，请下次再来，好吗？
- 对不起，陪伴不能睡休养员的床，谢谢合作！
- 同志，对不起，为了您和休养员的健康，请不要在病房吸烟，谢谢！
- 请您说话小声一点，可以吗？
- 为了保持房间安静，我们希望您只留一个陪伴，谢谢支持。
- 请不要随地扔纸屑、果皮，不要往窗外倒水。
- 请多提意见，我们将尽力解决。
- 请保管好自己的物品，谨防遗失。

4.4　护理员服务忌语

4.4.1　让人感觉不受尊重的、命令式的或无称谓的语句

- 躺（坐）那儿，别磨磨蹭蹭的！
- 嗨，××床！（不称呼姓名）
- 把裤子脱了（把衣服撩起来）！
- 起来啦，整理床了。
- 没到××时间，都出去！
- 在这儿签个字，快点儿！
- 都停下来，我们要检查了！
- 把证件（证明、资料）都拿出来，让我看看！

4.4.2　侮辱人格、讽刺挖苦或可能让人感到羞辱的语句

- 有什么不好意思的，都这份儿上了！
- 瞧着点儿，没长眼睛呀！
- 这么大人，怎么什么都不懂！
- 活该！
- 没钱就别来这住！
- 干吗起这名字！
- 你这样的人，我见多了，有什么了不起的！
- 到这儿撒野来了！

4.4.3 不耐烦的、生硬的语句

- 你这人怎么事儿这么多，讨厌！
- 没什么，死不了！
- 嫌慢，你早干什么来着！
- 这儿交班（开会、结账）呢，外面等着去！
- 哪儿凉快哪儿歇着去！
- 这是法律法规规定的，你懂不懂！
- 材料不齐，回去补去！
- 上面都写着呢，自己看去！
- 查户口的？你管我姓什么！

4.4.4 不负责任的推脱语句

- 不知道！
- 这事别来找我，我不管！
- 谁和你说的（谁答应你的），找谁去！
- 快下班了，明天再说！
- 我下班了，找别人去！
- 没上班呢，等会儿再说！
- 机器（仪器）坏了，谁也没辙儿！
- 嫌这儿不好，到别处去！
- 我就这态度，有意见，找头儿去！
- 这地方写得不对，找××改去！

4.4.5 含混不清、让人增加疑虑的语句

- 好坏谁也不敢说，没准儿。
- 你这事不太好办呀。
- 也许不要紧（没关系）。

4.5 养老护理服务沟通技巧

我们在与老年人进行沟通的过程中，我们应该注意些什么呢？我们需要采用什么样的沟通方式才能让我们的沟通顺利地进行？

4.5.1 选择适合自己和沟通对象的沟通方式，不同沟通方式互补

在与老年人进行沟通之前，我们便会对老年人进行评估，了解老年人的身心状况，根据老年人的身心状况来选择适合自己也适合老年人的沟通方式。沟通方式的选择不是单一的为了达到良好的沟通效果，往往需要同时采用两种或多种方式的沟通方式。比如，我们与一位有听力损伤的老人进行沟通时，可以采用口头语言给老人进行讲解，老人听不清楚的地方，可以采用书写的方式让老人看，还可以借助手势、表情、行为礼仪、眼神等多种方式进行互补沟通。

4.5.1.1 口头语言中配合着声音语言的表达

在与老年人进行口头语言交流时，声音的表达方式在沟通效果中占有非常重要的意义。声音包括语速、音调、音量、节奏、声音补白等。据相关学者研究表明，沟通中38%的含义受声音的影响，即沟通的效果不是受语言本身，而是受沟通表达方式中的声音的影响。

（1）语速。与老年人交流过程中，语速应快慢适中，尽量放慢语速，太快了老年人听不清楚，就算勉强听清楚了有时也反应不过来。

（2）音量。在与老年人进行沟通的过程中，老年人由于听力受损，在和老人说话的时候，声音的音量要适当高于年轻人。但是，高音量的声音会让人感觉到不满的情绪，此时应将柔和的表情、关心的语气等方式加以配合，才不会使声音变得生硬而让人误解。

（3）节奏。应抑扬顿挫，保持均衡、规律。

声音补白。在与老年人的沟通中需要加入如"啊、嗯、呀、哦、好的、行、是吧"等短语，这样会让老人感觉到你的反应和注意。

（4）发音。在与老年人进行沟通时一定要注意发音的准确性，吐词要清楚、音节要清晰等。

4.5.1.2 口头语言配合肢体语言

在与老年人进行沟通的过程中，由于老人的听力与听力的减退，对语言、声音的感知降低，因此在与老年人进行沟通的过程中配合肢体语言将会达到更好的效果。肢体语言包括形象与仪态、表情与行为礼仪、眼神、手势、小动作等。

（1）形象。形象应该是整洁、美观、大方、朴实。

（2）仪态。仪态反映了一个人的精气神，应站如松、行如风、坐如钟。

（3）表情。真诚的微笑是最美最有效的沟通语言。

（4）礼仪。招呼、握手、递接名片、倒茶、让座等都是一个连贯的过程，过程必须以热情、微笑为基础。

（5）目光。要保持与人目光交流，热情、友好、亲切、坦诚。

（6）手势。明确、精练、自如、和谐，但千万别错误运用。

（7）触摸。触摸是对老年人的一种特殊的沟通语言，不同的部位、不同的触摸方式所

表达的意思有所不同，要注意场合、情景而正确运用。比如老人伤心时，可以轻轻地触摸老人后脑的头发；提醒老人，需要告知老人事情的时候，可以轻拍老人的肩背以引起老人的注意。

4.5.2　与陌生老人的初次沟通

沟通是一个从陌生到熟悉的过程。怎样了解一个陌生的老年人呢？从沟通开启。首先我们以善意的微笑、诚恳的态度、尊重的称呼开始；再以巧妙的起始语，将老人引入一个恰当的话题；从而开始我们的沟通旅程。

4.5.2.1　微笑

微笑在与老年人的沟通中能发挥极大的作用，它能展示一个人独特的魅力。"微笑是人类的特权"，也是我们的宝贵财富。它是自信的标志，也是礼貌的象征。陌生的老年人往往依据你的微笑来辨别你是善是恶、是真情实感还是虚情假意，从而决定对你采取相应的态度。只要我们献出一份微笑，我们与老年人之间的距离就变得很小，年龄上的代沟也会因此而忘掉。

4.5.2.2　诚恳热情的态度

诚恳热情的态度是一个人由内而外表现出来的一种气质，表现为：待人平等、举止大方，从容不迫而不要扭捏和拘束。和蔼可亲的面部表情、关心体贴的说话和行为都能表达出诚恳的态度。诚恳的态度会更容易得到老年人的信赖。

4.5.2.3　尊重

尊重是一种美德，尊重别人同时也是尊重自己。在与陌生老年人的初次沟通中，尊重可以温暖老年人的心，从而让我们的沟通变得更加通畅。老年人由于退休，身体衰老，社交能力降低，心理障碍增加，有时甚至失去家庭的帮助，会经常感到不被尊重的威胁，因此老年人对尊重的需要更为迫切。

4.5.2.4　巧妙的起始语

在与陌生老年人首次进行沟通交流的时候，巧妙的起始语对打开老年人警惕的心扉非常重要。在不同的环境中、不同的场合里需要采用不同的起始语。

养老机构里，陌生的老人来参观或者咨询入住的情况，我们可以以这样的话语开启沟通历程，"爷爷或婆婆，您好，我叫什么什么，是这里的工作人员，欢迎您的到来，请问您贵姓呢？"这样，一下子就抓住了老人们的心，热情诚恳的态度，尊重的语气加上巧妙的起始语，将老人们的心一下子就热络了起来，接下来的沟通就会比较顺利了。

如果是在大街上、广场里我们应该怎样去开启沟通之门呢？可以以请教问题的方式作为开场白，老年人由于其丰富的人生阅历和工作经验，希望与别人分享，同时也喜欢对年轻人进行指导和教育，因此谦虚的受教也是一种巧妙的沟通方式。

4.5.2.5 恰当的话题

与陌生老年人的首次谈话中，选择恰当的话题非常的重要。恰当的话题往往是沟通中的难点，如果我们能找到源源不断的话题，那么我们的沟通就会顺利地进行下去。反之，开展沟通就比较困难。老年人不同性别之间的关注度差别不太大，他们所关注的大多是关于子孙、休闲、健康、社区活动之类的话题。探索式的提问可以找到老年人的兴趣点。所谓探索式的提问，就是通过提问以获得对对方日常生活的了解，通过对老年人日常生活的了解进而获知他们的兴趣和爱好。

比如，对老人们这样提问"爷爷（奶奶），你平常吃了饭，都做些什么呀？整天的时间怎么打发呀？"老人们可能告诉你："我们呀，可忙了！早上起洗漱后先去什么什么地遛个弯，回来吃了饭就在家里看看书、上上网（别认为现在的老年人不会上网，他的学习能力不可小觑啊），然后怎么样怎么样。"这时候你就可以知道老人的兴趣中有着年轻人的元素，就有了沟通的话题了。另外老年人比较喜欢教导年轻人，可以让老年人给你传授经验的方式激发他们的兴趣。

另外，对陌生老年人的沟通还要注意循序渐进，先从老人们容易回答的问题入手，等他们健谈后，再慢慢地深入。比如，和陌生老人首次沟通的时候，可以先从"您有几个子女啊？您以前是做什么工作的啊？您现在身体还不错啊？"之类的话题入手，慢慢地解除对方的戒心，然后再提一些与之密切的话题，他们也就比较自然地接受了。

4.5.3 巧妙的建议和意见

老年人由于其丰富的人生经历与阅历，在生活中形成了比较固定的思维模式和想法，对年轻人的意见或建议、批评不是那么容易接受，所以我们如果需要向他们提出意见、建议和批评的时候，一定要注意方法与策略。

4.5.3.1 在闲聊中不经意的暗示

当我们在与老年人进行闲聊的时候，他们的戒心会暂时降低，这时候，是我们影响其潜意识、投射有效信息的最佳机会。

一天早上，看见一位爷爷在广场上悠闲地散步，但是他的衣服却很脏了，想建议他把衣服换换，但又担心引起老人的反感。这时候我们可以这样做：加入老年人的散步行列，再与老人闲聊"爷爷，这么早就出来了锻炼身体了啊？"老人家："是啊，你也早啊"。我们："您真不错啊，身体这么好啊"。老人家："还可以"。我们："哦，您如果换件衣服，您看起来会更精神一些"。这时候老人就会注意到自己的衣服，果然有些脏了，是该换了。

4.5.3.2 居安思危的建议

当老年人意识到问题的严重性的时候，他们才会更有愿望去接受我们的意见或建议。在老人的潜意识里，都有追求幸福和快乐的愿望，但任何人都有碰到挫折感到迷茫与痛苦的时候，那么可以扩大这种痛苦的感觉，从而让他们接受你的建议。

有一位跌后骨折的老人，需要卧床三个月的时间。由于骨折后的疼痛，老人不愿意翻身，没几天臀部就出现了一个早期压疮。给他换药时有一点点疼痛，老人又大吵大闹地不愿意换药。我们知道：早期压疮出现后如果不及时换药，还不坚持翻身，早期压疮很快就会向深度发展，最后造成坏死、感染，甚至危及老人的生命。我们可以将压疮的发展经过与结果告诉老人，同时告诉他如果配合治疗与护理，其早期压疮几天就好了，否则肯定就只有坏死、感染，那时候的痛苦比现在强烈几十倍。老人听后，强烈的求生欲望和怕痛的情绪就会让其妥协。

4.5.3.3 赞美后的建议

想让老年人接受你的意见和建议，还有一个巧妙的方法就是先要承认他的"可取之处"，然后顺势就说："如果您怎样怎样的话可能会更好。"

4.5.3.4 商量的口气提出意见

在实际生活中，以商量的口气向老年人提出意见或建议，老人会感觉自己受到了尊重而不是责怪，因此可能会收到意想不到的效果。

有位老人喜欢把什么东西都放在自己的床上，包括零食之类的，目的是方便自己拿取，但又不愿意整理，房间里、床上到处都是乱糟糟的一团。这时候我们要建议老人不要将所有的东西都放在床上。我们不妨试试这样：我们去到老人房间，慢慢坐下来向老人说："婆婆，我想跟您商量一件事情，您看行吗？""行呀，你说吧！""婆婆，您看，您的衣服、零食还有被子，全部裹在床上，您需要的时候又找不到，不需要的时候床上又看起来乱哄哄的，而且吃的东西放在床上还容易招来老鼠、虫子之类的，对您的身体不好，您看可不可以整理一下您的房间和床，弄得干干净净、整整齐齐的，您住着也舒服，看着更舒服，怎么样？"这样一来老人可能会比较乐意地接受了，但是如果换个方式效果可能就差些，有时可能还会引起争执。例如，上面的那个老人，你一去就说，婆婆你看你的床上多乱啊，快整理一下。老人可能会马上反对，不行不行，这些东西不能动，动了我就找不到了，千万不能动啊。

4.5.4 巧妙的批评

4.5.4.1 认可后的批评

在现实生活中，没有任何人愿意让别人批评自己。所以，批评人一定要讲究方法和技巧，做到既不伤害别人的自尊又要使别人接纳你的建议。

有一位老人平常爱管点闲事，对看不惯的事情张口就骂。邻居们都很不舒服。这种情况下，我们可以这样对老人说："婆婆，你平常对大家的事情都很热心，也敢说，这点大家都觉得您挺好的。但如果因此而骂人呢，大家就觉得不是那么好了，以批评教育为主嘛，您说呢？"这时候，老人可能会认真地想想平常自己是不是有爱骂人的习惯，然后加以节制。

4.5.4.2 自责式批评更让老年人接受

批评要能服众，才能起到良好的效果，不然只会适得其反，引起被批评者的不满和排斥，反而使事情变得更糟。要使自己的批评能服众，首先要敢于自我批评。

有一天，一位老人因一点点小事，就与其他部门的领导大吵大闹，还说因此要去上访。这时，我们可以找到这位老人，跟他说：爷爷，真是对不起，都怪我平常没有注意到您的需要，您看可不可以将您的想法和我谈谈，我想我应该能帮得到您。老人因此就会平静地与我谈论这件事情的来龙去脉，最后问题能够得以解决。

4.5.4.3 学会给老人台阶下的批评

没有人是愿意接受别人的批评，哪怕自己已经犯了错误。特别是老年人，在大庭广众之下接受批评，更是不愿意发生的。因此，如果我们发现老人在某些方面出现了错误，而且他们也意识到自己犯了错误有悔改之心时，我们可以帮他们找个借口，给对方台阶下，他们也会知道我们在维护他们的尊严，他们也就会自觉地维护他们的尊严了。

有位老人在晨练的时候无意中错拿了其他老人的衣服，有老人就来告诉我们，说这位老人偷了别人的东西。这个老人也意识到了自己的疏忽而可能引来的误解。于是老人把那件误拿的衣服交给我们。第二天晨练的时候，我们当着大家的面问这是谁的衣服啊，某某老人拾到后交给我们，让我们帮着找到失主。这样，他在老人中的误会就消除了。如果在众多老人面前说这位老人误拿，大家可能不会认同，因为他们会先入为主，认为是老人偷的。

4.5.5 拒绝老人的技巧

4.5.5.1 表达同理心后的拒绝

在与老人进行沟通中，有时老人对你提出的建议或者要求，会让你觉得很难接受。即使这样，我们也不要急于说"不"，可以试着从老人的角度出发，对他的想法表示理解，然后再在对他表示理解的基础上予以拒绝。这样的拒绝会使老人觉得容易接受一些，也能争取到对方对自己的理解。

有一位老人想自己出去买东西，要求我们给他开个出门条，允许他出去。但按照规定还有家属的要求，这位老人不能独自出门。对此，我们在拒绝老人的时候可以这样说："婆婆，您的心情我非常理解，我也知道您很需要，我也很想开个出门条给您，可是，我不能违反院里的规章制度啊，我也不能违反您孩子们的要求啊，如果我私自给您开了出门条，您出门发生了意外，我会愧疚一辈子的，这是我对您的不负责任啊。"这样，老人也就不会再那么坚持了。

4.5.5.2　建议式拒绝

当我们在拒绝老人的某些要求或建议时，如果能给他们一些有用的建议，这也算是对他的一种"补偿"，由此可以减少他因为你的拒绝所带来的不良情绪。

某养老机构中有一位老人，要求我们给他做超过其护理级别的服务工作。我们在与老人进行沟通的过程中，可以试着这样告诉老人："爷爷，您的护理级别是什么什么，这个护理级别我们应该给您做什么什么样的工作，您说的那份工作是什么护理级别的护理内容，您看如果你确实需要这样的服务呢，我给您的孩子们打电话征求他们的意见，把您的护理级别调整一下，您看行吗？"老人听了以后，也就不会再提出不合理的要求了。

4.5.5.3　拒绝老人时表示遗憾

在拒绝老人的某些要求时，一定要向他们表示遗憾，不能生硬地、冷冰冰地去拒绝，这样才不至于给我们带来不好的影响。表示遗憾时，最好能够获得对方的理解，不容易伤害到双方。而且，这样的表达，还可以让老人感觉到我们是有心帮助他的，但确实无能为力。

一位老人说，今天下午我能坐你的车去某商场买什么什么吗？如果要拒绝他，我们这样说可能会好一点："非常遗憾啊，爷爷，我也想顺便把您送到某商场，可是今天下午我要去什么什么地方，这个地方与您要去的商场不在一条路上。"

4.5.5.4　幽默地化解老人的拒绝

幽默可以缓解紧张的气氛，当我们与老人进行交谈的时候，若出现了比较紧张尴尬的气氛时，你不妨幽默一下，从而缓解紧张尴尬的气氛。

有一位老人，他不小心把裤子尿湿了一点点，怕麻烦就不想换裤子，这样总是有一股尿臭的味道从他的身上散发出来。我们总想让老人换掉这条裤子，老人就是不换，一见到我们就骂"你们滚，不要管我。"这时候，我们如果按照常规的做法根本就近不了老人的身边，更谈不上让老人换裤子了。这时我们可以换一种比较幽默的方式："爷爷，您叫我们滚啊，那我们就滚过来了，同志们都给爷爷滚过来，快点滚啊，滚去把爷爷的裤子找出来。爷爷，您看我们都滚去把您的裤子找出来了，您还是换了算了，换了后我们滚去把您的裤子洗了，您才有的穿啊。爷爷本来是骂人的话，当我们用他人的话幽默地化解成语言和说话的方式，他的怒气也就消了。

4.5.6　安慰老人的技巧

4.5.6.1　老人难受时，别说"我早就跟你说过了"之类的话

老人跌倒了，发生了骨折，非常疼痛与难受，后悔自己不听劝告，擅自去做某件事情。这时候，我们给予老人的不应是"你看嘛，我早就跟您说过了……"之类的话，这样会让老人越来越伤心和自责。我们应该表示关心和爱护，这样说："婆婆，别怕，我们正在通知

医院和您的家人，他们一会儿就来送您到医院检查治疗。您现在感觉怎么样，需要喝水吗？需要其他什么吗？"这样的安慰会让老人的心里好受一点，躯体的疼痛也许会减轻一点。

4.5.6.2 理解和接纳老人的感受

理解和接纳老人的感受会让老人的心里得到慰藉。当老人在为某件事情担心、难过的时候，我们不宜说"不用担心，不用难过"的话语，他们不会因为我们一句"不用担心，不用难过"就真的不担心、不难过了。因为这样的话语，其实是在否认别人的感受，暗示他们这没什么可以难过、没什么可以担心的，这也表明我们根本不理解和不接纳他们的感受。这时，我们如果说"我知道你很担心……，不过之前你已经克服过类似的困难了，因此我相信你一定会渡过这个难关的。"这样可以增强他们克服困难的信心。

4.5.6.3 多聆听老人的真实想法，默默陪伴，轻轻握住他的手

当一位老人正在为某件事情感到无比伤心、难过的时候，我们默默地陪伴，轻轻地握住她的手，可能比任何的语言都好；关于老人对痛苦的诉说，要多聆听老人的真实想法。

4.5.6.4 关爱式拥抱和触摸

当一位老人在伤心、害怕、生病，特别需要温暖和关爱的时候，关爱式的拥抱和触摸可以让老人感到温暖和关爱，从而在心灵上得到慰藉。

有一位老人，突然听到住医院的老伴去世的消息，顿时失声痛哭，伤心无比。这时他们会有死亡离自己也越来越近的想法而感到内心的恐惧。这时候，我们可以轻轻地扶住老人的肩膀，给予关爱式的拥抱，用手轻轻地拍拍老人的肩背，轻轻地触摸老人后脑以下的头部，以表示关心和爱护。这时老人的内心会慢慢地恢复平静。

4.5.6.5 当老人陷于情绪或身体的痛苦之中哭泣时，请允许对方哭泣

面对哭泣的人，人们最自然的反应，就是希望对方停止哭，并跟他说："别哭了，事情一定可以安然解决的！"其实这并不是最适当的反应，当对方啜泣或掉泪时，我们通常会对自己的无助而感到坐立难安。然而，哭泣是人体尝试将情绪毒素排出体外的一种方式，而掉泪则是疗伤的一种过程，所以，请别急着拿面巾纸给对方，只要让他知道你支持他的心意就可以了。

4.5.6.6 感同身受

面对面安慰别人，和我们内心真正的状态有很大的关联。因为对他们的遭遇感同身受，我们不仅要分担对方的痛苦，也要忍受自己内心的煎熬。不论面临的处境如何，善意的现身与安慰，就是给予对方的一份礼物。

4.5.6.7 勇敢地挺身而出

不论身处任何状况，对自己不知该说什么而感到困窘，是无妨的；让我们想帮助的人知道我们的感觉，也是无妨的。甚至可以老实地说："我不知道你的感觉，也不知道自己该说

什么，但是我真的很关心你。"即使自己对这样的表达觉得可笑，还是可以让对方知道。你不急着现在和他交谈。你或许可以选择用书写的方式，来表达感觉和想法。除了言语的表达之外，疗效对话有许多不同的形式。

4.5.6.8　设身处地、主动帮忙

当老人遇到困难，处于伤心难过的时候，需要得到别人设身处地理解和帮助，这时候不要吝啬你的同情心与爱心，伸出你的援助之手。

4.5.6.9　善用同理心

即使我们遭遇过类似的经验，也无法百分之百了解别人的感受，但是我们可以善用同理心去关怀对方。切记，需先耐心听完别人的故事，再考虑有没有必要分享自己的故事，而分享的结果是否对对方有益。

五、我学会了什么

本章学习了养老护理员在为老人提供服务过程中需要使用的礼貌语言，了解了养老护理员在语言表达上的要求和沟通技巧，并掌握了养老护理员常用的服务用语和服务忌语。

六、互动地带

吴大娘来到养老院已经3年了，她的子女都在外地工作，她每每都会拉着护理员拿着小孙女的照片讲个不停。新来的护理员小张很不耐烦："您歇一会儿吧，好吗？都说了一百八十遍了，烦不烦啊。"吴大娘只好讪讪地拿开照片，失望至极。

讨论与思考：作为养老护理员，小张的做法是否合适？如果是你，你会怎样说呢？

七、复习思考题

1. 养老服务用语有哪些要求？
2. 在使用养老服务用语时，有哪些技巧？

八、实训练习与操作

实训项目：模拟老人入住接待、为老人服务的情景。

实训目标：掌握接待老人入住、为老人提供服务时所需的职业用语。

实训内容及要求：学生分组模拟展示，要求使用标准普通话和养老服务常用语，耐心、亲切，语言规范。

实训成果与检验：学生分组模拟展示，教师与其他学生评测并点评。

九、岗位显身手

当休养人员在应该休息的时间，不睡觉，还吸烟，你使用哪些用语去解决问题。请分组模拟演练。

十、我的拓展阅读资料

如何用心理学安慰朋友

第14章 美容美发服务用语

一、我要学什么

1. 了解美容美发服务用语基本要求、注意事项；
2. 掌握美容美发基本服务语言。

二、我要达到的目标

熟练运用美容美发服务用语进行服务。

三、课前脑运动

在一家美发店，一位情绪激动的女士冲美发店大声嚷道："你们的技术是怎么做的？你看看我的头发，一点都不像拉直过，跟没拉之前没什么两样，花了几百块钱，大家都说好像没有拉……"女士大嚷大叫，谁也不理就做到客人休息区了。

如果你是美发店领班，你会怎么做？

提示：顾客抱怨时，不要争论和辩解，应该冷静地记下顾客的抱怨，并适时询问事情经过。顾客的情绪得到宣泄，领班重视的态度更使她得到某种心理满足，理智恢复了，问题便容易解决了。

四、涨知识

美容美发业是传播和追求美的行业，美容美发人员被誉为"美的使者"。想成为一名合格的美容美发师，除了要具有高超的业务技能外，还必须使用礼貌服务用语。

4.1 美容美发服务用语的基本要求

（1）说话要用尊称，态度平稳。

（2）说话要文雅、简练、明确。

（3）说话要婉转热情。

（4）说话要讲究语言艺术，力求语言优美、婉转悦耳。

（5）与宾客对话要注意举止表情。

4.2 为客人服务时的注意事项

（1）三轻：走路轻，说话轻，操作轻。

（2）三不计较：不计较宾客不美的语言，不计较宾客急躁的态度，不计较个别宾客无理的要求。

（3）四勤：嘴勤、眼勤、腿勤、手勤（脑勤）。

（4）四不讲：不讲粗话，不讲脏话，不讲讽刺话，不讲与服务无关的话。

（5）五声：客人来有迎声，客人问有答声，工作失误道歉声，受到帮助致谢声，客人走时有送声。

（6）六种礼貌用语：问候用语，征求用语，致歉用语，致谢用语，尊称用语，道别用语。

（7）文明礼貌常用的二十六字：请，您，您好，谢谢，对不起，请稍等，您请坐，不客气，应该的，请慢走，再见。

（8）四种服务忌语：蔑视语、否定语、顶撞语、烦躁语。

4.3 美容美发基本服务用语

（1）"欢迎""欢迎您""您好""欢迎光临×××"等，用于客人进店时，咨客、收银员等人员使用。

（2）"谢谢""谢谢您"，用于客人为我们的工作带来方便时，本着真诚的态度回应客人。

（3）"请您稍候"或"请您稍等一下"，用于不能立刻为客人提供服务时，本着认真负责的态度对客人说。

（4）"请您稍候"或"请您稍等一下""请您谅解"等，用于因打扰客人或给客人带来不便时，本着歉意的心情说。

（5）"让您久等了"等，本着热情百倍并表示歉意的态度，对等候的客人说。

（6）"对不起"或"实在对不起"，用于因打扰客人或给客人带来不便，本着真诚而有礼貌的态度对客人说。

（7）"再见""您慢走""欢迎下次光临"，用于客人离开时，本着热情而真诚的态度说，咨客及收银时也都要说。

4.4 美容日常服务用语

4.4.1 接电话

- 您好！我是×××美容中心，我是×××。
- 对不起，请问您贵姓？
- 不用谢，这是我应该做的。
- 对不起，请问您哪里？
- 对不起，××不在，我可以替您转告吗？（并记录）
- 您好，您想预约什么时间？需要哪位美容师呢？我会为您安排好的，请您准时过来！

4.4.2 打电话

- 您好！我是×××美容中心的，麻烦您找一下××先生（女士）。
- 您好，您贵姓，请转告×××先生（×××女士）给我回个电话，我的电话号码是×××××××××。
- 您上次做完护理感觉怎样？
- 您最近忙吗？多久没来做护理了？
- 如果您没时间过来，您应该……
- 您这个月过生日（××纪念日），我们将送您一份礼物……
- 护理皮肤要注意……
- 为了您的皮肤靓丽与护理的需要，在百忙之中您应该安排时间过来。

4.4.3 日常用语

- 请问我能帮到您什么？
- 请您稍候，我尽快为您办理。
- 对不起，辛苦您了。
- 对不起，让您久等了。
- 欢迎光临。
- 这边请，请坐，我是这里的美容顾问，我叫×××。
- 女士，请问您贵姓？
- ××女士，请喝水，有什么可以帮到您吗？
- 我先帮您分析一下，您的皮肤……，应该……护理。
- 这是我们的价目表，我为您介绍一下我们的服务项目。

- 您有什么不明白的地方吗？我再为您解释一下，好吗？
- 今天您做美容/减肥，还可以做××，效果更好，好处是……
- 请稍等，我立刻为您安排美容师。
- 您需要指定美容师为您做吗？
- 您做完了，感觉怎么样，满不满意呢？
- 您在家是怎样护理的……？应该……护理。
- 谢谢您为我们提供宝贵的意见，我们会改进的。
- 如果您还有什么需要，请来电话××××××××，找我/××顾问/主管。
- 欢迎下次光临，慢走，再见！
- 下雨了，您没带伞，让我送送您吧！
- 请您签名盖章。
- 谢谢您对我们的批评和帮助。

4.5　美发日常服务用语

4.5.1　发型师接待咨询流程

4.5.1.1　发型助理介绍发型师让顾客认识

正确执行：

（1）门迎首先要按照固定的话术介绍发型师让顾客认识。

（2）当顾客与发型师交流后，门迎负责倒茶，然后立于旁边等待工作分配或推出沟通现场进行其他工作。

话术参考：发型助理或门迎：××女士，这是本店的发型师×××，×××老师从事美发行业已经××年了，有丰富的美发知识和经验，有什么问题您尽管咨询他，××老师一定能够给予您最大的帮助。

环节解析：经过第三者的介绍，可以加深顾客对发型师的认识和在自己心目中的地位，有利于后面工作的开展。

4.5.1.2　发型师与顾客寒暄

正确执行：听到发型助理介绍后，发型师要立刻起身，面对顾客做出微笑的表情致欢迎语，同时，用手势指明顾客落座的位置。

话术参考：您好，您请坐到这里吧（语速要求略快一点，表达出热情欢迎的态度）。

4.5.1.3　沟通初期要缓解气氛，消除双方紧张的感觉

正确执行：发型师一定要先开口，提出一些大众认可的话题，减少双方陌生的感觉。避

免单刀直入，开场就进入介绍项目或产品的步骤。

话术参考：

（1）今天的天气太热了，快喝点冷饮吧！

（2）现在的天气变化太大了，说冷就冷了！

环节解析：开放式的话题能够有效地和顾客找到同感或同频效应，有利于相互的接受。同时，消除初次见面不熟悉的陌生感、紧张感。

4.5.1.4 进入正题，通过针对性的提问来寻找顾客的需求

正确执行：相互经过了短暂沟通后，及时地对顾客本次来店的目的进行交流。针对顾客的问题或需求进行沟通解决。

话术参考：

（1）您好，请问今天来，您想了解哪方面的问题呢？

（2）××姐您好，不知有什么问题需要帮助呢？

（3）××姐您好，您是否有相关发型的问题需要解决呢？

4.5.1.5 顾客在发型师提出问题后，经常做出的回答，以及发型师的应对办法

顾客回答1：最近我的头发总是××（头发问题），怎么弄好一点啊？

正确回应：目测顾客头发状况并做出判断。发型师要先于顾客讲出发质的变化给生活带来的不适感受，同时说明原因。

问题解析：发型师讲出顾客的真实感受，会让顾客在内心中认同发型师的经验和专业，不要急着建议顾客进行消费，因为这个沟通过程能够发现顾客的问题，了解顾客对产品的期望，对价格的要求等信息。当发型师掌握了顾客的相关信息后，才能准确地做好销售的准备，制定适合对方的价位及产品。

顾客回答2：听朋友说这里挺好的，所以今天从这里路过就进来看看。

正确回应：针对顾客提到的朋友在回忆中进行"对号"，且表示出有印象或熟悉。同我是形容其满意的效果，然后及时对顾客的需求进行提问。

话术如：那您今天来，对哪些方面比较感兴趣呢？

问题解析：针对这样的问话，顾客一定会说出来自己感兴趣的部分（顾客感兴趣的就是他喜欢的、想要拥有的，也就是顾客的需求）。找到了顾客的需求后，针对需求进行深入的沟通，制定合理的消费建议。

顾客回答3：我想了解一下，像我这样长的头发烫发需要多少钱？

正确回应：执行"价格三选一"原则。如果不能与顾客进行深入沟通而必须报价时，大体感觉顾客的消费能力，建议给他三个不同的价格，同时要详细介绍不同价格的区别在哪里。一般来说顾客多会选择中间的价格。

问题解析：顾客问价时尽量不要直接回答价格，而是针对价格进行变通的解释。了解对方的需求，制定合理的消费建议是我们又一件重要的事情。

顾客回答4：想了解一下这里会员卡是怎样规定的。

正确回应方式：与价格的问题是相同的。

顾客回答5：想看一下你们这里都有什么项目。

正确回应方式：进行适当的项目名称介绍后，直接对顾客需求进行提问。找到需求后，制定合理的消费建议。

顾客回答6：想了解一下这里离子烫是怎么做的。

正确回应方式：进行项目介绍后，直接对顾客的需求进行提问。找到需求后，制定合理的消费建议。

4.5.1.6 进行发质分析，或通过一起进行发质检测

正确执行：测试前要针对仪器进行相应的介绍，让顾客对仪器的科学性及功能性有一定的了解与认可。

4.5.1.7 为顾客建立发质检测档案

正确执行：科学检测能够掌握顾客发质存在的真实问题，及时地对检测结果进行存档。建立档案对顾客消费管理有极大的帮助，同时也能让顾客感受到专业服务所带来的不同。

4.5.1.8 建议顾客应该操作的项目，同时对项目操作所涉及的产品、价位、优惠、办卡等相关规定进行介绍

正确执行：为顾客推荐合适的项目，不应该硬性地要求对方接受。

话术参考：

（1）××姐，对于您头发存在的问题，从专业角度而言，我建议您应该做……

（2）××姐，我认为您用这个比较好，虽然价格高点，但是它更适合您的这种情况，对您的发质会……

环节解析：沟通中，要了解顾客的需求与问题在哪里。一起检测只是更科学地对顾客头发问题进行分析，让顾客认识和了解。发型师一定要知道，顾客不要的原因是因为"你给他"；强制推销与过多的产品自夸，会让顾客的消费感觉被动，最终丧失消费的意愿。

4.5.1.9 进入项目操作（进行"洗发技术服务流程""剪发技术服务流程"或"烫染技术服务流程"）

正确执行：认真执行各个项目的操作流程规定，让顾客接受来自技术以外的最佳服务，以便成为忠实的固定顾客。

4.5.2 助理服务接待用语

（1）接待流程。

- 欢迎光临××造型！
- 请问您是洗发、剪发还是发型设计？

● （如客人说是洗发或是剪发）这边请，请把你的包和衣服存起来，有没有贵重物品？请随身携带。

（2）洗发流程。

1）接待用语："这边请""小心台阶""这边坐""请稍等一下""我去给您拿毛巾"等。

帮客人把毛巾围好，扶着后脑勺让其慢慢躺下，然后助理为自己戴上口罩，开始服务。服务时说："您好，我是××助理，我先帮您做个头部放松按摩，力度可以吗？"

2）分析发质和推荐洗发水。

运用已学的美发专业知识分析顾客的头发（受损、油性和头皮屑），用专业语言告知顾客其发质状况和应选用的洗护产品的种类。

● 顾客是烫染受损发质，可以这样说："女士，我看您的头发是烫染受损发质，您应该选用烫染后锁色专业洗发水，它用特殊的配方锁住头发里面的色素粒子，能使光泽度更持久。头发经过烫染后，你头发的毛鳞片是张开的，无法吸收和保留头发的水分和养分。这种烫染后的洗护产品的 pH 值是弱酸性的，可以使受损发质毛鳞片闭合，这样才能保留头发的水分和养分。根据您的发质状况，建议您烫染后使用有针对性的洗发水，这里有××的烫染修护洗发水，还有××的洗发水，请问您选用哪一种洗发水？"

● 顾客是干性发质，可以这样说："您的头发光泽度不强，也不是很顺滑，有点干枯。""您的头发属于干性发质！""您应该使用柔顺滋润洗发水，它可以活化毛囊（配合使用锁水功能的护发素）。我们有××滋润洗发水，也有××的洗发水，请问您选用哪一种洗发水？"

● 顾客是油性发质，可以这样说："我看您的头发有点儿油。""您的头发属于油性发质。""如果不及时调理你的发质，油脂外排过多会堵塞头发毛囊导致脱发。""您应该使用控油洗发水，它可以活化毛囊，最好每天洗一次。我们有××去油性的洗发水，也有××的洗发水，请问您选用哪一种洗发水？"

● 顾客是头皮屑发质，可以这样说："您应该使用去屑清凉洗发水，将堵塞的汗水和过多的油脂清洗之后，头皮屑会逐渐减少。我们有去屑的洗发水……"

● "请稍等，我去拿洗发水！"

● 让顾客查验加收的洗发水："这是您要用的洗发水！"

3）正式洗发。

● 水温可以吗？（不好意思，现在可以吗？）

● 力度可以吗？（不好意思，现在可以吗？）

4）按摩操作。

按摩时询问顾客对力度的感受："请问力度可以吗？"

5）在整个洗发和按摩过程中，必须至少了解顾客以下方面的信息：

● 了解顾客是新客还是熟客："您是第一次来我们店吗？"

● 了解顾客是否有指定的发型师："您有指定（而非熟悉的）发型师吗？"

● 了解顾客的来店频率："您经常来做头发吗？"

● 了解顾客是否有贵宾卡："您有我们店的卡吗？"

（3）剪烫染流程。

1）带位剪发椅（指定客带到指定发型师座位，否则带到公用位）。

- 在顾客前侧，侧身带位："您这边请！"（手势导向）
- 顾客下台阶时，提醒顾客："小心台阶！"
- 让顾客坐到指定的座位上："您请这边坐！"

2）倒水。

- 在顾客刚坐下时，询问顾客是否需要喝水："我们这里有免费的花茶、奶茶、咖啡、开水，您想喝点什么？"
- 得到顾客肯定回答时，说："您请稍等！"
- "您请喝水！"（若水比较烫，则必须提醒顾客："小心水烫。"）

3）请发型师。

①对于指定顾客。

- 直接对顾客说："您请稍等，我去把发型师请过来！"
- 在发型师到来前，对顾客说："如果等一下您有什么需要，请随时叫我！"
- 当顾客有购买产品、卡类或者有烫染护的意向，但犹豫不决时，助理应向发型师传达信息。
- 和发型师交接服务工作时，对顾客说："这就是我刚才跟您说的王老师。我们店里每个员工都是王老师教的，王老师非常优秀，两位慢慢沟通，我在旁边等两位吩咐！"（手势，微笑）
- 清走镜台周围杂物（清走棉签、毛巾及其他杂物），离开，到收银台开单（站到距发型师1.5米处，两手交叉站立，等候老师的安排）。

②对于非指定顾客。

- 对顾客说："您请稍等，我去帮您请一位比较优秀的发型师来为您服务！"
- 按流水牌轮牌顺序通知发型师到剪发位。
- 当顾客有购买产品、卡类或者有烫染护的意向，但犹豫不决时，助理应向发型师传达信息。
- 在发型师到来前对顾客说："如果等一下您有什么需要，请随时叫我！"
- 向顾客介绍发型师："这就是我刚才跟您说的王老师。我们店里每个员工都是王老师教的，王老师非常优秀，两位慢慢沟通，我在旁边等两位吩咐。"

4.5.3 美发门迎接待及存物流程

4.5.3.1 门迎

正确执行：无论业务多忙，店长都要负责安排好门岗值班人员门迎不许漏岗、脱岗。

环节解析：在顾客进门的第一时间没有人进行接待，将会让顾客感受到冷落，也可能对本店后面的服务产生怀疑。

4.5.3.2 站位的位置

正确执行：站在门轴线45°的位置上，距离店门大约半臂远，同时兼顾室内的顾客。

环节解析：不能及时地为顾客开门，将会影响到顾客的正常进入。

4.5.3.3 站姿

正确执行：挺胸、抬头、目视前方、立正或丁字步，右手置于左手上放于体前，男孩可置于身后。站岗人员不可东倒西歪，东张西望，双手插口袋，抱臂于胸前或手把门拉手。

环节解析：懒散的行为动作将会影响店外顾客对美发店整体形象的看法。

4.5.3.4 开门的时机

正确执行：在顾客距离大门3米远的时候，及时开门。

环节解析：3米以内开门会显得很匆忙，没有准备好。而在3米外打开门后，顾客要在门迎的注视下一步一步走过来，会有不自在的感觉。

4.5.3.5 开门的动作

正确执行：站位者靠门一侧的腿向前半步，手刚好触到门的手柄。拉开门的同时，迈出的腿退回原位，把门打开。开门的手松开归位，鞠躬问候。禁止开门后门迎处在门口中央的位置，导致门打开得不够，鞠躬欢迎的时候影响顾客的顺畅进入。

环节解析：开门迎接的时间、位置和动作所占据的空间，都可能会影响顾客的正常进入。

4.5.3.6 微笑

正确执行：嘴角、眼角上扬、面部肌肉出现笑意。

环节解析：不微笑就无法表现出对顾客的欢迎态度。

4.5.3.7 鞠躬

正确执行：弯腰30°到45°，同时保证目视顾客。禁止不鞠躬，鞠躬不看着顾客或以点头表示欢迎。

环节解析：点头示意将无法表现出对顾客的尊重。

4.5.3.8 问候"欢迎光临"

正确执行：清楚亲切地喊出问候语。喊出"欢迎光临"的时候，尾音保证是在上扬的效果

环节解析：不同声调可以给顾客心里带来顺畅和郁闷的感受。

4.5.3.9 问候事宜

正确执行：使用服务用语，如"请""请问"等开场，亲切、清楚、微笑地问候顾客本

次前来的目的与要求。

话术参考：您好，您想美发是吗？

环节解析：自然清楚地问候事宜，可以将流程顺利地进行下去，也可以让顾客进入放松状态。

4.5.3.10 顾客问烫发多少钱时

正确执行：尽可能不直接回答顾客这样的问题，而是让其能够进一步与顾问或发型师进行沟通，创造最大的成功机会。

话术参考：××姐，如果可以的话，耽误您2分钟的时间，我请发型师过来对您的头发做一下检测，这样才能更准确地判断和选择合适您发质的产品及操作，同时，也会更清楚地告诉您所需的实际费用。

环节解析：顾客问价时，一定不要直接回答价格，而是针对价格进行变通的解释。尤其对于站在门口未进来的顾客更是如此。当顾客能够坐下来，让发型师为其检测头发的时候深入沟通才算开始了。对于急迫了解价格的顾客，报价就低不就高。

4.5.3.11 引宾进入

正确执行：指路的动作要自然，五指不可分开或使用一个手指指向某处。掌心向斜上方，四指并拢，大拇指可微张。与顾客前行时，不可走在顾客的正面或后面，应该走在顾客的侧面或斜前方。

话术参考：

（1）请随我来

（2）您里面请

环节解析：让顾客随着门迎的指引，顺利地进入到被服务的状态中，不允许出现服务断档，造成顾客猜疑或被冷落。因为员工服务素质的展示可以增加顾客对整体服务好坏的认定。

4.5.3.12 引宾中语言与眼神的配合

正确执行：引宾的过程中，要主动与顾客讲话，同时用眼睛的余光观察顾客的动向，以便及时做出反映。

话术参考：

（1）××姐，以前来过这里吗？

（2）××姐，今天是路过这里还是专程过来的呢？

环节解析：关注顾客，让顾客感觉到被重视。不要让顾客开始就感觉到尴尬或拘谨。

4.5.3.13 引宾上楼

正确执行：带顾客上楼时，同样要走在顾客的斜前方。迎面遇到其他顾客时，示意微笑主动让路，请其他顾客先通过，且随时为自己引领的顾客介绍前方的情况。

话术参考：××姐，您慢点，上去就是顾问咨询区了。

环节解析：员工基本素质的展示可以增加顾客对整体服务好坏的认定。

4.5.3.14 安排顾客落座

正确执行：手势要非常明确地指向顾客落座的位置。

话术参考：

（1）您请坐

（2）请您这里坐。

环节解析：明确地指引，可以减少顾客的错误选择。

4.5.3.15 发型助理去通知发型师或顾问

正确执行：将顾客安排坐稳后，清楚地告诉顾客自己去请顾问为其提供咨询。

话术参考：

（1）××姐，您稍等，我去通知顾问过来为您做专业咨询。

（2）××姐，您稍等，我去请发型师过来为您设计。

环节解析：示意顾客你的去向，可以让顾客安稳地等候。

4.5.3.16 其他发型助理倒水或送书刊

正确执行：当门迎将顾客引领至咨询区落座后，其他闲着的发型助理要及时地配合完成上茶、送杂志等礼节服务。上茶时，水位保持八分，右手扶水杯中间处，左手放于杯底。超过两杯要用茶盘奉上。无论什么原因手指都不要碰触杯口。

环节解析：标准的服务会减少顾客的挑剔。

4.5.3.17 落杯时的服务用语

正确执行：将水杯放于顾客的右侧，杯子的手柄推向顾客右侧。禁止如下操作：

（1）杯子放于顾客正前方。

（2）杯子的手柄对这顾客位置的左侧。

（3）放置水杯的时候，没有任何的语言，放下了事。

（4）不标准的话术，如使用"喝口水吧"等未带有礼貌用语或粗俗的语气。

话术参考：××姐，您喝水，这是为您准备的养颜花果茶。

环节解析：细节的服务动作可以增加顾客的满意程度。

4.5.3.18 奉上书刊时的语言及动作

正确执行：双手呈上书刊，书刊的正面及文字的正面朝向顾客。

话术参考：××先生\女士\哥\姐，这里有今年最流行的发型，您先看一下有没有自己喜欢的款式。

环节解析：用语言安抚顾客可能出现的消极心理变化，增加顾客接受服务的机会。

4.5.3.19 介绍发型师或顾问让顾客认识

正确执行：门岗助理要按照规定的话术介绍顾问或发型师给顾客认识。发型师接过顾客后，门岗助理归位。

话术参考：××姐，这位是本店的技术顾问王××，王××做美发已经15年了，发型设计他很专业的。您有什么要求或想法尽管咨询××顾问。

环节解析：介绍的目的是让顾客能够进一步了解发型师或顾问的实力，充分信赖被咨询者的建议。

4.5.3.20 发型师或顾问执行"发型师接待咨询流程"

与顾客沟通结束，确定服务项目后，准备进行下一步操作，发型助理为顾客存放物品和洗发。

4.5.3.21 发行助理对顾客的物品进行存放

正确执行：发型师或顾问示意顾客进行下一步操作。待顾客起身后，发型助理引领顾客进入存物区。

话术参考：

（1）请随我到这边把您的东西存起来好吗？

（2）您这边请。

环节解析：明确地指引顾客进入下一个环节操作中，顾客就不会发生等待、猜疑等心理变化。

4.5.3.22 存放物品时，对顾客的提示

正确执行：用标准的服务手势示意顾客存放物品的位置，并提示顾客对贵重物品的处理意见。

话术参考：××姐，把您的东西存放到这里好吗？为了更安全，麻烦您将贵重物品随身保管好吗？

环节解析：提示顾客对安全细节的防范也能减少可能出现的麻烦。

4.5.3.23 锁柜

正确执行：帮助顾客将柜门锁好，拔下钥匙后必须在顾客面前再次拉动柜门的把手，让顾客确定柜门已经锁好。

环节解析：细节的动作可以让顾客更加放心地进入到后面的操作程序中。

4.5.3.24 交钥匙给顾客

正确执行：把钥匙交给顾客，同时清晰地提示顾客存物柜的号码。

话术参考：××姐，这是××号柜的钥匙，请您收好。

环节解析：给顾客记忆中打下烙印，一旦由于顾客的疏忽而找不到钥匙的时候防止其怪罪发型助理没有把钥匙交给他。

4.5.3.25 发型助理引领顾客进入洗发环节

正确执行：物品存放好之后清楚地示意顾客下一个环节要做什么。

话术参考：

（1）××姐，请随我到这边，先给您洗一下头发好吗？

（2）××姐，我们到洗发区，先给您洗一下头发好吗？

环节解析：清楚地让顾客了解下一环节的工作内容，会得到顾客更好的配合。

五、我学会了什么

本章阐述了美容美发服务用语的基本要求及服务客人时的注意事项，并列举了美容及美发的日常服务用语。美容美发服务人员只有掌握规范的服务用语，才能更好地为客人服务，才能更好地提高服务质量。

六、互动地带

王女士到深圳出差考察，想在深圳设一家办事处。因为晚上要会见一个重要的客人，便在一家大型美容美发中心做了个造型，盘了发，还打了些发胶。第二天一早，她去这家美容美发中心洗头，前台接待恭敬地招呼："王女士是要洗头吗？"

王女士很奇怪，反问道："你怎么知道我姓'王'？"

前台接待说："我们沙龙规定，晚上要背熟所有客人的姓名。"

王女士大吃一惊，不禁对这家发廊与众不同的服务产生了深刻印象。

一个月后，王女士再到深圳出差时，几乎未经考虑就去了这家沙龙做发型。这一次，该沙龙的服务更让她吃惊，因为当她走进沙龙时，前台接待微笑着问："王女士还是要××发型师为您造型吗？"

王女士惊奇地想："我自己都忘了上次为我造型的发型师，难道她的记忆力这么好？"

接待女士看出她的疑虑，主动解释道，我们查过电脑记录，您上个月9号在这里××发型师为您造型，收费××元。

王女士对这种精确的服务感到由衷的佩服和欣赏，她连连点头说："好，还是要那位发型师。"

××发型师走到王女士身边问道："王女士您好，还是做上次那样的造型吗？要不要换一种？"

"不用换了，就做上次的造型。"王女士已不再惊讶，她现在完全明白这家沙龙的生意为什么总是那么好了。

讨论与思考：请分析该店服务人员所使用的服务用语及意义。

七、复习思考题

1. 美容美发服务用语的基本要求是什么?

2. 美容美发从业人员为服务客人时的注意事项有哪些?

3. 美容美发基本服务用语有哪些?

八、实训练习与操作

实训目标:能熟练规范地使用服务用语。

实训内容与要求:

1. "您好,能为您服务吗?"(口语训练,每人重复10次)

标准动作:主动迎上前,点头15°,笑容,有礼,目视对方。

2. "您好!我是××,很高兴为您服务!"(口语训练10次)

标准动作:点头15°,笑容,伸手握手,自我介绍,递出名片,目视对方;认识对方,记住对方,叫出对方姓名,赞美对方,打开心门。

3. "欢迎光临!这里请!"(口语及引导手势)

标准动作:点头15°,笑容,目视对方,手势引导方向;先有声音,后有动作,主动上前。

4. "对不起!请随我来!"(口语训练及引导手势)

标准动作:

1)点头15°,笑容,目视对方,手势引导方向。

2)对象:A. 客人移动时;B. 客人有要求去他处时。

5. "对不起!请稍等一下!"(口语训练)

标准动作:

1)移身靠近,点头15°,面带笑容,手碰对方,真心诚意!

2)对象:A. 客人有要求时;B. 客人有要求去他处时。

6. "很抱歉!让您久等了!"(口语训练)

标准动作:移身靠近,手扶对方,面带笑容,真心诚意!

7. "谢谢光临!请慢走!"(口语及送客手势)

标准动作:

1)一手拉门一手向外,笑容,送客人出门,客人走后才进门。

2)先有声音,后有动作,鞠躬30°。

8. "不好意思,耽误您的时间了。"(口语)

标准动作:点头15°,笑容,目视对方。

实训成果与检测:学生互评,教师点评。

九、岗位显身手

1. 分组模拟演练助理接待顾客。
2. 分组模拟演练美发门迎接待及存物流程。

第 5 篇

附录篇

附录1 普通话水平测试用必读轻声词语表

1	爱人	àiren	30	拨弄	bōnong	59	凑合	còuhe
2	案子	ànzi	31	脖子	bózi	60	村子	cūnzi
3	巴掌	bāzhang	32	簸箕	bòji	61	耷拉	dāla
4	把子	bǎzi	33	补丁	bǔding	62	答应	dāying
5	把子	bàzi	34	不由得	bùyóude	63	打扮	dǎban
6	爸爸	bàba	35	不在乎	búzàihu	64	打点	dǎdian
7	白净	báijing	36	步子	bùzi	65	打发	dǎfa
8	班子	bānzi	37	部分	bùfen	66	打量	dǎliang
9	板子	bǎnzi	38	裁缝	cáifeng	67	打算	dǎsuan
10	帮手	bāngshou	39	财主	cáizhu	68	打听	dǎting
11	梆子	bāngzi	40	苍蝇	cāngying	69	大方	dàfang
12	膀子	bǎngzi	41	差事	chāishi	70	大爷	dàye
13	棒槌	bàngchui	42	柴火	cháihuo	71	大夫	dàifu
14	棒子	bàngzi	43	肠子	chángzi	72	带子	dàizi
15	包袱	bāofu	44	厂子	chǎngzi	73	袋子	dàizi
16	包涵	bāohan	45	场子	chǎngzi	74	耽搁	dānge
17	包子	bāozi	46	车子	chēzi	75	耽误	dānwu
18	豹子	bàozi	47	称呼	chēnghu	76	单子	dānzi
19	杯子	bēizi	48	池子	chízi	77	胆子	dǎnzi
20	被子	bèizi	49	尺子	chǐzi	78	担子	dànzi
21	本事	běnshi	50	虫子	chóngzi	79	刀子	dāozi
22	本子	běnzi	51	绸子	chóuzi	80	道士	dàoshi
23	鼻子	bízi	52	除了	chúle	81	稻子	dàozi
24	比方	bǐfang	53	锄头	chútou	82	灯笼	dēnglong
25	鞭子	biānzi	54	畜生	chùsheng	83	提防	dīfang
26	扁担	biǎndan	55	窗户	chuānghu	84	笛子	dízi
27	辫子	biànzi	56	窗子	chuāngzi	85	底子	dǐzi
28	别扭	bièniu	57	锤子	chuízi	86	地道	dìdao
29	饼子	bǐngzi	58	刺猬	cìwei	87	地方	dìfang

88	弟弟	dìdi	125	稿子	gǎozi	162	汉子	hànzi
89	弟兄	dìxiong	126	告诉	gàosu	163	行当	hángdang
90	点心	diǎnxin	127	疙瘩	gēda	164	合同	hétong
91	调子	diàozi	128	哥哥	gēge	165	和尚	héshang
92	钉子	dīngzi	129	胳膊	gēbo	166	核桃	hétao
93	东家	dōngjia	130	鸽子	gēzi	167	盒子	hézi
94	东西	dōngxi	131	格子	gézi	168	红火	hónghuo
95	动静	dòngjing	132	个子	gèzi	169	猴子	hóuzi
96	动弹	dòngtan	133	根子	gēnzi	170	后头	hòutou
97	豆腐	dòufu	134	跟头	gēntou	171	厚道	hòudao
98	豆子	dòuzi	135	工夫	gōngfu	172	狐狸	húli
99	嘟囔	dūnang	136	弓子	gōngzi	173	胡琴	húqin
100	肚子	dǔzi	137	公公	gōnggong	174	糊涂	hútu
101	肚子	dùzi	138	功夫	gōngfu	175	皇上	huángshang
102	缎子	duànzi	139	钩子	gōuzi	176	幌子	huǎngzi
103	对付	duìfu	140	姑姑	gūgu	177	胡萝卜	húluóbo
104	对头	duìtou	141	姑娘	gūniang	178	活泼	huópo
105	队伍	duìwu	142	谷子	gǔzi	179	火候	huǒhou
106	多么	duōme	143	骨头	gǔtou	180	伙计	huǒji
107	蛾子	ézi	144	故事	gùshi	181	护士	hùshi
108	儿子	érzi	145	寡妇	guǎfu	182	机灵	jīling
109	耳朵	ěrduo	146	褂子	guàzi	183	脊梁	jǐliang
110	贩子	fànzi	147	怪物	guàiwu	184	记号	jìhao
111	房子	fángzi	148	关系	guānxi	185	记性	jìxing
112	份子	fènzi	149	官司	guānsi	186	夹子	jiāzi
113	风筝	fēngzheng	150	罐头	guàntou	187	家伙	jiāhuo
114	疯子	fēngzi	151	罐子	guànzi	188	架势	jiàshi
115	福气	fúqi	152	规矩	guīju	189	架子	jiàzi
116	斧子	fǔzi	153	闺女	guīnü	190	嫁妆	jiàzhuang
117	盖子	gàizi	154	鬼子	guǐzi	191	尖子	jiānzi
118	甘蔗	gānzhe	155	柜子	guìzi	192	茧子	jiǎnzi
119	杆子	gānzi	156	棍子	gùnzi	193	剪子	jiǎnzi
120	杆子	gǎnzi	157	锅子	guōzi	194	见识	jiànshi
121	干事	gànshi	158	果子	guǒzi	195	毽子	jiànzi
122	杠子	gàngzi	159	蛤蟆	háma	196	将就	jiāngjiu
123	高粱	gāoliang	160	孩子	háizi	197	交情	jiāoqing
124	膏药	gāoyao	161	含糊	hánhu	198	饺子	jiǎozi

199	叫唤	jiàohuan	236	老子	lǎozi	273	麦子	màizi
200	轿子	jiàozi	237	姥姥	lǎolao	274	馒头	mántou
201	结实	jiēshi	238	累赘	léizhui	275	忙活	mánghuo
202	街坊	jiēfang	239	篱笆	líba	276	冒失	màoshi
203	姐夫	jiěfu	240	里头	lǐtou	277	帽子	màozi
204	姐姐	jiějie	241	力气	lìqi	278	眉毛	méimao
205	戒指	jièzhi	242	厉害	lìhai	279	媒人	méiren
206	金子	jīnzi	243	利落	lìluo	280	妹妹	mèimei
207	精神	jīngshen	244	利索	lìsuo	281	门道	méndao
208	镜子	jìngzi	245	例子	lìzi	282	眯缝	mīfeng
209	舅舅	jiùjiu	246	栗子	lìzi	283	迷糊	míhu
210	橘子	júzi	247	痢疾	lìji	284	面子	miànzi
211	句子	jùzi	248	连累	liánlei	285	苗条	miáotiao
212	卷子	juànzi	249	帘子	liánzi	286	苗头	miáotou
213	咳嗽	késou	250	凉快	liángkuai	287	名堂	míngtang
214	客气	kèqi	251	粮食	liángshi	288	名字	míngzi
215	空子	kòngzi	252	两口子	liǎngkǒuzi	289	明白	míngbai
216	口袋	kǒudai	253	料子	liàozi	290	蘑菇	mógu
217	口子	kǒuzi	254	林子	línzi	291	模糊	móhu
218	扣子	kòuzi	255	翎子	língzi	292	木匠	mùjiang
219	窟窿	kūlong	256	领子	lǐngzi	293	木头	mùtou
220	裤子	kùzi	257	溜达	liūda	294	那么	nàme
221	快活	kuàihuo	258	聋子	lóngzi	295	奶奶	nǎinai
222	筷子	kuàizi	259	笼子	lóngzi	296	难为	nánwei
223	框子	kuàngzi	260	炉子	lúzi	297	脑袋	nǎodài
224	困难	kùnnan	261	路子	lùzi	298	脑子	nǎozi
225	阔气	kuòqi	262	轮子	lúnzi	299	能耐	néngnai
226	喇叭	lǎba	263	萝卜	luóbo	300	你们	nǐmen
227	喇嘛	lǎma	264	骡子	luózi	301	念叨	niàndao
228	篮子	lánzi	265	骆驼	luòtuo	302	念头	niàntou
229	懒得	lǎnde	266	妈妈	māma	303	娘家	niángjia
230	浪头	làngtou	267	麻烦	máfan	304	镊子	nièzi
231	老婆	lǎopo	268	麻利	máli	305	奴才	núcai
232	老实	lǎoshi	269	麻子	mázi	306	女婿	nǚxu
233	老太太	lǎotàitai	270	马虎	mǎhu	307	暖和	nuǎnhuo
234	老头子	lǎotóuzi	271	码头	mǎtou	308	疟疾	nüèji
235	老爷	lǎoye	272	买卖	mǎimai	309	拍子	pāizi

310	牌楼	páilou	347	人们	rénmen	384	似的	shìde
311	牌子	páizi	348	认识	rènshi	385	事情	shìqing
312	盘算	pánsuan	349	日子	rìzi	386	柿子	shìzi
313	盘子	pánzi	350	褥子	rùzi	387	收成	shōucheng
314	胖子	pàngzi	351	塞子	sāizi	388	收拾	shōushi
315	狍子	páozi	352	嗓子	sǎngzi	389	首饰	shǒushi
316	盆子	pénzi	353	嫂子	sǎozi	390	叔叔	shūshu
317	朋友	péngyou	354	扫帚	sàozhou	391	梳子	shūzi
318	棚子	péngzi	355	沙子	shāzi	392	舒服	shūfu
319	脾气	píqi	356	傻子	shǎzi	393	舒坦	shūtan
320	皮子	pízi	357	扇子	shànzi	394	疏忽	shūhu
321	痞子	pǐzi	358	商量	shāngliang	395	爽快	shuǎngkuai
322	屁股	pìgu	359	上司	shàngsi	396	思量	sīliang
323	片子	piānzi	360	上头	shàngtou	397	算计	suànji
324	便宜	piányi	361	烧饼	shāobing	398	岁数	suìshu
325	骗子	piànzi	362	勺子	sháozi	399	孙子	sūnzi
326	票子	piàozi	363	少爷	shàoye	400	他们	tāmen
327	漂亮	piàoliang	364	哨子	shàozi	401	它们	tāmen
328	瓶子	píngzi	365	舌头	shétou	402	她们	tāmen
329	婆家	pójia	366	身子	shēnzi	403	台子	táizi
330	婆婆	pópo	367	什么	shénme	404	太太	tàitai
331	铺盖	pūgai	368	婶子	shěnzi	405	摊子	tānzi
332	欺负	qīfu	369	生意	shēngyi	406	坛子	tánzi
333	旗子	qízi	370	牲口	shēngkou	407	毯子	tǎnzi
334	前头	qiántou	371	绳子	shéngzi	408	桃子	táozi
335	钳子	qiánzi	372	师父	shīfu	409	特务	tèwu
336	茄子	qiézi	373	师傅	shīfu	410	梯子	tīzi
337	亲戚	qīnqi	374	虱子	shīzi	411	蹄子	tízi
338	勤快	qínkuai	375	狮子	shīzi	412	挑剔	tiāoti
339	清楚	qīngchu	376	石匠	shíjiang	413	挑子	tiāozi
340	亲家	qìngjia	377	石榴	shíliu	414	条子	tiáozi
341	曲子	qǔzi	378	石头	shítou	415	跳蚤	tiàozao
342	圈子	quānzi	379	时候	shíhou	416	铁匠	tiějiang
343	拳头	quántou	380	实在	shízai	417	亭子	tíngzi
344	裙子	qúnzi	381	拾掇	shíduo	418	头发	tóufa
345	热闹	rènao	382	使唤	shǐhuan	419	头子	tóuzi
346	人家	rénjia	383	世故	shìgu	420	兔子	tùzi

421	妥当	tuǒdang	458	性子	xìngzi	495	月饼	yuèbing
422	唾沫	tuòmo	459	兄弟	xiōngdi	496	月亮	yuèliang
423	挖苦	wāku	460	休息	xiūxi	497	云彩	yúncai
424	娃娃	wáwa	461	秀才	xiùcai	498	运气	yùnqi
425	袜子	wàzi	462	秀气	xiùqi	499	在乎	zàihu
426	晚上	wǎnshang	463	袖子	xiùzi	500	咱们	zánmen
427	尾巴	wěiba	464	靴子	xuēzi	501	早上	zǎoshang
428	委屈	wěiqu	465	学生	xuésheng	502	怎么	zěnme
429	为了	wèile	466	学问	xuéwen	503	扎实	zhāshi
430	位置	wèizhi	467	丫头	yātou	504	眨巴	zhǎba
431	位子	wèizi	468	鸭子	yāzi	505	栅栏	zhàlan
432	蚊子	wénzi	469	衙门	yámen	506	宅子	zháizi
433	稳当	wěndang	470	哑巴	yǎba	507	寨子	zhàizi
434	我们	wǒmen	471	胭脂	yānzhi	508	张罗	zhāngluo
435	屋子	wūzi	472	烟筒	yāntong	509	丈夫	zhàngfu
436	稀罕	xīhan	473	眼睛	yǎnjing	510	帐篷	zhàngpeng
437	席子	xízi	474	燕子	yànzi	511	丈人	zhàngren
438	媳妇	xífu	475	秧歌	yānggge	512	帐子	zhàngzi
439	喜欢	xǐhuan	476	养活	yǎnghuo	513	招呼	zhāohu
440	瞎子	xiāzi	477	样子	yàngzi	514	招牌	zhāopai
441	匣子	xiázi	478	吆喝	yāohe	515	折腾	zhēteng
442	下巴	xiàba	479	妖精	yāojing	516	这个	zhège
443	吓唬	xiàhu	480	钥匙	yàoshi	517	这么	zhème
444	先生	xiānsheng	481	椰子	yēzi	518	枕头	zhěntou
445	乡下	xiāngxia	482	爷爷	yéye	519	镇子	zhènzi
446	箱子	xiāngzi	483	叶子	yèzi	520	芝麻	zhīma
447	相声	xiàngsheng	484	一辈子	yíbèizi	521	知识	zhīshi
448	消息	xiāoxi	485	衣服	yīfu	522	侄子	zhízi
449	小伙子	xiǎohuǒzi	486	衣裳	yīshang	523	指甲	zhǐjia
450	小气	xiǎoqi	487	椅子	yǐzi			(zhījia)
451	小子	xiǎozi	488	意思	yìsi	524	指头	zhǐtou
452	笑话	xiàohua	489	银子	yínzi			(zhítou)
453	谢谢	xièxie	490	影子	yǐngzi			
454	心思	xīnsi	491	应酬	yìngchou	525	种子	zhǒngzi
455	星星	xīngxing	492	柚子	yòuzi	526	珠子	zhūzi
456	猩猩	xīngxing	493	冤枉	yuānwang	527	竹子	zhúzi
457	行李	xíngli	494	院子	yuànzi	528	主意	zhǔyi
								(zhúyi)

529	主子	zhǔzi	535	壮实	zhuàngshi	542	祖宗	zǔzong
530	柱子	zhùzi	536	状元	zhuàngyuan	543	嘴巴	zuǐba
531	爪子	zhuǎzi	537	锥子	zhuīzi	544	作坊	zuōfang
532	转悠	zhuànyou	539	字号	zìhao	545	琢磨	zuómo
533	庄稼	zhuāngjia	540	自在	zìzai			（zhuómo）
534	庄子	zhuāngzi	541	粽子	zòngzi			

附录2 普通话水平测试用儿化词语表

说 明

本表列出原形韵母和所对应的儿化韵，用"＞"表示条目中儿化音节的注音，只在基本形式后面加"r"，如"一会儿 yīhuìr"，不标语音上的实际变化。

一

a > ar	刀把儿	dāobàr	号码儿	hàomǎr
	戏法儿	xìfǎr	在哪儿	zàinǎr
	找碴儿	zhǎochár	打杂儿	dǎzár
	板擦儿	bǎncār		
ai > ar	名牌儿	míngpáir	鞋带儿	xiédàir
	壶盖儿	húgàir	小孩儿	xiǎoháir
	加塞儿	jiāsāir		
an > ar	快板儿	kuàibǎnr	老伴儿	lǎobànr
	蒜瓣儿	suànbànr	脸盘儿	liǎnpánr
	脸蛋儿	liǎndànr	收摊儿	shōutānr
	栅栏儿	zhàlánr	包干儿	bāogānr
	笔杆儿	bǐgǎnr	门槛儿	ménkǎnr

二

ang > ar（鼻化）	药方儿	yàofāngr	赶趟儿	gǎntàngr
	香肠儿	xiāngchángr	瓜瓤儿	guārángr

三

ia > iar	掉价儿	diàojiàr	一下儿	yīxiàr
	豆芽儿	dòuyár		
ian > iar	小辫儿	xiǎobiànr	照片儿	zhàopiānr
	扇面儿	shànmiànr	差点儿	chàdiǎnr
	一点儿	yīdiǎnr	雨点儿	yǔdiǎnr
	聊天儿	liáotiānr	拉链儿	lāliànr
	冒尖儿	màojiānr	坎肩儿	kǎnjiānr
	牙签儿	yáqiānr	露馅儿	lòuxiànr
	心眼儿	xīnyǎnr		

四

iang > iar（鼻化）	鼻梁儿	bíliángr	透亮儿	tòuliàngr
	花样儿	huāyàngr		

五

ua > uar	脑瓜儿	nǎoguār	大褂儿	dàguàr
	麻花儿	máhuār	笑话儿	xiàohuar
	牙刷儿	yáshuār		
uai > uar	一块儿	yīkuàir		
uan > uar	茶馆儿	cháguǎnr	饭馆儿	fànguǎnr
	火罐儿	huǒguànr	落款儿	luòkuǎnr
	打转儿	dǎzhuànr	拐弯儿	guǎiwānr
	好玩儿	hǎowánr	大腕儿	dàwànr

六

uang > uar（鼻化）	蛋黄儿	dànhuángr	打晃儿	dǎhuàngr
	天窗儿	tiānchuāngr		

七

üan＞üar	烟卷儿	yānjuǎnr	手绢儿	shǒujuànr
	出圈儿	chūquānr	包圆儿	bāoyuánr
	人缘儿	rényuánr	绕远儿	ràoyuǎnr
	杂院儿	záyuànr		

八

ei＞er	刀背儿	dāobèir	摸黑儿	mōhēir
en＞er	老本儿	lǎoběnr	花盆儿	huāpénr
	嗓门儿	sǎngménr	把门儿	bǎménr
	哥们儿	gēmenr	纳闷儿	nàmènr
	后跟儿	hòugēnr	高跟儿鞋	gāogēnrxié
	别针儿	biézhēnr	一阵儿	yīzhènr
	走神儿	zǒushénr	大婶儿	dàshěnr
	小人儿书	xiǎorénrshū	杏仁儿	xìngrénr
	刀刃儿	dāorènr		

九

eng＞er（鼻化）	钢镚儿	gāngbèngr	夹缝儿	jiāfèngr
	脖颈儿	bógěngr	提成儿	tíchéngr

十

ie＞ier	半截儿	bànjiér	小鞋儿	xiǎoxiér
üe＞üer	旦角儿	dànjuér	主角儿	zhǔjuér

十一

uei＞uer		跑腿儿	pǎotuǐr	一会儿	yīhuìr

	耳垂儿	ěrchuír	墨水儿	mòshuǐr
	围嘴儿	wéizuǐr	走味儿	zǒuwèir
uen > uer	打盹儿	dǎdǔnr	胖墩儿	pàngdūnr
	砂轮儿	shālúnr	冰棍儿	bīnggùnr
	没准儿	méizhǔnr	开春儿	kāichūnr
ueng > uer（鼻化）	小瓮儿	xiǎowèngr		

十二

–i（前）> er	瓜子儿	guāzǐr	石子儿	shízǐr
	没词儿	méicír	挑刺儿	tiāocìr
–i（后）> er	墨汁儿	mòzhīr	锯齿儿	jùchǐr
	记事儿	jìshìr		

十三

i > iːer	针鼻儿	zhēnbír	垫底儿	diàndǐr
	肚脐儿	dùqír	玩意儿	wányìr
in > iːer	有劲儿	yǒujìnr	送信儿	sòngxìnr
	脚印儿	jiǎoyìnr		

十四

ing > iːer（鼻化）	花瓶儿	huāpíngr	打鸣儿	dǎmíngr
	图钉儿	túdīngr	门铃儿	ménlíngr
	眼镜儿	yǎnjìngr	蛋清儿	dànqīngr
	火星儿	huǒxīngr	人影儿	rényǐngr

十五

ü > üːer	毛驴儿	máolǘr	小曲儿	xiǎoqǔr
	痰盂儿	tányúr		
üe > üːer	合群儿	héqúnr		

十六

e > er　模特儿　mótèr　　　逗乐儿　dòulèr

　　　　唱歌儿　chànggēr　　挨个儿　āigèr

　　　　打嗝儿　dǎgér　　　饭盒儿　fànhér

　　　　在这儿　zàizhèr

十七

u > ur　碎步儿　suìbùr　　　没谱儿　méipǔr

　　　　儿媳妇儿　érxífur　　梨核儿　líhúr

　　　　泪珠儿　lèizhūr　　　有数儿　yǒushùr

十八

ong > or（鼻化）　果冻儿　guǒdòngr　　门洞儿　méndòngr

　　　　　　　　　　胡同儿　hútòngr　　　抽空儿　chōukòngr

　　　　　　　　　　酒盅儿　jiǔzhōngr　　小葱儿　xiǎocōngr

iong > ior（鼻化）　小熊儿　xiǎoxióngr

十九

ao > aor　红包儿　hóngbāor　　灯泡儿　dēngpàor

　　　　　半道儿　bàndàor　　　手套儿　shǒutàor

　　　　　跳高儿　tiàogāor　　　叫好儿　jiàohǎor

　　　　　口罩儿　kǒuzhàor　　　绝着儿　juézhāor

　　　　　口哨儿　kǒushàor　　　蜜枣儿　mìzǎor

二十

iao > iaor　鱼漂儿　yúpiāor　　火苗儿　huǒmiáor

跑调儿　pǎodiàor　　面条儿　miàntiáor

豆角儿　dòujiǎor　　开窍儿　kāiqiàor

二十一

ou > our	衣兜儿　yīdōur	老头儿　lǎotóur
	年头儿　niántóur	小偷儿　xiǎotōur
	门口儿　ménkǒur	纽扣儿　niǔkòur
	线轴儿　xiànzhóur	小丑儿　xiǎochǒur
	加油儿　jiāyóur	

二十二

iou > iour	顶牛儿　dǐngniúr	抓阄儿　zhuājiūr
	棉球儿　miánqiúr	

二十三

uo > uor	火锅儿　huǒguōr	做活儿　zuòhuór
	大伙儿　dàhuǒr	邮戳儿　yóuchuōr
	小说儿　xiǎoshuōr	被窝儿　bèiwōr
(o) > or	耳膜儿　ěrmór	粉末儿　fěnmòr

附录3 常用儿化词表

【A】

挨个儿　挨门儿　矮凳儿　暗处儿　暗号儿　暗花儿　熬头儿

【B】

八成儿	八字儿	疤瘌眼儿	拔火罐儿	拔尖儿	白案儿	白班儿	白干儿
白卷儿	白面儿	百叶儿	摆谱儿	摆设儿	败家子儿	班底儿	板擦儿
半边儿	半道儿	半点儿	半截儿	半路儿	帮忙儿	绑票儿	傍晚儿
包干儿	宝贝儿	饱嗝儿	北边儿	背面儿	背气儿	背心儿	背影儿
贝壳儿	被单儿	被窝儿	本家儿	本色儿	奔头儿	鼻梁儿	笔调儿
笔架儿	笔尖儿	笔套儿	边框儿	变法儿	便门儿	便条儿	标签儿
别名儿	鬓角儿	冰棍儿	病根儿	病号儿	不大离儿	不得劲儿	
不对荐儿	不是味儿	布头儿					

【C】

擦黑儿	猜谜儿	彩号儿	菜单儿	菜花儿	菜籽儿	蚕子儿	藏猫儿	草底儿
草帽儿	茶馆儿	茶花儿	茶几儿	茶盘儿	茶座儿	差不离儿	差点儿	岔道儿
长短儿	长袍儿	敞口儿	唱本儿	唱高调儿	唱片儿	抄道儿	趁早儿	成个儿
秤杆儿	吃喝儿	吃劲儿	尺码儿	虫眼儿	抽筋儿	抽空儿	抽签儿	筹码儿
出活儿	出门儿	出名儿	出数儿	橱柜儿	雏儿	窗洞儿	窗花儿	窗口儿
窗帘儿	窗台儿	床单儿	吹风儿	槌儿	春卷儿	春联儿	戳儿	瓷瓦儿
词儿	葱花儿	从头儿	从小儿	凑热闹儿	凑数儿	粗活儿	醋劲儿	搓板儿

【D】

搭伴儿	搭茬儿	搭脚儿	打蹦儿	打盹儿	打嗝儿	打滚儿	打晃儿	打价儿
打愣儿	打鸣儿	打谱儿	打挺儿	打眼儿	打杂儿	打转儿	大褂儿	大伙儿
大婶儿	带劲儿	带儿	单调儿	单个儿	单间儿	蛋黄儿	当面儿	当票儿
刀把儿	刀背儿	刀片儿	刀刃儿	道口儿	倒影儿	得劲儿	灯泡儿	底儿
底稿儿	底座儿	地方儿	地面儿	地盘儿	地皮儿	地摊儿	踮脚儿	点儿
点头儿	垫圈儿	电影儿	调号儿	调门儿	掉包儿	钓竿儿	碟儿	丁点儿
顶牛儿	顶事儿	顶针儿	定弦儿	动画片儿	兜儿	斗嘴儿	豆花儿	豆角儿
豆芽儿	逗乐儿	逗笑儿	独院儿	对过儿	对号儿	对口儿	对劲儿	对联儿
对门儿	对面儿	对味儿	对眼儿	多半儿	多会儿	朵儿		

【E】

摁钉儿	摁扣儿	耳垂儿	耳朵眼儿	耳根儿

【F】

发火儿	翻白眼儿	翻本儿	反面儿	饭馆儿	饭盒儿	饭碗儿	房檐儿	肥肠儿
费劲儿	坟头儿	粉末儿	粉皮儿	粉条儿	封口儿	风车儿	风儿	缝儿

【G】

旮旯儿	盖戳儿	盖儿	赶早儿	干劲儿	干活儿	高调儿	高招儿	稿儿
个儿	个头儿	各行儿	各样儿	跟班儿	跟前儿	工夫儿	工头儿	勾芡儿
钩针儿	够本儿	够劲儿	够数儿	够味儿	瓜子儿	挂名儿	乖乖儿	拐棍儿
拐角儿	拐弯儿	管儿	管事儿	罐儿	光板儿	光杆儿	光棍儿	鬼脸儿
蝈蝈儿	锅贴儿	过门儿						

【H】

哈哈儿	行当儿	好好儿	好天儿	好玩儿	好性儿	好样儿	号码儿	号儿

河沿儿　合股儿　合伙儿　合身儿　盒儿　黑道儿　红人儿　猴儿　后边儿
后跟儿　后门儿　胡同儿　花边儿　花卷儿　花瓶儿　花儿　花纹儿　花样儿
花园儿　花招儿　滑竿儿　话茬儿　画稿儿　还价儿　环儿　慌神儿　黄花儿
回话儿　回信儿　魂儿　豁口儿　火锅儿　火候儿　火炉儿　火苗儿　火星儿

【J】

鸡杂儿　急性儿　记事儿　家底儿　夹缝儿　夹心儿　加油儿　价码儿　假条儿
肩膀儿　箭头儿　讲稿儿　讲价儿　讲究儿　胶卷儿　胶水儿　脚尖儿　较真儿
叫好儿　叫座儿　接班儿　接头儿　揭底儿　揭短儿　解闷儿　解手儿　借条儿
紧身儿　劲头儿　镜框儿　酒令儿　酒窝儿　就手儿　卷儿　诀窍儿　绝招儿

【K】

开春儿　开花儿　开火儿　开窍儿　开头儿　坎肩儿　开小差儿　靠边儿　磕碰儿
科班儿　科教片儿　壳儿　可口儿　吭气儿　吭声儿　空手儿　空地儿　空格儿
空心儿　抠门儿　抠字眼儿　口袋儿　口风儿　口哨儿　口味儿　口信儿　口罩儿
扣儿　苦头儿　裤衩儿　裤兜儿　裤脚儿　裤腿儿　挎包儿　块儿　快板儿
快手儿　筐儿　葵花子儿

【L】

拉呱儿　拉链儿　拉锁儿　腊八儿　腊肠儿　来回儿　来劲儿　来头儿　篮儿
滥调儿　捞本儿　老伴儿　老本儿　老底儿　老根儿　老话儿　老脸儿　老人儿
老样儿　泪花儿　泪人儿　泪珠儿　累活儿　冷门儿　冷盘儿　愣神儿　离谱儿
里边儿　理儿　力气活儿　连襟儿　脸蛋儿　凉粉儿　凉气儿　两截儿　两口儿
两头儿　亮光儿　亮儿　聊天儿　裂缝儿　裂口儿　零花儿　零活儿　零碎儿
零头儿　领儿　领头儿　溜边儿　刘海儿　留后路儿　柳条儿　遛弯儿　篓儿
露面儿　露馅儿　露相儿　炉门儿　路口儿　轮儿　罗锅儿　落脚儿　落款儿
落音儿

【M】

麻花儿　麻绳儿　麻线儿　马竿儿　马褂儿　买好儿　卖劲儿　满分儿　满座儿

慢性儿　忙活儿　毛驴儿　毛衫儿　冒火儿　冒尖儿　冒牌儿　帽儿　帽檐儿
没词儿　没地儿　没法儿　没劲儿　没门儿　没谱儿　没趣儿　没事儿　没头儿
没样儿　没影儿　煤球儿　媒婆儿　美人儿　美术片儿　谜儿　门洞儿　门房儿
门槛儿　门口儿　门帘儿　猛劲儿　米粒儿　蜜枣儿　猕猴儿　面条儿　面团儿
苗儿　瞄准儿　明情理儿　明儿　名词儿　名单儿　名片儿　摸黑儿　模特儿
末了儿　墨盒儿　墨水儿　墨汁儿　模样儿　木头人儿

【N】

哪会儿　哪儿　哪样儿　纳闷儿　奶名儿　奶皮儿　奶嘴儿　南边儿　南面儿
脑瓜儿　脑门儿　闹病儿　闹气儿　泥人儿　拟稿儿　年根儿　年头儿　念珠儿
鸟儿　牛劲儿　纽扣儿　农活儿　努嘴儿　挪窝儿

【O】

藕节儿

【P】

拍儿　牌号儿　牌儿　派头儿　盘儿　旁边儿　胖墩儿　刨根儿　跑堂儿
跑腿儿　配对儿　配件儿　配角儿　喷嘴儿　盆景儿　皮猴儿　皮夹儿　皮儿
偏方儿　偏旁儿　偏心眼儿　片儿　票友儿　拼盘儿　瓶塞儿　平手儿　评分儿
坡儿　破烂儿　铺盖卷儿　蒲墩儿　蒲扇儿　谱儿

【Q】

漆皮儿　旗袍儿　棋子儿　起劲儿　起名儿　起头儿　起眼儿　气球儿　汽水儿
签儿　千层底儿　前边儿　前脚儿　前面儿　前儿　前身儿　钱串儿　钱票儿
枪杆儿　枪眼儿　枪子儿　腔儿　墙根儿　墙头儿　抢先儿　桥洞儿　瞧头儿
悄没声儿　巧劲儿　俏皮话儿　亲嘴儿　轻活儿　球儿　蛐蛐儿　取乐儿　曲儿
圈儿　缺口儿　缺嘴儿

【R】

瓤儿	让座儿	绕道儿	绕口令儿	绕圈儿	绕弯儿	绕远儿	热门儿	热闹儿
热天儿	热心肠儿	人家儿	人头儿	人味儿	人样儿	人影儿	人缘儿	日记本儿
日月儿	绒花儿	戎球儿	肉包儿	肉片儿	肉脯儿	肉丝儿	褥单儿	入门儿
入味儿								

【S】

撒欢儿	撒娇儿	撒酒疯儿	撒手儿	塞儿	三弦儿	嗓门儿	沙果儿
沙瓤儿	砂轮儿	傻劲儿	色儿	山根儿	闪身儿	扇面儿	上班儿
上辈儿	上边儿	上火儿	上劲儿	上款儿	上联儿	上面儿	上身儿
上座儿	捎脚儿	哨儿	伸腿儿	身板儿	身量儿	身子骨儿	神儿
婶儿	实心儿	石子儿	使劲儿	市面儿	事儿	事由儿	是味儿
收口儿	收条儿	手边儿	手戳儿	手绢儿	手套儿	手头儿	手腕儿
手心儿	手印儿	书本儿	书签儿	书桌儿	熟道儿	熟人儿	树梢儿
树阴儿	数码儿	耍心眼儿	双料儿	双响儿	双眼皮儿	水饺儿	水牛儿
水印儿	顺便儿	顺道儿	顺脚儿	顺口儿	顺路儿	顺手儿	顺嘴儿
说话儿	说情儿	说头儿	说闲话儿	撕票儿	丝儿	死胡同儿	死心眼儿
死信儿	四边儿	四合院儿	松劲儿	松紧带儿	松仁儿	松子儿	送信儿
俗话儿	酸枣儿	蒜瓣儿	蒜黄儿	蒜泥儿	算盘儿	算数儿	随大溜儿
随群儿	碎步儿	岁数儿	孙女儿	榫儿	锁链儿		

【T】

台阶儿	抬价儿	摊儿	痰盂儿	谈天儿	糖葫芦儿	趟儿	挑儿	桃仁儿
讨好儿	套间儿	套儿	蹄筋儿	提成儿	提花儿	替班儿	替身儿	天边儿
天窗儿	天儿	天天儿	甜头儿	挑刺儿	条儿	跳高儿	跳绳儿	跳远儿
贴身儿	帖儿	听信儿	同伴儿	铜子儿	筒儿	偷空儿	偷偷儿	头儿
头头儿	图钉儿	土豆儿	土方儿	腿儿	脱身儿	托儿		

【W】

娃儿　袜套儿　袜筒儿　外边儿　外号儿　外间儿　外面儿　　外甥女儿　外套儿
弯儿　玩儿　玩意儿　腕儿　　围脖儿　围嘴儿　卫生球儿　味儿　　纹路儿
窝儿　物件儿

【X】

西边儿　稀罕儿　媳妇儿　戏班儿　戏本儿　戏词儿　戏法儿　细活儿
虾仁儿　下巴颏儿　下半天儿　下边儿　下联儿　下手儿　弦儿　闲话儿
闲空儿　闲篇儿　闲气儿　显形儿　现成儿　线头儿　馅儿　香肠儿
香瓜儿　香火儿　香水儿　箱底儿　响动儿　相片儿　像样儿　橡皮筋儿
消食儿　小白菜儿　小半儿　小辈儿　小辫儿　小不点儿　小菜儿　小抄儿
小车儿　小丑儿　小葱儿　小调儿　小工儿　小褂儿　小孩儿　小脚儿
小锣儿　小帽儿　小米儿　小名儿　小跑儿　小钱儿　小曲儿　小人儿
小嗓儿　小舌儿　小市儿　小说儿　小偷儿　小性儿　小灶儿　笑话儿
笑脸儿　笑窝儿　楔儿　　歇腿儿　邪道儿　邪门儿　斜纹儿　斜眼儿
鞋帮儿　蟹黄儿　心肝儿　心坎儿　心路儿　心窝儿　心眼儿　信皮儿
信儿　杏儿　杏仁儿　胸脯儿　袖口　袖儿　袖筒儿　绣花儿
旋涡儿

【Y】

鸭子儿　牙口儿　牙签儿　牙刷儿　芽儿　　雅座儿　压根儿　烟卷儿　烟头儿
烟嘴儿　言声儿　沿儿　　眼角儿　眼镜儿　眼皮儿　眼圈儿　眼儿　眼神儿
眼窝儿　羊倌儿　腰板儿　腰花儿　咬舌儿　咬字儿　药方儿　药面儿　药片儿
药水儿　药丸儿　药味儿　要价儿　爷们儿　页码儿　衣料儿　一半儿　一边儿
一道儿　一点儿　一会儿　一块儿　一溜烟儿　一溜儿　一气儿　一身儿　一手儿
一顺儿　一下儿　一些儿　一早儿　一阵儿　一总儿　音儿　因由儿　阴凉儿
阴影儿　瘾头儿　印花儿　印儿　应声儿　营生儿　迎面儿　影片儿　影儿
应景儿　硬面儿　硬手儿　油饼儿　油花儿　油门儿　油皮儿　邮包儿　邮戳儿
有点儿　有门儿　有趣儿　有数儿　右边儿　榆钱儿　鱼虫儿　鱼漂儿　雨点儿
原封儿　原主儿　圆圈儿　院儿　约会儿　约数儿　月份儿　月牙儿

【Z】

咂嘴儿	杂牌儿	杂耍儿	杂院儿	脏字儿	枣儿	早早儿	渣儿	栅栏儿
宅门儿	沾边儿	掌勺儿	掌灶儿	长相儿	账本儿	账房儿	找碴儿	罩儿
照面儿	照片儿	照样儿	这会儿	这儿	这样儿	针鼻儿	针箍儿	针眼儿
枕席儿	阵儿	整个儿	正座儿	汁儿	支着儿	枝儿	直溜儿	直心眼儿
侄儿	侄女儿	纸钱儿	指名儿	指望儿	指印儿	中间儿	盅儿	钟点儿
种花儿	重活儿	轴儿	皱纹儿	珠儿	猪倌儿	竹竿儿	主角儿	主心骨儿
住家儿	抓阄儿	爪尖儿	爪儿	转角儿	转脸儿	转弯儿	装相儿	坠儿
准儿	桌面儿	滋味儿	滋芽儿	字面儿	字儿	字帖儿	字眼儿	走板儿
走道儿	走调儿	走神儿	走味儿	走样儿	嘴儿	昨儿	作料儿	左边儿
坐垫儿	座儿	座位儿	做伴儿	做活儿	作声儿			

【Y】

附录4　普通话水平测试训练题

普通话水平测试训练题（一）

一、读单音节字词

捐	乳	毛	浸	乖	撞	喝(水)	床	统	丢
煤	涌	内	坡	跨	熏(哥)	俩	坏	由	爹
闻	光	驴	跃	淋	氧	热	方	笪	换
描	看(管)	纸	歌(导)	弹	淌	千	组	春	鬼
重(叠)	闪	出	名	串	盘	捡	兵(宝)	藏	高
審	朝(代)	凑	扒(糕)	糯	粉	啄	餐	坐	吸
茶	懂	皮	渴	瞧	母	牛	醋	神	帮
犬	播	俊	瞎	屯	剧	两	负	搜	调(查)
陪	币	吭	手	退	钻(研)	护	奶	恨	它
摆(不)行	嘴	穷	抓	邪	略	软	缝(隙)	腮	

二、读多音节词语

选手	车床	供求	物价	开花	血管	群岛	总理	品种	年头儿
施肥	外流	蓦然	本质	脑子	夺取	水泥	发票	注册	纳闷儿
心酸	嘈杂	虽然	强烈	平常	照相	昏迷	打扰	接洽	一块儿
印刷	撒谎	的确	搬运	省略	吃惊	散会	张贴	从属	面条儿
私人	上层	存在	繁星	倍数	原材料	蒲公英	畅所欲言		

三、朗读作品第1号

　　那是力争上游的一种树，笔直的干，笔直的枝。它的干呢，通常是丈把高，像是加以人工似的，一丈以内，绝无旁枝；它所有的丫枝呢，一律向上，而且紧紧靠拢，也像是加以人工似的，成为一束，绝无横斜逸出；它的宽大的叶子也是片片向上，几乎没有斜生的，更不用说倒垂了；它的皮，光滑而有银色的晕圈，微微泛出淡青色。这是虽在北方的风雪的压迫下却保持着倔强挺立的一种树！哪怕只有碗来粗细罢，它却努力向上发展，高到丈许，二丈，参天耸立，不折不挠，对抗着西北风。

这就是白杨树，西北极普通的一种树，然而绝不是平凡的树！

它没有婆娑的姿态，没有屈曲盘旋的虬枝，也许你要说它不美丽，——如果美是专指"婆娑"或"横斜逸出"之类而言，那么，白杨树算不得树中的好女子；但是它却是伟岸，正直，朴质，严肃，也不缺乏温和，更不用提它的坚强不屈与挺拔，它是树中的伟丈夫！当你在积雪初融的高原上走过，看见平坦的大地上傲然挺立这么一株或一排白杨树，难道你就只觉得树只是树，难道你就不想到它的朴质，严肃，坚强不屈，至少也象征了北方的农民；难道你竟一点儿也不联想到，在敌后的广大土‖地上，到处有坚强不屈，就像这白杨树一样傲然挺立守卫他们家乡的哨兵！

——节选自茅盾《白杨礼赞》

普通话水平测试训练题（二）

一、读单音节字词

悬	叛	刮	错	摸	赛（千）瓦	均（哥）俩	摔
铀	瞥	晃	擦	阅	新　娘	兄	软	熏
福	掐	穗	腰	给（以）坑	常	乖	部	春
铜	丝	罢	蒙	帐	逃	弃	农	肘	插
倘	调（查）听	地	拍	爽	照	窥	褶（偿）还
满	潮	暂	啄（节）省	船	菜	怎	顺	钱
阔	灾	册	肯	从（比）分（储）藏	捐	穷	坡
流	液	昏	逛	举	贫	将	热（分）发	传（记）
了（解）贼	高	拟	霎	谍	快	诌	射	很
粗	女	绝	乳	放	搜	病	走	殿	蹭

二、读多音节词语

掠夺	家乡	刷新	村庄	麻雀	运算	类型	外科	劝阻	一会儿
倒霉	本事	陪衬	水草	嶙峋	翠绿	润滑	创作	手续	笑话儿
早晨	纠正	强烈	狭窄	旅馆	氧化	薄弱	审美	个别	纳闷儿
用劲	公园	枕头	总理	上风	休整	承认	特殊	卡车	两条儿
群众	妥当	直接	述评	追肥	俱乐部	规范化	若无其事		

三、朗读作品第 2 号

两个同龄的年轻人同时受雇于一家店铺，并且拿同样的薪水。

可是一段时间后，叫阿诺德的那个小伙子青云直上，而那个叫布鲁诺的小伙子却仍在原地踏步，布鲁诺很不满意老板的不公正待遇。终于有一天，他到老板那儿发牢骚了。老板一边耐心地听着他的抱怨，一边在心里盘算着怎样向他解释清楚他和阿诺德之间的差别。

"布鲁诺先生，"老板开口说话了，"您现在到集市上去一下，看看今天早上有什么卖的。"

布鲁诺从集市上回来向老板汇报说，今早集市上只有一个农民拉了一车土豆在卖。

"有多少?"老板问。

布鲁诺赶快戴上帽子又跑到集上，然后回来告诉老板一共四十袋土豆。

"价格是多少?"

布鲁诺又第三次跑到集上问来了价格。

"好吧，"老板对他说，"现在请您坐到这把椅子上一句话也不要说，看看阿诺德怎么说。"

阿诺德很快就从集市上回来了。向老板汇报说：到现在为止只有一个农民在卖土豆。一共四十袋，价格是多少多少；土豆质量很不错，他带回来一个让老板看看。这个农民一个钟头以后还会弄来几箱西红柿，据他看价格非常公道。昨天他们铺子的西红柿卖得很快，库存已经不 ‖ 多了。

——节选自张健鹏、胡足青主编《故事时代》中《差别》

普通话水平测试训练题（三）

一、读单音节字词

悬	晃	如	筛	凑	光	不	端	作	陪
愿	招	涌	坡	垮	云	夹(子)	怀	酒	切(开)
滚	创	需	绝	香	绒	纺	三	喘	票
黑	壁	开	炉	丧	守	丰	内	齿	遂
窝(前)提		顶(分)发		罪	查	天	苦	傲	州
抬	炮	征	木	专	桶	帘	笨	蠢	梦
糟	隔	卖	槽(边)塞		册	呼	朝(代)	面	则
请	妙	穷	播	滑	熏(哥)俩		怪	牛	结
顿	娶	穴	近	腔	肉	粉	撒	聊	讪
追	肠	主	拖	撤	霜	困	您	犯	笋

二、读多音节词语

下列	沸腾	走向	惊讶	气息	寡妇	战略	病菌	吞没	脖颈儿
堡垒	快速	特权	脑袋	可惜	指针	球赛	中肯	姑娘	好玩儿
袖珍	产品	神采	规律	将要	那么	爪子	麻雀	美术	雨点儿
表达	总理	销售	虫子	遇难	商量	壮观	人群	农村	心眼儿
试卷	平等	公司	珍惜	盛行	研究生	细胞核	不胫而走		

三、朗读作品第3号

我常常遗憾我家门前那块丑石：它黑黝黝地卧在那里，牛似的模样；谁也不知道是什么时候留在这里的，谁也不去理会它。只是麦收时节，门前摊了麦子，奶奶总是说：这块丑石，多占地面呀，抽空把它搬走吧。

它不像汉白玉那样的细腻，可以刻字雕花，也不像大青石那样的光滑，可以供来浣纱捶布。它静静地卧在那里，院边的槐树没有庇覆它，花儿也不再在它身边生长。荒草便繁衍出来，枝蔓上下，慢慢地，它竟锈上了绿苔、黑斑。我们这些做孩子的，也讨厌起它来，曾合伙要搬走它，但力气又不足；虽时时咒骂它，嫌弃它，也无可奈何，只好任它留在那里了。

终有一日，村子里来了一个天文学家。他在我家门前路过，突然发现了这块石头，眼光立即就拉直了。他再没有离开，就住了下来。以后又来了好些人，都说这是一块陨石，从天上落下来已经有二三百年了，是一件了不起的东西。

不久便来了车，小心翼翼地将它运走了。

这使我们都很惊奇，这又怪又丑的石头，原来是天上的啊！它补过天，在天上发过热、闪过光，我们的先祖或许仰望过它，它给了他们光明、向往、憧憬，而它落下来了，在污土里，荒草里，一躺就 ‖ 是几百年了！

——节选自贾平凹《丑石》

普通话水平测试训练题（四）

一、读单音节字词

捐	调（查）临	造	发	哨	涌	腮	如	刷
讲	膜	挎	寻	价	悬	乖	穷	右	贴
问	窗	铝	穴	饮	箱	绒	反	撒	转（圈）
票	给	痛	锁	白	火	平	表	斋	铭

坐	迁	提	纵	婚	蚕	空	斗	核	诊
钩	险	宿	归	硕	茶	漫	准	暂	损
风	鸟	拽	舱（查）	处	周	蹭	德	搞	氢
笨	排	炸	钻	寒	坡	群（哥）	俩	快	牛
揭	论	慌	女（不）	觉	绕	防	扫	湾	巧
勒（紧）闭	汤	麝（充）	当	衬	摔	垂	丢	肥	

二、读多音节词语

确认	重点	产品	夏季	花色	壮观	侵略	例外	弥漫	一会儿
拳头	打扮	寡妇	水泥	改进	生日	祖传	开辟	山峦	好玩儿
拖鞋	司法	春分	政策	许多	存在	区别	商量	惊讶	模特儿
凶残	运算	被动	怀疑	把手	成长	好感	特赦	拆卸	聊天儿
保留	袜子	行军	缘故	疲倦	北极星	古兰经	举足轻重		

三、朗读作品第4号

　　在达瑞八岁的时候，有一天他想去看电影。因为没有钱，他想是向爸妈要钱，还是自己挣钱。最后他选择了后者。他自己调制了一种汽水，向过路的行人出售。可那时正是寒冷的冬天，没有人买，只有两个人例外——他的爸爸和妈妈。

　　他偶然有一个和非常成功的商人谈话的机会。当他对商人讲述了自己的"破产史"后，商人给他两个重要的建议：一是尝试为别人解决一个难题；二是把精力集中在你知道的、你会的和你拥有的东西上。

　　这两个建议很关键。因为对于一个八岁的孩子而言，他不会做的事情很多。于是他穿过大街小巷，不停地思考：人们会有什么难题？他又如何利用这个机会？

　　一天，吃早饭时父亲让达瑞去取报纸。美国的送报员总是把报纸从花园篱笆的一个特制的管子里塞进来。假如你想穿着睡衣舒舒服服地吃早饭和看报纸，就必须离开温暖的房间，冒着寒风，到花园去取。虽然路短，但十分麻烦。

　　当达瑞为父亲取报纸的时候，一个主意诞生了。当天他就按响邻居的门铃，对他们说，每个月只需付给他一美元，他就每天早上把报纸塞到他们的房门底下。大多数人都同意了，很快他有‖了七十多个顾客。一个月，当他拿到自己赚的钱时，觉得自己简直是飞上了天。

——节选自〔德〕博多·费舍尔《达瑞的故事》，刘志明译

普通话水平测试训练题（五）

一、读单音节字词

捐	腾	悔	让	涌	份	短	护	坡	穗

崖	刷	块	君	留	夸	且	熏	顺	窗
去	紧	腔	如	饭	撒	赚	聊	飞	上
枕	杂	射（提）	供	除	抵	天	败	追	阔
官	闭（传）说		蚕	顶	咱	迈	周	腻	母
葱	更	准	陪	凑	粘	连	倍	丹	足
碰	操	蜜	插	染	害	悬	播（哥）	俩	歪
牛	撇	滚	晃	驴	却	饮	酱	容	封
扫	团	教（书）	美	懂	凝	奠	拖	隔	扎
醋	口（艰）难		潮	命	三	月	版	少	克

二、读多音节词语

自学	缠绕	作品	下课	苍穹	化石	安装	沉默	不禁	面条儿
内在	衰退	志愿	审慎	法典	等于	手表	政府	相似	包干儿
热诚	蒲扇	新婚	瓷砖	开凿	厕所	啤酒	消灭	群众	好玩儿
厂家	西瓜	运输	同类	奇怪	本子	拳头	打量	核算	纳闷儿
主任	水果	停滞	彩塑	理解	暴风雨	领事馆	名列前茅		

三、朗读作品第5号

这是入冬以来，胶东半岛上第一场雪。

雪纷纷扬扬，下得很大。开始还伴着一阵儿小雨，不久就只见大片大片的雪花，从彤云密布的天空中飘落下来。地面上一会儿就白了。冬天的山村，到了夜里就万籁俱寂，只听得雪花簌簌地不断往下落。树木的枯枝被雪压断了，偶尔咯吱一声响。

大雪整整下了一夜。今天早晨，天放晴了，太阳出来了。推开门一看，嗬！好大的雪啊！山川、河流、树木、房屋，全都罩上了一层厚厚的雪，万里江山，变成了粉妆玉砌的世界。落光了叶子的柳树上挂满了毛茸茸亮晶晶的银条儿；而那些冬夏常青的松树和柏树上，则挂满了蓬松松沉甸甸的雪球儿。一阵风吹来，树枝轻轻地摇晃，美丽的银条儿和雪球儿簌簌地落下来，玉屑似的雪末儿随风飘扬，映着清晨的阳光，显出一道道五光十色的彩虹。

大街上的积雪足有一尺多深，人踩上去，脚底下发出咯吱咯吱的响声。一群群孩子在雪地里堆雪人，掷雪球。那欢乐的叫喊声，把树枝上的雪都震落下来了。

俗话说，"瑞雪兆丰年"。这个话有充分的科学依据，并不是一句迷信的成语。寒冬大雪，可以冻死一部分越冬的害虫；融化了的水渗进土层深处，又能供应‖庄稼生长的需要。

——节选自峻青《第一场雪》

普通话水平测试训练题（六）

一、读单音节字词

(试)卷	锹	绿	爹	脆	捏	略	拐	肉	熊
护	坡	跨	群	税	假(装)	拽	丢	负	准
创	娶	决	阴	娘	惹 (分)发	俗	专	咬
陪	阿	姓	梢	皮	春	败	国	爽	翻
设	斟	戏	招	衬	男	净	粗	使	租
能	扫	汇	天	槽	跳	超	亩	扔	鸣
杀	贵	瞒	身	查	私	醉	蚕	捅	畔
绑	悬	播	云 (哥)俩	修	问	您	腔	溶
否	赛	宽 (积)累 (充)当	毫	钢	祝	行(列)	弱
则	赖	三	穷	刮	晃	艘	道	昆	搪

二、读多音节词语

冠军	农民	存在	爪子	月光	上旬	病魔	财会	生日	一点儿
拳头	打扮	处置	湍急	奶粉	恪守	质朴	风浪	猎手	好玩儿
船舱	肯定	接种	承认	厕所	地球	工具	洽谈	怜悯	雨点儿
一划	麻雀	内部	衰老	心愿	点缀	筹措	症结	产品	脖颈儿
此后	邮政	告终	平常	森林	霓虹灯	回归线	背道而驰

三、朗读作品第 6 号

　　我常想读书人是世间幸福人，因为他除了拥有现实的世界之外，还拥有另一个更为浩瀚也更为丰富的世界。现实的世界是人人都有的，而后一个世界却为读书人所独有。由此我想，那些失去或不能阅读的人是多么的不幸，他们的丧失是不可补偿的。世间有诸多的不平等，财富的不平等，权力的不平等，而阅读能力的拥有或丧失却体现为精神的不平等。

　　一个人的一生，只能经历自己拥有的那一份欣悦、那一份苦难，也许再加上他亲自闻知的那一些关于自身以外的经历和经验。然而，人们通过阅读，却能进入不同时空的诸多他人的世界。这样，具有阅读能力的人，无形间获得了超越有限生命的无限可能性。阅读不仅使他多识了草木虫鱼之名，而且可以上溯远古下及未来，饱览存在的与非存在的奇风异俗。

　　更为重要的是，读书加惠于人们的不仅是知识的增广，而且还在于精神的感化与陶冶。人们从读书学做人，从那些往哲先贤以及当代才俊的著述中学得他们的人格。人们从《论语》中学得智慧的思考，从《史记》中学得严肃的历史精神，从《正气歌》中学得人格的刚烈，从马克思学得人世‖的激情，从鲁迅学得批判精神，从托尔斯泰学得道德的执着。

——节选自谢冕《读书人是幸福人》

普通话水平测试训练题（七）

一、读单音节字词

悬	擦	散	潜	粪	层	口	扔	略	抓
涌	坡	垮	熏（哥）	俩	乖	绣	瞥	寸	双
锯	亲	酿	压	嚷	封	俗	钻（研）	描	昆
配	拙	保	各	桑	尘	虽	动	走	变
归	红	主	哨	杂	态	身	情（传）	说	鼎
连	退	掩	淘	病	砂	姓	蚕	偏	草
上	名	晒	从	扎	票	针	布	含	捐
穷	播	云	坏	扭	跌	晃	旅	却	您
僵	若	凡（边）	塞	船	掉	美	策	耻	骂
啼	间	调（和）	陷	翁	敬	粗	拿	干（杯）	则

二、读多音节词语

曲子	紧凑	庄稼	科学	群众	衰老	远大	本领	寡妇	聊天儿
默然	水平	隐藏	智能	小姐	倒塌	充斥	所在	承受	把门儿
轮换	茶叶	虚实	非常	彩色	产品	转化	我们	松鼠	一会儿
军备	全面	比如	同年	铺盖	列强	女人	发生	心脏	一块儿
挖掘	内容	事故	春秋	下班	恶作剧	花岗岩	包罗万象		

三、朗读作品第7号

一天，爸爸下班回到家已经很晚了，很累也有点儿烦。他发现五岁的儿子靠在门旁正等着他。

"爸，我可以问您一个问题吗？"

"什么问题？"

"爸，您一小时可以赚多少钱？"

"这与你无关，你为什么问这个问题？"父亲生气地说。

"我只是想知道，请告诉我，您一小时赚多少钱？"小孩儿哀求道。

"假如你一定要知道的话，我一小时赚二十美金。"

"哦，"小孩儿低下了头，接着又说，"爸，可以借我十美金吗？"

父亲发怒了："如果你只是要借钱去买毫无意义的玩具的话，给我回到你的房间睡觉去。好好想想为什么你会那么自私。我每天辛苦工作，没时间和你玩儿小孩子的游戏。"

小孩儿默默地回到自己的房间关上门。

父亲坐下来还在生气。后来，他平静下来了。心想自己可能对孩子太凶了——或许孩子真的很想买什么东西，再说他平时很少要过钱。

父亲走进孩子的房间："你睡了吗？"

"爸，还没有，我还醒着。"孩子回答。

"我刚才可能对你太凶了，"父亲说，"我不应该发那么大的火儿——这是你要的十美金。"

"爸，谢谢您。"孩子高兴地从枕头下拿出一些被弄皱的钞票，慢慢地数着。

"为什么你已经有钱了还要？"父亲不解地问。

"因为原来不够，但现在凑够了，"孩子回答，"爸，我现在有‖二十美金了，我可以向您买一个小时的时间吗？"

——节选自唐继柳编译《二十美金的价值》

普通话水平测试训练题（八）

一、读单音节字词

捐	卸	穷（汇）率	坡	晾	云（传）	说（哥）俩	挥
埋（没）播	拽	夸	滚	君	幢	掐	女	抓
跃	淋	日	帆	算	摇	给（以）峭	周	怒
（沉）着	冲（锋）倒	让	车	改（彩）色	同	苏	伞
后	参	性	迁	早	拆	幕	泥	胖	春
瞪	瓶	饱	声	牛	稍	您	扔	请	割
趁	员	凶	怪	蹲	晃	蹭	聘	洋	否
撕	唤	苗	挽	可	滴	百	图	丑	寨
拖	砸	错	塌	揍	堆	笨	横（竖）吸	救
揉	松	票	草	开	锈	熔	边	劣	肥

二、读多音节词语

葵花	显得	仆役	称赞	专家	寡妇	爽快	精确	上旬	老头儿
特权	墨汁	抢劫	齿轮	正规	暗藏	打搅	比赛	受奖	雨点儿

停战	才能	分别	农民	创作	看法	学术	群众	内脏	把门儿
选取	曲子	碰撞	好感	短语	水波	催促	虽然	尿布	一点儿
批准	最初	厕所	马虎	因此	管弦乐	责任感	脍炙人口		

三、朗读作品第8号

我爱月夜，但我也爱星天。从前在家乡七八月的夜晚在庭院里纳凉的时候，我最爱看天上密密麻麻的繁星。望着星天，我就会忘记一切，仿佛回到了母亲的怀里似的。

三年前在南京我住的地方有一道后门，每晚我打开后门，便看见一个静寂的夜。下面是一片菜园，上面是星群密布的蓝天。星光在我们的肉眼里虽然微小，然而它使我们觉得光明无处不在。那时候我正在读一些天文学的书，也认得一些星星，好像它们就是我的朋友，它们常常在和我谈话一样。

如今在海上，每晚和繁星相对，我把它们认得很熟了。我躺在舱面上，仰望天空。深蓝色的天空里悬着无数半明半昧的星。船在动，星也在动，它们是这样低，真是摇摇欲坠呢！渐渐地我的眼睛模糊了，我好像看见无数萤火虫在我的周围飞舞。海上的夜是柔和的，是静寂的，是梦幻的。我望着许多认识的星，我仿佛看见它们在对我眨眼，我仿佛听见它们在小声说话。这时我忘记了一切。在星的怀抱中我微笑着，我沉睡着。我觉得自己是一个小孩子，现在睡在母亲的怀里了。

有一夜，那个在哥伦波上船的英国人指给我看天上的巨人。他用手指着：‖那四颗明亮的星是头，下面的几颗是身子，这几颗是手，那几颗是腿和脚，还有三颗星算是腰带。

——节选自巴金《繁星》

普通话水平测试训练题（九）

一、读单音节字词

捐	穗	争	顾	缺	凉(肮)脏	较	掰	涌
沏	揉	播	集	垮	熏(哥)俩	拽	扭	此
损	双	旅	掘	让	法	艘	患	霉	张
垂	开	胆	专	统	营	沙	造	澎	山
裹	核	高	裁	钉	成	水	套	门	寨
传(播)	克	调(和)	冬	仇	暂	掂	长(处)	擦	奶
作	买	超	骗	捆	呼	员	抹(杀)	抓	云
掐	拐	留	捏	存	逛	需	贫	将	如
粪	宽	掉	黑	沉	酸	草	并	言	扑
请	内	伤	穷	付	厚	夕	妙(传)	说	您

二、读多音节词语

推选	难度	紧凑	诋毁	花生	窗台	乐曲	军事	搭配	一下儿
快活	全民	尾巴	枕头	扫除	评审	饭碗	磁带	修改	包干儿
凌空	春光	浴场	接生	受灾	笔者	表面	当然	抢占	好玩儿
公司	篮球	匈奴	瓜子	数学	人群	防止	从前	昏迷	聊天儿
不久	衰弱	怎么	理想	参加	所有制	霓虹灯	迫不及待		

三、朗读作品第9号

假日到河滩上转转，看见许多孩子在放风筝。一根根长长的引线，一头系在天上，一头系在地上，孩子同风筝都在天与地之间悠荡，连心也被悠荡得恍恍惚惚了，好像又回到了童年。

儿时的放风筝，大多是自己的长辈或家人编扎的，几根削得很薄的篾，用细纱线扎成各种鸟兽的造型，糊上雪白的纸片，再用彩笔勾勒出面孔与翅膀的图案。通常扎得最多的是"老雕""美人儿""花蝴蝶"等。

我们家前院就有位叔叔，擅扎风筝，远近闻名。他扎的风筝不只体型好看，色彩艳丽，放飞得高远，还在风筝上绷一叶用蒲苇削成的膜片，经风一吹，发出"嗡嗡"的声响，仿佛是风筝的歌唱，在蓝天下播扬，给开阔的天地增添了无尽的韵味，给驰荡的童心带来几分疯狂。

我们那条胡同的左邻右舍的孩子们放的风筝几乎都是叔叔编扎的。他的风筝不卖钱，谁上门去要，就给谁，他乐意自己贴钱买材料。

后来，这位叔叔去了海外，放风筝也渐与孩子们远离了。不过年年叔叔给家乡写信，总不忘提起儿时的放风筝。香港回归之后，他在家信中说到，他这只被故乡放飞到海外的风筝，尽管飘荡游弋，经沐风雨，可那线头儿一直在故乡和‖亲人手中牵着，如今飘得太累了，也该要回归到家乡和亲人身边来了。

——节选自李恒瑞《风筝畅想曲》

普通话水平测试训练题（十）

一、读单音节字词

悬	冰	片	所	纵	坡	少	瓦	侧	均
(哥)俩	摔	软	界	催	损	光	驴	曰	您
将	让	封	算	勒(紧)	贴	(查)处	(不)行	吞	乳

便(道)	扔	骑	通	诈	膨	笔	肠	豆	绷
侈	赛	们	合	雇	追	盘	空	竖	拉
栓	捆	南	抓	丑	捏	兆	尊	睡	层
对(储)藏	推	从	捐	穷	夸	云	秋	黄	
虚	略	金	阳	肉	纺	翘	黑	潮	惯
火	稗	陈	蜜	商(沉)着	搜	草	随	兄	
磨	压	怀	丢	反	吊	神	州	凿	擦

二、读多音节词语

俗名	存在	假冒	惨痛	规划	装饰	断绝	人群	内脏	好玩儿
爽快	伯父	请愿	胆子	尾巴	枕头	丈量	填充	慨然	差点儿
女性	垂死	涉足	日程	没趣	强烈	的确	修理	巡逻	一下儿
外宾	学费	主权	笔试	杀戮	凭证	创作	不久	手表	小孩儿
作怪	产品	区别	交流	才智	圣诞节	动画片	大同小异		

三、朗读作品第 10 号

爸不懂得怎样表达爱，使我们一家人融洽相处的是我妈。他只是每天上班下班，而妈则把我们做过的错事开列清单，然后由他来责骂我们。

有一次我偷了一块糖果，他要我把它送回去，告诉卖糖的说是我偷来的，说我愿意替他拆箱卸货作为赔偿。但妈妈却明白我只是个孩子。

我在运动场打秋千跌断了腿，在前往医院途中一直抱着我的，是我妈。爸把汽车停在急诊室门口，他们叫他驶开，说那空位是留给紧急车辆停放的。爸听了便叫嚷道："你以为这是什么车？旅游车？"

在我生日会上，爸总是显得有些不大相称。他只是忙于吹气球，布置餐桌，做杂务。把插着蜡烛的蛋糕推过来让我吹的，是我妈。

我翻阅照相册时，人们总是问："你爸爸是什么样子的?"天晓得！他老是忙着替别人拍照。妈和我笑容可掬地一起拍的照片，多得不可胜数。

我记得妈有一次叫他教我骑自行车。我叫他别放手，但他却说是应该放手的时候了。我摔倒之后，妈跑过来扶我，爸却挥手要她走开。我当时生气极了，决心要给他点颜色看。于是我马上爬上自行车，而且自己骑给他看。他只是笑。

我念大学时，所有的家信都是妈写的。他除 ‖ 了寄支票外，还寄过一封短柬给我，说因为我没有在草坪上踢足球了，所以他的草坪长得很美。

——节选自〔美〕艾尔玛·邦贝克《父亲的爱》

普通话水平测试训练题（十一）

一、读单音节字词

悬	毙	女（富）强	均	饶	亮	肥	工	存
掐	娘	涌	拨（千）瓦	熏（哥）俩	怪	流	撇
论	闯	距	缺	您	肉	伐（边）塞	环	钓
给（以）出（房）间	母	传（播）披	成	专	过	跑
通	靶	诸	暗	惆	蛋	吃	上	拆	哨
开	凭	散	喝（水）层	嘴	昆	凑	它	水
砸	渗（储）藏	算	真	醋（得）了	迈	员	坡
拽	叠	准	绝	软	付	所	礁	扁	顺
纲	短	昏	扯	铿	脆	抓	姓	擦	足
洒	慢	穷	刷	绣	晃	银	碎	天	战

二、读多音节词语

价值	科普	佛寺	下落	繁华	壮观	乐音	群众	栽培	面条儿
人权	行业	脑袋	灵巧	产品	生殖	投诉	尿布	马力	没词儿
蚕丝	聪明	香料	设备	暖和	地球	规律	鼓掌	点缀	一块儿
胸脯	挂念	学期	运输	拍卖	捐赠	我们	钉子	洋葱	冰棍儿
凝结	灰色	继续	光荣	沼泽	插秧机	协奏曲	畅所欲言

三、朗读作品第 11 号

一个大问题一直盘踞在我脑袋里：

世界杯怎么会有如此巨大的吸引力？除去足球本身的魅力之外，还有什么超乎其上更伟大的东西？

近来观看世界杯，忽然从中得到了答案：是由于一种无上崇高的精神情感——国家荣誉感！

地球上的人都会有国家的概念，但未必时时都有国家的感情。往往人到异国，思念家乡，心怀故国，这国家概念就变得有血有肉，爱国之情就来得非常具体。而现代社会，科技昌达，信息快捷，事事上网，世界真是太小太小，国家的界限似乎也不那么清晰了。再说足球正在快速世界化，平日里各国球员频繁转会，往来随意，致使越来越多的国家联赛都具有国际的因素，球员们不论国籍，只效力于自己的俱乐部，他们比赛时的激情中完全没有爱国主义的因子。

然而，到了世界杯大赛，天下大变。各国球员都回国效力，穿上与光荣的国旗同样色彩的服装。在每一场比赛前，还高唱国歌以宣誓对自己祖国的挚爱与忠诚。一种血缘情感开始在全身的血管里燃烧起来，而且立刻热血沸腾。

在历史时代，国家间经常发生对抗，好男儿戎装卫国。国家的荣誉往往需要以自己的生命去‖换取。

——节选自冯骥才《国家荣誉感》

普通话水平测试训练题（十二）

一、读单音节字词

权	站	伤	套	查	翁（力）量		催	蛇	粗
潜	涌	摸	垮	俊	开	崖	块	丢	纯
晃	许（不）觉	信	扔	负	缩		换	漂（亮）探	
硅	糖	招	作	丑（保）重	停		水（对）称	米	
杂	策	工	草	变（储）藏	故		曾（孙）耳	遭	
丛	煎	凑	篇	再	填	内	朵	科	部
奖	悬	播	云（哥）俩	摔	酒		叠	壮	女
略	勤	酿	饶	飞	伞	妙	黑	碰	收
并	农	仙	最	好（比）穷	刮		顿	软	粪
腮	鼻	根	垫	餐	练	则	汗	醒	瞥

二、读多音节词语

床单	防汛	采取	加油	凶狠	转化	年份	缺口	破格	一下儿
外力	妥当	尾巴	怎么	条款	主食	想法	日程	学术	做活儿
肃穆	猎枪	刹车	结构	私人	征求	如何	校风	邻居	烟卷儿
沙子	群岛	充沛	难怪	制定	没趣	松鼠	光荣	准备	一会儿
忽然	平原	生殖	总之	粗俗	抱不平	锦标赛	出类拔萃		

三、朗读作品第12号

夕阳落山不久，西方的天空，还燃烧着一片橘红色的晚霞。大海，也被这霞光染成了红色，而且比天空的景色更要壮观。因为它是活动的，每当一排排波浪涌起的时候，那映照在浪峰上的霞光，又红又亮，简直就像一片片霍霍燃烧着的火焰，闪烁着，消失了。而后面的一排，又闪烁着，滚动着，涌了过来。

天空的霞光渐渐地淡下去了，深红的颜色变成了绯红，绯红又变为浅红。最后，当这一切红光都消失了的时候，那突然显得高而远了的天空，则呈现一片肃穆的神色。最早出现的启明星，在这蓝色的天幕上闪烁起来了。它是那么大，那么亮，整个广漠的天幕上只有它在那里放射着令人注目的光辉，活像一盏悬挂在高空的明灯。

夜色加浓，苍空中的"明灯"越来越多了。而城市各处的真的灯火也次第亮了起来，尤其是围绕在海港周围山坡上的那一片灯光，从半空倒映在乌蓝的海面上，随着波浪，晃动着，闪烁着，像一串流动着的珍珠，和那一片片密布在苍穹里的星斗互相辉映，煞是好看。在这幽美的夜色中，我踏着软绵绵的沙滩，沿着海边，慢慢地向前走去。海水，轻轻地抚摸着细软的沙滩，发出温柔‖的刷刷声。晚来的海风，清新而又凉爽。我的心里，有着说不出的兴奋和愉快。

——节选自峻青《海滨仲夏夜》

普通话水平测试训练题（十三）

一、读单音节字词

捐	送	天	债	兄	粉(汇)	率	因	让	穷
赛	坡	顺	垮	熏(哥)	俩	外	丢	页	吞
撞	缺	淋	摔	降(低)	乳	罚	损	观	巧
来	蠢	白	锅	盘	可	胖	尼	冲(锋)	水
不	凡	寄	头	猪	挫	苟	闸	倒	霜
绑	前	护	保	占(堵)	塞	稍	口	盛(水)	灭
凿	身	扫	再	门	篇	愁	密	鲜	古
风	悬	花	云	掐	救	捏	寸	慌	距
约	酿	溶	废	船	飘	垒	湍	梗(不)	行
嫩	撤	地	扎	庙	找	兵	脆	跌	磨

二、读多音节词语

沙子	忏悔	总算	放假	合用	亮光	上学	群众	讨论	差点儿
佩服	难怪	原料	本事	暖和	平生	死亡	吵嘴	进取	一下儿
政策	情绪	缠绵	组装	结婚	要求	热烈	尊敬	贞操	好玩儿
把手	侵略	军人	储备	财会	职权	波澜	着想	座谈	小孩儿
词汇	考场	署名	统称	脾脏	游击队	动画片	弄虚作假		

三、朗读作品第13号

生命在海洋里诞生绝不是偶然的，海洋的物理和化学性质，使它成为孕育原始生命的摇篮。

我们知道，水是生物的重要组成部分，许多动物组织的含水量在百分之八十以上，而一些海洋生物的含水量高达百分之九十五。水是新陈代谢的重要媒介，没有它，体内的一系列生理和生物化学反应就无法进行，生命也就停止。因此，在短时期内动物缺水要比缺少食物更加危险。水对今天的生命是如此重要，它对脆弱的原始生命，更是举足轻重了。生命在海洋里诞生，就不会有缺水之忧。

水是一种良好的溶剂。海洋中含有许多生命所必需的无机盐，如氯化钠、氯化钾、碳酸盐、磷酸盐，还有溶解氧，原始生命可以毫不费力地从中吸取它所需要的元素。

水具有很高的热容量，加之海洋浩大，任凭夏季烈日曝晒，冬季寒风拂荡，它的温度变化却比较小。因此，巨大的海洋就像是天然的"温箱"，是孕育原始生命的温床。

阳光虽然为生命所必需，但是阳光中的紫外线却有扼杀原始生命的危险。水能有效地吸收紫外线，因而又为原始生命提供了天然的"屏障"。

这一切都是原始生命得以产生和发展的必要条件。‖

—— 节选自童裳亮《海洋与生命》

普通话水平测试训练题（十四）

一、读单音节字词

(试)卷	蹭	熏	足	拐	斋	(降)落	钻 (研)	醋	踢
左	猫	穷	拨	跨	均	芽	摔	灸	憋
蠢	晃	雨	略	阴	奖	人	坟	撒	卵
挑(逗)	(积)累	走	高	退	白	专	残	冬	束
偏	助	牌	吹	铁	舌	征	显	趁 (艰)难	
超	膀	冰	哪	核	商	猛	算	提	咱
犬	超 (哥)俩	跌	撞	虚	掘	心	仰	让	
繁	耸	漂(亮)	肥	滚 (父)亲	鬼	独	差(别)	热	
多	赤	砍	胡	腮	册	所	造	涌	瓜
扭	昆	软	缝(隙)	俗	断	模	招	形	抠

二、读多音节词语

群众	生日	临床	画家	凶手	袜子	爽快	默契	蕴藏	记事儿
除外	旋律	脑袋	比方	总结	评审	构思	腐朽	背面	一点儿
知情	抱怨	工种	拖鞋	嘈杂	广场	彩礼	法人	山区	跑腿儿
强调	尽管	存在	虽然	桥梁	下游	缺少	你们	战斗	大伙儿
绦虫	赔偿	轮船	姑娘	学科	判决书	图书馆	矫揉造作		

三、朗读作品第 14 号

读小学的时候，我的外祖母过世了，祖母生前最疼爱我，我无法排解自己的忧伤，每天在学校的操场上一圈又一圈地跑着，跑得累倒在地上，扑在草坪上痛哭。

那哀痛的日子，断断续续地持续了很久，爸爸妈妈也不知道如何安慰我。他们知道与其骗我说外祖母睡着了，还不如对我说实话：外祖母永远不会回来了。

"什么是永远不会回来呢？"我问着。

"所有时间里的事物，都永远不会回来。你的昨天过去，它就永远变成昨天，你不能再回到昨天。爸爸以前也和你一样小，现在也不能回到你这么小的童年了；有一天你会长大，你会像外祖母一样老；有一天你度过了你的时间，就永远不会回来了。"爸爸说。

爸爸等于给我一个谜语，这谜语比课本上的"日历挂在墙壁，一天撕去一页，使我心里着急"和"一寸光阴一寸金，寸金难买寸光阴"还让我感到可怕；也比作文本上的"光阴似箭，日月如梭"更让我觉得有种说不出的滋味。

时间过得那么快，使我的小心眼里不只是着急，而是悲伤。有一天我放学回家，看到太阳落山了，就下决心说："我要比太阳更快地回家。"我狂奔回去，站在庭院前喘气的时候，看到太阳 ‖ 还露着半边脸，我高兴地跳跃起来，那一天我跑赢了太阳。

——节选自〔台湾〕林清玄《和时间赛跑》

普通话水平测试训练题（十五）

一、读单音节字词

悬	算	奔(驰)	绒	错	坡	挂	专	差(别)	搜
云	兄	套	抒	片 (哥)俩	坏	修	劣	稳
窗	渠	略	阴	娘	扔	肥	私	晚	妙
毒	羹	图	沙	告	偷	黏	抛	变	稀
臭(虫)	莽	斑	嚷	脆	冰	证	开	蹭	啄

颤(动)	喷	刻	没(错)氮	旁	险	鸣	宰	沉
纲	悔(父)亲	暂	捐	穷	垮	均	外	铁
慌	女 绝	枪	任	否	随	教(书) 被		南
定	胎 膳	主(宝)藏		追	设	滴	照	离
炒	龟 磨	掐	旧	捆	磷	饭	扫	宏

二、读多音节词语

慈祥	充足	评价	葵花	时装	孔雀	迅速	种类	衰弱	有点儿
全民	打听	老爷	富饶	后盾	成果	最初	彩色	用劲	面条儿
惨败	旅馆	求生	杂事	分别	操场	散步	元宵	窘迫	包干儿
沙子	学者	群体	配合	奇怪	脑袋	日益	上将	船舱	纳闷儿
车站	欢送	下午	手指	法则	水龙头	博览会	排忧解难		

三、朗读作品第 15 号

三十年代初，胡适在北京大学任教授。讲课时他常常对白话文大加称赞，引起一些只喜欢文言文而不喜欢白话文的学生的不满。

一次，胡适正讲得得意的时候，一位姓魏的学生突然站了起来，生气地问："胡先生，难道说白话文就毫无缺点吗？"胡适微笑着回答说："没有。"那位学生更加激动了："肯定有！白话文废话太多，打电报用字多，花钱多。"胡适的目光顿时变亮了，轻声地解释说："不一定吧！前几天有位朋友给我打来电报，请我去政府工作，我决定不去，就回电拒绝了。复电是用白话写的，看来也很省字。请同学们根据我这个意思，用文言文写一个回电，看看究竟是白话文省字，还是文言文省字？"胡教授刚说完，同学们立刻认真地写了起来。

十五分钟过去，胡适让同学举手，报告用字的数目，然后挑了一份用字最少的文言文电报稿，电文是这样写的：

"才疏学浅，恐难胜任，不堪从命。"白话文的意思是：学问不深，恐怕很难担任这个工作，不能服从安排。

胡适说，这份写得确实不错，仅用了十二个字。但我的白话电报却只用了五个字：

"干不了，谢谢！"

胡适又解释说："干不了"就有才疏学浅、恐难胜任的意思；"谢谢"既‖对朋友的介绍表示感谢，又有拒绝的意思。

——节选自陈灼主编《实用汉语中级教程》（上）中《胡适的白话文电报》

普通话水平测试训练题（十六）

一、读单音节字词

捐　并　锁　衬　逢　幢　软　邻　训　穷

越　服　坡　划　均（哥）俩　播　坏　牛　憋

纯　慌　具　学　因　奖　熔　饭　思　转（圈）

教（书）内　笔　槽　清　倒　头　高　贤　散

哄（骗）没（错）柿　拐　潜　收　凭　走　喷　察

找（分）发　门　烧　送　闸　簇　航　顺　贴

惩　腿　皱　哨　脆　丢　晒（肮）脏　层　看（管）

猫　刻　连　煮　冤　挂　掐　甩　修　野

存　双（汇）率　腔　如　搜　鸟　倍　刍　错

调（和）梦　涨　代　坑（别）的　载　掏　另　涌

二、读多音节词语

抓紧　分离　享受　价值　念头　窗口　掠夺　人群　末层　小孩儿

劝说　打量　笨拙　改造　审判　动听　山脉　酸痛　贵宾　好玩儿

泥塑　外观　车站　了解　满足　排球　飞机　确定　搬运　一会儿

选取　哪些　翅膀　水土　政论　产品　膨胀　虽然　从属　一点儿

啤酒　愉快　色彩　窘迫　雌雄　指南针　注射器　语重心长

三、朗读作品第 16 号

很久以前，在一个漆黑的秋天的夜晚，我泛舟在西伯利亚一条阴森森的河上。船到一个转弯处，只见前面黑黝黝的山峰下面一星火光蓦地一闪。

火光又明又亮，好像就在眼前……

"好啦，谢天谢地！"我高兴地说，"马上就到过夜的地方啦！"

船夫扭头朝身后的火光望了一眼，又不以为然地划起桨来。

"远着呢！"

我不相信他的话，因为火光冲破朦胧的夜色，明明在那儿闪烁。不过这船夫是对的，事实上，火光的确还远着呢。

这些黑夜的火光的特点是：驱散黑暗，闪闪发亮，近在眼前，令人神往。乍一看，再划几下就到了……其实却还远着呢！……

我们在漆黑如墨的河上又划了很久。一个个峡谷和悬崖，迎面驶来，又向后移去，仿佛消失在茫茫的远方，而火光却依然停在前头，闪闪发亮，令人神往——依然是这么近，又依然是那么远……

现在，无论是这条被悬崖峭壁的阴影笼罩的漆黑的河流，还是那一星明亮的火光，都经常浮现在我的脑际，在这以前和在这以后，曾有许多火光，似乎近在咫尺，不只使我一人心驰神往。可是生活之河却仍然在那阴森森的两岸之间流着，而火光也依旧非常遥远。因此，必须加劲划桨……

然而，火光啊……毕竟……毕竟就‖在前头！……

——节选自〔俄〕柯罗连科《火光》，张铁夫译

普通话水平测试训练题（十七）

一、读单音节字词

犬	肉	娘	赛	碗	烫	兄	垮	晕(哥)俩
刷	缴	坏	熏	扭	爹	广	瞎	绿 尊
绝	疮	像	熔	粪	扫	桥	给(以)	汀 涡
挑(逗)(挫)折	缅	标	幻	卓	见	读(书)	报	秃
周	坛	树	白	山	宰	喷	长(处)	蛀 合
壮	杀	碎	离	走	性	老	搓	考 批
宽	汗	员	播	甩	切(开)	据	禽	绕 缝(隙)
送	短	霉	草	倾	杂(查)	处	归	泰 双
则	搞	呼	妙	涌	坡	九	春	略 您
扔	烦	笋(分)发	组	磁	穿	劈	方	故

二、读多音节词语

淹没	群体	恒心	宿舍	架子	穷困	化石	办学	抚摩	烟卷儿
废物	空军	尾巴	早晨	马路	制订	铁匠	嘴脸	产品	聊天儿
岗位	弱小	喉舌	平缓	促成	女郎	政策	地球	深入	冰棍儿
感冒	暖气	悬崖	伙房	喜鹊	贝壳	外观	脑袋	私人	一块儿
商量	充满	采取	散步	修改	东道主	圣诞节	海市蜃楼		

三、朗读作品第 17 号

对于一个在北平住惯的人，像我，今天要是不刮风，便觉得是奇迹；济南的冬天是没有

风声的。对于一个刚由伦敦回来的人，像我，冬天要能看得见日光，便觉得是怪事；济南的冬天是响晴的。自然，在热带的地方，日光永远那么毒，响亮的天气，反有点叫人害怕。可是，在中国的冬天，而能有温晴的天气，济南真得算个宝地。

设若单单是有阳光，那也算不了出奇。请闭上眼睛想：一个老城，有山有水，全在天底下晒着阳光，暖和安适地睡着，只等春风来把它们唤醒，这是不是理想的境界？小山整把济南圈了个圈儿，只有北边缺着点口儿。这一圈小山在冬天特别可爱，好像是把济南放在一个小摇篮里，它们安静不动地低声说："你们放心吧，这儿保准暖和。"真的，济南的人们在冬天是脸上含笑的。他们一看那些小山，心中便有了着落，有了依靠。他们由天上看到山上，便不知不觉地想起："明天也许就是春天了吧？这样的暖和，今天夜里山草也许就绿起来了吧？"就是这点幻想不能一时实现，他们也并不着急，因为这样慈善的冬天，干什么还希望别的呢！

最妙的是下点儿小雪呀。看吧，山上的矮松越发的青黑，树尖儿上‖顶着一髻儿白花，好像日本看护妇。

——节选自老舍《济南的冬天》

普通话水平测试训练题（十八）

一、读单音节字词

悬	裂	塔	顿	双	蒜	涌	嘲	走	拨
早（评）	弹	垮	白	君	河（哥）	俩	外	牛	屑
昏	逛	局	雪	淋	氧	扔	浮	腮	断
标	类	很	急	性	脱	前	拆	狐	根
（查）处	生	铁	归	槽	怒	推	陈	收	丛
党	棉	钢	肇	宽	顺	蛰	劈	挪	采
摄	亩	吹（沉）	着	空（气）	站	狗	咱	周	嘴
扣	组	捐	穷	坡	云	掐	坏	桩	续
掘（父）	亲	染	肺	苗	叮	蓬	私	杂	窄
逗	钻（研）	某	刷	六	墙	惹	封	送	盐

二、读多音节词语

职权	深入	专家	凶犯	花色	缺少	迅速	悲痛	紧张	一下儿
心愿	比方	回想	农场	调换	旧历	曲牌	散落	赶快	年头儿
抽打	改悔	撒开	充分	旅馆	查看	日程	民主	厕所	有点儿
存在	商品	窘迫	爪子	逃荒	正月	美术	责怪	墨水	冰棍儿
使得	国法	创作	录音	群众	大气层	内燃机	冰天雪地		

三、朗读作品第 18 号

纯朴的家乡村边有一条河，曲曲弯弯，河中架一弯石桥，弓样的小桥横跨两岸。

每天，不管是鸡鸣晓月，日丽中天，还是月华泻地，小桥都印下串串足迹，洒落串串汗珠。那是乡亲为了追求多棱的希望，兑现美好的遐想。弯弯小桥，不时荡过轻吟低唱，不时露出舒心的笑容。

因而，我稚小的心灵，曾将心声献给小桥：你是一弯银色的新月，给人间普照光辉；你是一把闪亮的镰刀，割刈着欢笑的花果；你是一根晃悠悠的扁担，挑起了彩色的明天！噢，小桥走进我的梦中。

我在漂泊他乡的岁月，心中总涌动着故乡的河水，梦中总看到弓样的小桥。当我访南疆探北国，眼帘闯进座座雄伟的长桥时，我的梦变得丰满了，增添了赤橙黄绿青蓝紫。

三十多年过去，我戴着满头霜花回到故乡，第一要紧的便是去看望小桥。

啊！小桥呢？小桥躲起来了？河中一道长虹，浴着朝霞熠熠闪光。哦，雄浑的大桥敞开胸怀，汽车的呼啸、摩托的笛音、自行车的叮铃，合奏着进行交响乐；南来的钢筋、花布，北往的柑橘、三鸟，绘出交流欢悦图……

啊！蜕变的桥，传递了家乡进步的消息，透露了家乡富裕的声音。时代的春风，美好的追求，我蓦地记起儿时唱‖给小桥的歌，哦，明艳艳的太阳照耀了，芳香甜蜜的花果捧来了，五彩斑斓的岁月拉开了！

——节选自郑莹《家乡的桥》

普通话水平测试训练题（十九）

一、读单音节字词

捐	娘	艘	肥	空(气)	涌（边）塞	仍	摸	揉
插	耍	均(哥)俩		拽	瞎	流	庄	液	错
去	歪 (不)觉	若		伏	撒	断	苗	过(偿)还
登	战	工	杂	身	劳	太	清	旱	鄙
珍	肃	天	陈	吊	双	承	补	上	钱
遮	顺	除	喷	层	看(管)早	平	改 (长)度
缩	醉	采	黄	雪	停	犬	坡	九	昆
女	略	您	放	虽	丸	漂(亮)雷	蜜	抽
浊	受	凝	根	册	堆	重(叠)闪	忙	抓
写	光	尽	扬	番	同	背(包)撒	穷	熏

二、读多音节词语

计划	搭配	专家	凶手	创立	确认	群体	淡薄	散场	冰棍儿
内幕	草率	推选	我们	哪里	至少	抗拒	垂死	涉足	年头儿
了结	星球	炽热	旅馆	奉行	存在	香蕉	批准	代表	一早儿
轮船	强盗	品种	喜悦	否则	生日	涅槃	聪明	可怜	心眼儿
作品	融洽	原谅	数字	朝政	幼儿园	东道主	冰天雪地		

三、朗读作品第 19 号

三百多年前，建筑设计师莱伊恩受命设计了英国温泽市政府大厅，他运用工程力学的知识，依据自己多年的实践，巧妙地设计了只用一根柱子支撑的大厅天花板。一年以后，市政府权威人士进行工程验收时，却说用一根柱子支撑天花板太危险，要求莱伊恩再多加几根柱子。

莱伊恩自信只要一根坚固的柱子足以保证大厅安全，他的"固执"惹恼了市政官员，险些被送上法庭。他非常苦恼，坚持自己原先的主张吧，市政官员肯定会另找人修改设计；不坚持吧，又有悖自己为人的准则。矛盾了很长一段时间，莱伊恩终于想出了一条妙计，他在大厅里增加了四根柱子，不过这些柱子并未与天花板接触，只不过是装装样子。

三百多年过去了，这个秘密始终没有被人发现。直到前两年，市政准备修缮大厅的天花板，才发现莱伊恩当年的"弄虚作假"。消息传出后，世界各国的建筑专家和游客云集，当地政府对此也不加掩饰，在新世纪来临之际，特意将大厅作为一个旅游景点对外开放，旨在引导人们崇尚和相信科学。

作为一名建筑师，莱伊恩并不是最出色的。但作为一个人，他无疑非常伟大，这种 ‖ 伟大表现在他始终恪守着自己的原则，给高贵的心灵一个美丽的住所，哪怕是遭遇到最大的阻力，也要想办法抵达胜利。

——节选自游宇明《坚守你的高贵》

普通话水平测试训练题（二十）

一、读单音节字词

悬	热	举	粗	咱	均	海	掐	辈	耸
播	卵	挂	艘	云（哥）	俩	乖	锈	铁	温
闯	去	穴	劲	揉	方	散	湾	吊	珍
奉	组	敦	牛	草	瞳	春	随	炮	理

轴	签	母	带	蝉	饼	开	腻	刚	迟
脱	环	昆	萨	批	醉	河	那	沾	怎
书	存	剩	湖	骗	谁	趟	查	够	捐
雄	摸	甩	铀	灭	滚	略	您	酱	扔
否	摇	内	多	着(急)	算	超 (不)	行	免	白
聪	盼	埋(没)	淡	苦	穷	夸	晃	晾	番

二、读多音节词语

划分	毯子	好歹	低下	挖掘	壮大	缺德	栽培	群众	聊天儿
政权	泼辣	养活	条款	走动	日常	感想	补习	宿舍	没事儿
顺便	心口	求婚	标识	造型	雌蕊	旅馆	成材	女生	一会儿
增长	态度	公司	人迹	这样	巡逻	排除	起源	国土	一块儿
鸣叫	难处	交流	码头	动作	农产品	来不及	举足轻重		

三、朗读作品第 20 号

自从传言有人在萨文河畔散步时无意发现了金子后，这里便常有来自四面八方的淘金者，他们都想成为富翁。于是寻遍了整个河床，还在河床上挖出很多大坑，希望借助它们找到更多的金子。的确，有一些人找到了，但另外一些人因为一无所得而只好扫兴归去。

也有不甘心落空的，便驻扎在这里，继续寻找。彼得·弗雷特就是其中一员。他在河床附近买了一块没人要的土地，一个人默默地工作。他为了找金子，已把所有的钱都押在这块土地上。他埋头苦干了几个月，直到土地全变成了坑坑洼洼，他失望了——他翻遍了整块土地，但连一丁点金子都没看见。

六个月后，他连买面包的钱都没有了。于是他准备离开这儿到别处去谋生。

就在他即将离去的前一天晚上，天下起了倾盆大雨，并且一下就是三天三夜。雨终于停了，彼得走出小木屋，发现眼前的土地看上去好像和以前不一样：坑坑洼洼已被大水冲刷平整，松软的土地上长出一层绿茸茸的小草。

"这里没找到金子，"彼得忽有所悟地说，"但这土地很肥沃，我可以用来种花，并且拿到镇上去卖给那些富人，他们一定会买些花装扮他们华丽的客厅。" ‖

——节选自陶猛译《金子》

普通话水平测试训练题（二十一）

一、读单音节字词

捐	缝(隙)	穷	掉	泼	上	群	舵	刮(碾)轧

扭	悄	春	逛	旅	作	决	象	容	饭
随	变	转(圈)	馈	浇	内	鞍	不	题	戴
烧	暮	警	葬	吞	现	查	炮	仿	退
昏	苦	瓢	扣	创	肘	船	晒	胡	片
麻	特	嘴	猪	错	超	册	灯	把	蚕
烤	胖	叁	息	捏	狠	促	棋	兄	云
(哥)俩	帅	油	界	荒	略	您(力)	量	仍	寺
官	挑(逗)	倍	根	顺	鹰	臭(虫)	犬	摸	怪
需	临	热	伐	送	泛	笨	搀	顿	刷

二、读多音节词语

审美	尿素	通过	假装	佣金	夸奖	雪白	赔款	存在	干劲儿
损坏	志愿	点心	如此	扫盲	拉拢	吹拂	翡翠	啤酒	好玩儿
趁早	品种	人才	成长	水平	征求	开化	约束	细菌	冰棍儿
快乐	当选	居民	哪里	重复	草图	情欲	纵然	强烈	一会儿
修改	洽谈	迅速	展开	保留	农作物	不敢当	冰天雪地		

三、朗读作品第 21 号

我在加拿大学习期间遇到过两次募捐，那情景至今使我难以忘怀。

一天，我在渥太华的街上被两个男孩子拦住去路。他们十来岁，穿得整整齐齐，每人头上戴着个做工精巧、色彩鲜艳的纸帽，上面写着"为帮助患小儿麻痹的伙伴募捐"。其中的一个，不由分说就坐在小凳上给我擦起皮鞋来，另一个则彬彬有礼地发问："小姐，您是哪国人？喜欢渥太华吗？""小姐，在你们国家里有没有小孩儿患小儿麻痹？谁给他们医疗费？"一连串的问题，使我这个有生以来头一次在众目睽睽之下让别人擦鞋的异乡人，从近乎狼狈的窘态中解脱出来。我们像朋友一样聊起天来。

几个月之后，也是在街上。一些十字路口处或车站坐着几位老人。他们头发银白，身穿各种老式军装，上面布满了大大小小形形色色的徽章、奖章，每人手捧一大束鲜花，有水仙、石竹、玫瑰及叫不出名字的，一色雪白。匆匆过往的行人纷纷止步，把钱投进这些老人身旁的白色木箱内，然后向他们微微鞠躬，从他们手中接过一朵花。我看了一会儿，有人投一两元，有人投几百元，还有人掏出支票填好后投进木箱。那些老军人毫不注意人们捐多少钱，‖一直不停地向人们低声道谢。

——节选自青白《捐诚》

普通话水平测试训练题（二十二）

一、读单音节字词

捐	杂	压	束	穷	摔	照	坡	境	随
寸	充	定	垮	君	克（哥）俩	坏	久	邪
笋	晃	须	越	磷	降（低）溶	疯	赛	款
掉	黑	倒	抗	谋	赤	宅	蜕	粗	泡
显	战	淌	对	抽	丛	硕（分）发	暖	僧
拄	歉	火	内	根	茬	怎	搜	保（欢）乐
吹	盼	停	坐	名（肮）脏	疼	犬	播	扭
论	学（父）亲	阳	入	凡	串	给（以）上	通
铡	比	幢	曳	载	晴	醉	您	涌	瓜
也	逛	然	妙	丧	冒	咱	熏	绿	福

二、读多音节词语

增加	另外	指点	满足	狭隘	刷新	准确	悲愤	日程	面条儿
恶魔	枕头	苍白	挥手	打扰	生怕	含羞	泥坑	转向	一块儿
肉食	产品	区别	彩色	女人	和平	强烈	雌雄	菊花	小说儿
双方	忽略	群众	选择	妥当	本子	草图	接纳	走私	整个儿
囚禁	果断	运气	公费	原始	标准化	农产品	冰天雪地

三、朗读作品第 22 号

　　没有一片绿叶，没有一缕炊烟，没有一粒泥土，没有一丝花香，只有水的世界，云的海洋。一阵台风袭过，一只孤单的小鸟无家可归，落到被卷到洋里的木板上，乘流而下，姗姗而来，近了，近了！

　　忽然，小鸟张开翅膀，在人们头顶盘旋了几圈，"噗啦"一声落到了船上。许是累了？还是发现了"新大陆"？水手撵它它不走，抓它，它乖乖地落在掌心。可爱的小鸟和善良的水手结成了朋友。瞧，它多美丽，娇巧的小嘴，啄理着绿色的羽毛，鸭子样的扁脚，呈现出春草的鹅黄。水手们把它带到舱里，给它"搭铺"，让它在船上安家落户，每天，把分到的一塑料筒淡水匀给它喝，把从祖国带来的鲜美的鱼肉分给它吃，天长日久，小鸟和水手的感情日趋笃厚。清晨，当第一束阳光射进舷窗时，它便敞开美丽的歌喉，唱啊唱，嘤嘤有韵，宛如春水淙淙。人类给它以生命，它毫不悭吝地把自己的艺术青春奉献给了哺育它的人。可能都是这样？艺术家们的青春只会献给尊敬他们的人。

　　小鸟给远航生活蒙上了一层浪漫色调，返航时，人们爱不释手，恋恋不舍地想把它带到异乡。可小鸟憔悴了，给水，不喝！喂肉，不吃！油亮的羽毛失去了光泽。是啊，我们 ‖ 有自己的祖国，小鸟也有它的归宿，人和动物都是一样啊，哪儿也不如故乡好！

——节选自王文杰《可爱的小鸟》

普通话水平测试训练题（二十三）

一、读单音节字词

犬	燃	均	独	装	贼	摸（储）藏		掐	皮
挎	云（哥）俩	悬	揪	穷	写	屯	光	驴
越	墙	心	两	仍	犯	艘	罐	条	碑
议	刚	冷	核	链	春	灶	茶	冬	扫
人	后	苗	热	斑	土	沙	警	珍	凭
地	生	绰	同	昭	刺	抒	白	组	随
猫	成	疤	梦	捶	总	成	涌	播	拐
丢	捆	望	须	绝	绕	方	算	敲	给（以）
超	赏	抽	在	胡	靠	能	掂	劳	抓
甩	贴	您	负	锁	奸	革	剖	闹	啄

二、读多音节词语

群体	开幕	表层	排除	加入	狗熊	划分	床单	窘迫	烟叶儿
咨询	审美	住院	打听	暖和	怎么	宝贵	节日	喜悦	差点儿
海洋	手指	修长	不快	沉睡	松软	难过	奏章	公司	好玩儿
邻居	彩色	变流	下游	黄瓜	策略	飞翔	歪曲	产品	纳闷儿
从事	才智	争论	说话	密切	创造性	农产品	别出心裁		

三、朗读作品第23号

　　纽约的冬天常有大风雪，扑面的雪花不但令人难以睁开眼睛，甚至呼吸都会吸入冰冷的雪水。有时前一天晚上还是一片晴朗，第二天拉开窗帘，却已经积雪盈尺，连门都推不开了。遇到这样的情况，公司、商店常会停止上班，学校也通过广播，宣布停课。但令人不解的是，唯有公立小学，仍然开放。只见黄色的校车，艰难地在路边接孩子，老师则一大早就口中喷着热气，铲去了车子前后的积雪，小心翼翼地开车去学校。

据统计，十年来纽约的公立小学只因为超级暴风雪就停过七次课。这是多么令人惊讶的事。犯得着在大人都无须上班的时候让孩子去学校吗？小学的老师也太倒霉了吧？

于是，每逢大雪而小学停课时，都有家长打电话去骂。妙的是，每个打电话的人，反应全一样——先是怒气冲冲地责问，然后满口道歉，最后笑容满面地挂上电话。原因是，学校告诉家长：

在纽约有许多百万富翁，但也有不少贫困的家庭。后者白天开不起暖气，供不起午餐，孩子的营养全靠学校里免费的中饭，甚至可以多拿些回家当晚餐。学校停课一天，穷孩子就受一天冻、挨一天饿，所以老师们宁愿自己苦一点儿，也不能停课。‖

——节选自〔台湾〕刘墉《课不能停》

普通话水平测试训练题（二十四）

一、读单音节字词

捐	伞	糯	灾	见	刷	涌	腔	晒	坡
挎	丁	幕	云	臭（虫）（哥）	俩	票	怀	灸	裂
蠢	黄	剧	约	进	乡	仍	放	耸	窜
桥	飞	冷	戏	刀	乾	上	哺	罪	钢
客	起	坑	百	献	霜	踏	神	果	这
草（前）提	砖	炮	埋（没）	撒	瞒	炒	喷	害	
躺	棚	扭	叉	灭	悬	播	群	哑	乖
留	帖	顿	床	女	略	音	惹	犯	艘
掉	甘（长）度	招	何	走	僧	哪	归	镇	
粗	重（叠）洲	数	鸣	凶	入	否	栓	辈	

二、读多音节词语

凉快	须知	行情	夹杂	苍穹	雪花	光荣	确保	分类	一会儿
观摩	衰退	权利	蛾子	歹徒	总算	次品	稳妥	祖传	没事儿
球迷	校正	扯皮	猛兽	了解	诚恳	虽说	中旬	生成	年头儿
平常	困难	将来	蜜蜂	下达	寡妇	病菌	资源	你们	好玩儿
主人	山区	姑娘	头发	马路	标准化	寄生虫	有的放矢		

三、朗读作品第24号

十年，在历史上不过是一瞬间。只要稍加注意，人们就会发现：在这一瞬间里，各种事物都悄悄经历了自己的千变万化。

这次重新访日，我处处感到亲切和熟悉，也在许多方面发觉了日本的变化。就拿奈良的一个角落来说吧，我重游了为之感受很深的唐招提寺，在寺内各处匆匆走了一遍，庭院依旧，但意想不到还看到了一些新的东西。其中之一，就是近几年从中国移植来的"友谊之莲"。

在存放鉴真遗像的那个院子里，几株中国莲昂然挺立，翠绿的宽大荷叶正迎风而舞，显得十分愉快。开花的季节已过，荷花朵朵已变为莲蓬累累。莲子的颜色正在由青转紫，看来已经成熟了。

我禁不住想："因"已转化为"果"。

中国的莲花开在日本，日本的樱花开在中国，这不是偶然。我希望这样一种盛况延续不衰。可能有人不欣赏花，但决不会有人欣赏落在自己面前的炮弹。

在这些日子里，我看到了不少多年不见的老朋友，又结识了一些新朋友。大家喜欢涉及的话题之一，就是古长安和古奈良。那还用得着问吗？朋友们缅怀过去，正是瞩望未来。瞩目于未来的人们必将获得未来。

我不例外，也希望一个美好的未来。

为‖了中日人民之间的友谊，我将不浪费今后生命的每一瞬间。

——节选自严文井《莲花和樱花》

普通话水平测试训练题（二十五）

一、读单音节字词

捐	赴	陪	松	词	拖	涌	叉	前	坡
耍	腮	匀	钻(研)(哥)	俩	吨	拽	丢	寸	吃
渠	略	掐	引	酿	乳	帆	短	漂(亮)	费
(充)当	笔	刑	漫	砂	现	吹	苹	粘	忙
症	土	钢	毁	枯	好(比)过	残	僧	叩	
摊	愁(多)少	那	摘(艰)难	组	从	春	本	
(降)落	走	恨	杂	捉	悬	播	垮	均	外
修	叠	闯	须	绝	养	日	风	散	宽
翘	勒(紧)环	这	排	猫	唐	百	赊	暂	
红	给(以)深	转(圈)	跟	穷	皆	淋	让	搜	

二、读多音节词语

你们　具有　假装　老化　群众　北方　衰退　全力　静默　没事儿

把手	和蔼	指导	生前	旅馆	作祟	奴才	城楼	旁边	面条儿
害怕	秋天	鸭子	超人	瓜分	腊月	寻找	穿梭	描写	差点儿
团圆	脊梁	抗争	最近	吊环	降水	干涸	湿度	四处	一块儿
早晨	上场	拼命	兄弟	打扰	合作社	照相机	别出心裁		

三、朗读作品第 25 号

梅雨潭闪闪的绿色招引着我们，我们开始追捉她那离合的神光了。揪着草，攀着乱石，小心探身下去，又鞠躬过了一个石穹门，便到了汪汪一碧的潭边了。

瀑布在襟袖之间，但是我的心中已没有瀑布了。我的心随潭水的绿而摇荡。那醉人的绿呀！仿佛一张极大极大的荷叶铺着，满是奇异的绿呀。我想张开两臂抱住她，但这是怎样一个妄想啊。

站在水边，望到那面，居然觉着有些远呢！这平铺着、厚积着的绿，着实可爱。她松松地皱缬着，像少妇拖着的裙幅；她滑滑地明亮着，像涂了"明油"一般，有鸡蛋清那样软，那样嫩；她又不杂些尘滓，宛然一块温滑的碧玉，只清清的一色——但你却看不透她！

我曾见过北京什刹海拂地的绿杨，脱不了鹅黄的底子，似乎太淡了。我又曾见过杭州虎跑寺近旁高峻而深密的"绿壁"，丛叠着无穷的碧草与绿叶的，那又似乎太浓了。其余呢，西湖的波太明了，秦淮河的也太暗了。可爱的，我将什么来比拟你呢？我怎么比拟得出呢？大约潭是很深的，故能蕴蓄着这样奇异的绿；仿佛蔚蓝的天融了一块在里面似的，这才这般的鲜润啊。

那醉人的绿呀！我若能裁你以为带，我将赠给那轻盈的 ‖ 舞女，她必能临风飘举了。

——节选自朱自清《绿》

普通话水平测试训练题（二十六）

一、读单音节字词

犬	磕	燃	照	百(降)落	螳	梦	春	雄	
坡	福	耍	均	牙	熏	帅	丢	页	桩
滚	黄	距	您	痒	饶	泛	撤	断	摇
垒	纪	胳	城	踢	见(传)说	辨	仓	平	
草	哄(骗)幕	嘴	库	浑	蒜	密	瞻	定	
水	出	则	狠	塌	似	口	戴(挫)折	碰	
催	慢	喝(水)软	退	扔	早	常	播(哥)俩		
乘	六	捏	愈	绝	酿	乳	分	送	观
鸟	前	工	炭	袍	笋	宽	振	板	伸
悬	夸	略	琴	三	内(积)攒	潮(战)斗	穷		

二、读多音节词语

家属	歪曲	调整	明显	下列	华人	妄想	缺乏	索性	包干儿
允许	北方	琢磨	凉快	日益	免得	起来	普查	智慧	老头儿
开关	趁势	转念	炽热	闹钟	守则	彩色	顺心	创作	聊天儿
不久	没事	瓜子	汉语	群众	点缀	生存	祖传	总理	烟叶儿
农村	排球	侧重	妥当	产品	肺活量	漂白粉	轻描淡写		

三、朗读作品第 26 号

我们家的后园有半亩空地，母亲说："让它荒着怪可惜的，你们那么爱吃花生，就开辟出来种花生吧。"我们姐弟几个都很高兴，买种，翻地，浇水，没过几个月，居然收获了。

母亲说："今晚我们过一个收获节，请你们父亲也来尝尝我们的新花生，好不好？"我们都说好。母亲把花生做成了好几样食品，还吩咐就在后园的茅亭里过这个节。

晚上天色不太好，可是父亲也来了，实在很难得。

父亲说："你们爱吃花生么？"

我们争着答应："爱！"

"谁能把花生的好处说出来？"

姐姐说："花生的味美。"

哥哥说："花生可以榨油。"

我说："花生的价钱便宜，谁都可以买来吃，都喜欢吃。这就是它的好处。"

父亲说："花生的好处很多，有一样最可贵：它的果实埋在地里，不像桃子、石榴、苹果那样，把鲜红嫩绿的果实高高地挂在枝头，使人一见就生爱慕之心。你们看它矮矮地长在地上，等到成熟了，也不能立刻分辨出它有没有果实，必须挖出来才知道。"

我们都说是，母亲也点点头。

父亲接下去说："所以你们要像花生，它虽然不好看，可是很有用，不是外表好看而没有实用的东西。"

我说："那么，人要做有用的人，不要做只讲体面，而对别人没有好处的人了。"‖

父亲说："对。这是我对你们的希望。"

——节选自许地山《落花生》

普通话水平测试训练题（二十七）

一、读单音节字词

捐（前）提　抓　碎　均　叠　涌　悬　箭　穷

颇	训	酸	灶(哥)	俩	歪	留	丝	卸	损
光	女	却	您	像	容	放	撒	了(解)	黑
逆	伤	对	清	海(分)	发	揍	瓶	粗	扁
盘	搓	堂	苦	渺	诡	自	购	杂	捉
狠	煤	傻	潮	瘦	咱	阵	砍	丈(别)	的
迷	患	碑	跑	热	忙	播(碾)	轧	拐	撇
壮	取	略	阴	乳	废	穿	脚	充	限
通	导	喝(水)	羚	骚	瞪	补	正	吹	坦
愁	善	增	从	夸	灸	尊	仰	绕	粉

二、读多音节词语

全球	顺利	附加	雄姿	听话	数学	群众	人类	据说	老头儿
嘴巴	勤奋	职称	水牛	动心	党籍	宗教	脑海	厕所	大伙儿
宿舍	操场	标准	考虑	下降	黄瓜	跳跃	内阁	产品	包干儿
衰弱	原状	婶子	病房	羞怯	排放	创作	运转	快乐	一点儿
软弱	笨拙	次要	追逐	彩色	寄生虫	氨基酸	举足轻重		

三、朗读作品第 27 号

我打猎归来，沿着花园的林荫路走着。狗跑在我前边。

突然，狗放慢脚步，蹑足潜行，好像嗅到了前边有什么野物。

我顺着林荫路望去，看见了一只嘴边还带黄色、头上生着柔毛的小麻雀。风猛烈地吹打着林荫路上的白桦树，麻雀从巢里跌落下来，呆呆地伏在地上，孤立无援地张开两只羽毛还未丰满的小翅膀。

我的狗慢慢向它靠近。忽然，从附近一棵树上飞下一只黑胸脯的老麻雀，像一颗石子似的落到狗的跟前。老麻雀全身倒竖着羽毛，惊恐万状，发出绝望、凄惨的叫声，接着向露出牙齿、大张着的狗嘴扑去。

老麻雀是猛扑下来救护幼雀的。它用身体掩护着自己的幼儿……但它整个小小的身体因恐怖而战栗着，它小小的声音也变得粗暴嘶哑，它在牺牲自己！

在它看来，狗该是多么庞大的怪物啊！然而，它还是不能站在自己高高的、安全的树枝上……一种比它的理智更强烈的力量，使它从那儿扑下身来。

我的狗站住了，向后退了退……看来，它也感到了这种力量。

我赶紧唤住惊慌失措的狗，然后我怀着崇敬的心情，走开了。

是啊，请不要见笑。我崇敬那只小小的、英勇的鸟儿，我崇敬它那种爱的冲动和力量。

爱，我想，比‖死和死的恐惧更强大。

——节选自〔俄〕屠格涅夫《麻雀》，巴金译

普通话水平测试训练题（二十八）

一、读单音节字词

捐	嫩	主	吃	那	所	栓	绕	交	穷
扎	份	坡	垮	慌	群(哥)俩	怪	九	跌
混	闯	句	穴	近	扬	若	疯	笋	端
描(总)得	班	虎	戏	天	凭	葱	口	脱
伍(导)弹	科	牟	输	这	绑	正	充	醒
惠(储)藏	绷	站	推	层	宰	真	馋	蹭
鼓	抱	旁	替	筛	港	最	圆	熏	帅
扭	抡	女	略	您	响	让	法	腮	美
高	上	篇	合	散	宅	蜜	烧	船	册
疤	两	硅	落(下)贼	涌	膜(千)瓦	掐	铁

二、读多音节词语

设备	列强	日程	增加	胸膛	葵花	壮大	确实	酝酿	一下儿
沸腾	劝阻	脑袋	葬礼	对门	春色	由衷	四处	转瞬	小孩儿
算账	过滤	囚禁	周岁	常识	作品	必然	汽水	瀑布	面条儿
寡妇	病菌	满怀	选手	芝麻	本领	生疏	疲劳	人造	老头儿
恐怕	热情	公约	沙子	繁荣	啄木鸟	领事馆	胸有成竹

三、朗读作品第28号

那年我6岁。离我家仅一箭之遥的小山坡旁，有一个早已被废弃的采石场，双亲从来不准我去那儿，其实那儿风景十分迷人。

一个夏季的下午，我随着一群小伙伴偷偷上那儿去了。就在我们穿越了一条孤寂的小路后，他们却把我一个人留在原地，然后奔向"更危险的地带"了。

等他们走后，我惊慌失措地发现，再也找不到要回家的那条孤寂的小道了。像只无头的苍蝇，我到处乱钻，衣裤上挂满了芒刺。太阳已经落山，而此时此刻，家里一定开始吃晚餐了，双亲正盼望着我回家……想着想着，我不由得背靠着一棵树，伤心地呜呜大哭起来……突然，不远处传来了声声柳笛。我像找到了救星，急忙循声走去。一条小道边的树桩上坐着一位吹笛人，手里还正削着什么。走近细看，他不就是被大家称为"乡巴佬"的卡廷么？"你好，小家伙，"卡廷说，"看天气多美，你是出来散步的吧？"我怯生生地点点头，答道：

"我要回家了。"

"请耐心等上几分钟，"卡廷说，"瞧，我正在削一支柳笛，差不多就要做完了，完工后就送给你吧！"

卡廷边削边不时地把尚未成形的柳笛放在嘴里试吹一下。没过多久，一支柳笛便递到我手中，我俩在一阵阵清脆悦耳‖的笛音中，踏上了归途……

——节选自唐若水译《迷途笛音》

普通话水平测试训练题（二十九）

一、读单音节字词

捐	后	组	瞎	迈	乖	住	雄	奏	拆
末	吨	摆	挖	拽	开	牛	撒	捆	晃
许	略	您	腔	让(分)	发	伞	团	叼	垒
(堵)塞	苍	手	鼻	车	冷(长)度	愁	不	推	
要	充	构	棉	报	沉	天	站	集	过
恼	迷	彩	钻(研)	迟	疤	税	州	牌	早
赛	则	摘	嘴	员	坡	挎	云	掐	就
叠	广	去(不)觉	锌	氧	扔	坟	锁	弯	
笑	肥	山	平	炼	属	对	弧	尿	领
错	烧	海	穷	均	熔	否	俗	颗	正

二、读多音节词语

肿胀	假设	簇拥	听话	确凿	上旬	倒霉	拨弄	衰老	一会儿
选民	公司	理解	进行	愚蠢	代表	日常	修改	本事	年头儿
产品	增长	土豆	尤其	热烈	照片	血压	佛经	窗台	差点儿
人群	杯子	猛然	杂费	流传	称赞	这些	地球	凉快	做活儿
瓜分	职权	论据	贞操	残杀	劳动日	吃不消	出类拔萃		

三、朗读作品第 29 号

在浩瀚无垠的沙漠里，有一片美丽的绿洲，绿洲里藏着一颗闪光的珍珠。这颗珍珠就是敦煌莫高窟。它坐落在我国甘肃省敦煌市三危山和鸣沙山的怀抱中。

鸣沙山东麓是平均高度为十七米的崖壁。在一千六百多米长的崖壁上，凿有大小洞窟七百余个，形成了规模宏伟的石窟群。其中四百九十二个洞窟中，共有彩色塑像两千一百余尊，各种壁画共四万五千多平方米。莫高窟是我国古代无数艺术匠师留给人类的珍贵文化遗产。

莫高窟的彩塑，每一尊都是一件精美的艺术品。最大的有九层楼那么高，最小的还不如一个手掌大。这些彩塑个性鲜明，神态各异。有慈眉善目的菩萨，有威风凛凛的天王，还有强壮勇猛的力士……

莫高窟壁画的内容丰富多彩，有的是描绘古代劳动人民打猎、捕鱼、耕田、收割的情景，有的是描绘人们奏乐、舞蹈、演杂技的场面，还有的是描绘大自然的美丽风光。其中最引人注目的是飞天。壁画上的飞天，有的臂挎花篮，采摘鲜花；有的反弹琵琶，轻拨银弦；有的倒悬身子，自天而降；有的彩带飘拂，漫天遨游；有的舒展着双臂，翩翩起舞。看着这些精美动人的壁画，就像走进了 ‖ 灿烂辉煌的艺术殿堂。

——节选自小学《语文》第六册中《莫高窟》

普通话水平测试训练题（三十）

一、读单音节字词

悬	灭	北	肉	擦	毒	挖	墨	君	寒
刷(哥)	俩	摔	九	硅	裂	熏	损	光	铝
却	饮	掐(力)	量	扔	粉	腮	缓	掉	陪
限	泥	闪	兵	闹	铁	怪	宠	跳	洪
苦	淳	桑	胆(接)触	青	众	辞	创	在
筹	助	多	湛	飘	名	昆	啄	搁	肯
(彩)色	砸	摘	丛	左	退	猛	熔	捐	穷
坡	怀	憋	滚	忘	女	略	枪	日	服
撒	晚	倒	查	变	筛	靠	专	让	杀
挪	胸	铀	信	风	角(度)	部	搜	痛	蛇

二、读多音节词语

撤回	母亲	人家	功用	办学	群体	电波	飞翔	四周	大伙儿
赶快	成员	枕头	曲子	团长	召开	了解	外币	民族	小孩儿
或许	凌晨	羞怯	吹奏	葡萄	虽然	今天	动身	村庄	一下儿
失业	反正	奴才	热流	商船	厕所	水平	宾馆	临摹	纳闷儿
运算	执勤	产品	遭受	夸奖	了不起	圆舞曲	随心所欲		

三、朗读作品第30号

其实你在很久以前并不喜欢牡丹，因为它总被人作为富贵膜拜。后来你目睹了一次牡丹的落花，你相信所有的人都会为之感动：一阵清风徐来，娇艳鲜嫩的盛期牡丹忽然整朵整朵地坠落，铺撒一地绚丽的花瓣。那花瓣落地时依然鲜艳夺目，如同一只被奉上祭坛的大鸟脱落了羽毛，低吟着壮烈的悲歌离去。

牡丹没有花谢花败之时，要么烁于枝头，要么归于泥土，它跨越委顿和衰老，由青春而死亡，由美丽而消遁。它虽美却不吝惜生命，即使告别也要展示给人最后一次的惊心动魄。

所以在这阴冷的四月里，奇迹不会发生。任凭游人扫兴和诅咒，牡丹依然安之若素。它不苟且、不俯就、不妥协、不媚俗，甘愿自己冷落自己。它遵循自己的花期自己的规律，它有权利为自己选择每年一度的盛大节日。它为什么不拒绝寒冷？

天南海北的看花人，依然络绎不绝地涌入洛阳城。人们不会因牡丹的拒绝而拒绝它的美。如果它再被贬谪十次，也许它就会繁衍出十个洛阳牡丹城。

于是你在无言的遗憾中感悟到，富贵与高贵只是一字之差。同人一样，花儿也是有灵性的，更有品位之高低。品位这东西为气为魂为‖筋骨为神韵，只可意会。

——节选自张抗抗《牡丹的拒绝》

普通话水平测试训练题（三十一）

一、读单音节字词

捐	熔	在	凡	扑	俊（总）	得	绣	缤	列
穷	创	杯	破	云（哥）	俩	歪	炙	些	论
女	略	筋	娘	负	松	馆	叨	劳	酷
洗	多	卖	生	太	神	听	素	平	比
沙	海	前	涉	主	肉	超	楷	秤	葱
（充）当	锅	纵	守	捉	测	帮	族	对	猛
吃	怀	拍	束	局	这	巧	锤	餐	幢
源	胸	挂	掐	怪	蠢	晃	于	缺	您
仰	如（分）	发	伞	传（播）	表	根	税	天	迷
赫	珍	唤	赔	摊	嫩	摸	跨	饶	撒

二、读多音节词语

嘴巴	酸痛	担任	虚假	花色	日光	学说	群众	座位	被窝儿

爽快	政权	本事	户口	直肠	商会	出马	挖掘	丝绸	一下儿
完结	采取	虽然	农村	母亲	判断	网球	寻找	美德	面条儿
草率	选集	波澜	小子	领导	孽障	森林	欺骗	优良	冰棍儿
特制	趁早	茶花	战斗	将来	青霉素	黄鼠狼	风驰电掣		

三、朗读作品第 31 号

森林涵养水源，保持水土，防止水旱灾害的作用非常大。据专家测算，一片十万亩面积的森林，相当于一个两百万立方米的水库，这正如农谚所说的："山上多栽树，等于修水库。雨多它能吞，雨少它能吐。"

说起森林的功劳，那还多得很。它除了为人类提供木材及许多种生产、生活的原料之外，在维护生态环境方面也是功劳卓著，它用另一种"能吞能吐"的特殊功能孕育了人类。因为地球在形成之初，大气中的二氧化碳含量很高，氧气很少，气温也高，生物是难以生存的。大约在四亿年之前，陆地才产生了森林。森林慢慢将大气中的二氧化碳吸收，同时吐出新鲜氧气，调节气温：这才具备了人类生存的条件，地球上才最终有了人类。

森林，是地球生态系统的主体，是大自然的总调度室，是地球的绿色之肺。森林维护地球生态环境的这种"能吞能吐"的特殊功能是其他任何物体都不能取代的。然而，由于地球上的燃烧物增多，二氧化碳的排放量急剧增加，使得地球生态环境急剧恶化，主要表现为全球气候变暖，水分蒸发加快，改变了气流的循环，使气候变化加剧，从而引发热浪、飓风、暴雨、洪涝及干旱。为了 ‖ 使地球的这个"能吞能吐"的绿色之肺恢复健壮，以改善生态环境，抑制全球变暖，减少水旱等自然灾害，我们应该大力造林、护林，使每一座荒山都绿起来。

——节选自《中考语文课外阅读试题精选》中《"能吞能吐"的森林》

普通话水平测试训练题（三十二）

一、读单音节字词

(猪)圈	掐	跃	闯	盖	明	跪	凶	财	垮
勾	云	看(管)(哥)俩	堆	外	珠	灸	泄	吞	
黄	旅	瘸	辆	燃	肺	损	段	绞	坚
配	冷	神	雕	横(竖)(艰)难	套	(不)行	比	垂	
篇	转(圈)	府	宾	岔	啃	正	刚	词	空(气)
女	杀	赞	重(叠)醉	粗	埋(没)(多)少	台	肉		
盆	吐(蕃)	笨	盒	犬	播	拽	牛	页	捆
逛	琴	仰	熔	传(播)	盗	妥	环	(分)发	(挫)折

蚌　朝(代)　穷　　坡　　续　　淋绕　　否　　缩　苗
摘辍　钻(研)　扫　　耍　　均返　　撒　　躲　睡

二、读多音节词语

家长	寻求	尽管	年份	牙膏	窘迫	油画	装备	群众	冰棍儿
选取	脑袋	授予	心思	汇总	上门	酥脆	平等	热诚	没准儿
载体	草率	周折	国法	铺设	结婚	早晨	咳嗽	别人	老头儿
录像	生活	产品	顶峰	瓜子	战略	党员	来访	入学	面条儿
位置	数额	暴涨	讲座	晓得	了不起	机械化	脍炙人口		

三、朗读作品第32号

　　朋友即将远行。

　　暮春时节，又邀了几位朋友在家小聚。虽然都是极熟的朋友，却是终年难得一见，偶尔电话里相遇，也无非是几句寻常话。一锅小米稀饭，一碟大头菜，一盘自家酿制的泡菜，一只巷口买回的烤鸭，简简单单，不像请客，倒像家人团聚。其实，友情也好，爱情也好，久而久之都会转化为亲情。

　　说也奇怪，和新朋友会谈文学、谈哲学、谈人生道理等等，和老朋友却只话家常，柴米油盐，细细碎碎，种种琐事。很多时候，心灵的契合已经不需要太多的言语来表达。

　　朋友新烫了个头，不敢回家见母亲，恐怕惊骇了老人家，却欢天喜地来见我们，老朋友颇能以一种趣味性的眼光欣赏这个改变。

　　年少的时候，我们差不多都在为别人而活：为苦口婆心的父母活，为循循善诱的师长活，为许多观念、许多传统的约束力而活。年岁逐增，渐渐挣脱外在的限制与束缚，开始懂得为自己活，照自己的方式做一些自己喜欢的事，不在乎别人的批评意见，不在乎别人的诋毁流言，只在乎那一份随心所欲的舒坦自然。偶尔，也能够纵容自己放浪一下，并且有一种恶作剧的窃喜。

　　就让生命顺其自然，水到渠成吧，犹如窗前的 ‖ 乌桕，自生自落之间，自有一份圆融丰满的喜悦。

——节选自（台湾）杏林子《朋友和其他》

普通话水平测试训练题（三十三）

一、读单音节字词

　　捐　作　格　增　每　泛　找　娘　诵　墙

摸	绒	跨	仍	双	寻	家	外（分）别	损
黄	女	月	邻	软（比）分	扫	吊	碑	屠
旱	审	脐	碰	针	拿	算	闪	概	搀
狗	爱	国（战）斗	传（播）踏	坚	瓶	特	名
帐	逻	苍	蠢	宽	哨	插	盏	退（挫）折
走	三	蹭	卵（导）弹	新	惹	贷	撒	扛
谱	绷	盼	犬	坡	耍	云（哥）俩	怀	六
斜	昆	渠	雪	您	法	酸	缴	屹	险
公	独（出）差	转（圈）射	搓	绘	蜂	穷	旧

二、读多音节词语

水泥	萌芽	花样	光彩	省略	群岛	佩服	痛快	从来	小孩儿
选手	怎么	性质	出没	对称	筹办	贺喜	状态	本事	面条儿
乳牛	旅馆	主宰	商量	团结	虽然	充足	草地	陆军	冰棍儿
饲料	下列	抓紧	麻雀	废品	衰弱	自愿	顺口	草场	包干儿
中转	雄伟	词典	所以	尾巴	锦标赛	农产品	周而复始		

三、朗读作品第 33 号

我们在田野散步：我，我的母亲，我的妻子和儿子。

母亲本不愿出来的。她老了，身体不好，走远一点儿就觉得很累。我说，正因如此，才应该多走走。母亲信服地点点头，便去拿外套。她现在很听我的话，就像我小时候很听她的话一样。

我和母亲走在前面，我的妻子和儿子走在后面。小家伙突然叫起来："前面是妈妈和儿子，后面也是妈妈和儿子。"我们都笑了。

后来发生了分歧：母亲要走大路，大路平顺；我的儿子要走小路，小路有意思。不过，一切都取决于我。我的母亲老了，她早已习惯听从她强壮的儿子；我的儿子还小，他还习惯听从他高大的父亲；妻子呢，在外面，她总是听我的。一霎时我感到了责任的重大。我想找一个两全的办法，找不出；我想拆散一家人，分成两路，各得其所，终不愿意。我决定委屈儿子，因为我伴同他的时日还长。我说："走大路。"

但是母亲摸摸孙儿的小脑瓜，变了主意："还是走小路吧。"她的眼随小路望去：那里有金色的菜花，两行整齐的桑树，‖尽头一口水波粼粼的鱼塘。

——节选自莫怀戚《散步》

普通话水平测试训练题（三十四）

一、读单音节字词

捐	跳	摔	涌	克	犬	天	内	泼	退
否	吊	缩	跨	熏	骗（哥）俩	怀	袖	爹
存	双	具	学	因	象	扔	份	松	软
描	背（包）募	筹	定	蝉	寺	搬	上	出
垦	船	百	凉	侧	足	冲（锋）溃	澜	缓
归	情	锅	造	南	后	森	苦	喷	蜜
闸	秤	沾	塘	拄	留	宽	混	哪	够
低	碰	图	鸟	穷	播	云	掐	牛	春
愈	掘	惹（分）发	抬	兜	避	曙	拉	在
槽	见	门（节）省	挖	斜	光	勤	讲	溶

二、读多音节词语

裙子	公开	年份	老家	进化	壮丽	缺口	漠然	英俊	一会儿
诽谤	责怪	绚丽	本子	较好	左手	不久	品种	养活	没事儿
争取	诉讼	消灭	镇压	商船	窘迫	西瓜	忽略	快乐	心眼儿
埋没	妥当	专长	打扰	顺从	赛跑	强烈	贯彻	妇女	冰棍儿
球场	丰厚	水平	磁带	防止	染色体	中世纪	层出不穷

三、朗读作品第 34 号

　　地球上是否真的存在"无底洞"？按说地球是圆的，由地壳、地幔和地核三层组成，真正的"无底洞"是不应存在的。我们所看到的各种山洞，裂口、裂缝，甚至火山口也都只是地壳浅部的一种现象。然而中国一些古籍却多次提到海外有个深奥莫测的无底洞。事实上地球上确实有这样一个"无底洞"。

　　它位于希腊亚各斯古城的海滨。由于濒临大海，大涨潮时，汹涌的海水便会排山倒海般地涌入洞中，形成一股湍湍的急流。据测，每天流入洞内的海水量达三万多吨。奇怪的是，如此大量的海水灌入洞中，却从来没有把洞灌满。曾有人怀疑，这个"无底洞"，会不会就像石灰岩地区的漏斗、竖井、落水洞一类的地形。然而从二十世纪三十年代以来，人们就做了很多努力，企图寻找它的出口，却都是枉费心机。

　　为了揭开这个秘密，一九五八年美国地球学会派出一支考察队，他们把一种经久不变的带色染料溶解在海水中，观察染料是如何随着海水一起沉下去。接着又察看了附近海面以及岛上的各条河、湖，满怀希望地寻找这种带颜色的水，结果令人失望。难道海水量太大把有色水稀释得太淡，以致无法发现？ ‖

——节选自罗伯特·罗威尔《神秘的"无底洞"》

普通话水平测试训练题（三十五）

一、读单音节字词

选	饶	页	缝(隙)	搬	锈	名	凶	够	播
向	穷	颇	乘	跨	均(哥)	俩	乖	六	解
壮	铝	决	信	梁	法	私	惯	巧	被
疑	双	扛	铅	笔	贫	揣	男	阔	棉
撒	苦	常	专	调(查)	水	梦	沥	红(显)	著
敌	舟	早	窜	条	败	走	栓	址	摘
贼	数	垂	令	尺	榨	歌	盆	跌	某
咱	懂	蹭	怕(评)	弹	捐	挂	掐	坏	吻
黄	女	月	揉	粪	扫	端	鸟	黑	排
商	募	托	蚕	纱	运	捆	劲	溶	三

二、读多音节词语

政权	此刻	印刷	中西	群体	佩服	衰老	吐血	作战	小说儿
把手	鼓掌	强盛	僻静	棕色	保存	凝聚	潮湿	厕所	差点儿
热情	感谢	放假	永别	计划	光临	缺少	巡逻	痛快	模特儿
你们	改善	蠢事	教规	酸枣	采取	鸭子	枕头	浑身	大伙儿
钻石	平素	团员	值得	虽然	望远镜	艺术家	后顾之忧		

三、朗读作品第 35 号

我在俄国见到的景物再没有比托尔斯泰墓更宏伟、更感人的。

完全按照托尔斯泰的愿望，他的坟墓成了世间最美的、给人印象最深刻的坟墓。它只是树林中的一个小小的长方形土丘，上面开满鲜花——没有十字架，没有墓碑，没有墓志铭，连托尔斯泰这个名字也没有。

这位比谁都感到受自己的声名所累的人，却像偶尔被发现的流浪汉，不为人知的士兵，不留名姓地被人埋葬了。谁都可以踏进他最后的安息地，围在周围稀疏的木栅栏是不关闭的——保护列夫·托尔斯泰得以安息的没有任何别的东西，惟有人们的敬意；而通常，人们却总是怀着好奇，去破坏伟人的墓地的宁静。

这里，逼人的朴素禁锢住任何一种观赏的闲情，并且不容许你大声谈话。风儿俯临，在这座无名者之墓的树木之间飒飒响着，和暖的阳光在坟头嬉戏；冬天，白雪温柔地覆盖这片幽暗的土地。无论你在夏天或冬天经过这儿，你都想象不到，这个小小的、隆起的长方体里安放着一位当代最伟大的人物。

然而，恰恰是这座不留姓名的坟墓，比所有挖空心思用大理石和奢华装饰建造的坟墓更扣人心弦。在今天这个特殊的日子‖里，到他的安息地来的成百上千人中间，没有一个有勇气，哪怕仅仅从这幽暗的土丘上摘下一朵花留作纪念。

——节选自〔奥〕茨威格《世间最美的坟墓》，张厚仁译

普通话水平测试训练题（三十六）

一、读单音节字词

捐	调（查）临	造	发	哨	涌	腮	如	刷
讲	膜	挎	寻	价	悬	乖	穷	右	贴
问	窗	铝	穴	饮	箱	绒	反	撒	转（圈）
票	给	痛	锁	白	火	平	表	斋	铭
坐	迁	提	纵	婚	蚕	空	斗	核	诊
钩	险	宿	归	硕	茶	漫	准	暂	损
风	鸟	拽	舱（查）处	周	蹭	德	搞	氢
笨	排	炸	钻	寒	坡	群	俩	快	牛
揭	论	慌	女（不）觉	绕	防	扫	湾	巧
勒（紧）闭	汤	麝（充）当	衬	摔	垂	丢	肥

二、读多音节词语

确认	重点	产品	夏季	花色	壮观	侵略	例外	弥漫	一会儿
拳头	打扮	寡妇	水泥	改进	生日	祖传	开辟	山峦	好玩儿
拖鞋	司法	春分	政策	许多	存在	区别	商量	惊讶	模特儿
凶残	运算	被动	怀疑	把手	成长	好感	特赦	拆卸	聊天儿
保留	袜子	行军	缘故	疲倦	北极星	古兰经	举足轻重		

三、朗读作品第 36 号

我国的建筑，从古代的宫殿到近代的一般住房，绝大部分是对称的，左边怎么样，右边

怎么样。苏州园林可绝不讲究对称的，好像故意避免似的。东边有了一个亭子或者一道同样的回廊，西边绝不会来一个同样的亭子或者一道同样的回廊。这是为什么？我想，用图画来比方，对称的建筑是图案画，不是美术画，而园林是美术画，美术画要求自然之趣，是不讲究对称的。

苏州园林里都有假山和池沼。

假山的堆叠，可以说是一项艺术而不仅是技术。或者是重峦叠嶂，或者是几座小山配合着竹子花木，全在乎设计者和匠师们生平多阅历，胸中有丘壑，才能使游览者攀登的时候忘却苏州城市，只觉得身在山间。

至于池沼，大多引用活水。有些园林池沼宽敞，就把池沼作为全园的中心，其他景物配合着布置。水面假如成河道模样，往往安排桥梁。假如安排两座以上的桥梁，那就一座一个样，决不雷同。

池沼或河道的边沿很少砌齐整的石岸，总是高低屈曲任其自然。还在那儿布置几块玲珑的石头，或者种些花草。这也是为了取得从各个角度看都成一幅画的效果。池沼里养着金鱼或各色鲤鱼，夏秋季节荷花或睡莲开‖放，游览者看"鱼戏莲叶间"，又是入画的一景。

——节选自叶圣陶《苏州园林》

普通话水平测试训练题（三十七）

一、读单音节字词

（花)圈	鸣	捐	扇	播	涌	抡	上	坡	挎
凶	群	窗	种	压	帅	桩	有	裂	尊
聚	学	助	亲	洋	嚷	凡	缩	碗	掉
硅	杂	疏	后	说	怕	门	日	导	憨
匹	沉	推	连	套	蜂	草	献	孔	固
择	并	屠	逆	蒙	颗	轴	公	哪	车
刨	扮	烘	领	特	粗	德	(肮)脏	揉	册
咱	猫	耍	熏	(哥)俩	怪	酒	跌	续	绝
惹	费	撒	断	鸟	辈	慌	存	诊	麦
腔	趟	怎	扎	您	讲	溶	俯	三	碰

二、读多音节词语

起来	深入	吵架	瓜分	跳跃	人迹	内政	参观	运动	好玩儿
缓冲	旋律	暖和	把手	妥当	描写	排场	相识	虫害	差点儿
产品	解体	败仗	配方	水草	扣留	作祟	语法	还原	一会儿

| 昆曲 | 打算 | 燃料 | 秋天 | 战胜 | 远景 | 华侨 | 光亮 | 快乐 | 包干儿 |
| 问候 | 造诣 | 转变 | 下午 | 确定 | 白话文 | 想象力 | 相得益彰 |

三、朗读作品第 37 号

一位访美中国女作家，在纽约遇到一位卖花的老太太。老太太穿着破旧，身体虚弱，但脸上的神情却是那样祥和兴奋。女作家挑了一朵花说："看起来，你很高兴。"老太太面带微笑地说："是的，一切都这么美好，我为什么不高兴呢？""对烦恼，你倒真能看得开。"女作家又说了一句。没料到，老太太的回答更令女作家大吃一惊："耶稣在星期五被钉上十字架时，是全世界最糟糕的一天，可三天后就是复活节。所以，当我遇到不幸时就会等待三天，这样一切就恢复正常了。"

"等待三天"，多么富于哲理的话语，多么乐观的生活方式。它把烦恼和痛苦抛下，全力去收获快乐。

沈从文在"文化大革命"期间，陷入了非人的境地。可他毫不在意，他在咸宁时给他的表侄、画家黄永玉写信说："这里的荷花真好，你若来……"身陷苦难却仍为荷花的盛开欣喜赞叹不已，这是一种趋于澄明的境界，一种旷达洒脱的胸襟，一种面临磨难坦荡从容的气度，一种对生活童子般的热爱和对美好事物无限向往的生命情感。由此可见，影响一个人快乐的，有时并不是困境及磨难，而是一个人的心态。如果把自己浸泡在积极、乐观、向上的心态中，快乐必然会‖占据你的每一天。

——节选自《态度创造快乐》

普通话水平测试训练题（三十八）

一、读单音节字词

捐	吐(蕃)	刷	可	参(见)	揍	脱	穷	播	拷
三	云(边)	塞(哥)	俩	专	怪	久	页	均	捆
僵	幢	驴	阅	锌	娘	日	非	团	巧
内	百	吨(班)	长	霸	珍	严	彻	哈	宰
闸	耸	赞	丧	寸	高	函	套	勾	躲
沧	造	领	灾	硕	擦	浅	踹	独	们
做	扒(糕)	拆	梗	设	捧	探	从	姓	砍
合	犬	兄	讶	修	顺	女	略	紧	如
份	撕	鸟	盗	缓	追	钉	归	砸	灭
刨	撒	满	片	摸	拽	写	双	熔	纺

二、读多音节词语

褶子	鳞片	取消	加以	开花	热血	结膜	倍数	坏蛋	大伙儿
那么	回想	制服	敏感	行列	转产	手表	灾难	央求	冰棍儿
住所	人才	产品	纱锭	保证	原来	缺口	风俗	展翅	记事儿
审讯	骨头	怎么	娱乐	重申	登记	挪用	黄瓜	草率	有点儿
评选	特质	清偿	众生	虽然	管弦乐	同位素	标新立异		

三、朗读作品第 38 号

泰山极顶看日出，历来被描绘成十分壮观的奇景。有人说：登泰山而看不到日出，就像一出大戏没有戏眼，味儿终究有点寡淡。

我去爬山那天，正赶上个难得的好天，万里长空，云彩丝儿都不见。素常，烟雾腾腾的山头，显得眉目分明。同伴们都欣喜地说："明天早晨准可以看见日出了。"我也是抱着这种想头，爬上山去。

路从山脚往上爬，细看山景，我觉得挂在眼前的不是五岳独尊的泰山，却像一幅规模惊人的青绿山水画，从下面倒展开来。在画卷中最先露出的是山根底那座明朝建筑岱宗坊，慢慢地便现出王母池、斗母宫、经石峪。山是一层比一层深，一叠比一叠奇，层层叠叠，不知还会有多深多奇。万山丛中，时而点染着极其工细的人物。王母池旁的吕祖殿里有不少尊明塑，塑着吕洞宾等一些人，姿态神情是那样有生气，你看了，不禁会脱口赞叹说："活啦。"

画卷继续展开，绿荫森森的柏洞露面不太久，便来到对松山。两面奇峰对峙着，满山峰都是奇形怪状的老松，年纪怕都有上千岁了，颜色竟那么浓，浓得好像要流下来似的。来到这儿，你不妨权当一次画里的写意人物，坐在路旁的对松亭里，看看山色，听听流‖水和松涛。

——节选自杨朔《泰山极顶》

普通话水平测试训练题（三十九）

一、读单音节字词

悬	纳	花	殿	烤	坡	唇	夸	讯	掐
船	兄（哥）俩	均	怀	幼	撇	吻	光	去	
乖	穴	饮	香	乳	份	撒	丸	吊	枚
（保）重	本	排	兜	赠	粘	减	专	勾	三

阻	错	白	早	公	菱	沙	对	逃	脆
开	评	冷	则	甩	吃	克	订	托	赔
骂	比（传）说	喊	真	穷	播	九	抡	黄	
女	决	两	揉	反	穗	苗	费	般	投
钢	炸	男	躺	醋	款	捐	野	琴	日
罚	死	段	朝（霞）密	调（和）嘴	擦	奏	竹		

二、读多音节词语

下降	背后	老师	请假	勇猛	处理	省略	群体	内阁	小孩儿
按摩	尽快	你们	书桌	虚弱	热度	水准	扯皮	厕所	做活儿
焦虑	球场	解放	赞成	强烈	窘迫	爪子	纵身	特质	一会儿
运算	人权	脑袋	产品	存在	壮大	外观	首席	素材	老伴儿
修改	的确	宁愿	报纸	恐怕	动画片	牛仔裤	风驰电掣		

三、朗读作品第 39 号

育才小学校长陶行知在校园看到学生王友用泥块砸自己班上的同学，陶行知当即喝止了他，并令他放学后到校长室去。无疑，陶行知是要好好教育这个"顽皮"的学生。那么他是如何教育的呢？

放学后，陶行知来到校长室，王友已经等在门口准备挨训了。可一见面，陶行知却掏出一块糖果送给王友，并说："这是奖给你的，因为你按时来到这里，而我却迟到了。"王友惊疑地接过糖果。

随后，陶行知又掏出一块糖果放到他手里，说："这第二块糖果也是奖给你的，因为当我不让你再打人时，你立即就住手了，这说明你很尊重我，我应该奖你。"王友更惊疑了，他眼睛睁得大大的。

陶行知又掏出第三块糖果塞到王友手里，说："我调查过了，你用泥块砸那些男生，是因为他们不守游戏规则，欺负女生；你砸他们，说明你很正直善良，且有批评不良行为的勇气，应该奖励你啊！"王友感动极了，他流着眼泪后悔地喊道："陶……陶校长，你打我两下吧！我砸的不是坏人，而是自己的同学啊……"

陶行知满意地笑了，他随即掏出第四块糖果递给王友，说："为你正确地认识错误，我再奖给你一块糖果，只可惜我只有这一块糖果了。我的糖果‖没有了，我看我们的谈话也该结束了吧！"说完，就走出了校长室。

——节选自《教师博览·百期精华》中《陶行知的"四块糖果"》

普通话水平测试训练题（四十）

一、读单音节字词

捐	则	冤	水	夸	迟	推	涌	颇	化
张	云	憋（哥）	俩	均	坏	揪	笋	庄	蓄
吞	瘸	阴	酿	掐	饶	飞	送	栓	笑
雷	开	礼	订	升（不）行	炸	左	酸	磕
铁	车	上	体	灭	喉	分	吊	弥	懦
残	逞	工	革	棚	奸	百	耕	敌	闷（热）
葱	站	皮	拽	层	造	堆	杂	吹	穷
播	拐	六	歇	闯	驴	约	禽	将	热
（分）发	扫	传（记）	秒	暴	走	书	崇	死	追
咱	催	人	方	土	先	钻（研）	男	贵（查）处

二、读多音节词语

巡逻	施加	爽快	杜绝	莫非	群众	衰老	特权	繁荣	聊天儿
嘴巴	整洁	单词	众人	扶贫	高深	条款	逆差	普通	一会儿
环球	产品	享受	存在	虽然	强烈	风俗	配合	袜子	好玩儿
淋巴	浓缩	镇压	学制	倒塌	民主	逗留	采取	牧区	冰棍儿
衬衫	漂亮	准备	选举	妥当	寄生虫	动画片	胸有成竹

三、朗读作品第40号

享受幸福是需要学习的，当它即将来临的时刻需要提醒。人可以自然而然地学会感官的享乐，却无法天生地掌握幸福的韵律。灵魂的快意同器官的舒适像一对孪生兄弟，时而相傍相依，时而南辕北辙。

幸福是一种心灵的震颤。它像会倾听音乐的耳朵一样，需要不断地训练。

简而言之，幸福就是没有痛苦的时刻。它出现的频率并不像我们想象的那样少。人们常常只是在幸福的金马车已经驶过去很远时，才拣起地上的金鬃毛说，原来我见过它。

人们喜爱回味幸福的标本，却忽略它披着露水散发清香的时刻。那时候我们往往步履匆匆，瞻前顾后不知在忙着什么。

世上有预报台风的，有预报蝗灾的，有预报瘟疫的，有预报地震的。没有人预报幸福。

其实幸福和世界万物一样，有它的征兆。

幸福常常是朦胧的，很有节制地向我们喷洒甘霖。你不要总希望轰轰烈烈的幸福，它多半只是悄悄地扑面而来。你也不要企图把水龙头拧得更大，那样它会很快地流失。你需要静静地以平和之心，体验它的真谛。

幸福绝大多数是朴素的。它不会像信号弹似的，在很高的天际闪烁红色的光芒。它披着本色的外衣，亲 ‖ 切温暖地包裹起我们。

——节选自毕淑敏《提醒幸福》

普通话水平测试训练题（四十一）

一、读单音节字词

悬	均	耍	瞎	再	播	特	瞥	垮	渗
黑	运（哥）俩	乖	油	山	铁	挖	顺	散
广	剧	缺	您	桨	仍	发	改	河	漂（亮）
（丑）恶	宾	独	三	偏	聂	搪	灿	残	口
（对）称	增	阔	霹	能	对	渣	订	白	张
灭	垂	病	查	岁	冬	存	幢	拆	阵
桃	丑	嫩	杂	醋	洒	狠	胖	煮	传（记）
肯	楼	捐	穷	摸	怀	溜	损	慌	取
略	音	想	绕	风	跳	非	过	水	急
公	木	沾	马（储）藏	每	胸	嚷	付	酸

二、读多音节词语

准备	喉舌	也许	加强	用场	开花	创新	活跃	迅速	一块儿
奉命	成员	谷子	念白	染色	娘家	肉眼	次品	扫帚	聊天儿
私有	蔬菜	春节	厕所	旅馆	排球	产生	同情	总得	纳闷儿
瓜分	学历	群岛	支配	安全	行使	出头	反正	保持	一会儿
受命	判断	浩劫	恰当	嘴巴	拖拉机	奏鸣曲	心旷神怡		

三、朗读作品第41号

在里约热内卢的一个贫民窟里，有一个男孩子，他非常喜欢足球，可是又买不起，于是就踢塑料盒，踢汽水瓶，踢从垃圾箱里拣来的椰子壳。他在胡同里踢，在能找到的任何一片空地上踢。

有一天，当他在一处干涸的水塘里猛踢一个猪膀胱时，被一位足球教练看见了。他发现这个男孩儿踢得很像是那么回事，就主动提出要送给他一个足球。小男孩儿看到足球后踢得更卖劲了。不久，他就能准确地把球踢进远处随意摆放的一个水桶里。

圣诞节到了，孩子的妈妈说："我们没有钱买圣诞礼物送给我的恩人，就让我们为他祈祷吧。"

小男孩儿跟随妈妈祈祷完毕，向妈妈要了一把铲子便跑了出去。他来到一座别墅前的花园里，开始挖坑。

就在他快要挖好坑的时候，从别墅里走出一个人来，问小孩儿在干什么，孩子抬起满是汗珠的脸蛋儿，说："教练，圣诞节到了，我没有礼物送给您，我愿给您的圣诞树挖一个树坑。"

教练把小男孩儿从树坑里拉上来，说："我今天得到了世界上最好的礼物。明天你就到我的训练场去吧。"

三年后，这位十七岁的男孩儿在第六届足球锦标赛上独进二十一球，为巴西第一次捧回了金杯。一个原来不‖为世人所知的名字——贝利，随之传遍世界。

——节选自刘燕敏《天才的造就》

普通话水平测试训练题（四十二）

一、读单音节字词

揖	绒	避	繁	春	驼	熏	涌	掐	膜
抡	体	桩	挎	曰	群（哥）	俩	外	酒	捏
逛	居	饮	酿	饶	封	所	栓	苗	对
重（叠）	哈	炮	水	专	蚕	涉	通	惹	暂
揣	辙	调（查）	山	隔	审	闲	定	虎	卓
罢	扛	秤	洒	恨	买	克	粗	骗	找
吹	存	喊	瓶	超	拉	碑	古	悬	坡
拐	铀	裂	吞	蓄	决	嚷	罚	赛	敲
没（错）	表	农	配	奴	醉	谈	倒	砸	拧
部	灾	露（面）	酸	穷	刷	进（富）	强	搜	串

二、读多音节词语

瘦小	兵站	厂家	听话	学生	航运	废除	衰退	职权	包干儿
散步	打量	火柴	品种	考证	接吻	撤换	修改	皇帝	纳闷儿
采取	双方	抽穗	词组	分别	秋天	皮肤	萌芽	松软	老头儿
准确	行军	类似	讲座	入境	奏章	嫂子	旁边	女士	一点儿
快速	起床	树丛	责任	教员	东道主	鹅卵石	胸有成竹		

三、朗读作品第42号

记得我十三岁时，和母亲住在法国东南部的耐斯城。母亲没有丈夫，也没有亲戚，够清苦的，但她经常能拿出令人吃惊的东西，摆在我面前。她从来不吃肉，一再说自己是素食者。然而有一天，我发现母亲正仔细地用一小块碎面包擦那给我煎牛排用的油锅。我明白了她称自己为素食者的真正原因。

我十六岁时，母亲成了耐斯市美蒙旅馆的女经理。这时，她更忙碌了。一天，她瘫在椅子上，面色苍白，嘴唇发灰。马上找来医生，医生做出诊断：她摄取了过多的胰岛素。直到这时我才知道母亲多年来一直对我隐瞒的疾痛——糖尿病。

她的头歪向枕头一边，痛苦地用手抓挠胸口。床架上方，则挂着一枚我一九三二年赢得耐斯市少年乒乓球冠军的银质奖章。

啊，是对我的美好前途的憧憬支撑着她活下去，为了给她那荒唐的梦至少加一点真实的色彩，我只能继续努力，与时间竞争，直至一九三八年我被征入空军。巴黎很快失陷，我辗转调到英国皇家空军。刚到英国就接到母亲的来信。这些信是由在瑞士的一个朋友秘密地转到伦敦，送到我手中的。

现在我要回家了，胸前佩戴着醒目的绿黑两色的解放十字绶带，上面挂着五六枚‖我终生难忘的勋章，肩上还佩戴着军官肩章。到达旅馆时，没有一个人跟我打招呼。原来，我母亲在三年半以前就已经离开人间了。

在她死前的几天中，她写了近二百五十封信，把这些信交给她在瑞士的朋友，请这个朋友定时寄给我。就这样，在母亲死后的三年半的时间里，我一直从她身上吸取着力量和勇气——这使我能够继续战斗到胜利那一天。

——节选自〔法〕罗曼·加里《我的母亲独一无二》

普通话水平测试训练题（四十三）

一、读单音节字词

捐	密	逢	逗	防	罢	刷	绣	荒	兔
穷	播	跨	均	(哥)俩	腮	帅	掐	酒	捏
网	驴	缺	引	酱	如	粪	耸	船	钓
没(错)	彩	(传)说	盘	刚	戏	阐	派	头	考
翌	字	尚	喉	吃	片	刑	多	虎	康
寨	冰	唇	热	泥	猪	在	察	练	三
(保)重	稍	揍	颗	填	汗	(当)铺	铁	占	悬
摸	群	外	尊	予	略	(父)亲	样	仍	岁

礁	配	奶	淡	塌	故	筹	震	容	撒
丛	拜	兄	灭	吨	饶	搜	灌	数	催

二、读多音节词语

假使	牙膏	华人	村庄	留学	运算	破产	难怪	疲惫	面条儿
妥当	怎么	水平	满意	辅导	藏身	城堡	改写	长者	小孩儿
根除	签署	伤人	回去	进口	生日	感想	不论	结婚	纳闷儿
公司	杜绝	通讯	轻快	团员	质量	差错	邻居	标准	大伙儿
总理	蝴蝶	瓜子	政权	霎时	幼儿园	神经质	畅所欲言		

三、朗读作品第 43 号

生活对于任何人都非易事，我们必须有坚韧不拔的精神。最要紧的，还是我们自己要有信心。我们必须相信，我们对每一件事情都具有天赋的才能，并且，无论付出任何代价，都要把这件事完成。当事情结束的时候，你要能问心无愧地说："我已经尽我所能了。"

有一年的春天，我因病被迫在家里休息数周。我注视着我的女儿们所养的蚕正在结茧，这使我很感兴趣。望着这些蚕执着地、勤奋地工作，我感到我和它们非常相似。像它们一样，我总是耐心地把自己的努力集中在一个目标上。我之所以如此，或许是因为有某种力量在鞭策着我——正如蚕被鞭策着去结茧一般。

近五十年来，我致力于科学研究，而研究，就是对真理的探讨。我有许多美好快乐的记忆。少女时期我在巴黎大学，孤独地过着求学的岁月，后来献身科学的整个时期，我丈夫和我专心致志，像在梦幻中一般，坐在简陋的书房里艰辛地研究，后来我们就在那里发现了镭。

我永远追求安静的工作和简单的家庭生活。为了实现这个理想，我竭力保持宁静的环境，以免受人事的干扰和盛名的拖累。

我深信，在科学方面，我们有对事业而不是‖对财富的兴趣。

——节选自〔波兰〕玛丽·居里《我的信念》，剑捷译

普通话水平测试训练题（四十四）

一、读单音节字词

权	三	日	删	排	挖	蹦	钢	及	胸
划	熏	芽	兴	怪	双	嘈	酒	瞥	存
装	续	邻	想	若	否(边)	塞	赚	霉	站

宫	热	拔	称(号)	跳	拙	残	天	账	丢
巢	开	环	党	探	米	如	高	法	上
评	罪	沉	兜	弄	偿	贴	看(管)	走(艰)	难
肯	筛	磅(秤)	麻	捐	穷	摸	云(哥)	俩	搜
秋	届	春	女	略	亲(力)	量	饶	非	耸
料(挫)	折	搬	蒲	鲍	间	贷	毫	横(竖)	尊
(比)分	退	名	低	能	坡	越	方	晚	尿

二、读多音节词语

品种	暑假	调动	创新	准确	军队	内行	反正	礼堂	一会儿
宣扬	寡妇	描写	事情	尽管	控制	咆哮	脉络	车子	年头儿
镇守	修养	禅宗	彩色	听取	快速	定语	下台	学科	纳闷儿
夸奖	群体	北面	坏蛋	根源	肉体	轮船	厕所	考虑	有点儿
厚薄	私人	率领	申诉	集装箱	红领巾	得天独厚			

三、朗读作品第44号

我为什么非要教书不可？是因为我喜欢当教师的时间安排表和生活节奏。七、八、九三个月给我提供了进行回顾、研究、写作的良机，并将三者有机融合，而善于回顾、研究和总结正是优秀教师素质中不可缺少的成分。

干这行给了我多种多样的"甘泉"去品尝，找优秀的书籍去研读，到"象牙塔"和实际世界里去发现。教学工作给我提供了继续学习的时间保证，以及多种途径、机遇和挑战。

然而，我爱这一行的真正原因，是爱我的学生，学生们在我的眼前成长、变化。当教师意味着亲历"创造"过程的发生——恰似亲手赋予一团泥土以生命，没有什么比目睹它开始呼吸更激动人心的了。权利我也有了：我有权利去启发诱导，去激发智慧的火花，去问费心思考的问题，去选择回答的尝试，去推荐书籍，去指点迷津。还有什么别的权利能与之相比呢？

而且，教书还给我金钱和权利之外的东西，那就是爱心。不仅有对学生的爱，对书籍的爱，对知识的爱，还有教师才能感受到的对"特别"学生的爱。这些学生，有如冥顽不灵的泥块，由于接受了老师的炽爱才勃发了生机。

所以，我爱教书，还因为，在那些勃发生机的"特‖别"学生身上，我有时发现自己和他们呼吸相通，忧乐与共。

——节选自〔美〕彼得·基·贝得勒《我为什么当教师》

普通话水平测试训练题（四十五）

一、读单音节字词

券	词	迈	出	晒	损	痤	熔	粪	胸
印	抹(杀)	副	抓	乱	云(哥)	俩	块	扭	页
吨	女	穴	浸	腔	入	返(彩)	色(偿)	还	小
配	贪	载	吃	总	掏	找	不	刁	铸
车	炮	暖	赡	考	上	景	喝(水)	退(分)	别
松	仍(宝)	藏	残	变	咱	肉	撒	妥	哨
疮	砸(边)	塞	乘	阵	黑	袋	敲	长(处)	期
款	捐	穷	播	挂	军	哑	撼	溜	铁
双	距	良	让	搜	罐	飘(积)	累	歌	站
水	庄	递	汀	殿	美	算	屯	荒	月

二、读多音节词语

国家	迅速	下游	鲜花	光彩	准确	胁迫	贝壳	理想	包干儿
衰老	选取	本子	语法	临床	灼热	帮凶	闹钟	神秘	聊天儿
崇尚	散会	年龄	昏迷	夸奖	策略	群体	飞船	使得	纳闷儿
外界	指头	对方	征求	后面	打听	私人	用具	作品	好玩儿
败仗	尖锐	元首	沉寂	从前	乒乓球	混合物	背道而驰		

三、朗读作品第 45 号

中国西部我们通常是指黄河与秦岭相连的一线以西，包括西北和西南的十二个省、市、自治区。这块广袤的土地面积为五百四十六万平方千米，占国土总面积的百分之五十七；人口二点八亿，占全国总人口的百分之二十三。

西部是华夏文明的源头。华夏祖先的脚步是顺着水边走的：长江上游出土过元谋人牙齿化石，距今约一百七十万年；黄河中游出土过蓝田人头盖骨，距今约七十万年。这两处古人类都比距今约五十万年的北京猿人资格更老。

西部地区是华夏文明的重要发源地。秦皇汉武以后，东西方文化在这里交汇融合，从而有了丝绸之路的驼铃声声，佛院深寺的暮鼓晨钟。敦煌莫高窟是世界交化史上的一个奇迹，它在继承汉晋艺术传统的基础上，形成了自己兼收并蓄的恢宏气度，展现出精美绝伦的艺术形式和博大精深的文化内涵。秦始皇兵马俑、西夏王陵、楼兰古国、布达拉宫、三星堆、大足石刻等历史文化遗产，同样为世界所瞩目，成为中华文化重要的象征。

西部地区又是少数民族及其文化的集萃地，几乎包括了我国所有的少数民族，在一些偏远的少数民族地区，仍保留‖了一些久远时代的艺术品种，成为珍贵的"活化石"，如纳西古乐、戏曲、刺绣、岩画等民间艺术和宗教艺术。

——节选自《中考语文课外阅读试题精选》中《西部文化和西部开发》

普通话水平测试训练题（四十六）

一、读单音节字词

拔	崩	跑	谋	民	飞	抵	东	贴	推
农	拧	乐	脸	给	关	肯	发	获	欢
基	决	恰	圈	虾	相	抓	追	插	穿
腮	摔	饶	锐	软	尊	草	缩	吃	额
而	暗	翁	云	英	月	酿	虽	桑	败
背	并	漂	俯	茫	明	摸	分	蜂	富
底	得	动	塔	团	难	扭	女	压	柳
令	昌	钻	干	村	光	慌	网	工	刷
落	快	空	怀	今	江	捐	枪	屈	穷
西	些	寻	雄	促	准	足	走	修	榴

二、读多音节词语

便宜	棉花	玻璃	粉笔	运输	熊猫	儿童	测验	出发	巧劲儿
能够	思想	节约	学习	讲究	灿烂	空白	品质	偶然	被窝儿
权威	爽快	迅速	愿望	地球	车站	开始	破坏	穷人	做活儿
定点	商讨	滋长	零碎	佛教	洒脱	吹牛	晓得	软骨	哪会儿
草拟	昆曲	平川	暴虐	春假	冰砖	尊敬	送行	窗户	拨款

三、朗读作品第 46 号

高兴，这是一种具体的被看得到摸得到的事物所唤起的情绪。它是心理的，更是生理的。它容易来也容易去，谁也不应该对它视而不见失之交臂，谁也不应该总是做那些使自己不高兴也使旁人不高兴的事。让我们说一件最容易做也最令人高兴的事吧，尊重你自己，也尊重别人，这是每一个人的权利，我还要说这是每个人的义务。

快乐，是一种富有概括性的生存状态、工作状态。它几乎是先验的，它来自生命本身的活力，来自宇宙、地球和人间的吸引，它是世界的丰富、绚丽、阔大、悠久的体现。快乐还是一种力量，是埋在地下的根脉。消灭一个人的快乐比挖掘掉一棵大树的根要难得多。

欢欣，这是一种青春的、诗意的情感。它来自面向着未来伸开双臂奔跑的冲力，它来自一种轻松而又神秘、朦胧而又隐秘的激动，它是激情即将到来的预兆；它又是大雨过后的比下雨还要美妙得多也久远得多的回味。

喜悦，它是一种带有形而上色彩的修养和境界。与其说它是一种情绪，不如说它是一种智慧，一种超拔，一种悲天悯人的宽容和理解，一种饱经沧桑的充实和自信，一种光明的理性，一种坚定‖的成熟，一种战胜了烦恼和庸俗的清明澄澈。

——节选自王蒙《喜悦》

普通话水平测试训练题（四十七）

一、读单音节字词

翁	绑	擦	宗	拨	李	贡	枷	蚊	盆
任	歪	烟	朔	塑	幕	砸	绰	蹲	拍
选	搜	轴	鹅	孔	雄	操	崴	优	湍
渺	泉	兑	妻	蓬	碱	染	羊	铝	略
呈	匪	根	怪	许	蚕	伞	凉	广	刁
碑	二	粽	滑	瞭	抿	闸	扁	沓	否
撤	次	防	疼	填	诅	襄	仍	聂	渐
雕	率	驰	伤	字	岭	凛	抓	僵	饶
德	卷	暖	直	业	猜	豁	穷	幌	犀
弘	廷	记	山	喂	汗	渠	拷	括	倔

二、读多音节词语

雪白	所有	否认	加强	色盲	发作	起草	举动	检讨	纳闷儿
开始	圈子	水果	叛变	防空	宽容	璀璨	快乐	率领	抓阄儿
姑娘	漂亮	状态	军队	伺候	此后	民俗	缺漏	撤退	心眼儿
虐杀	绕嘴	荒僻	公债	花园	咏赞	欢乐	损坏	下午	饱嗝儿
足球	尿床	处理	证明	热烈	非常	耳朵	许配	兄弟	冰棍儿

三、朗读作品第47号

在湾仔，香港最热闹的地方，有一棵榕树，它是最贵的一棵树，不光在香港，在全世界，都是最贵的。

树，活的树，又不卖，何言其贵？只因它老，它粗，是香港百年沧桑的活见证，香港人不忍看着它被砍伐，或者被移走，便跟要占用这片山的建筑者谈条件：可以在这儿建大楼盖商厦，但一不准砍树，二不准挪树，必须把它原地精心养起来，成为香港闹市中的一景。太古大厦的建设者最后签了合同，占用这个大山坡建豪华商厦的先决条件是同意保护这棵老树。

树长在半山坡上，计划将树下面的成千上万吨山石全部掏空取走，腾出地方来盖楼，把树架在大楼上面，仿佛它原本是长在楼顶上似的。建设者就地造了一个直径十八米、深十米的大花盆，先固定好这棵老树，再在大花盆底下盖楼。光这一项就花了两千三百八十九万港币，堪称是最昂贵的保护措施了。

太古大厦落成之后，人们可以乘滚动扶梯一次到位，来到太古大厦的顶层，出后门，那儿是一片自然景色。一棵大树出现在人们面前，树干有一米半粗，树冠直径足有二十多米，独木成林，非常壮观，形成一座以它为中心的小公园，取名叫"榕圃"。树前面‖插着铜牌，说明缘由。此情此景，如不看铜牌的说明，绝对想不到巨树根底下还有一座宏伟的现代大楼。

——节选自舒乙《香港：最贵的一棵树》

普通话水平测试训练题（四十八）

一、读单音节字词

用	俊	寻	悦	宋	徐	魏	黄	童	女
区	催	咀	追	团	挎	抓	索	乳	谷
状	良	面	乡	碾	丢	六	界	聂	米
敌	丙	尼	郑	城	分	膀	谈	槛	否
鹤	抽	奏	拷	脑	黑	才	日	致	乖
穷	全	晚	越	觉	序	遂	村	恐	练
淋	锅	筷	九	凶	齿	闯	闪	忍	弱
则	采	色	刑	水	俯	响	仅	展	秒
挑	姓	饼	磅	饱	鸥	苏	柳	两	机
音	踹	涩	自	科	沓	卖	赠	转	双

二、读多音节词语

赔偿	飞跃	把手	有感	配合	雪山	左面	马路	而且	岔道儿
夏天	进行	转移	钻研	光辉	训练	胸怀	控诉	猛烈	刨根儿
逆流	夸奖	灵敏	宁可	誓言	谦逊	协作	乳胶	扫雪	透亮儿

| 粉丝 | 本子 | 日程 | 屡次 | 皮肤 | 加工 | 揣测 | 缺少 | 宣传 | 调换 |
| 增长 | 穷人 | 农村 | 热心 | 花朵 | 波浪 | 陌生 | 拐弯 | 酿造 | 顶事儿 |

三、朗读作品第48号

我们的船渐渐地逼近榕树了。我有机会看清它的真面目：是一棵大树，有数不清的丫枝，枝上又生根，有许多根一直垂到地上，伸进泥土里。一部分树枝垂到水面，从远处看，就像一棵大树斜躺在水面上一样。

现在正是枝繁叶茂的时节。这棵榕树好像在把它的全部生命力展示给我们看。那么多的绿叶，一簇堆在另一簇的上面，不留一点缝隙。翠绿的颜色明亮地在我们跟前闪耀，似乎每一片树叶上都有一个新的生命在颤动，这美丽的南国的树！

船在树下泊了片刻，岸上很湿，我们没有上去。朋友说这里是"鸟的天堂"，有许多鸟在这棵树上做窝，农民不许人去捉他们。我仿佛听见几只鸟扑翅的声音，但是等到我的眼睛注意地看那里时，我却看不见一只鸟的影子。只有无数的树根立在地上，像许多根木桩。地是湿的，大概涨潮时河水常常冲上去。"鸟的天堂"里没有一只鸟，我这样想到。船开了，一个朋友拨着船，缓缓地流到河中间去。

第二天，我们划着船到一个朋友的家乡去，就是那个有山有塔的地方。从学校出发，我们又经过那"鸟的天堂"。

这一次是在早晨，阳光照在水面上，也照在树梢上。一切都‖显得非常光明。我们的船也在树下泊了片刻。

——节选自巴金《小鸟的天堂》

普通话水平测试训练题（四十九）

一、读单音节字词

玻	篇	乒	每	秒	台	贴	女	您	来
略	款	劲	群	臭	甩	人	则	纵	次
私	唆	阿	秉	贫	熬	酿	晃	驾	训
诈	粥	纯	冲	使	耍	凑	损	讹	孕
佛	敌	念	广	铿	卷	职	攒	选	问
狂	和	黑	毁	哄	挤	旷	家	碾	娘
零	卵	轮	恰	劝	绣	续	否	忍	谨
花	嘴	疮	终	寻	自	臊	趁	吓	宾
挂	馈	撞	痕	绳	苏	推	寸	远	列
碘	楚	摔	淳	春	求	平	拼	保	最

二、读多音节词语

记得	欺负	清楚	生长	反馈	取消	本着	军事	创作	大伙儿
磁带	迫切	足球	山脉	签订	运输	灌木	贵宾	纽扣	老头儿
瘟神	统帅	流窜	抽象	事物	否则	衣服	马虎	听说	烟卷儿
春天	从而	漂亮	陪衬	人民	内容	难过	勇敢	翅膀	面条儿
山区	战胜	军队	挂号	制品	捣乱	灯笼	表彰	烟卷儿	聊天儿

三、朗读作品第 49 号

有这样一个故事。

有人问：世界上什么东西的力气最大？回答纷纭得很，有的说"象"，有的说"狮"，有人开玩笑似地说：是"金刚"。金刚有多少气力，当然大家全不知道。

结果，这一切答案完全不对，世界上气力最大的，是植物的种子。一粒种子可以显现出来的力，简直是超越一切。

人的头盖骨，结合得非常致密与坚固，生理学家和解剖学者用尽了一切的方法，要把它完整地分出来，都没有这种力气。后来忽然有人发明了一个方法，就是把一些植物的种子放在要剖析的头盖骨里，给它以温度与湿度，使它发芽。一发芽，这些种子便以可怕的力量，将一切机械力所不能分开的骨骼，完整地分开了。植物种子的力量之大，如此如此。

这，也许特殊了一点儿，常人不容易理解。那么，你看见过笋的成长？

你看见过被压在瓦砾和石块下面的一棵小草的生长吗？它为着向往阳光，为着达成它的生之意志，不管上面的石块如何重，石与石之间如何狭，它必定要曲曲折折地，但是顽强不屈地透到地面上来。它的根往土壤钻，它的芽往地面挺，这是一种不可抗拒的力，阻止它的石块，结果也被它掀翻，一粒种子的力量之大， ‖ 如此如此。

——节选自夏衍《野草》

普通话水平测试训练题（五十）

一、读单音节字词

波	平	剁	京	娘	丁	跨	军	岁	搓
璇	陆	家	嫩	雨	抗	瘸	办	缓	帅
拍	斗	如	考	踏	蛇	电	转(圈)	会	掰
者	听	骗	吃	更(加)	年	陀	广	镇	迷
怪	冯	顺(多)少	灭	抽	雷	秒	贼	接

掉	秋	查	草	秀	成	座	潮	仓	病
粗	葬	醒	药	攒	翁	鸟	车	条	扭
票	擦	永	颇	化(哥)俩	需	您	抢	肉
庄	耸	增	幅	趁	灾	刘	抽(分)别	拆
聊	运	穴	让	总	清	层(猪)圈	秦	乡

二、读多音节词语

全面	总督	残疾	扫除	味道	狠心	运动	匪徒	选派	老头儿
双方	哪里	垦荒	柔软	结婚	吹牛	原因	斗篷	传染	被窝儿
小组	改装	奶娘	检举	外婆	磨蹭	耳光	旅行	彻底	踢球儿
唆使	下放	杂质	自学	俊秀	钥匙	敏锐	美学	据说	鼻梁儿
怀表	园地	发展	可能	失业	甲骨文	穆斯林	与日俱增

三、朗读作品第 50 号

著名教育家班杰明曾经接到一个青年人的求救电话，并与那个向往成功、渴望指点的青年人约好了见面的时间和地点。

待那个青年如约而至时，班杰明的房门敞开着，眼前的景象却令青年人颇感意外——班杰明的房间里乱七八糟、狼藉一片。

没等青年人开口，班杰明就招呼道："你看我这房间，太不整洁了，请你在门外等候一分钟，我收拾一下，你再进来吧。"一边说着，班杰明就轻轻地关上了房门。

不到一分钟的时间，班杰明就又打开了房门并热情地把青年人让进客厅。这时，青年人的眼前展出现另一番景象——房间内的一切已变得井然有序，而且有两杯刚刚倒好的红酒，在淡淡的香水气息里还漾着微波。

可是，没等青年人把满腹的有关人生和事业的疑难问题向班杰明讲出来，班杰明就非常客气地说道："干杯。你可以走了。"

青年人手持酒杯一下子愣住了，既尴尬又非常遗憾地说："可是，我……我还没向您请教呢……"

"这些……难道还不够吗？"班杰明一边微笑着，一边扫视着自己的房间，轻言细语地说，"你进来又有一分钟了。"

"一分钟……一分钟……"青年人若有所思地说，"我懂了，您让我明白了一分钟的时间可以做许‖多事情，可以改变许多事情的深刻道理。"

——节选自纪广洋《一分钟》

普通话水平测试训练题（五十一）

一、读单音节字词

抹(杀)	赃	困	方	嘴	刮	建	丢	耸	追
群	崔	逮(鼠)	掐	倦	俩	据	约	仅	梁
真	洪	刚	怒	门	搂	谈	拐	得(到)	批
染	必	他(节)	省	缩	绕	喘	佩	周	评
陶	腮	状	傻	窜	笋	先	快	尊	九
扛	冲(锋)	别(离)	溜	拧	遭	言	庙	总	成
腰	罚	并	巧	面	肥	听	潮	款	票
扔	掉	切(开)	嚷	臭(虫)	挑(逗)	若	勇	拨	划(船)
熏	犬	略	您	猜	目	合	等	谢	浊
双	空(气)	贼	列	鸟	吹	语	酿	帮	拆

二、读多音节词语

朗读	马匹	晕厥	忍耐	粉条	水彩	陈醋	衔接	适当	纽扣儿
追逐	品位	呢绒	液体	压迫	挫折	憎恨	摄影	爱好	玩意儿
郊区	发胖	座次	扫帚	政策	儿童	倾销	观摩	罢课	单弦儿
闰月	诉讼	宇航	擅自	散装	开花	处理	勉强	山峦	裤兜儿
深渊	回来	衰弱	亚洲	飞驰	教科书	霓虹灯	一丝不苟		

三、朗读作品第51号

有个塌鼻子的小男孩儿，因为两岁时得过脑炎，智力受损，学习起来很吃力。打个比方，别人写作文能写两三百字，他却只能写三五行，但即便这样的作文，他同样能写得很动人。

那是一次作文课，题目是《愿望》。他极其认真地想了半天，然后极认真地写，那作文极短。有三句话：我有两个愿望，第一个是，妈妈天天笑眯眯地看着我说："你真聪明。"第二个是，老师天天笑眯眯地看着我说："你一点儿也不笨。"

于是，就是这篇作文，深深地打动了他的老师，那位妈妈式的老师不仅给了他最高分，在班上带感情地朗读了这篇作文，还一笔一画地批道：你很聪明，你的作文写得非常感人，请放心，妈妈肯定会格外喜欢你的，老师肯定会格外喜欢你的，大家肯定会格外喜欢你的。

捧着作文本，他笑了，蹦蹦跳跳地回家了，像只喜鹊。但他并没有把作文本拿给妈妈看，他是在等待，等待一个美好的时刻。

那个时刻终于到了，是妈妈的生日——一个阳光灿烂的星期天：那天，他起得特别早，把作文本装在一个亲手做的美丽的大信封里，等着妈妈醒来。妈妈刚刚睁眼醒来，他就笑眯眯地走到妈妈跟前说："妈妈，今天是您的生日，我要‖送给您一件礼物。"

——节选自张玉庭《一个美丽的故事》

<h2 style="text-align:center">普通话水平测试训练题（五十二）</h2>

一、读单音节字词

莫	刷	院	勋	怪	英(哥)俩	奏	捐	去
鸭	雪	千	林	丹	降(低)钢	讨	拴	热
沙	到	封	驮	补	捶 若	平	感	辉
喘	拽	损	费	窄	轰 镇	婚	冲(锋)乔	
筐	内	秒	庄	扣	街 型	窜(肮)脏		策
玖	凑	扭	停	让	考 松	顶	怪	灭
儿	六	轻	洒	粗	仍 酸	在	伞	贴
咱	永	颇	跨	军	女 略	您	乡	骗
福	崩	社	洲	次	怎 丢	日	憋	名
崔	嫂	钻(研)	荡	巴	泰 米	切(开)肯		砸

二、读多音节词语

自制	农村	调味	云雀	原料	舰队	宽敞	僵化	夏粮	聊天儿
蠕动	攻克	钞票	行业	铁饼	相中	过滤	美化	操纵	竹竿儿
邻居	吩咐	耳背	完毕	主宰	光源	从来	食品	创建	一会儿
衰老	外观	差错	比较	疙瘩	藏书	匈奴	现场	砂轮	够本儿
麻醉	悔改	唾沫	挽歌	乱扔	交响乐	难为情	有的放矢		

三、朗读作品第 52 号

小学的时候，有一次我们去海边远足，妈妈没有做便饭，给了我十元钱买午餐。好像走了很久，很久，终于到海边了，大家坐下来便吃饭，荒凉的海边没有商店，我一个人跑到防风林外面去，级任老师要大家把吃剩的饭菜分给我一点儿。有两三个男生留下一点儿给我，还有一个女生，她的米饭拌了酱油，很香。我吃完的时候，她笑眯眯地看着我，短头发，脸圆圆的。

· 333 ·

她的名字叫翁香玉。

每天放学的时候，她走的是经过我们家的一条小路，带着一位比她小的男孩儿，可能是弟弟。小路边是一条清澈见底的小溪，两旁竹阴覆盖，我总是远远地跟在她后面。夏日的午后特别炎热，走到半路她会停下来，拿手帕在溪水里浸湿，为小男孩儿擦脸。我也在后面停下来，把肮脏的手帕弄湿了擦脸，再一路远远地跟着她回家。

后来我们家搬到镇上去了，过几年我也上了中学。有一天放学回家，在火车上，看见斜对面一位短头发、圆圆脸的女孩儿，一身素净的白衣黑裙。我想她一定不认识我了。火车很快到站了，我随着人群挤向门口，她也走近了，叫我的名字。这是她第一次和我说话。

她笑眯眯的，和我一起走过月台，以后就没有再见过‖她了。

——节选自苦伶《永远的记忆》

普通话水平测试训练题（五十三）

一、读单音节字词

坡	来	租	盆	跳	悬	摧	您	烧	略
拍	娘	瓦	菌	权(哥)俩	俱	芹	秀	兰	
卸	首	物	否	缠	帅	考	舵	及	购
(肮)脏	跑	蹭	扭	扎	动	扯	拴	陈	魂
免	该	克	眉	宙	暖	春	且	贵	荣
占	双	笨	招	火	深	马	吃	绕(储)藏	
松	扶(总)得	救	海	庙	歪	软	从	闹	
盒	态	涌	波	跨	云	掐	绝	枪	逃
限	孔	吨	国	邦	主	方	扭	泽	需

二、读多音节词语

归侨	抑郁	粗粮	石榴	帝国	转动	秋收	黑夜	人选	分成儿
装运	平均	拷问	办法	取消	跑步	嗤笑	年代	攀登	牙口儿
旅行	错怪	感慨	每天	挂彩	黯然	细碎	光明	在乎	纳闷儿
本土	唱片	菠菜	锻炼	遣退	倔强	渴望	盟约	检索	铜子儿
混乱	任用	张贴	散酒	或者	牛仔裤	金丝猴	一帆风顺		

三、朗读作品第53号

在繁华的巴黎大街的路旁，站着一个衣衫褴褛、头发斑白、双目失明的老人。他不像其他乞丐那样伸手向过路行人乞讨，而是在身旁立一块木牌，上面写着："我什么也看不见！"街上过往的行人很多，看了木牌上的字都无动于衷，有的还淡淡一笑，便姗姗而去了。

这天中午，法国著名诗人让·彼浩勒也经过这里，他看看木牌上的字，问盲老人："老人家，今天上午有人给你钱吗？"

盲老人叹息着回答："我，我什么也没有得到。"说着，脸上的神情非常悲伤。

让·彼浩勒听了，拿起笔悄悄地在那行字的前面添上了"春天到了，可是"几个字，就匆匆地离开了。

晚上，让·彼浩勒又经过这里，问那个盲老人下午的情况。盲老人笑着回答说："先生，不知为什么，下午给我钱的人多极了！"让·彼浩勒听了，摸着胡子满意地笑了。

"春天到了，可是我什么也看不见！"这富有诗意的语言，产生这么大的作用，就在于它有非常浓厚的感情色彩。是的，春天是美好的，那蓝天白云，那绿树红花，那莺歌燕舞，那流水人家，怎么不叫人陶醉呢？但这良辰美景，对于一个双目失明的人来说，只是一片漆黑。当人们想到这个盲老人，一生中竟连万紫千红的春天‖都不曾看到，怎能不对他产生同情呢？

——节选自小学《语文》第六册中《语言的魅力》

普通话水平测试训练题（五十四）

一、读单音节字词

晨	嫁	骑(兵)	溜	碾	覆	驳	雌	不	滋
绩	展	阿(姨)	骤	棉	品	沼	旱	虱	愣
剔	瞄	摄	牢	该	赤	坦	廊	祷	殖
岬	磋	鱼	板	逢	尼	园	费	呆	妹
雹	走	默	膝	畅	忖	成	且	礁	凉
索	凸	奥	虽	陵	鸠	妥	效	赃	蚌
嵌	说(话)	仅	瓜	涎	护	吞	画	请	揖
祥	曙	坏	窥	涯	乳	衰	谒	昆	贡
筐	赢	区	决	乌	嘴	菌	雪	全	酸
绒	宛	逊	聪	妄	凶	纳	坏	佣	德

二、读多音节词语

腊月	久仰	夫人	舞曲	军事	挂号	外面	少年	贫穷	冰棍儿
破题	朋友	团圆	靠近	恰当	尺度	撇嘴	迅速	否定	一点儿
女儿	虐待	婚礼	纱领	雷雨	红茶	雄壮	仍然	方案	绕远儿

凉快　挖掘　治丧　作业　顽强　骄傲　轮船　战局　草场　面条儿
玫瑰　词牌　创新　火车　选择　进行曲　判决书　刻不容缓

三、朗读作品第54号

有一次，苏东坡的朋友张鹗拿着一张宣纸来求他写一幅字，而且希望他写一点儿关于养生方面的内容。苏东坡思索了一会儿，点点头说："我得到了一个养生长寿古方，药只有四味，今天就赠给你吧。"于是，东坡的狼毫在纸上挥洒起来，上面写着："一曰无事以当贵，二曰早寝以当富，三曰安步以当车，四曰晚食以当肉。"

这哪里有药？张鹗一脸茫然地问。苏东坡笑着解释说，养生长寿的要诀，全在这四句里面。

所谓"无事以当贵"，是指人不要把功名利禄、荣辱过失考虑得太多，如能在情志上潇洒大度，随遇而安，无事以求，这比富贵更能使人终其天年。

"早寝以当富"，指吃好穿好、财货充足，并非就能使你长寿。对老年人来说，养成良好的起居习惯，尤其是早睡早起，比获得任何财富更加宝贵。

"安步以当车"，指人不要过于讲求安逸、肢体不劳，而应多以步行来替代骑马乘车，多运动才可以强健体魄，通畅气血。

"晚食以当肉"，意思是人应该用已饥方食、未饱先止代替对美味佳肴的贪吃无厌。他进一步解释，饿了以后才进食，虽然是粗茶淡饭，但其香甜可口会胜过山珍；如果饱了还要勉强吃，即使美味佳肴摆在眼前也难以‖下咽。

——节选自蒲昭和《赠你四味长寿药》

普通话水平测试训练题（五十五）

一、读单音节字词

材　绕　吉　柳　伯　授　名　涩　天　磁
屏　栽　典　酬　列　洒　贫　碉　紫　贴
始　滨　社　翩　尼　爹　齿　边　藐　踢
旨　瓢　封　权　房　黑　诈　开　份　葛
饭　饵　非　临　斤　墨　然　场　梁　下
狞　凑　声　壤　奥　怎　认　庵　挪　卦
姜　挎　芹　蹭　衔　官　愧　脓　坏　桌
还(有)　矿　龙　屡　虐　阻　惶　苑　洪　衰
倦　养　宿(舍)　永　屉　准　微　巡　岳　唆
瘌　旭　湾　俊　溶　劝　文　桩　蠢　胸

二、读多音节词语

平常	畜生	测试	华侨	愤怒	签订	近似	眩晕	篮球	锅贴儿
祖国	虾酱	归还	迫切	采取	任务	热烈	迷信	转向	刀把儿
面孔	名字	蛙泳	润色	永世	做活	否认	杂技	门诊	差点儿
绝望	广场	默哀	生意	幅员	解剖	保证	允许	快活	旅馆
演出	悲痛	回味	首长	装备	俱乐部	漂白粉	相得益彰		

三、朗读作品第 55 号

人活着，最要紧的是寻觅到那片代表着生命绿色和人类希望的丛林，然后选一高高的枝头站在那里观览人生，消化痛苦，孕育歌声，愉悦世界！

这可真是一种潇洒的人生态度，这可真是一种心境爽朗的情感风貌。

站在历史的枝头微笑，可以减免许多烦恼。在那里，你可以从众生相所包含的甜酸苦辣、百味人生中寻找你自己；你境遇中的那点儿苦痛，也许相比之下，再也难以占据一席之地；你会较容易地获得从不悦中解脱灵魂的力量，使之不致变得灰色。

人站得高些，不但能有幸早些领略到希望的曙光，还能有幸发现生命的立体的诗篇。每一个人的人生，都是这诗篇中的一个词、一个句子或者一个标点。你可能没有成为一个美丽的词，一个引人注目的句子，一个惊叹号，但你依然是这生命的立体诗篇中的一个音节、一个停顿、一个必不可少的组成部分。这足以使你放弃前嫌，萌生为人类孕育新的歌声的兴致，为世界带来更多的诗意。

最可怕的人生见解，是把多维的生存图景看成平面。因为那平面上刻下的大多是凝固了的历史——过去的遗迹；但活着的人们，活得却是充满着新生智慧的，由 ‖ 不断逝去的"现在"组成的未来。

　　　　　　　　　　　　——节选自〔美〕本杰明·拉什《站在历史的枝头微笑》

普通话水平测试训练题（五十六）

一、读单音节字词

枣	镰	赡	婆	泣	甫	泊(船)	饲	技	踩
掺	马	胚	诊（可）恶	贼	扑	芍	赐	衡	
写	择	丢	隶	氏	尼	尺	妙	坎	智
啥	干(净)	倘	凳	忙	比	芬	闹	和(平)	癫
淘	谤	扉	独	檩	皆	郑	柠	晰	两
吓(人)	骄	卸	叔	唾	兼	秋	雇	偶	骡

腺	锅	镜	墙	怪	青	洞	香	役	瞳
押	款	灰	祝	爪(子)	钥	舒	煌	掩	炊
软	瘦	渠	喘	芜	创(造)	缺	竣	窝	窘
旋	旬	熔	村	薛	润	于	微	佣	怨

二、读多音节词语

开端	豆蔻	水坝	审批	紊乱	总统	绝缘	讲演	车辆	大伙儿
耐火	忠勇	区分	庙宇	增加	辞谢	假想	领袖	填写	杏仁儿
化肥	地方	阅卷	含糊	春秋	魔鬼	迎风	苍穹	目的	透亮儿
堡垒	西安	凭证	有限	官法	仓库	院士	昆虫	人性	肉馅儿
炸裂	挂帅	计划	品种	报酬	平衡木	爵士乐	胸有成竹		

三、朗读作品第 56 号

　　中国的第一大岛、台湾省的主岛台湾，位于中国大陆架的东南方，地处东海和南海之间，隔着台湾海峡和大陆相望。天气晴朗的时候，站在福建沿海较高的地方，就可以隐隐约约地望见岛上的高山和云朵。

　　台湾岛形状狭长，从东到西，最宽处只有一百四十多千米；由南至北，最长的地方约有三百九十多千米。地形像一个纺织用的梭子。

　　台湾岛上的山脉纵贯南北，中间的中央山脉犹如全岛的脊梁。西部为海拔近四千米的玉山山脉，是中国东部的最高峰。全岛约有三分之一的地方是平地，其余为山地。岛内有缎带般的瀑布，蓝宝石似的湖泊，四季常青的森林和果园，自然景色十分优美。西南部的阿里山和日月潭，台北市郊的大屯山风景区，都是闻名世界的游览胜地。

　　台湾岛地处热带和温带之间，四面环海，雨水充足，气温受到海洋的调剂，冬暖夏凉，四季如春，这给水稻和果木生长提供了优越的条件。水稻、甘蔗、樟脑是台湾的"三宝"，岛上还盛产鲜果和鱼虾。

　　台湾岛还是一个闻名世界的"蝴蝶王国"。岛上的蝴蝶共有四百多个品种，其中有不少是世界稀有的珍贵品种。岛上还有不少鸟语花香的蝴‖蝶谷，岛上的居民利用蝴蝶制作的标本和艺术品，远销许多国家。

——节选自《中国的宝岛——台湾》

普通话水平测试训练题（五十七）

一、读单音节字词

柔	沈	栖	荚	泼	幅	募	攥	玻	次

填	哺	崭	劣	航	孳	沼	惹	自	识
埂	彬	撼	纲	射	跟	指	漂	亥	插
登	漏	峰	酷	门	溉	叩	废	勒	捺
毛	绊	煤	抛	大	熄	挺	暂	搅	挨
就	妥	窍	扔	袖	潜	蠢	桨	现	芯
疫	赎	快	仰	钝	花	扯	说	崖	缓
葵	论	祖	空	痒	专	甩	诉	曲	樱
锁	眷	恤	肿	床	崔	骏	学	隧	裙
纵	圆	湾	用	熊	妄	嗡	阅	池	灿

二、读多音节词语

驻扎	秤锤	穿插	把稳	勃发	衬衫	颠覆	火柴	兼职	骨朵儿
窘迫	割除	法师	丰润	呆板	叩登	贺礼	笼罩	荔枝	快门儿
毛竹	默许	宁静	奴仆	叛乱	匹夫	彷徨	省心	体重	半截儿
烫发	委曲	卧榻	锡箔	群众	扰攘	晒图	迅速	鸭子	赶趟儿
因袭	烦冗	揉搓	砸锅	追捕	导火索	安理会	背道而驰		

三、朗读作品第 57 号

对于中国的牛，我有着一种特别尊敬的感情。

留给我印象最深的，要算在田垄上的一次"相遇"。

一群朋友郊游，我领头在狭窄的阡陌上走，怎料迎面来了几头耕牛，狭道容不下人和牛，终有一方要让路。它们还没有走近，我们已经预计斗不过畜生，恐怕难免踩到田地泥水里，弄得鞋袜又泥又湿了。正踟蹰的时候，带头的一头牛，在离我们不远的地方停下来，抬起头看看，稍迟疑一下，就自动走下田去。一队耕牛，全跟着它离开阡陌，从我们身边经过。

我们都呆了，回过头来，看着深褐色的牛队，在路的尽头消失，忽然觉得自己受了很大的恩惠。

中国的牛，永远沉默地为人做着沉重的工作。在大地上，在晨光或烈日下，它拖着沉重的犁，低头一步又一步，拖出了身后一列又一列松土，好让人们下种。等到满地金黄或农闲时候，它可能还得担当搬运负重的工作，或终日绕着石磨，朝同一方向，走不计程的路。

在它沉默的劳动中，人便得到应得的收成。

那时候，也许，它可以松一肩重担，站在树下，吃几口嫩草。偶尔摇摇尾巴，摆摆耳朵，赶走飞附身上的苍蝇，已经算是它最闲适的生活了。

中国的牛，没有成群奔跑的习‖惯，永远沉沉实实的，默默地工作，平心静气。这就是中国的牛！

——节选自小思《中国的牛》

普通话水平测试训练题（五十八）

一、读单音节字词

琼	染	装	鸟	零	土	颇	跨	均	泡
追	悬	到	俩	娟	于	征	略	金	抢
合	锅	藤	扯	段	陪	求	赛	长	钻(研)
痛	苗	获	才	列	攻	南	份	擦	笋
捆	双	展	编	随	拆	贼	税	草	竟
沿	嘴	册	赃	挑(逗)	秀(贮)	藏	乳	命	走
善	乖	日	总	川	上	马	歪	性(传)	说
扭	评	敲	停	软	约	耍	掉	冯	灭
拨	熏	崖	需	林	酿	抠	部	刚	后
跌	拟	真	尺	反	仍	票	且	面	村

二、读多音节词语

品种	塑料	扭转	通病	耦合	进步	采购	裙带	封锁	收摊儿
画面	锄头	内乱	显然	唢呐	桥梁	任何	错觉	农民	顶事儿
剥削	盆地	而且	权利	顺序	磕打	见识	困境	野餐	个头儿
粉末	烹饪	选举	素描	保险	丈夫	夸奖	雄伟	自由	烟嘴儿
怀孕	乖巧	春节	胸怀	创伤	打靶场	龙卷风	自始至终		

三、朗读作品第 58 号

不管我的梦想能否成为事实，说出来总是好玩儿的：

春天，我将要住在杭州。二十年前，旧历的二月初，在西湖我看见了嫩柳与菜花，碧浪与翠竹。由我看到的那点儿春光，已经可以断定，杭州的春天必定会教人整天生活在诗与图画之中。所以，春天我的家应当是在杭州。

夏天，我想青城山应当算作最理想的地方。在那里，我虽然只住过十天，可是它的幽静已拴住了我的心灵。在我所看见过的山水中，只有这里没有使我失望。到处都是绿，目之所及，那片淡而光润的绿色都在轻轻颤动，仿佛要流入空中与心中似的。这个绿色会像音乐，涤清了心中的万虑。

秋天一定要住北平。天堂是什么样子，我不知道，但是从我的生活经验去判断，北平之秋便是天堂。论天气，不冷不热。论吃的，苹果、梨、柿子、枣儿、葡萄，每样都有若干种。论花草，菊花种类之多，花式之奇，可以甲天下。西山有红叶可见，北海可以划船——虽然荷花已残，荷叶可还有一片清香。衣食住行，在北平的秋天，是没有一项不使人满意的。

冬天，我还没有打好主意，成都或者相当的合适，虽然并不怎样暖和，可是为了水仙，素心腊梅，各色的茶花，仿佛就受一点儿寒‖冷，也颇值得去了。

——节选自老舍《住的梦》

普通话水平测试训练题（五十九）

一、读单音节字词

颇	耸	林	拽	切(开)	秒 (富)强	说(话)	挂	车
云	先	倦	虾	若	局 月	琴	酿	当(铺)
塔	低	葬	班	税	兰 跳	吨 (送)给	薄(板)
洒	鹏	奏	合	巩	梦 (储)藏	对 (埋)没	这
闯	害	牛	肯	算	贼 丁	促	饶 (茂)盛
九	蝉	次	沙	骗	拆 层	抽	上	春
错	凡	鸟	在	怪	千 草	出	六	崔
型	灭	仍	晒	永	波 垮	军	璇 (哥)俩
需	瘸	突	软	右	炒 镇	你	荒	座
炳	副	烟	罚	业	山 掉	边	从	口

二、读多音节词语

位置	发源	军刀	牙碜	风姿	召开	喜欢	润滑	模样	麦苗儿
安家	魔术	首都	探矿	残存	遭受	骆驼	努力	美满	旦角儿
支撑	牛蝇	苤蓝	始祖	钢管	措辞	休闲	逃窜	踝骨	腰板儿
二胡	掐算	懒散	居心	破碎	变化	班级	白痴	错误	打杂儿
接班	侦察	痊愈	印染	坎坷	螺旋桨	集装箱	周而复始		

三、朗读作品第 59 号

我不由得停住了脚步。

从未见过开得这样盛的藤萝，只见一片辉煌的淡紫色，像一条瀑布，从空中垂下，不见其发端，也不见其终极，只是深深浅浅的紫，仿佛在流动，在欢笑，在不停地生长。紫色的大条幅上，泛着点点银光，就像迸溅的水花。仔细看时，才知那是每一朵紫花中的前面最浅淡的部分，在和阳光互相挑逗。

这里除了光彩，还有淡淡的芳香。香气似乎也是浅紫色的，梦幻一般轻轻地笼罩着我。忽然记起十多年前，家门外也曾有过一大株紫藤萝，它依傍一株枯槐爬得很高，但花朵从来都稀落，东一穗西一串伶仃地挂在树梢，好像在察言观色，试探什么。后来索性连那稀零的花串也没有了。园中别的紫藤花架也都拆掉，改种了果树。那时的说法是，花和生活腐化有什么必然关系。我曾遗憾地想：这里再看不见藤萝花了。

过了这么多年，藤萝又开花了，而且开得这样盛、这样密，紫色的瀑布遮住了粗壮的盘虬卧龙般的枝干，不断地流着，流着，流向人的心底。

花和人都会遇到各种各样的不幸，但是生命的长河是无止境的。我抚摸了一下那小小的紫色的花舱，那里装满了生命的酒酿，它张满了帆，在这‖闪光的花的河流上航行。

——节选自宗璞《紫藤萝瀑布》

普通话水平测试训练题（六十）

一、读单音节字词

匈	赵	屯	律	根	建	嫂	县	跌	略
软	破	垮	绕	军	劝	鸭	据	新	酿
喊	蹭	俗	方	此	排	怎	若	凡	丁
尊	猛	帕	挑(逗)	最	卡(车)	情	斗(争)	母	愁
桶	算	刚	荒	孔	边	内	搓	酌	垂
双	叶	窄	巅	损	抓	别(离)	峰	让	追
铁	浊	赛	严	赚	扔	骗	拐	肥	切(开)
面	随	灭	扭	松	坏	洒	愤	修	漏
团	摸	耍	云	捐	核(哥)	俩	越	您	乡
牵	搞	撤	其	短	筛	掌	被	针	就

二、读多音节词语

名词	月亮	腐朽	讲话	抓药	怂恿	重叠	发狂	自绝	刀片儿
罐头	跳水	毒饵	湿润	庄严	用功	反驳	染色	匾额	小曲儿
那样	糟糕	模仿	铁证	广场	无非	才干	宾馆	卷尺	一下儿
所谓	怀念	仓促	排球	客气	总理	螺旋	咒骂	披风	人影儿
坏人	红军	拼音	搜索	增添	继承权	马铃薯	顾名思义		

三、朗读作品第60号

在一次名人访问中，被问及上个世纪最重要的发明是什么时，有人说是电脑，有人说是汽车，等等。但新加坡的一位知名人士却说是冷气机。他解释，如果没有冷气，热带地区如东南亚国家，就不可能有很高的生产力，就不可能达到今天的生活水准。他的回答实事求是，有理有据。

看了上述报道，我突发奇想：为什么没有记者问"二十世纪最糟糕的发明是什么？"其实二○○二年十月中旬，英国的一家报纸就评出了"人类最糟糕的发明"。获此"殊荣"的，就是人们每天大量使用的塑料袋。

诞生于上个世纪三十年代的塑料袋，其家族包括用塑料制成的快餐饭盒、包装纸、餐用杯盘、饮料瓶、酸奶杯、雪糕杯等等。这些废弃物形成的垃圾，数量多，体积大、重量轻、不降解，给治理工作带来很多技术难题和社会问题。

比如，散落在田间、路边及草丛中的塑料餐盒，一旦被牲畜吞食，就会危及其健康甚至导致其死亡。填埋废弃塑料袋、塑料餐盒的土地，不能生长庄稼和树木，造成土地板结，而焚烧处理这些塑料垃圾，又会释放出多种化学有毒气体，其中一种被称为二噁英的化合物，毒性极大。

此外，在生产塑料袋、塑料餐盒的‖过程中使用的氟利昂，对人体免疫系统和生态环境造成的破坏也极为严重。

——节选自林光如《最糟糕的发明》

附录 5　普通话水平测试用话题

一、1. 我的理想（愿望）　　　　2. 谈谈科技发展与社会生活

二、1. 我的学习生活　　　　　　2. 谈谈对环境保护的认识

三、1. 我尊敬的人　　　　　　　2. 谈谈服饰

四、1. 谈谈个人修养　　　　　　2. 我喜欢的动物（或植物）

五、1. 童年的记忆　　　　　　　2. 谈谈卫生与健康

六、1. 我的朋友　　　　　　　　2. 学习普通话的体会

七、1. 我喜爱的职业　　　　　　2. 谈谈美食

八、1. 难忘的旅行　　　　　　　2. 购物（消费）的感受

九、1. 我的业余生活　　　　　　2. 我知道的风俗

十、1. 我喜爱的书刊　　　　　　2. 我向往的地方

十一、1. 我喜爱的季节（或天气）　2. 我的假日生活

十二、1. 我喜爱的文学（或其他）艺术形式　2. 我的成长之路

十三、1. 我和体育　　　　　　　2. 我的家乡（或熟悉的地方）

十四、1. 我喜欢的明星（或其他知名人士）　2. 我所在的集体（学校、机关、公司等）

十五、1. 我喜欢的节日　　　　　2. 谈谈社会公德（或职业道德）

参 考 文 献

[1] 梁桂，苏向东，郭永会，陈玉民. 普通话口语训练 ［M］. 天津：天津科学技术出版社，2009.

[2] 刘春勇. 普通话口语交际 ［M］. 北京：北京理工大学出版社，2009.

[3] 刘晓明，陈德峰，童水明. 口语交际的理论与技巧 ［M］. 北京：高等教育出版社，2002.

[4] 罗惜春. 普通话训练测试与职场语言艺术 ［M］. 北京：化学工业出版社，2007.

[5] 马志强，刘雪峰，冯洁. 交际公关语言艺术 ［M］. 北京：高等教育出版社，2004.

[6] 邵美华. 口语训练教程 ［M］. 北京：机械工业出版社，2008.

[7] 田桂芹. 实用口才与沟通技巧项目化实训教程 ［M］. 北京：冶金工业出版社，2009.

[8] 唐树芝. 口才与演讲 ［M］. 北京：高等教育出版社，2008.

[9] 王娜. 教师口语 ［M］. 北京：北京出版社，2008.

[10] 王素珍. 幼儿教师口语训练教程 ［M］. 上海：复旦大学出版社，2011.

[11] 吴秋蓉. 普通话水平测试指要 ［M］. 大连：辽宁师范大学出版社，2001.

[12] 于英焕. 演讲与口才 ［M］. 北京：中国人民大学出版社，2010.

[13] 苑望. 幼儿教师口语 ［M］. 北京：高等教育出版社，2007.

[14] 张波. 口才训练教程 ［M］. 北京：机械工业出版社，2007.

[15] 张波. 口才与交际 ［M］. 北京：机械工业出版社，2008.